企业财务集成管理信息系统

——基于价值创造流程的体系结构与应用模式

杨琦 著

图书在版编目(CIP)数据

企业财务集成管理信息系统:基于价值创造流程的体系结构与应用模式/杨琦著. —厦门:厦门大学出版社,2009.12
ISBN 978-7-5615-3433-5

Ⅰ.企… Ⅱ.杨… Ⅲ.企业管理:财务管理-管理信息系统 Ⅳ.F275

中国版本图书馆 CIP 数据核字(2009)第 232193 号

厦门大学出版社出版发行

(地址:厦门市软件园二期望海路 39 号 邮编:361008)

http://www.xmupress.com

xmup @ public.xm.fj.cn

厦门市明亮彩印有限公司印刷

2009 年 12 月第 1 版 2009 年 12 月第 1 次印刷

开本:787×960 1/16 印张:24.5

字数:428 千字 印数:1～3 000 册

定价:36.00 元

本书如有印装质量问题请寄承印厂调换

前　言

自上世纪80年代以来，计算机信息技术的发展突飞猛进，推进了企业信息化的进程。与此相对应，企业财务信息化也经历了从单项的事务处理到融合于企业的ERP系统，进入了企业信息集成的应用阶段。

经济全球化、信息化使全球的商业形态发生变化。现代企业组织经营目标经历了从利润最大化、股东财富最大化到企业价值最大化的发展过程。随着企业治理机制的逐步完善和资本市场的不断发展，越来越多的企业开始重视价值创造。反映企业优劣的标准不再是利润，而是一系列持续价值创造的综合性绩效指标。

在信息时代，信息技术成为企业价值创造的重要资源。企业通过应用信息技术，全面改进业务流程，实现企业业务流程、信息流程、管理流程的集成化，优化价值链，提高企业核心竞争力与价值创造能力。

面对新的经营环境，作为企业管理信息化重要组成部分——财务管理信息系统在企业价值创造过程中发挥比以往更为重要的作用。财务管理信息系统不仅要注重反映企业财务状况和经营成果，及时、准确输出财务会计信息，更重要的是通过与业务系统的信息集成，在业务、管理控制、决策层面，实时进行财务数据处理、动态反馈企业价值链的财务信息，及时纠正经营过程出现的偏差，并能结合商业智能技术提供财务辅助决策功能，提高信息使用者决策的科学性，减低决策风险。

企业价值创造源自企业价值链的业务流程、管理流程、信息流程一系列活动综合作用的结果。财务信息流程链接企业利益相关者，并通过财务数据处理与财务信息输出，支持企业业务流程、管理流程的价值创造活动，使企业有效进行资源配置、过程控制、利益分配，实现企业价值最大化目标。为此，作者认为从企业价值创造的视角构建企业财务集成管理信息系统更具有现实意义。

本书以企业价值创造为导向，系统地分析企业价值链的各个经营活动流程与价值管理流程特点以及它们之间的相互关系,并在此基础上,构建企业财务集成管理信息系统体系结构、信息流程逻辑结构、数据结构模型与财务信息处理与运行模式,使企业财务管理信息系统立足于企业价值创造基点上,通过业务过程、管理过程、财务过程的有机集成,提高企业财务系统整体协调能力、创新能力、价值创造能力。

这本书由四大部分构成,结构如下:

第一部分由第一、二章组成。在这部分,作者从企业本质出发,分析企业价值创造体系与价值管理框架,系统论述财务集成管理信息系统的基本概念体系,持续价值创造的财务集成管理信息系统的新特征。针对信息化对财务管理的影响,从企业价值链角度,分析企业业务流程、信息流程、管理流程之间的相互集成关系。从财务业务核算管理层、财务管理控制层、财务辅助决策层探讨每一层次的财务信息处理功能要素,以及它们之间、它们与业务管理信息系统、企业组织基础应用环境、信息技术支持环境集成的关系,由此形成一个基于价值创造导向的企业财务集成管理信息系统体系结构。

第二部分由第三章至第九章组成。这部分沿着企业价值链业务层面,分别分析了企业销售、库存、采购、人力资源、资产、制造、账务处理、财务报告流程的价值创造与价值管理活动,财务集成信息核算与管理特点。构建这些信息流程逻辑结构、数据结构模型,并结合与业务信息系统的集成关系,提出财务信息处理与运行模式。

第三部分由第十章至第十三章组成。这部分从价值管理的角度,分析价值驱动对财务管理的影响;探讨价值创造导向的企业预算管理、资金管理、绩效管理、财务辅助决策支持信息流程的逻辑结构与运行模式,使财务管理过程与经营过程有机结合在一起,并通过企业经营战略决策、财务决策、经营计划实施、过程组织、绩效控制、流程再造手段,达到企业价值最大化的经营目标。

第四部分由第十四、十五章组成。这部分论述企业财务集成管理信息系统开发流程与内部控制。根据以往开发经验,作者认为企业财务集成管理信息系统的开发是一项系统性相当强的工作,其开发过程涉及人、财、物等资源的合理组织、调度和使用。系统开发要从全局出发,遵循科学开发方法,综合考虑与业务系统信息处理流程协同关系,改进传统业务模式,达到业务与财务数据流畅通,数据处理集成化、标准化、规范化。并结合集成环境下IT治理结构与内部控制特点,设计企业内部控制系统,规避信息化过程出现的风险。

本书的写作受到福建省社科基金、福建省教育厅的资助,在写作过程中得到了厦门大学出版社的热情帮助,参考了国内外学者的相关资料文献和应用软件资料,在此一并致以谢忱。

由于作者水平限制,书中难免存在错误和缺点,殷切希望读者的批评指正。

作者

2009 年 8 月

目 录

前　言

第一部分　企业财务集成管理信息系统概念体系、框架结构与创新思路

第一章　企业财务集成管理信息系统概述 …………………………（3）
  第一节　企业价值创造体系与价值管理 ……………………………（3）
  第二节　企业财务集成管理信息系统的基本概念体系 ……………（12）
  第三节　基于持续价值创造的财务集成管理信息系统的新特征 ……（24）
  第四节　财务信息化对企业财务管理的冲击 ………………………（27）

第二章　企业财务集成管理信息系统的框架结构与创新思路 ………（30）
  第一节　企业价值链的业务流程、管理流程、信息流程 …………（30）
  第二节　ERP系统与企业财务集成管理信息流程 …………………（39）
  第三节　财务集成管理信息系统的框架结构 ………………………（44）
  第四节　财务信息化下企业财务集成管理的新思路 ………………（50）

第二部分　企业价值链业务层的财务集成管理信息子系统逻辑结构、信息处理与运行模式

第三章　销售流程财务集成核算与管理信息子系统 …………………（57）
  第一节　销售流程的财务集成核算与管理概述 ……………………（57）
  第二节　销售流程的业务、财务集成活动与价值管理 ……………（61）

第三节　销售业务、财务集成信息流程的逻辑结构模型…………………(65)
　　第四节　销售业务、财务集成数据结构模型、信息处理与运行模式 …(72)
第四章　库存流程财务集成核算与管理信息子系统………………………(93)
　　第一节　库存流程的财务集成核算与管理概述 ……………………(93)
　　第二节　库存流程的业务、财务集成活动与价值管理 ……………(100)
　　第三节　库存业务、财务集成信息流程的逻辑结构模型 …………(103)
　　第四节　库存业务、财务集成数据结构模型、信息处理与运行
　　　　　　模式…………………………………………………………(108)
第五章　采购流程的财务集成核算与管理信息子系统……………………(125)
　　第一节　采购流程的财务集成核算与管理概述……………………(125)
　　第二节　采购流程的业务、财务集成活动与价值管理 ……………(130)
　　第三节　采购业务、财务集成信息流程的逻辑结构模型 …………(133)
　　第四节　采购业务、财务集成数据结构模型、信息处理与运行
　　　　　　模式…………………………………………………………(138)
第六章　人力资源流程的薪酬核算与管理信息子系统……………………(156)
　　第一节　人力资源流程的薪酬核算与管理概述……………………(156)
　　第二节　人力资源流程的薪酬核算与管理活动……………………(160)
　　第三节　人力资源薪酬核算与管理信息流程的逻辑结构模型………(164)
　　第四节　人力资源薪酬核算与管理数据结构模型、信息处理
　　　　　　与运行模式…………………………………………………(167)
第七章　固定资产的财务集成核算与管理信息子系统……………………(173)
　　第一节　固定资产财务集成核算与管理概述………………………(173)
　　第二节　固定资产财务集成核算与管理活动………………………(175)
　　第三节　固定资产集成核算与管理信息流程的逻辑结构模型………(181)
　　第四节　固定资产集成核算与管理数据结构模型、信息处理
　　　　　　与运行模式…………………………………………………(185)
第八章　生产制造流程的产品成本核算与管理信息子系统………………(197)
　　第一节　生产制造流程的产品成本核算与管理概述………………(197)
　　第二节　生产制造流程的成本核算与管理活动……………………(200)
　　第三节　生产制造流程成本核算与管理集成信息流程逻辑结构
　　　　　　模型…………………………………………………………(208)
　　第四节　生产制造流程成本核算与管理数据结构模型、信息处理
　　　　　　与运行模式…………………………………………………(212)

第九章　集成账务处理与财务报告生成子系统……………………(225)
　第一节　集成账务处理与财务报告概述……………………………(225)
　第二节　集成账务处理与财务报告生成的信息处理活动…………(230)
　第三节　集成账务处理与财务报告信息流程逻辑结构模型………(233)
　第四节　总账子系统的数据结构模型与信息处理运行模式………(240)
　第五节　财务会计报告生成子系统信息处理运行模式……………(246)

第三部分　企业价值链管理、决策层面的财务集成管理信息子系统逻辑结构、信息处理与运行模式

第十章　价值创造导向的全面预算管理信息子系统……………(255)
　第一节　企业预算管理概述…………………………………………(255)
　第二节　价值驱动与企业预算管理…………………………………(260)
　第三节　企业预算管理的信息流程逻辑结构模型…………………(265)
　第四节　企业预算管理子系统信息处理运行模式…………………(269)

第十一章　价值创造导向的资金管理信息子系统………………(278)
　第一节　企业价值创造与资金管理概述……………………………(278)
　第二节　企业资金战略管理…………………………………………(280)
　第三节　企业日常经营活动的资金管理……………………………(284)
　第四节　资金管理信息流程的逻辑结构模型………………………(287)
　第五节　资金管理子系统数据结构模型、信息处理与运行模式 …(290)

第十二章　价值创造导向的企业绩效管理信息子系统…………(298)
　第一节　利益相关者与企业价值创造的关系………………………(298)
　第二节　企业价值创造与企业绩效评价体系构建思路……………(301)
　第三节　价值驱动因素与企业绩效评价指标体系设计……………(305)
　第四节　企业绩效管理子系统信息流程逻辑结构与运行模式……(311)

第十三章　财务辅助决策支持子系统……………………………(316)
　第一节　财务辅助决策支持子系统概述……………………………(316)
　第二节　财务辅助决策支持子系统的信息应用技术………………(320)
　第三节　财务辅助决策支持子系统的数据要素……………………(328)
　第四节　财务辅助决策子系统的框架结构与功能解析……………(331)

第五节　财务辅助决策支持子系统信息处理模式与技术实现方法……………………………………………………………………（334）

第四部分　企业财务集成管理信息系统开发流程与内部控制

第十四章　企业财务集成管理信息系统开发流程……………（343）
　第一节　企业财务集成管理信息系统的开发方法、目标与规划 ……（343）
　第二节　财务集成管理信息系统的结构化分析流程……………（349）
　第三节　企业财务集成管理信息系统的系统设计………………（355）
　第四节　企业财务集成管理信息系统具体实施流程……………（361）
第十五章　企业财务集成管理信息系统内部控制………………（365）
　第一节　IT治理与财务管理信息系统的内部控制策略 …………（365）
　第二节　企业财务集成管理信息系统控制：一般控制 …………（371）
　第三节　企业财务集成管理信息系统控制：应用控制 …………（379）

参考文献……………………………………………………………（381）

第一部分

企业财务集成管理信息系统概念体系、框架结构与创新思路

第1章 企业财务集成管理信息系统概述

第一节 企业价值创造体系与价值管理

一、现代企业组织

企业是以营利为目的从事生产与经营活动,向社会提供商品或服务的经济组织。就其经济运行特征而言,就是不断将投入的资源转化成更有价值的产出,使参与者能获得合理的利益回报。

现代企业本质是什么?

一些西方经济学家认为,企业作为生产的一种组织形式,在一定程度上是对市场的一种替代。根据科斯等人的观点,企业是将市场交易"内部化"的一个组织,组成一个企业的实质是一个契约代替一系列契约。契约是交易各方为追求更大的利益,在交易过程中建立的一种权利与义务关系。企业和市场之所以同时并存,是因为有些交易在企业内部进行会使交易成本减少,而另一些交易在市场进行成本更少。通过企业这一组织形式,可以使一部分原本的市场交易内部化,从而消除或降低交易成本。

利益相关者理论认为:企业是各利益相关者之间的一系列多边契约,各利益相关者在企业中投入专用性资产以期获得一定的回报。利益相关者是那些能够影响企业目标实现,或者被企业实现目标的过程所影响的任何个人和群体。具体包括股东、债权人、管理人员、供应商、分销商、消费者、员工、政府、特殊团体和社区等。企业利益相关者以自身所拥有的人力资本或非人力资本之间的合作,来应对外部不确定性环境所带来的风险,彼此之间形成一个利益共同体。现代企业通过契约关系,将利益相关者连接在一起所形成的集合体,优化了企业资源获取渠道与配置,降低交易成本与经营风险,提升企业价值创造能力。

现代企业不仅是要素投入者结成的契约结构,而且是包括顾客、供应商等在内的所有相关各方组成的契约网。在这个契约网内,不同的利益相关者投入资源、承受风险与获取收益的差异,决定了他们追求的目标并不总是一致的。他们之间所呈现的相互关系表现为两个方面:一方面,每一利益相关者都希望企业的经营活动能取得成功。因为只有企业持续经营,取得收益,才能保障他们各自利益的实现,这时,这些利益集团间存在着一种相互依赖,一损俱损、一荣俱荣的关系。另一方面,企业各利益相关者所追求的目标差异,承担的风险不同,在企业经营决策行为、经营成果分配上不可避免地呈现出自身利益最大化倾向。现代企业就是在这种对立与统一、竞争与合作的关系中运行着。

现代企业组织的出现,使企业经营目标经历了从利润最大化、股东财富最大化到企业价值最大化的发展过程。在进入 20 世纪 80 年代以后,随着企业治理机制的逐步完善和资本市场的不断发展,越来越多的现代企业开始重视价值创造。反映企业优劣的标准不再是利润,而是一系列的综合的绩效评价指标——企业持续价值创造。

作为一个经营实体,作为一个价值创造者,现代企业的经营本质体现为:最有效地组织利益相关者的资源,最小化企业利益相关者之间的交易成本,最大限度地为利益相关者持续创造价值。与此相对应,企业治理结构必须面对不同利益主体的要求,协调与制衡各利益主体之间的冲突与利益分配,实现长期合作和企业持续发展。

二、企业价值创造体系

1. 价值与创造

什么是价值?这个问题已成为思想家们争论的焦点。至今为止,许多学者都试图弄清价值的概念。日本学者牧口认为:当一个人想要考虑价值时,他就试图确定这样一种关系,即一个客观实体的个别的或特殊的固有性质对社会和我们生活的影响是如何与别的客体的影响不同,主体与客体的这种关系被陈述出来时,我们称为价值。当我们衡量一个事物的效用性质时,或者我们确定对它的依赖程度时,把这种衡量行为称为"评价"。价值表示事物所具有的重要程度。如果一个客体可以用"有用的"、"有益的"、"方便的"、"有利的"等术语做出适当解释,客体与主体之间的关系被称为经济价值。

创造的意思就是发现和评价一个自然存在和人的生活的关系,使之与人的生活建立更密切的关系,而且通过人增强这种关系。即创造就是借助人手把自然通常次序改变为一种特殊次序,从而增加它对人的生活的有用性。通过劳动,人只能改变一个事物的组合、形式、位置等,从而创造一种新的效用。而只有在客体与主体之间产生一种像吸引力一样的相互关系,一个事物才能成为有用的或有效用的。

企业作为一个经济实体与利益相关者建立经济利益关系。从利益相关者的角度看,一个企业比另一个企业更具有价值,是因为同样的付出能获得更多的收益,这种收益表现为或增加其财富,或使其得到更好的精神与物质的享受。

企业是嵌入在与利益相关者形成的网络的一个价值创造系统。企业经营的本质是为利益相关者创造价值,而且企业所有的利益相关者都不同程度地参与到创造价值的经营合作中。企业通过一系列的经营活动来组织这些资源,为市场提供产品与服务来达到价值创造的目的。这就需要从利益相关者角度评价企业与其发生经济关系所形成的对应价值,评价这种经济关系是否有效减少企业交易成本,降低经营风险;考察企业经营流程的各类活动的价值,评价经营能否有效运行,减少资源消耗,产出市场所需的产品与服务,使经营循环能创造出更多的价值。

因此,在企业整个价值创造过程中,企业价值创造体系由客户价值、产品价值、作业价值、员工价值、供应链价值、社会价值、企业价值等要素组成,通过对这些要素的综合评价,利益相关者从中可以看出企业对价值创造的关注程度,评估企业为他们创造价值的能力。

2. 客户价值

在企业经营过程中,客户购买企业的产品与服务,与企业建立利益关系。企业在激烈的市场竞争环境下持续经营的前提条件是:以客户为中心,为客户创造价值。

"客户价值"包含不同的内涵。一方面是指客户对企业的价值,如客户终身价值、客户生命周期价值等;另一方面,客户价值是指"企业传递给客户的价值"。现代企业的经营活动是建立在客户需求驱动基础上的,客户价值体现为客户对企业传递的产品与服务的技术属性、服务属性、感知属性的认可程度,并以产品或服务的技术含量、创新程度、品质、功能、使用方式、服务质量、生产厂家的技术支持、售后服务敏捷性、品牌效应、使用的舒适性等具体指标衡量,综合反映为客户带来新的感受或利益。

企业在与客户交易的经济活动中,客户对企业传递的产品与服务的感知程度、认可程度或带来的利益的经济计量就是客户愿意支付的交易价格。显然企业的产品或服务的品质越高,越能满足客户的欲望,企业传递给客户的价值就越大。在这个过程中,企业为客户提供产品或服务的成本与从客户获得的收入的差距越大,这些客户对企业的价值也就越高。

从价值创造角度分析,企业为客户创造的价值是客户所付出的成本与从为其提供的产品或服务中获得的效用或经济利益的经济度量的比较。客户付出的成本包括购买产品或服务的支出以及其后发生的使用费用。显然,客户的这些支出越少,客户获得的收益就会越高,企业为客户创造的价值也就越大。

3. 产品与服务价值

企业存在的根本是能将控制的资源经济地加工处理,输出市场所需的产品或服务。衡量产品与服务是否具有价值,一方面取决于目标客户对企业提供的产品与服务的使用价值的认可程度,由产品与服务所具有的能满足客户需求的功能、性能、质量等物理特性决定,没有使用价值也就没有产品与服务价值。另一方面,产品与服务的形成是以企业资源的消耗为代价的,对企业而言,产品与服务价值还取决于企业从中获得的收益,如果没有收益,企业就无法生存发展,提供这类产品与服务对企业而言就没有任何价值了。

企业的产品与服务价值需要通过交易才得以真正实现。在竞争环境下,企业所提供的产品与服务交易价格由其所处的行业特征、企业在行业的地位、市场供求关系、供需双方议价实力等多种因素决定,进而影响企业的产品与服务价值的实现。因此,企业需要不断改进整个价值链流程,建立与客户信息沟通平台,及时响应市场的变化,不断满足客户个性化需求,减低整个营运成本,使企业的产品与服务的交易价格具有竞争优势,加快其价值的实现。当企业所提供的产品与服务价值通过交易得以实现后,所流入的经济利益在弥补其资源消耗后剩余部分就是企业创造的价值。

4. 作业价值

作业是企业经营的基本要素。企业经营过程主要由筹资、投资、生产经营活动等作业组成。企业作为一个经济实体,依据制定的战略目标,通过各类的作业,筹措利益相关者的资源,组织这些资源进行投资与生产经营,在经营循环过程中输出产品与服务,为利益相关者创造价值。在企业价值链的业务流程中,这些资源不断流经各类作业,被消耗、变换、传递,直至最后归结到最终的产品对象与对客户的服务项目,形成产品成本与费用。

作业价值即是作业对最终产品与服务的贡献程度,它是形成产品价值与客户价值的基础。作业价值的价值性主要表现为作业是否增加了产品价值与客户价值,如果不能增加则是一个无效的作业,这种作业除了无端消耗资源外,还要影响企业流程的整体运行效率。作业的价值创造是作业的增值性,即通过比较作业输出的价值与输入的资源来判定作业的增值量,即价值创造力度。价值创造力度高的作业的集合往往形成企业的核心竞争力。显然,作业的价值创造能力越强,企业就越有竞争力。

5. 员工价值

企业的大量作业都需要通过员工来执行,作业的质量与具体的操作者有着密切的关系。企业员工作为企业人力资产的所有者,在现代企业中的地位和作用越来越重要。从企业角度来看,企业之间的竞争最终都是人力资本的竞争,拥有知识、经验和技能的员工是企业竞争制胜的决定因素,企业的经营必须依靠员工的智慧、经验和努力,脱离了员工,企业寸步难行;从员工角度来看,员工的知识、技能和经验作为人力资本,其形成过程和作用发挥依赖于企业创造的适宜的环境和条件,需要企业给予一定的诱导和刺激。所以说员工与企业是相互依存的。

员工价值既是企业员工对企业满意度的综合衡量方式,也是对企业员工的价值创造能力的经济度量。员工价值将直接影响作业价值并最终影响产品价值与顾客价值。企业只有以人为本、创造和谐的作业环境,不断从物质上、精神上提高员工满意度,在业务上提高员工的职业素质与能力,培养员工对企业的忠诚度,使员工的目标与企业的目标协调一致,才能提高企业整体员工价值,优秀而忠诚的员工会为企业创造更多的价值。

6. 供应商、分销商价值

供应商、分销商是企业生产经营的战略伙伴。供应商作为企业所需物质资源的供应者与企业休戚相关。企业运营良好,产量增加,规模扩大,对供应商产品的需求就会增加。反之,企业减产、停产或破产,对供应商会产生连锁反应,直接损害其经济利益,如生产线闲置、人员过剩、产品积压、货款收不回来等等。企业通过供应商关系管理、分销商关系管理来为企业、供应商、分销商创造价值。

供应商、分销商价值体现为企业能与他们以较市场低的交易成本进行战略合作,并在整个经营过程能使各方都获得满意的利益回报。因此,企业需要选择合适的供应商,使供应商能参与和加入到企业产品的设计过程中,提供快速的响应支持,不断加快产品创新,缩短产品从研发到投放市场的时间,帮助企业控制库存量,在降低库存的同时又能为生产产品提供保障。

分销商连接生产企业和末端用户,分销商通过提供物流配送、售后服务、送货上门、电话订购以及网络订购等优秀的服务创造价值。经过分销商的有效运作,能降低交易成本,增强平衡供需的能力,提高彼此经营绩效。

7. 股东、债权人价值

股东、债权人作为企业主要资金的提供者,为企业的创建、持续发展奠定坚实的物质基础。企业从投资者、债权人处获得资金,资产作为资金的具体存在物由经营者管理经营,而股东、债权人承担了企业经营风险,企业需要建设完善的公司治理结构,并通过持续经营为这些资源提供者创造价值。

8. 社会价值

企业作为社会的重要组成部分在一定的社会环境中生存和发展,企业的经营对社会亦产生重大影响。企业的生产经营活动直接影响社会的环境,对居民的身心健康产生影响。企业应该适当承担改善社会关系、促进社会发展的责任,向社会提供安全的产品。企业是政府税收的主要来源,企业经营不善或是偷税漏税,都会减少政府的收入,从而影响到政府的支出及其行政职能的发挥。企业应照章纳税并承担政府规定的其他责任义务,接受政府的依法干预和监督,不得有偷漏税以及非法避税行为。

9. 企业价值

现代企业价值理论的创始人艾尔文·费雪认为,任何财产或财富的价值均来源于它能够产生为货币收入的权利,而这种权利的价值通过对未来预期收入的折现获得。对于确定性条件下的资本投资,投资项目的价值就是其未来预期现金流量采用相应风险利率折现后的现值。如果项目预期的净现值(NPV)大于零,则投资可行,反之则不可行。若将建立企业看作是投资项目,则该企业的价值是其所能带来的未来预期净收益采用相应风险利率折现后的现值。

从本质上讲,企业价值不仅涉及企业的过去与现在,更重要的是企业的未来,是企业在过去和现在的基础上的盈利能力和发展潜力,是考虑风险后企业未来净现金流量的现值。企业价值的大小取决于未来现金流量多少与分布情况,现金流量大并且稳定,表明企业风险小,由此决定的折现率低,企业价值大。

企业价值最大化考虑了经营成果的时间价值与风险因素。企业价值主要取决于三个驱动因素:未来现金净流量、风险的报酬率和时间。在这种目标导向下,企业注重对风险与报酬的评估,注重对未来现金净流量的创造,求得与承担风险相对应的收益回报。因此,企业经营决策时,就会考虑产品消费者的需求趋势和消费者剩余,实现顾客价值。否则企业产品将销不出去,不能实现产品价值,也就不会有经营现金流入;为使企业生产经营过程有稳定、及时、高质量、畅通的原料输入与产品销售渠道,企业就会考虑供应商、分销商等合作伙伴的利益,以求协作发展,减低价值链的物流成本;当然企业更不会忽视各类员工在价值创造中的重要作用,使企业高层经营人员与普通员工的薪酬能与创造企业价值的业绩相联系,促使他们为企业努力工作、降低企业价值链的作业成本,实现自身价值;而这些努力将会增加政府的税收,有效保障企业外部债权人和股东价值的实现。此外,为使企业持续创造价值,企业还会增加研发投资、环保建设、投资公益事业等等。企业相关群体的利益将在企业追求价值最大化的目标过程中得以实现。

三、价值管理

1. 价值管理的含义

何谓价值管理,美国学者肯·布兰查(Ken Blanchard)在《价值管理》一书中将其定义为依据组织的愿景,公司设定符合愿景与企业文化的若干价值信念,并具体落实到员工的日常工作上。唯有公司的大多数股东、员工和消费者都能成功,公司才有成功的前提。为达到此"共好"的组织目标,必须逐步建立起为成员广泛接受的"核心信念",并且在内部工作与外部服务上付诸实施,使其成为组织的标准行为典范。麦肯锡管理专家汤姆·科普兰认为价值管理是以价值评估为基础、以价值增长为目的的综合管理模式。企业管理者应把重心放在价值创造上,通过价值评估,查明企业价值创造情况,制定应对策略,合理配置资源,以实现企业价值最大化目标。

企业的价值体系包含客户价值、产品价值、作业价值、投资者价值、供应商和分销商价值、社会价值、企业价值。企业投入的资源在其不断消耗和重置的经营循环中,为市场输出产品和服务,新的价值在这过程中产生。在企业的价值体系中,企业价值是一个全面衡量企业价值创造能力以及价值创造的持久性的指标。国外的实证研究也表明,如果一个企业重视价值管理,当它的价值在不断增值时,它的生产效率、创新能力往往比其他企业强,能吸引更多资源和优秀员工,形成良性循环,创造更多的财富,企业的产品价值、顾客价值、投资者价值、社会价值、供应商价值都能得以很好的实现。而那些毁损价值的企业往往会遭遇恶性循环,最终走向毁灭。

对企业而言,价值管理既是一种理念,又是一种方法。作为一种理念,价值管理始终注重顾客、股东、企业员工等的利益,以真诚、公正的态度服务于企业每一位利益相关者,培养员工的共同价值观,形成一整套的企业文化,为企业持续的价值创造提供动力。作为一种方法,始终关注创造价值这个企业最核心的目标,从战略的角度对企业的资源进行系统的整合和优化,以求实现企业整体价值最大化。价值管理的吸引力在于它并不是追求短期的利润目标,而是立足于企业长期的持续发展。在完善的市场经济环境下,价值管理带来的企业内在价值改善会在资本市场上得到充分体现,使社会资源流向资本效益高的行业,优化整个社会的价值创造力。在企业内部,价值管理可以让经营者把注意力集中在改善业务单位的价值创造质量上,协调企业利益相关者的关系,它不仅使最终的利益索取者的股东的财富最大化,而且其他利益相关者也均从中获益。

2. 价值管理的框架结构

价值管理是以企业价值创造为核心,对企业经营活动与财务活动进行全过程、全方位、系统化的管理。它以企业价值评估为起点,将财务过程与经营过程有机结合在一起,分析企业或业务单位的价值驱动因素,挖掘企业潜在价值,并通过企业经营战略决策、财务决策、经营计划实施、过程组织、绩效控制、流程再造手段,达到企业价值最大化的经营目标。作为一种系统的管理方法,价值管理的框架结构是由企业价值评估、企业经营战略、企业理财、企业绩效评估与激励管理活动组成的集合体。

(1)企业价值评估

价值管理首先从企业价值或业务单位价值评估开始。企业价值是考虑风险后未来现金流量的折现值,取决于自由现金流、资本成本(预计风险的回报)、价值创造的持续时间。汤姆·科普兰认为企业价值是由产生现金流量的长期能力驱动的,而这种能力又是由长期增长率和相对资本成本的投入资本收益率所驱使。在实际应用中,评估企业价值的方法有多种,应用最多的是企业折现现金流量模型和经济利润模型。

在折现现金流量模型中,自由现金流等于企业税后营业利润加上非财务支出再减去营业流动资产与固定资产的新增投资,折现率反映所有资本供应者的机会成本,机会成本按他们各自对企业总资本的相对贡献加权,即企业加权平均资本成本。如果企业的经营业务类型多样化,折现现金流量模型可用于评估企业各业务单位价值,企业价值则是各业务单位价值的累计值。由于难以预测很长时期的绩效,往往将企业价值分为明确的预测期的价值与连续价值阶段的价值之和。即企业折现现金流量模型表示为:

$$企业价值 = \sum_{i=1}^{n} \frac{第 i 年的预计自由现金流}{(1+折现率)^i} + \frac{NOPLAT(1-g/ROIC)}{WACC-g}$$

其中 $NOPLAT$ 为明确预测期之后第一年扣除调整税的净营业利润,$ROIC$ 为新增投入资本收益率,g 为扣除调整税的净营业利润的预期永续增长率,WACC 为加权平均资本成本。

在经济利润评估模型中,经济利润衡量的是企业在某一期间所创造的价值,企业价值等于投入资本额加上每年经济利润的折现值。

经济利润模型定义如下:

$$经济利润 = 投入资本 \times (投入资本收益率 - 加权平均资本成本)$$

经济利润模型的优势在于能突出显示企业的经营活动能否赚回资本成本,它是了解企业任何单独年份绩效的有效衡量工具。上述这两种模型所得出的企业价值的最终结果是相同的。

从价值评估模型可以看出溢价、潜力和可持续性是驱动企业价值的决定因素。通过对企业价值进行评估,企业经营者将全面认识企业经营状况和主要价值驱动因素,了解目前影响绩效的原因,预测未来绩效将向何处发展,并针对企业现状、外部经营环境、价值链中利润分布与转移趋势,制定能有效改善或提升企业价值的措施。

(2)基于价值创造的企业战略管理活动

企业战略设计关系到企业未来发展的持续性和企业价值创造的有效性。从企业价值评估模型可以看到,企业价值取决于企业所创造的自由现金流,而自由现金流由销售增长、销售毛利、税率、营运资本、固定资产投资以及竞争优势的持续时间等因素决定。价值评估提供企业各业务单位的价值创造能力以及潜力的详细资料,基于价值创造的企业战略设计需要高层管理者在公司这一级明确企业经营业务方向,各个经营单位之间的协作关系,以及在不同的业务中分配的有限资源。将资源投入到那些能够在较长时期内增加企业现金流量的业务,对于减少现金流量的业务,甚至可采用出售剥离的方式逐步退出。在经营这一级,战略设计针对行业竞争的激烈性和可兑现期权的专用性,需要经营者通过对企业价值链的分析,对市场吸引力与竞争地位的分析,确定业务单位所处的实际和预期地位,设计对应的业务竞争战略,以提升企业竞争优势的可持续性和竞争策略所带来的收益,只有业务单位未来的现金流的现值大于投入,业务竞争战略才能增加企业价值。

(3)基于价值创造的企业理财管理活动

所有企业的经营都需要资金注入,而资金的使用并不是免费的,企业都要为之付出代价。这种代价被投资者看成是他们提供资金的预期回报率,即资本成本,它由不同渠道资金来源的加权平均值组成。从企业价值评估模型可以看出,只有资本成本低于资本收益率,企业经营活动才能创造企业价值。基于价值创造的企业理财管理活动应围绕企业价值驱动因素,通过努力降低资本成本、提高资本收益率,达到提升企业价值的目的。因此,在企业投资活动中,财务主管应与企业的其他决策者一起,对投资项目进行详细的价值分析,选择资本收益率大于资本成本的项目,以避免缺乏价值创造的投资项目给企业带来毁灭性的灾难。在筹资活动中,寻找一个既能保证融资的灵活性,同时又能够充分利用债务税盾功能的负债比例,使资本成本最小化,目标资本结构最优化。在日常的财务管理工作中,通过对营运资金与固定资产管理控制,努力降低存货、应收账款,提高固定资产的使用效率,加快资金周转速度,降低资本使用成本、提高资本收益率。而对于那些能持续带来溢价的业务,企业应不断加大投资的规模,通过规模效应,使企业价值增值。

(4) 基于价值创造的绩效评价与激励制度

现代企业的一个显著特点是所有权和经营权的分离,经营者从其自身的利益考虑未必遵循企业价值最大化的目标。这种现象在我国有些上市公司中尤为突出。价值管理的一个重要内容是在企业内部处理好高层管理人员、董事会和投资者的关系,制定有效的政策和规则,有效的绩效评估和薪酬制度,使经营者的目标能与股东目标相一致。它需要企业改变过去以短期会计指标作为考核和激励企业经营者的做法,建立以价值为基础的绩效评价制度,引入经济利润作为目标和衡量业绩的方式,将价值驱动因素逐层分解到作业层,建立基于价值创造的业绩评估体系,按照一定比例来计算经营者和员工的货币奖金,并辅以股票期权、职工期权计划,经营者、员工也能分享价值创造的成果,从而使股东、经营者、员工三者的利益在长期价值创造目标下达到协调一致。

价值管理与众多的企业管理方法的区别在于它是以企业生存本质作为逻辑起点,将财务过程与业务过程集成在一起,围绕关键企业价值驱动因素在整个组织中进行战略决策和业务决策,并将价值创造经济指标逐层落实到具体的操作层面上,使企业所有的经营活动都有明确的评价标准,即经营活动能否可持续性创造价值。实施价值管理不仅能保障股东利益,而且也能满足企业其他的利益相关者价值需求,同时整个社会也会因此而受益。

第二节 企业财务集成管理信息系统的基本概念体系

随着经济全球化与信息化,越来越多的企业意识到企业信息化对竞争力的影响,以及其在企业价值创造中的重要作用,从而加大企业信息系统建设或升级的步伐。特别是在企业的价值管理过程中,企业财务集成管理信息系统处于举足轻重的地位。因此,分析企业财务集成管理信息系统的基本概念体系,理解这些概念的内涵与相互关系,对于探讨基于价值创造流程的企业财务集成信息系统的体系结构、构建方法和应用模式具有指导意义。

一、数据

数据概念是在人们对周围客观世界的认识、改造过程中形成的。起初,人类并不知道如何能准确地描述身边的事物,随着生产能力的提高,社会交往的加强,人们逐渐意识到记录事物的重要性。于是人类在劳动实践过程中不断创造出一些有意义的特殊的符号,并以一定的形式将其绘制或刻记在一些自然物质上,记录他们的社会生活中所发生的事件。例如古代人就有用坚硬的石器作为刻具,在石片、石子、骨片或树木躯干上刻画出自己可以体会出来或代表一定数量的标记,来记录某项事物,这些符号是人类最初的原始数据。

社会的发展加剧了社会活动的复杂性,促使人们不断推陈出新,改进这些记录人类社会活动的符号体系和表现形式,使其更能准确反映客观世界中的事物运动本质。新技术出现也使人类不断采用性能更好的存储介质,以利于人类的记录活动,使存放在物理介质上、代表一定意义的这些符号能更准确刻画它所描述的客观世界的事物具体特征和它们的内在联系。

由此,我们可以认为数据是记录在某种媒介物上的可以鉴别的符号,人们通过有意识创造并组织这些符号来记录客观世界的对象、事件、状态以及它们之间的相互关系。

数据概念的内涵,体现为符号性、与存储介质的相关性,以及对客观世界记录的真实性。

首先是它的符号性。作为数据的具体表现形式,符号有多种形式。它可以是数字、文字、图形、声音等等。

其次,数据与存储介质的关系。数据是记录在存储介质上的,不同物理性质的存储介质对同一事物的记录形式可能有很大的差异。例如在纸张和磁盘上记录企业创造利润 1 000 万元这一事件,在纸介质上我们采用约定的文字或数字符号记录即可,并用肉眼就可以识别。如果这个事件记录在磁介质上,则需要以二进制编码来描述事件,并使用特殊装置进行记录,转换后才能识别。在不同存储介质上,数据的描述形式、记录形式、存储形式不同,导致对数据的处理方式有很大不同。

最后,数据记录的是客观事物以及事物之间的联系,描述客观事物以及联系的细节是事物属性和属性值,这些属性与属性值应能正确反映所记录对象的真实状况。例如我们用学历来反映某个人的受教育程度,学历就是描述这个客体特征的一个属性,本科则是这个客体的学历属性的具体值。而当我们描述他的学习情况时,课程与成绩反映个人与课程联系的属性,会计学、85是这两个属性的具体数值,对数据而言,当它完整、真实地记录了某一对象的属性以及属性值时,这些数据才能全面、准确地反映客观事物的特性。

财务数据是一个组织进行经济活动过程中,对这些活动所涉及的资源、事件、参与者的经济特征进行描述与记录的符号,它主要以货币为计量单位,记录这些活动产生的经济后果。

例如:华建公司动用银行存款100 000元人民币购买东方设备厂的一台数控机床。在这项企业交易活动中,企业需要真实记录的华建公司的流动资产减少100 000元,固定资产增加100 000元这一事实。会计编制记账凭证记录这项经济交易:借:固定资产100 000元,贷:银行存款100 000元。这些财务数据以文字和数值的方式记载在存储介质上,以反映企业资产变动、生产能力将提高的这个经济事实。

二、信息

信息是一个含义深刻、内容广泛的概念。研究角度不同,信息的概念有不同内涵。在认识论中,信息被认为是人们对客观事物认识程度的度量;在信息论中,信息被认为是可通讯的消息;在控制论中,信息被认为是人们在适应外界环境,且使这种适应反作用于外部世界过程中,同外部世界进行交换的内容的名称。

在社会经济活动中,面对千变万化的经济环境,人们需要对未来的经济行为进行各式各样的决策。如果决策者所获得的与决策问题相关的资料越多,对未来不确定性的把握就会递增,决策正确性就会提高。

因此,从经济决策的角度出发,信息是一种反映事物本质,帮助信息使用者认识事物运动规律、辅助信息使用者进行决策的有序符号。信息的组成要素是由决策问题所涉及的客观世界的事物集合和事物行为集合的属性集和具体的属性值构成。当信息使用者接收这些符号后,将有利于他的决策行为,减低决策行为可能产生不良后果的风险性。

信息是与信息使用者的决策问题相关联的,信息的价值由其内在特性决定。

信息的内在特征主要有如下几个方面：

1. 信息的客观性

信息是客观事物运动状态和变化规律的反映,其反映的内容是不以人的意志为转移的客观存在。因此,正确地认识和处理信息是正确认识客观事物的捷径。了解信息的这个特性就能更好地利用信息为人类造福。相反,如果信息使用者所获取的这些有序符号不能真实反映客观事物,它不能称作为信息而是噪音或失真信息,它不仅不利于决策行为,反而误导决策,加大决策行为的风险。

2. 信息的价值性

信息之所以能成为人类社会的重要资源在于它的价值性。信息的使用价值具有多样性和相对性。对同一信息资源,不同信息使用者由于决策问题不同,会获得不同信息,产生不同价值。例如电视台每天播出各地的天气情况。如果在夏季气象信息显示该地区气温与往年比较有明显上升,对于一个出行者来说它的价值在于是否决定出行,出行要带哪些物品,以避免中暑。而对于空调销售商而言,该信息价值在于是否决定多进货,赚取更多商业利益。即使针对同样的决策问题,不同信息使用者由于知识素养与思维方法不同,理解处理问题的能力不同,同一信息资源也可能对不同信息使用者产生不同的价值。例如在股市投资活动中,信息显示股指下降时,某个投资者可能认为是一个很好的获利机会而大量购入股票,而另一个投资者可能抛售手中的股票。至于这一信息产生的价值如何,自然与投资者的投资知识和经验判断结果有关。

3. 信息的时效性

由于客观事物的不断发展变化,使反映其变化规律的信息源源不断地产生。对于信息使用者而言,在他所获取的各期信息中,近期的信息往往比过期的信息更能真实反映客观实体的运动形态,与决策的相关性更强。由于信息是有寿命、有时效的,信息的价值会随着时间的流逝而不断递减,因此,无论是信息生产或信息传输都应加快速度,减少信息的滞留时间,提高信息价值。

4. 信息的共享性

信息的共享性是指信息的共用性。在一个组织中,组织成员对实物的共享往往表现为一部分成员使用量提高意味另一部分使用量减少。但信息的共享与实物共享完全不同,信息并不会在使用者之间发生消耗,相反,信息的使用者越多,信息的价值越高。

5. 信息的延续性和继承性

信息不同于物质产品的消耗,它具有延续性和继承性的特点。特别是知识信息,在社会上的作用是深远的,它可以被一代一代地记忆、存贮、传递下去,让人类受益。

在经济活动应用实践中,数据与信息既有联系又存在很大区别。事实上,从信息使用者的角度进行分析,数据所面对的它要反映的客观世界事物,以及事物之间的联系的事实,信息面对的是信息使用者的决策需求,是对记载的数据按使用者的决策需求进行处理的结果。数据记录形式与存储的物理结构有很大关系,它的形态会随着存储介质的不同而表现不同,而信息是面向信息使用者的,信息价值并不随存储介质的不同而不同,但不同存储介质会使信息加工方法发生很大变化。例如要记载某人学历是本科这个事实,将其记录在纸介质上和记录在计算机的磁盘上,其表现形式就截然不同。对数据的管理,即对数据的收集、整理、组织、存储、查询、维护和传输就要充分考虑存储介质的物理特性。但是,对于信息使用者而言,例如一个具体投资者,无论其投资的企业所输出的财务报告以纸介质作为媒介还是以电磁介质作为媒介,只要报表内容一致,这报表所提供的信息对于他来说就是一模一样的,并不会由于表达信息的介质的物理特征不同而对其决策行为产生不同影响。

三、经济信息与财务信息

经济信息是人们对经济活动的状态、特征及其变化过程和结果的具体反映。经济信息产生于人类社会的经济活动,包括人们从事生产、经营、理财等各项围绕经济效益的活动。经济信息由于来自人们的经济实践活动,因而经济信息都是在能够理解该信息价值的人与人之间进行传递。同时经济信息的形成应当按照使用信息的目的和要求进行加工处理。因为这些信息之所以被重视,是由于它能够为提高人们的经济决策水平,改善经济管理工作,以达到提高经济效益的目的而服务。

财务信息是用来表述价值运动状态、特征、变化状况及其结果的信息,是经济信息中最为普遍、最重要的信息。财务信息的最大特征就是借助于货币来表现企业经济活动。这就满足了企业管理者和其他利益相关者在考核企业经济效益时对经济信息的要求,以及为信息使用者的决策行为提供支持。

一个组织的经济活动循环,往往伴随资金流、物流、工作流,会产生大量的数据流。对这些数据源进行不同方式的加工处理,会产生各类信息,财务信息来源于企业会计对经济数据处理的结果。企业会计采用一定的规则与方法,从财务的角度,对组织的经济活动所形成的经济数据进行系统的处理,反映组织的资金运动形态和特性,辅助组织内外的信息使用者决策。财务信息使用者不仅包括组织中的内部人员,还包括组织外部大量信息使用者,在组织中,这些信息使用者的经济利益不同、地位不同、作用不同、行为不同,面临不同的决策问题,而财务信息真实性将直接影响到他们的决策质量。因此,财务信息加工过程就需要有一定的规范要求,以约束信息生产者的数据加工行为,保证输出的财务信息能真实地反映企业实体的资金投入、资产形态转换、权益内部转换和资金退出等财务状况,使财务信息真实可靠、与决策问题息息相关。

那么财务信息处理流程输出的财务信息应具有哪些品质才能更好地满足利益相关者的辅助决策需求?美国财务会计准则委员会在《论财务会计概念》的《会计信息的质量特征》中提出了良好财务信息应具备的质量特征,并将质量特征划分成几个层次。

财务信息的最高质量是"决策有用性"。如果所提供的信息对信息使用者的决策行为无所助益,那么该信息对使用者来说就没有什么价值。但决策有用性是一个十分笼统而广泛的概念,具体地衡量财务信息质量的效用应从它的相关性与可靠性方面考虑。

1. 相关性

所谓相关性是指与决策有关,具有改变决策行为的能力。相关信息则是指与决策者正要处理的事项具有某种关联的信息。这些信息与决策目标相关、能恰到好处地帮助用户为实现其目标而作出"恰当"决策。

美国财务会计准则委员会认为,一项信息是否具有相关性,主要由三个因素所决定,即预测价值、反馈价值和及时性。(1)预测价值。如果一项财务信息能帮助决策者预测过去、现在及未来事项的可能结果,则此项财务信息就具有预测价值。决策者可根据预测的可能结果,做出最佳决策。因此,预测价值作为相关性的重要因素,它具有改变决策的能力。(2)反馈价值。一项财务信息如能被决策者证实或更正过去决策时的预期结果,即具有反馈价值。把过去决策所产生的实际结果反馈给决策者,使之与当初作决策时所预期的结果相比较,即知过去的预期是否有误,将来再作同样决策时可将其作为参考。因此,反馈价值也有助于决策者的决策。(3)及时性。一项财务信息应在失去影响决策的能力之前提供给决策者,信息只具备及时性,不一定能成为相关的信息,但是倘若不及时,相关的信息则肯定会变为不相关。因此,任何信息如果要想影响决策,必须在决策前提供。

2. 可靠性

可靠性是指确保信息能免于错误及偏差,并能忠实反映它意欲反映的现象或状况的质量。信息如果不可靠,不仅无助于决策,而且还可能造成错误的决策。因此,可靠性也构成信息的主要质量。

衡量财务信息的可靠性由三个因素组成,即反映真实性、可核性和中立性。(1)反映真实性。反映真实性是指一项计量和叙述与其所要表达的现象或状况一致或吻合。要想反映真实,必须选用正确的计量方法或计量制度,减少计量方法的偏差,它会使信息更能表达经济活动的真实情况,从而使其更具可靠性。(2)可核性。可核性是指具有相近背景的不同个人,分别采用同一计量方法,对同一事项加以计量,就能得出相同的结果。可核性保证财务信息正确而无偏差。(3)中立性。中立性的含义是在制定或实施各种会计规则时,应当主要地关心所得信息的相关性和可靠性,而不是偏重新规则对特定利益相关者的影响。

此外,财务信息的质量衡量指标还包括:

3. 可比性

即能使信息使用者区别两组经济情况的异同的质量特征。

4. 一致性

即在各时期应使用相类似的计量概念。或某一时期一个企业或会计个体的报表项目中的有关项目应使用相类似的计量概念。

5. 重要性

当某一财务信息被遗漏或被错误地表达时,可能影响依赖该信息的人所作出的判断,则该信息就是重要的。

四、系统

系统这一概念来源于人类长期的社会实践。人类认识现实世界的过程,是一个不断深化的过程。将系统作为一个重要的科学概念来研究的是美籍奥地利生物学家贝塔郎菲。贝塔郎菲于1937年第一次提出了系统的概念,他认为系统是相互作用的诸要素的综合体。此后,系统逐渐地被人们当作一种综合性的学科来看待。随着系统科学的进一步发展,系统的理论和系统的思想在许多领域都得到了广泛的应用。

(一)系统的概念

系统是由若干个具有独立功能的元素构成,这些元素之间相互联系、相互制约,共同完成系统的目标。任何一个系统都是为了实现一定的"目标"而存在,系统的"目标"依靠系统内的"功能"元素来实现,而"功能"则是由一定的组织"机构"来实施,它们之间构成了统一的整体。

当我们在具体研究或构建一个系统时,需要关注以下方面内容:

1. 系统目标、功能分解

根据系统目标以及实现目标的任务的复杂程度,可将总目标分解为一系列相互关联的子目标,构成系统的目标体系。同时为实现这些目标,可将系统按目标要求逐层划分,形成各个子系统以及从属于这些子系统的独立功能元素这就构成了系统的结构体系。在这个体系结构的各节点上,各个功能元素并不是静止的,它们总是处于不断运动状态。

2. 元素之间的关联

在系统体系结构中,各节点的元素不足孤立的,它们相互之间存在着联系,这种联系将表现为上下层元素的联系和相邻要素之间的联系。

3. 优化准则

对于复杂系统而言,子系统最优并不意味系统最优。即系统中各个元素单独所做的输出或贡献之和并不等于系统的总体输出或贡献。因此,系统的优化主要体现在围绕实现系统的总目标,优化各子系统的资源配置以及它们之间的协调关系,调整子系统的运行参数,使系统的运行处于最优状态。

4. 动态适应

系统的状态并不是一成不变的,由于一个系统总是生存在一个更大的系统环境中,当环境发生变化时,系统的结构、功能、运行参数应及时调整,保障系统内部运行始终与外部系统运行处于协调状况。

(二)系统基本特征

从以上分析可以看出,一个系统具有以下的一些基本特征:

1. 集合性

系统是由两个以上相互有区别的元素有机地结合起来实现某一功能的综合体。

2. 整体性

系统为一整体,各元素之间相互联系、相互协调,系统每个部分都要服从总体需要,寻求系统的总体最优,而不是局部最优。

3. 目的性

系统是为明确的目标而存在的,系统各元素所执行的功能都有其明确的目的,它们的连接方式受目标的制约。

4. 相关性

系统内的元素相互联系、相互作用并有机结合在一起。

5. 适应性

系统应具有适应外部环境变化的能力和自我调节能力,并通过系统边界的接口与环境进行沟通与协调。

为便于研究系统,人们对系统进行分类。系统有多种分类方法,按其形成过程分类,可分为人造系统和自然系统;按系统与环境的联系分类,可分为开放系统和封闭系统;按系统组成要素分类,可分为实体系统和概念系统等等。

五、信息系统

信息系统是由具有收集、处理、存储、传播、反馈等相互关联的功能要素组成的,对输入的数据流进行一系列加工处理,为信息使用者输出与决策相关的信息的人造系统。

一个经济组织无论其规模大小,在其运行过程中,都需要源源不断地从外界吸纳经济资源。这些资源在组织内部经过业务流程不断加工变换,为外部市场生产新的产品或提供增值服务,新的价值由此被创造出来。在这期间,伴随组织资源获取、变换、输出过程,物流、资金流、作业流流经组织的业务流程各个环节,并在各作业点上源源不断产生数据流。企业信息系统的任务就是通过对数据流的记录、处理,输出信息,反映经济组织的运行状况,以便信息使用者减少决策行为的盲动性或对其运行过程进行控制,谋求所反映的客体能处于最佳运动状态。

信息系统一般具有以下六个方面的功能特征:

1. 数据的采集功能

数据采集是信息系统数据处理的第一个环节,信息系统输出的信息质量在很大程度上取决于从数据源所采集数据的质量。无论是采用手工或计算机数据处理技术,只要"输入垃圾,输出必然是垃圾"。另外,由于采用信息技术不同,数据的物理表现形式不同,数据采集方式也有很大的差别。

对客观事物描述详尽程度与信息使用者的信息需求有很大关系,并影响数据采集量。如果客观事物的属性描述不尽详细,则数据采集量会减少,但可能会导致输出与决策相关的信息量减少。相反,如果对客观事物属性描述得过于详尽,不仅数据的采集成本高,也可能使信息使用者陷于数据的泥潭中。因此,在了解信息使用者的信息需求基础上,应从成本效益原则的角度,选择一个合适的数据描述水平,使信息系统的数据采集作业经济合理。

2. 数据处理功能

数据加工处理是实现信息系统目标的重要环节。它的任务是将采集输入到信息系统的数据,按照一定的步骤、方法进行加工处理,生成适合一定用途的信息。在信息系统中,每个数据处理模块输出的结果有三种流向,即作为信息提供给信息使用者,作为中间结果存储在存储介质上为下一步的信息处理做准备,或直接传递到下一环节的信息处理模块进行处理。

3. 数据存储功能

数据存储是指对获得的数据或加工后的数据暂时或长期保存起来。存储介质的物理性能决定数据的存储形式和数据访问效率,存储介质的每一次变革,对信息系统的数据加工手段和方法会产生深远的影响。

4. 数据传输功能

数据传输是指采用一定的方法和装置,实现数据从发方到收方的流动。它通常包括在组织系统内部各子系统之间的数据传输,以及系统与外界的信息交流的传输。在数据的传输过程中,我们应尽量畅通数据传输信道,提高信道数据传输速率和抗噪音干扰能力,确保数据在传输过程中不失真。

5. 信息输出功能

信息输出功能是指按使用者的信息需求,将处理后的数据以一定的信息载体和相应的显示格式,通过数据传输信道,及时、准确地将信息提供给信息使用者,以辅助其决策。

6. 信息反馈功能

信息系统的反馈是指通过设置业务流程的控制点和相应的控制参数,信息系统实时采集与业务流程控制点相关的动态数据,经信息处理模块处理后,反馈到控制点上与控制标准数据比较,如果差异在控制范围外或临界位置,并有突破的趋势,及时报警,并通过人工或自动方式控制业务系统运行。

六、财务集成管理信息系统

企业的财务活动是企业再生产过程中的资金运动,表现为资金形态的不断转化和增值的过程,即资金的筹集、运用、耗费、收回及分配等一系列行为。从整体上讲,它包括筹资活动、投资活动、资金营运活动、分配活动。财务管理是基于企业再生产过程中客观存在的财务活动和财务关系而产生的,是组织企业财务活动、处理企业同各方面的财务关系的一项企业经济管理工作,是企业管理的重要组成部分。它的基本特征是价值管理、职能具有多样化、内容具有广泛性、是一项综合性管理工作。

财务信息所提供的是企业再生产过程中的资金运动信息。货币计量方式是企业财务信息的最大特征,提供财务信息的主要目的是满足企业内部和外部利益相关者的决策要求。

财务集成管理信息系统是为经济组织的利益相关者提供决策所需的经济和财务信息、履行报告受托责任信息,并融合企业财务管理活动,与企业业务系统的信息处理集成,对企业的筹资活动、投资活动、资金营运活动、分配活动、企业绩效评价提供信息支持、管理控制、辅助决策的经济信息系统。它应用现代信息处理技术,运用专门的会计核算方法、财务管理方法,以货币为主要的计量单位,对组织的经济活动所形成的财务数据进行全面、系统、连续的收集、确认、计量、记录、处理,以及时、符合成本效益原则的方式,在为信息使用者输出充分的、符合质量要求的、以财务性质为主的经济信息的基础上,提供对企业财务全过程的管理与辅助决策支持。

财务集成管理信息系统的使用者不仅包括组织内部的,而且包括组织外部的信息使用者(股东、债权人、财务分析人员、政府机构和对此感兴趣的社会团体及潜在的投资者)。随着经济环境的变化,财务信息使用者不仅需要组织的财务信息,而且期望财务集成管理信息系统能大量提供非财务信息,如存货周转率等。不仅需要提供企业内部的财务信息,而且还需要提供企业经营环境的经济信息、竞争对手的经济信息、合作伙伴的经济信息。

因此,与传统的会计处理系统比较,财务集成管理信息系统在原有会计信息系统的基础上扩展了输入的数据源,并与业务信息系统进行无缝连接,信息业务处理也比以往更为复杂,对提供的财务信息种类、品质有更高的要求。因此,在设计财务集成管理信息系统的信息处理流程时,首先要明确什么样的财务信息对使用者的决策是恰当的,这样财务管理信息系统才能有效收集相关财务数据,进行合适的加工处理,最后才能清楚并及时表达财务信息,以便使用者根据这些信息做决策,并通过财务集成管理信息系统对业务过程、财务过程进行管理与控制。

以计算机信息技术为主要数据处理手段的财务集成管理信息系统,是一个人机相结合的系统,是人和信息设备等资源的有机集合体。由财务会计人员、计算机硬件、计算机软件、内部控制制度等要素组成。随着信息技术的高速发展,在财务管理的信息处理过程中引进了互联网技术、通讯技术、数据仓库技术,并与组织的其他管理系统有机结合在一起。

借助计算机信息处理技术进步的成果,财务集成管理信息系统经历不断重构与整合的变革,以满足不断增长的财务信息需求。在财务集成管理信息系统内部,将财务会计核算方法、管理会计方法以及财务管理的数据处理方法有机集成在一起,并与企业的业务系统紧密结合在一起,达到业务与财务一体化。在企业外部,财务集成管理信息系统通过互联网与供应商、银行、客户等外部实体连接起来。实现企业整个价值链的会计核算与管理的信息化作业。由此,现代企业财务集成管理信息系统概念大大突破传统会计核算系统的边界,它的功能覆盖了会计核算、财务预算与控制、财务战略决策与绩效评价、财务辅助决策,应用范围覆盖到企业整个价值链。

信息技术改变了企业传统经济数据的收集、处理、发布方式,对传统财务的信息处理模式、管理模式提出挑战。全面认识财务信息化对财务管理的冲击,研究信息化环境下财务管理的创新思路,将有助于推进企业财务管理信息系统应用研究与财务信息化实务的创新和发展。

七、企业管理信息系统

管理信息系统(MIS)为组织的管理层服务,目的是满足组织中各不同层次的管理者的信息需求。管理信息系统是一个以人为主导的,以计算机硬件、软件、通讯网络以及其他办公设备为基本信息处理手段和传输工具,进行信息的收集、传递、加工、储存、使用、更新和维护,为企业高层决策、中层控制、基层运作提供信息服务的人—机系统。

一般来说,管理信息系统的内部组成要素并按职能划分,包括财务、营销、制造、人力资源、供应等子系统。每一子系统由输入、处理、输出三部分组成,这些子系统相互联系、集成在一起。管理信息系统对大量的数据进行有效的处理与管理,使企业原来需要人工处理的大量的烦琐事务由计算机完成,有效为各层的管理者了解日常的业务,以便进行既有效又高效的决策制定、组织、计划,最后达到组织的目标提供管理信息支持。

八、决策支持系统

决策支持系统(DSS)是计算机在经济领域的一个很重要的应用方向,它是在管理信息系统(MIS)基础上发展起来的,主要将计算机强大的逻辑分析与判断能力用于决策领域。MIS是利用数据库技术实现各级管理者的管理业务,在计算机上进行各种事务处理工作。DSS则是要为各级管理者提供辅助决策的能力,解决半结构化、非结构化的决策问题提供有力支持。

传统的决策支持系统通常由数据库子系统、模型库子系统、方法库子系统和对话生成子系统组成。以模型库子系统为主体,通过定量分析进行辅助决策。其模型库中的模型由数学模型扩大到数据处理模型、图形模型等多种形式,从运筹学、管理科学的单模型辅助决策发展到多模型综合决策。在20世纪80年代末90年代初,决策支持系统与专家系统结合起来,形成了智能决策支持系统。它将定性分析和定量分析辅助决策的决策支持系统相结合,进一步提高了辅助决策能力。到了20世纪90年代,数据仓库技术出现,进一步推进了决策支持系统的发展。将数据仓库、OLAP、数据开采、模型库结合起来形成的综合决策支持系统,是更高级形式的决策支持系统。其中数据仓库能够实现对决策主题数据的存储和综合,OLAP实现多维数据分析,数据开采用以挖掘数据库和数据仓库中的知识,模型库实现多个广义模型的组合辅助决策,专家系统利用知识推理进行定性分析。它们集成的综合决策支持系统,将相互补充、相互依赖,发挥各自的辅助决策优势,实现更有效的辅助决策。

第三节 基于持续价值创造的财务集成管理信息系统的新特征

一、价值管理与财务集成管理信息系统的融合

价值管理属于管理学的范畴,它提供了一种全新的管理理念。价值管理着眼于企业价值"增值"。企业价值是考虑风险后的未来现金流的折现值,企业价值最大化反映了企业经营、理财和公司治理三个领域的综合价值创造能力,是企业素质和企业市场竞争力的集中体现。与其他管理模式不同,价值管理主要特点表现为:(1)"现金流量为王"原则。衡量企业优劣的标准不是会计利润,而是长远现金流回报。(2)价值创造是通过获取高于资本机会成本的投资收益实现的。(3)企业价值由一系列价值因素驱动,企业必须对每项业务主要价值驱动因素有透彻认识。(4)企业组织设计与文化建设应能强化员工价值创造意识。

财务集成管理信息系统与价值管理的融合主要集中在反映与控制企业价值活动输出的价值。价值管理将企业所有的活动集合在价值创造的目标下,为利益相关者创造价值。与此相对应,财务会计最需要反映的是经营过程各个环节创造价值的经济信息,这些信息是所有企业利益相关者共同关注的,直接影响他们的决策与控制行为。同时,将价值活动作为财务管理信息系统的研究基点,不仅可以使以往各类财务管理信息系统的研究视角落实在企业最核心问题——价值创造上,来达到统一的认识,而且可以借助价值管理的研究成果,探讨现代财务集成管理信息系统的理论体系、概念框架、系统结构,从新的角度构造财务集成管理信息系统,开拓财务集成管理信息系统变革的思路,

丰富财务信息化理论。

财务集成管理信息系统与价值管理的集成方式主要体现在财务信息流程与价值管理流程的交融。价值管理的管理流程由决策、规划、组织、执行、控制、评价活动组成,关注的是企业经营活动能否使企业增值,它势必要追踪企业资源获取、分配、变换、价值实现的全过程的价值活动。企业所进行的战略决策、企业产品价值分析、企业价值链的价值分析,直至企业价值挖掘等一系列价值管理活动,必须依赖企业财务管理信息系统收集、记录有关价值活动的经济数据,提供相应的财务报告。

显然,要使财务信息流程与价值管理流程集合在一起,财务管理信息系统应从反映会计要素向反映企业价值活动扩展,记录价值链的财务数据。同时还要以价值活动事件驱动的方式而不是以会计账户方式来重构财务信息模型,组建新型财务数据库系统存储价值活动经济数据,为价值管理活动输出各类财务报告。这样,在业务操作层面,财务信息系统就能提供详尽的价值创造信息,帮助管理人员识别活动的增值性,优化流程,提高效率。在战术层面,财务信息系统对整个价值链进行价值活动分析、价值驱动因素分析,编制更为合理的预算控制指标进行作业控制与绩效评价。在战略决策层面,通过业务单位价值、企业价值评估与分析等数据处理方法,揭示经营项目的盈利能力与持续价值创造能力,支持企业战略决策。

二、基于持续价值创造的企业财务管理信息系统新特征

1. 构建价值事件驱动的财务信息模型

"事件驱动(event driven)"原本是一种计算机术语,是指当某一特定事件发生时,将立即触发程序指令开始执行对应工作。而当作为一项财务信息处理的术语时,是指经济实体的一项业务一经发生,就会触发财务信息流程进行记录、维护更新、报告的活动。

基于价值事件驱动的财务信息模型以价值活动作为企业财务管理分类的最小单元,系统地描述业务流程的每一价值活动事件(event),以及这些事件涉及的资源(resource)、参与者(agent)和地点(location)的经济属性及价值活动之间经济联系属性,全面反映企业经营全过程的资源消耗与价值创造。以这种方式构建财务信息模型,改变了以会计科目以及它们之间的钩稽关系作为建模依据的传统方法,使财务信息模型能覆盖企业所有价值活动区域,更为科学地概括企业价值活动的经济运行本质,为业务流程、管理流程、信息流程协同作业奠定基础。以此信息模型为背景建立的财务数据库,是基于价值事

件驱动的而不是基于信息用户的某一具体应用视图的,因此,只要价值活动一发生,就能在财务数据库中系统记录下价值活动的经济事件,及时维护、更新价值活动关联的企业资源、参与者的经济数据,使财务数据真实地反映企业价值活动运动轨迹以及参与者与价值活动的经济关系。由于信息模型紧紧抓住了事物价值运动的本质特征,由此构建的数据库可以支持多种会计报告生成。

2. 以企业价值链为主线,改进财务管理信息系统的信息流程

价值链是企业为利益相关者创造价值所进行的一系列活动的总称。Michael E. Porter 在《竞争优势》一书中将价值链分解为战略相关基本活动和辅助活动。基本活动包括内部后勤、外部后勤、生产经营、市场营销、服务辅助活动包括采购、技术开发、人力资源管理、企业基础设施建设。企业价值链不仅连接着顾客、供应商、合作伙伴,而且还连接着影响企业市场经济行为的外部实体,如竞争者、政府机构、行业协会等。价值链的经济信息直接或间接反映了环境变量对企业经营过程的影响力度,以及企业环境应变能力和持久价值创造能力,这些信息与企业价值管理息息相关。

在价值管理模式下,财务集成管理信息系统的信息流程再造以企业价值链为主线展开,具体改进内容包括:

(1)反映价值链的价值流。财务管理信息系统需要从筹措资金流程,获取生产资源与支付现金流程,资源变换流程,销售商品、提供服务与收取现金流程,辅助作业流程中识别价值活动,界定这些价值活动的种类与经济属性。当价值活动发生时,就能分门别类详细地收集各类价值活动的经济数据、影响价值创造的外部环境作用力的经济信息,然后依次对价值活动的经济行为与后果进行确认、计量和记录,反映价值链的价值流。

(2)进行价值活动的多维经济分析与评价。主要通过对存储在财务数据库系统的价值活动经济数据进行多维的价值相关性分析,这些分析包括企业价值链分析、企业价值评估分析、活动绩效分析、现金流分析、价值活动风险分析、业务单位价值创造能力分析等,使输出的分析报告有效支持价值管理的决策活动,达到企业经营战略决策、投资项目决策、资本结构优化决策、业务流程优化等决策行为与价值链的价值创造活动紧密结合在一起的目的。

(3)增强价值链活动的管理控制功能与绩效评价。在财务管理信息系统内部建立价值驱动因素的量化经济指标体系,并将其融合到企业预算编制过程,使它们成为价值链的价值活动的控制标准。这样,价值活动事件发生后,就会触发会计信息系统的控制功能,对价值链实施实时控制,对企业价值活动的结果进行绩效评价。

第四节 财务信息化对企业财务管理的冲击

一、信息化推进企业变革

自20世纪90年代以来,信息技术,尤其是以Internet为核心的网络技术的发展,不但改变了人们的生活方式,而且影响了经济增长方式、市场竞争规则和企业的运行模式。信息化推进企业的变革,主要表现在以下几个方面:

1. 企业组织结构趋向扁平

计算机网络改变了信息传递方式,使企业组织结构由多层型变为水平型,原来起上传下达作用的中层组织机构被削弱或消失。通过计算机网络的信息沟通渠道,高层决策者可以与基层执行者直接联系,基层执行者也可以根据实际情况及时进行决策。分工过细已不太适合企业发展,把相互关联的作业进行整合成为大势所趋。

2. 新的管理模式出现

信息技术与自动化技术使生产过程自动化,并推动新的管理模式广泛应用,企业可以利用信息技术进行业务流程重组(BPR)和实施企业资源计划(ERP)。

3. 企业供应链更多依赖网络

随着网络技术的不断完善和互联网的广泛普及,企业的物资采购和产品销售将更多地依赖网络进行。电子商务(E-Business)、电子数据交换(EDI)、网上银行将是供销中常用的方式和结算手段。此外,通过网络,企业还可以与合作伙伴建立虚拟企业(virtual corporation),实现动态联盟。企业的竞争力、价值创造能力与企业整体价值链的协作企业紧密联系在一起。

二、财务信息化对财务管理的冲击

企业信息化使财务信息系统与企业业务信息系统紧密集成在一起,它不仅改变了传统财务数据处理方式,而且冲击了传统财务系统内在要素间的结构与运行模式。财务信息化对企业财务管理形成的冲击主要体现为:

1. 对财务管理的观念与目标的冲击

财务管理的观念是指导财务管理实践的价值观,是思考财务管理问题的出发点。随着信息技术的广泛应用,财务管理环境的变化,企业财务管理人员需要有一定的知识管理观念、风险管理观念、价值观念、创新精神和创新能力。从以往注重固定资产等有形资产转化到对知识资本和人力资本、信息资源等无形资产对企业价值创造的作用。

企业财务管理目标反映了企业理财的价值取向,企业财务管理目标与经济发展紧密相连,并随经济形态的变化和社会的进步不断变化。新的经济形态以及信息化跨地域与时空,使企业的利益相关者与企业联系更加紧密,也使财务管理目标发生变化。

2. 财务管理面临的信息化风险

财务信息化使财务管理的环境复杂化,企业必须考虑更多的由于信息化带来的风险因素,提升企业规避风险的能力。

例如财务管理的网络安全问题。网络安全问题是传统财务管理模式面临的严峻问题之一,包括网络传输数据、信息的安全性及可靠性,信息、数据传递者和接收者的确认,以及网上交易的一些风险问题。企业财务信息经济活动是在互联网体系下进行的,可能受到的攻击点增多,如果没有考虑连接到互联网后进行财务数据传输时的安全威胁,则一旦遭到破坏或冲击,可能造成不可估量的损失。

3. 对财务管理方式的影响

在财务信息化环境下,要求财务管理从管理方式上,能够实现业务协同、远程处理、在线管理、集中式管理。从工作方式上,要求能够支持在线办公、移动办公等方式,真正突破时间和空间的限制,使企业财务管理变得即时和迅速。

4. 对企业财务管理组织结构的冲击

"金字塔"式的财务组织结构的缺陷主要表现在:第一,这种组织结构会随着企业经济活动量的增加使财务管理组织机构层次增加、人员不断膨胀、财务管理成本不断加大、财务信息时效性和可靠性降低、监控能力弱化、效率低下,缺乏创新和灵活性。第二,这种传统的金字塔式的等级信息传输、决策实施进度缓慢,抑制了企业的快速反应及决策能力,不能适应快速变化的网络环境,不利于企业保存较强的竞争力。第三,这种组织结构等级制度森严,无法发挥个人的创造性劳动,限制了员工的创造性思维。

随着财务信息化,传统企业财务管理组织结构已不适应信息化需求。企业财务机构的设置应是管理层次及中间管理人员少,并具有灵敏、高效、快速的特点,在各种企业内部、上下级之间、各职能部门之间的信息联系更加密切、广泛、直接和及时。

5. 对企业财务人员素质的要求

信息化对企业的财务人员的素质提出更高的要求。企业财务人员不仅要具备现代理财知识,不能只停留在对企业日常的会计核算进行简单处理上,还应具备应用信息技术进行深度数据分析能力,具有融合财务过程与业务过程,对业务过程进行管理与财务控制,评价企业绩效的能力。

总之,面对新的经济环境与信息化进程,财务管理作为企业管理的重要组成部分,不可避免地要面对财务信息化的冲击,做出改革以适应新的经济环境与信息技术革命,在企业价值创造过程中发挥应有的作用。

第 2 章

企业财务集成管理信息系统的框架结构与创新思路

第一节 企业价值链的业务流程、管理流程、信息流程

价值管理的最终目标是实现企业价值最大化。在这个过程中,企业为了能可持续创造价值,通常通过价值链的分析,进行业务流程、管理流程、信息流程的不断改进,达到最佳的协同境界,实现企业的目标。

一、企业价值链

1. 价值链

价值链一词最早是由迈克尔·波特(Michael E. Porter)于1985年在其所著的《竞争优势》一书中提出。波特认为价值链是企业为了创造顾客价值而进行的一系列作业。波特将价值链描述为:一个公司用以"设计、生产、推销、交货以及维护其产品"的内部过程和作业。将企业作为一个整体来看无法认识竞争优势,竞争优势来源于企业在设计、生产、营销、交货等过程及辅助过程所进行的相互分离的业务活动。这些活动包括内部后勤、外部后勤、生产经营、市场营销、服务,辅助活动包括采购、技术开发、人力资源管理、企业基础设施。波特描述的价值链如图2-1所示。

迈克尔·波特关于价值链概念的主要观点如下:

价值链分析以价值为基础。一个企业的价值链都是由以独特方式联结在一起的九种基本的活动构成的,一定水平的价值链是企业在一个特定产业内的各种活动的组合。各种战略性相关的活动被称为价值活动。价值活动是企

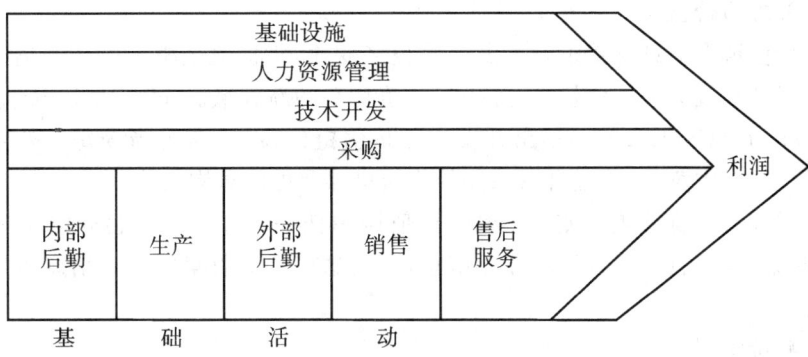

图 2-1

业创造对买方有价值产品的基石。每一种活动都会对企业的价值链产生影响,这些相互联系、相互影响的价值链活动共同为企业创造利润,从而形成企业的价值链系统。

企业内部价值链所处的整个价值系统对于获取和保持竞争优势十分重要。企业与其上下游的供应商、分销商、顾客之间彼此关联、相互影响制约。价值链将一个企业分解为战略性相关的许多活动,已体现在价值系统的更广泛的活动之中。

在同一产业中,不同的企业具有不同的价值链;对同一企业而言,不同的发展阶段有不同的价值链。竞争者价值链之间的差异是竞争优势的一个关键来源。

2. 价值链的扩展

Peter Hines 把迈克尔·波特的价值链重新定义为"集成物料价值的运输线",与传统价值链相比,Hines 把原材料和顾客纳入他的价值链,把顾客对产品的需求作为生产过程的终点,利润作为这一目标的副产品,而波特所定义的价值链只停留于把利润作为主要目标。Jone Shank(1992)和 Vijay Govindarajan(1993)所描述的价值链扩展了波特的范围。他们认为:"任何企业的价值链都包括价值生产活动的整个过程,这个过程包括从最初的供应商手里得到原材料直到将最终产品送到用户手中的全过程"。同时,企业必须对居于价值链相同或相近位置的竞争者进行充分的分析,并且制定出能保证企业保持和增强竞争优势的合理战略。他们将价值链的分析方法与财务信息相结合,计算出价值链的每个阶段的报酬率和利润,从而确定企业的竞争优势。

3. 虚拟价值链

价值链在信息技术影响下发生了很多变化,将价值链模型应用于信息系统并将其扩展为虚拟价值链,开拓了竞争优势的新领域。Jefferey F. Rayport 和 John J. Sviokla(1995)提出开发虚拟价值链的观点,认为当今每个企业都在两个世界中竞争:管理者可感知的物质世界及由信息构成的虚拟世界,电子商务成为新的价值增长点。[①] 虚拟价值链中任一阶段创造价值包含五项活动:收集、组织、选择、合成和分配信息,通过这些活动收集的原始信息可以增加价值。

4. 价值网

Mercer 顾问公司的著名顾问 Adrian Slywotzky 提出价值网概念,他指出由于顾客的需求增加、因特网的冲击和市场高度竞争,企业应该从传统的供应链转变为价值网。[②] 价值网是由战略联盟或虚拟企业构成的网络,它经常改变形状:扩大、收缩、增加、减少、变形。价值网以顾客需求为中心,帮助企业为顾客提供优质产品和服务,减少经营成本。

5. 价值链在企业价值创造中的作用

企业的价值创造是由一系列经营流程的活动相互作用完成的。这些活动相互连接,将输入的资源一步步地加工变换,直至最终为客户输出增值的产品与服务。由这些流程的活动所形成的一条不断增值的途径,构成企业的价值链。

我们可以把企业的价值链看成是从供应商开始直到客户价值实现的一系列战略性相关的价值增值活动组成的相应流程。这些相互影响和制约的,多要素、多层次构成的,具有生产过程和管理过程、信息过程的价值系统,将企业内部生产协作和外部的供应商、分销商、顾客、战略联盟伙伴等共同组成完整的企业价值链系统。因此,对企业价值创造流程的分析,不仅要从企业内部价值链的各个环节、各项活动及流程等进行价值分析,也要从企业外部视角,对企业的供应商、客户进行价值评估和分析。

企业价值链是连接利益相关者关系的纽带。为了使企业具有稳定、高质量的原料输入渠道与畅通的产品销售渠道,企业就会考虑供应商、分销商等合作伙伴的利益,降低价值链的物流成本,实现企业价值创造。通过将员工薪酬

---

① Jeffey F. Rayport and John J. Sviokla. Exploiting the Virtual Value Chain. *Harvard Business Review*,1996

② Adrian Slywotzky 著. 凌晓东译. 发现利润区. 中信出版社,2000

与其业绩建立联系,促使员工努力工作,降低价值链的作业成本,达到价值增值的目的。此外,为了使企业持续创造价值,企业还会增加研发投资,增加环保支出,投资公益事业,提升企业的社会价值,使企业持续发展,实现价值最大化目标。

总之,通过内外部价值链流程的有效运作,使各流程绩效得到改善,企业相关者的利益将在企业追求价值最大化的目标过程中得以实现。

二、业务流程

1. 流程的定义

什么是流程?如果我们仔细观察日常到商场购物的过程,"进入商场——挑选商品——开票——付款——提货——离开商场",同时注意到这些活动存在一定的先后次序,就可以理解流程的概念。

流程是为实现某一结果而有意执行的一系列连续的活动。哈默在《改革公司》一书中将其定义为:"一系列的活动,这些活动组合在一起,产生对顾客有价值的结果。"

事实上,无论是消费者购物过程还是企业经营过程,流程无处不在。表现形式可以归纳为需求与供应的一般形式。具体就企业的业务而言,一般情况下,流程是由一系列单独的、独立功能的活动组成,使输入的资源经过流程后变为需求者所需的一个增值的输出的全过程。Davenport 和 Short 认为流程是为特定顾客或市场提供特定产品或服务实施的一系列精心设计的活动,流程强调的是关注任务如何在组织中完成,相应的流程具有两个重要的特征:一是面向顾客,包括组织外部的和组织内部的,二是跨越职能、分支机构或子单位的边界。根据上述思想,他们将业务流程定义为"为达成特殊业务成果目标的一系列有逻辑相关性的行为"。

不同企业有不同的价值链,对价值链的一系列活动按照所要执行的任务进行分类并进行组织,由此而形成了企业的业务流程。企业正是通过这些业务流程将输入的资源转化为顾客所需的产品与服务,在为顾客创造价值的同时实现企业价值最大化目标。

2. 企业经营的业务流程

尽管企业从事的经营活动千差万别,但从企业资金运动角度分析企业价值活动,可以看出其固有的规律性。总括地说,企业价值链的业务流程活动包括获取企业经营所需的资金、用这些资金进行投资(包括企业内部资金的配置与外部投资)、组织生产经营、对创造的价值(收益)进行合理的分配。

为了实现企业价值最大化的经营目标,企业首先需要从投资者、债权人处筹措生产经营所需的资本金。用这些资金进行生产项目的投资,从供应商处购买生产资料,然后加工生产成产成品或提供增值的服务产品,通过销售渠道将产品输送到企业的客户端,直至客户支付现金购买产品或服务。在这个过程中,不仅要实现产品价值,更重要的是这些活动的参与者都能实现他们的各自价值。

因此,从企业经营过程中资源流动的视角观察企业价值链的一系列业务活动,将这些活动的业务流程划分为:

(1)筹措资金流程;

(2)投资流程;

(3)获取生产资源与支付现金流程;

(4)资源变换流程;

(5)销售商品、提供服务与收取现金流程;

(6)业绩评价与利益分配流程。

企业经营需要资金注入,在筹资业务活动中,财务人员分析企业经营活动所需资金量,编制筹资计划,并通过对金融市场的分析确定筹资决策,例如向银行借款、发行债券或股票,谋求以较低的资本成本筹措企业营运所需的资金。

获取生产资源与支付现金业务过程的目标是以最合理的现金流出获取企业经营活动所需的各类资源,如人力资源、生产设备、加工的原材料等生产资料。资源变换业务流程的目标是将获取的资源高效地转变为市场所需的产品与服务,而销售商品、提供服务与收取现金业务流程的目的是向目标市场顾客有效地提供产品和服务,并及时收取货款,加快现金流入,实现企业经营的价值。最后,通过合理的绩效评价机制,在利益相关者之间分配价值链活动所创造的价值。

在企业业务流程运行过程中,是否能获取超额的价值回报的关键在于整个经营循环中资金流、物流的流量和流速及其运行的效率与效益。它们与企业规模、发展速度、管理水平有密切关系。因此,提升对这些业务流程的管理水平,通过使用信息技术和人力资源管理技术,形成合力,对业务流程进行创新,提高资金流、物流的规划与控制能力,改善管理、信息、技术、组织结构与员工关系,使企业价值链的业务流程在运行成本、响应速度、质量、顾客满意度等方面具有竞争力和持续的价值创造力。

最后,通过企业绩效评价与利益分配机制,使企业利益相关者都能在企业价值创造过程中获得各自的收益。

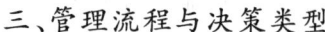

三、管理流程与决策类型

(一)管理流程

为达到企业经营目标,管理就成为有效配置企业的资源,组织、协调业务流程有序作业必不可少的活动。哈罗德·孔茨在《管理学》一书中提出:管理就是设计并保持一种良好的环境,使人在群体中高效率地完成既定目标的过程。

企业的管理流程的活动大致可以分为计划、组织、执行、控制、评价与激励。

企业计划是经营者通过收集的信息,进行价值链分析,识别可能的经营机会,评价每个可能机会的相关风险,并对未来的企业业务活动的目标、活动的内容作出具体安排。管理最主要的任务是努力使企业组织的每个人理解组织的总目标和一定时期的目标,以及达到目标的方法。如果要使集体的行为有效,那么大家一定要明白期望他们完成的任务是什么。计划就是通过选择任务与目标,以及完成任务与目标行动的决策过程,将现在与未来要达到的目标有机连接起来,并使执行者能知晓每个时期做什么以及要做到什么程度。具体计划编制工作包括识别机会、确定目标、拟定前提条件、确定、评价可供选择的方案、选择方案、用预算使计划数字化。

组织主要涉及两类工作:一是根据企业的经营目标与计划进行组织机构设定或调整;二是对业务流程的活动进行组织,即为了有效实现共同的目标和任务,合理确定组织成员、任务以及各项活动之间的关系,优化业务过程的作业效率,对实现目标所需的资源进行合理配置的过程。在具体管理过程中,组织工作首先必须明确为实现目标所必需的各种业务活动并加以分类,这关系到组织中的职位或岗位的设计。其次将这些业务活动进行组合而形成可以管理的部门和单位,不同组合方式形成各种不同的组织结构类型。为组织结构授权,明确在组织结构中人员的目标、活动范围、职责、权利,最后通过对组织结构中的横向协调与纵向协调制定规则,使组织成为一个精干高效的有机整体。

执行的活动主要是在组织中指派员工执行预先制订的计划,完成每一项业务活动规定的作业。

控制活动是将执行的结果与预算的计划指标比较,通过反馈的信息进行预算差异分析,通过对实际发生额与预算限制额进行比较分析,及时发现预算的有利差异和不利差异,并采取相应措施,纠正控制业务活动不利偏差,使之符合预算的目标要求。

评价与激励活动是在每一经营计划期,评价业务活动的效率与经营成果,对管理人员、业务人员的业绩进行绩效评价与物质和精神的激励,增强员工的归属感、认同感和价值满意度。同时在不断总结经验基础上,提升下一轮管理活动水平。

(二)决策类型

企业管理的对象是企业业务流程所涉及的各类资源、事件、参与者,使作业活动的结果能达到预定的目标。按照西蒙的观点,管理就是决策。无论企业的规模大小、组织结构如何,管理人员都需要对企业业务流程的运营状况进行分析,管理流程中的计划、组织、执行、控制、评价等每项活动都会涉及决策行为。只是在组织结构中,不同的管理人员所管辖的范围不同,面临的风险类型不同,决策问题的性质不同,他们的决策类型大体上分为业务管理决策、经营控制决策、战术决策、战略决策。

1. 业务管理决策

业务管理决策主要是对企业获取与支付、变换、销售与收款业务流程中最基础的业务活动进行决策的行为。如涉及订货、接收与发出原材料、招聘和培训员工及支付工资、组织生产过程、销售和支付商品与劳务。它直接与顾客、供应商、销售商、企业内部员工日常作业发生联系。涉及的决策问题大都是结构化的。管理流程的决策的内容更多体现为如何定义标准的操作程序,描述业务操作与控制步骤,指导如何进行交易或事项活动。决策依据的信息大部分来自历史的交易数据和预先设定的标准评价参数。

2. 经营控制决策

经营控制决策通常包括那些试图控制、监督和改善发生在业务流程层面的作业效率和效益。它通过对历史数据和预测数据的组合,设置"预算"标准,并与实际成果进行比较,反映差异,监督产量和存货量、产品成本,以及保持企业可接受的业绩水平。

3. 战术决策

战术决策涉及如何取得和分配必需的资源,以实现企业组织确定的总目标与计划。这一层面的决策包括人员计划、采购计划、销售计划、设备购买、维修计划、筹资计划等涉及资源获取与分配的决策,根据经营控制层面所取得的信息,可以对资源分配作战术上的改变。尽可能有效地计划与控制组织可获取资源,保障组织目标的实现。

4. 战略决策

决策的最高层次常常被认为是战略决策,涉及确立组织目标,明确各种资源的需求和局限性,建立业绩评价指标,协调与所有者的关系。这一层次的决策涉及企业外部环境机会的分析、价值链分析、企业面临的威胁、企业需要改善的经营能力等内容。主要分析与企业有关的环境的数据,需要处理半结构化或非结构化的决策问题。如企业采用的竞争策略、市场营销策略、新的生产技术、明确企业现在或未来在市场中的位置。

管理的核心是决策。管理人员在计划、组织、执行、控制、评价与激励的过程中需要做出各项决策。无论哪类的决策都需要信息支持,只不过是从业务管理决策到战略管理决策,决策所需的信息从偏重内部到外部,数据的精度从偏重明细到汇总,信息的结构化程度从高到低。当管理者掌握的信息资源充分时,正确的信息就会减少决策行为的失误,降低经营风险与财务风险。

四、信息流程及其在企业价值链的作用

(一)信息流程

企业持续经营活动使物流、资金流源源不断流经业务流程的各个作业,资本形态或物质形态在其中被变换和被加工。业务流程的一系列作业在不断消耗资源的同时为市场输出商品与服务,为了定量描述这个过程的物流、资金流、作业流的状况,产生了信息流程。

信息流程主要由维护更新、记录、报告活动组成。

企业任何业务活动都会涉及资源、参与者、地点等信息。信息流程中维护、更新活动的主要工作是通过对企业组织所涉及的资源、参与者、地点、作业方式、作业方法等属性的描述,并在计算机数据库应用系统,建立存放这些实体的数据文件,将这些实体的属性值输入存储到各自的数据文件内。当企业经营的变化导致这些实体发生变化时,及时更新这些数据文件记载的数据,它们构成企业信息流程的基础数据。

记录活动是信息流程中最频繁的活动。伴随着资金流、物流在业务流程的流动,在每个活动中产生数据流。信息流程的记录活动就是真实记录这些活动所涉及的资源、参与者、地点、时间等数据流的数据,反映现实的业务活动是如何进行的、活动的顺序、活动的结果,以及投入产出所涉及的实体的经济关系。这些数据以一定的方式组织,并以一定的格式输入、记录到数据库的事务文件。

报告活动是信息流程为信息使用者提供决策相关信息的活动。企业的信息使用者由企业利益相关者组成,不同的利益相关者在企业组织中的位置不同,与企业的利益关系不同,所承担的责任不同,决策的类型也不同。报告活动就要了解信息输出端的信息使用者是谁,需要做哪些决策,需要什么信息,能访问企业信息的权限与范围是哪些,进而设计出符合成本效益的信息报告方案,为他们提供合适的决策信息,对企业管理者,通过信息流程的报告活动,辅助他们做好业务流程的计划、组织、执行、控制和评价与激励活动。

(二)基于价值链的业务流程、管理流程、信息流程的关系

企业价值链是业务流程、管理流程、信息流程这三类活动的集成体,通过这三类活动的有效整合与协同作用,将输入的资源有效变换为输出的产品与服务,进而比竞争者创造更多的价值。在这个目标下,在企业价值链中,业务流程、管理流程、信息流程之间的关系主要表现为:

业务流程是对企业的所有业务活动的一种安排,面对的是物流、资金流与工作流,涉及企业资源的获取、变换,以及为市场的顾客输出商品与服务。信息流程面对的是业务流程所形成的数据流,处理的对象是企业内外部所有业务相关事件形成的数据,通过完整准确地记录,及时进行数据处理,为管理流程的管理活动提供决策信息。管理流程的控制对象是业务活动。为了有效管理业务流程,使业务流程能为企业的利益相关者创造更多价值,管理者需要企业有一个性能卓越的信息系统来执行信息流程的作业,使他们获取的信息能真实反映所要管理与控制的业务对象的经济状况,利用信息进行投资、筹资、经营决策,及时调整业务流程的作业活动状态,优化资源配置,实现企业价值最大化。

信息流程是介于业务流程与管理流程的媒介,如果企业经营环境引发企业的业务流程或管理要求变化,信息流程也应跟随改变,以达到三者之间的动态协调。当业务流程、管理流程、信息流程能有机整合为一体时,企业系统的运行将处于一个良好的状态。

(三)信息流程在企业价值链中的作用

随着现代信息技术的广泛应用,改善和加强价值链的业务流程、管理流程、信息流程的集成度,已经成为企业迅速创造竞争优势的主要战略武器。信息技术能使企业快速捕捉市场信息和在整个价值链范围内进行信息传递及反馈,从而消除信息滞后及扭曲现象。同时,只有在整个价值链范围内利用先进的信息技术,才能有效地进行价值链的协调性管理,使价值链的利益相关者的运作达到同步化和协调一致。例如 Internet/Intranet、ERP 等各种先进的信息技术大大地降低了价值链的整体成本,增加了参与价值链活动的成员所获取的收益。

1. 整合企业内部价值链

信息技术的使用,使得企业内部的原材料供应、设计、生产、产成品库存等价值链过程,采取跨越企业职能部门的平行管理,将多余的交接工作、垂直管理的弊病、不确定性和延误降到最少。各部门之间将沟通顺畅,界限变得模糊,管理跨度得以延伸,例如平衡运输成本与库存成本、避免原材料供应不足造成生产停工、共享市场预测信息便于各部门及时做出调整,从而使企业管理成本下降,资源优化,对客户需求及市场变化反应更为迅速。

2. 协调企业外部价值链

信息共享和集成管理,将外部价值链上各个企业独立的信息化连接在一起,建立起一种跨企业的协作,以此来追求和分享市场机会,通过 Internet 和电子商务把过去分离的业务流程集成起来,覆盖了从供应商到客户的全部流程,包括原材料供应商、生产制造、销售与运输、分销商、客户服务等,实现了从生产领域到流通领域的全业务流程。整个外部价值链流程通过目标一体化,将可预见的、真正的需求以及供应、分销中的信息在价值链各企业中共享,并以此信息协调所有价值链中企业的活动。通过信息技术的协调,外部价值链流程中的交易成本显著降低,削减不必要的中间环节,降低总成本,并使利益在各相关企业中合理分配。

3. 创造新的价值

在价值链体系中,信息不再仅仅起着辅助的支撑作用,信息技术结合互联网将为企业创造出更多新的价值。电子商务的出现及风靡、利用信息技术建立新型顾客关系等等都意味着信息技术利用其自身高效直观的优势,已经成为价值的来源,从而提升企业的经济效益。

第二节 ERP 系统与企业财务集成管理信息流程

目前,大多数企业通过计算机信息系统来执行信息流程的作业。信息技术的快速发展,使应用计算机进行信息处理经历了一个从简单到复杂、从单一到综合的演变。在财务应用领域,计算机强大的运算功能、存储功能、快速数据传递功能,不仅大大提高了财务工作的自动化水平,也使财务信息处理经历了从单项会计事务处理、财务部门级的财务会计的应用,直至融合在企业 ERP 系统,进行全面的会计核算与财务管理的过程。财务管理信息系统与企业其他信息系统的集成,消除了企业信息"孤岛",实现业务与财务一体化,为财务人员在企业组织的价值创造活动发挥更大作用提供了技术支持平台。

一、ERP 概念与管理思想

ERP 即企业资源计划(enterprise resource planning)。它代表了当前在全球范围内应用最广泛、最有效的一种企业管理方法,这种方法通过计算机软件得以实现。

ERP 可以从管理思想、软件产品、管理系统三个层次给出它的定义:由美国著名的计算机技术咨询和评估集团 Garter Group Inc. 提出了一整套企业管理系统体系标准,其实质是在MRPⅡ(制造资源计划)基础上进一步发展而成的面向供应链的管理思想;是综合应用了客户机/服务器体系、关系数据库结构、面向对象技术、图形用户界面、第四代语言(4GL)、网络通信等信息产业成果,以ERP管理思想为灵魂的软件产品;是集成了企业管理理念、业务流程、基础数据、人力物力、计算机硬件和软件于一体的企业资源管理系统;是指建立在信息技术基础上,以系统化的管理思想,为企业决策层及员工提供决策运行手段的管理平台。

ERP是从MRP(物料资源计划)发展而来的新一代集成化管理信息系统,它扩展了MRP的功能。它跳出了传统企业边界,从供应链的范围去优化企业的资源,是基于网络经济时代的新一代信息系统。对于改善企业业务流程、提高企业核心竞争力的作用是显而易见的。ERP的管理思想主要体现为:

1. 对企业价值链的资源进行管理

现代企业的竞争已经不是企业与企业之间单独的竞争,而是一个企业价值链与另一个企业价值链之间的竞争。企业不仅要依靠自身所拥有的资源,而且还必须把生产经营过程中的有关各方,如供应商、制造工厂、分销商、客户等纳入一个紧密的供应链中,才能在市场上获得竞争优势。ERP系统正是适应了这一市场竞争的需求,对整个企业价值链的资源进行管理。

2. 精益生产、同步工程与敏捷制造

ERP系统支持离散型制造、流程型制造和混合型生产方式的管理。其管理思想表现在以下两个方面:

首先是"精益生产"的思想,即企业把客户、销售代理商、供应商、协作单位纳入生产体系,同他们建立起利益共享的合作伙伴关系,从而组成一个企业的价值链。

其次是"敏捷制造"的思想。当市场上出现新的需求,而企业的基本合作伙伴又不能及时满足新产品研发、生产的要求时,企业通过组织一个由特定的供应商和销售渠道构成的短暂或一次性供应链,形成"虚拟工厂",把供应商和协作单位视为企业自身的一个组成部分,运用"同步工程"组织生产,将新产品用最短的时间打入市场,并且始终要求产品的高质量,时刻保持产品的多样化和灵活性,这就是"敏捷制造"的核心思想。

3. 计划与控制的集成

ERP系统中的计划体系主要包括:企业战略规划、生产计划大纲、主生产计划、物流需求计划、能力计划、车间执行和控制计划、采购计划、销售计划、利润计划、人力资源计划等,更重要的是这些计划功能与价值控制功能完全集成到企业整个业务流程中。同时,ERP 系统通过定义事务处理相关的会计核算科目与核算方式,在事务处理发生的同时自动生成会计核算分录,保证物流与资金流的同步记录和数据的准确性、及时性和一致性。因此,企业可以根据财务资金现状,追溯资金的来龙去脉,进一步追溯所发生的相关业务活动,便于企业实现经营过程中的事中控制及实时决策。

二、ERP 的功能模块与集成化、标准化特点

1. ERP 的功能模块

ERP 理论与系统是从 MRP Ⅱ 发展而来的,它除了继承 MRP Ⅱ 的基本思想(制造、供销及财务)外,还融合了离散型生产和流程型生产的特点,扩展了管理的模块,扩大了管理的范围,能更加灵活地开展业务活动,实时地响应市场需求。

ERP 的管理功能涉及企业所有供需全过程,主要包括生产控制(计划、制造)、物流管理(分销、采购、库存管理)、财务管理(会计核算、财务管理)与人力资源管理。这些管理功能构成一个集成体,它们互相之间有相应的接口,整合在一起来对企业的资源进行管理。

(1)财务管理模块

在企业的管理中,清晰分明的财务管理是极其重要的,它是 ERP 整个方案中不可或缺的一部分。ERP 中的财务模块与一般的财务软件不同,作为 ERP 系统中的一部分,它和系统的其他模块有相应的接口,能够与物流管理、生产控制、人力资源相互集成。它的集成性体现为由生产活动、采购活动输入的数据自动计入财务模块、形成会计凭证,记录总账、生成会计报表。

通常 ERP 的财务管理信息系统部分由会计核算与财务管理两大功能组成,并与业务流程集成在一起。财务管理是在会计核算的数据基础上,再加以分析处理,从而进行相应的预测、管理、控制与辅助决策活动。

(2)生产控制管理功能

这是 ERP 系统的核心所在。生产控制管理是一个以计划为导向的先进的生产、管理方法。首先,企业确定一个总生产计划,再经过系统层层细分后,下达到各部门去执行。即生产部门以此生产,采购部门按此采购等等。主要包括:主生产计划、物料需求计划、能力需求计划、车间控制、制造标准。它通过对资源计划过程,将企业整个生产过程有机地结合在一起,使得企业能够有效地降低库存,提高效率。同时各个原本分散的生产流程的自动连接,也使得生产流程能够前后连贯地进行,而不会出现生产脱节,耽误生产交货时间的问题。

(3) 物流管理模块

物流管理是从获取生产的资源到将产品销售到客户之间的资源流动性的管理。它的功能模块包括分销管理：销售的管理是从产品的销售计划开始，对其销售产品、销售地区、销售客户各种信息的管理和统计，并可对销售数量、金额、利润、绩效、客户服务做出全面的分析。

库存控制：用来控制存储物料的数量，以保证稳定的物流支持正常的生产，但又最小限度地占用资本。它是一种相关的、动态的和真实的库存控制系统。它能够结合、满足相关部门的需求，随时间变化动态地调整库存，精确地反映库存现状。

采购管理：确定合理的订货量、优秀的供应商和保持最佳的安全储备。能够随时提供订购、验收的信息，跟踪和催促外购或委外加工的物料，保证货物及时到达。建立供应商的档案，用最新的成本信息来调整库存的成本。

(4) 人力资源管理模块

以往的 ERP 系统基本上都是以生产制造及销售过程（供应链）为中心的。因此，长期以来一直把与制造资源有关的资源作为企业的核心资源来进行管理。但近年来，企业内部的人力资源，开始越来越受到企业的关注，被视为企业的资源之本。在这种情况下，人力资源管理，作为一个独立的模块，被加入到了 ERP 的系统中来和 ERP 中的财务、生产系统组成了一个高效的、具有高度集成性的企业资源系统。它与传统方式下的人事管理有着根本的不同。

2. 集成与标准化的特点

ERP 系统中的集成体现为：

(1) 人员与信息门户集成：将企业不同角色的相关人员通过 Internet 紧密地结合在一起协同工作。并能有效整合第三方的系统，直接简易的门户入口保证了来自企业内部、业务伙伴、客户等通过同一平台获取所需的信息和服务，更紧密的企业内外部业务合作，先进的移动应用架构实现了实时管理。

(2) 信息集成：全面共享和管理各类信息；统一基础数据，规范信息质量，保证信息简洁、高效；数据来源唯一；同样的数据只能来源一个输入端。减少重复劳动、提高效率、避免差错、责任明确。统一数据库、统一信息处理规则与授权方式、共享信息环境变化、实时响应。决策一致、减少矛盾；集成的分析报表强化了企业的管理决策。

(3) 流程集成：灵活的工作流管理，适应企业业务流程的持续变革与优化；强化与业务合作伙伴的协同；预设的集成接口保证与其他系统的集成，简化 ERP 系统的集成；可灵活配置的流程引擎。其中业务流程和工作流都是可视的，企业可以随时查阅每一项业务的流程规则、路线、处理状态及参与者，用户的操作也变得更加简单和直观。

三、ERP 的财务集成管理信息流程特点

ERP 是一种可以实现跨地区、跨部门,甚至跨公司整合实时信息的企业管理信息系统。一个强大的 ERP 系统集成了企业业务系统与财务系统,它能使财务控制真正与业务紧密结合在一起,从而使计划、预算、监控、分析的触角伸到企业各个职能部门的最末端,为企业的运作提供决策支持。

ERP 集成的主线是计划与控制,不仅要对生产活动实行计划与控制,也要对成本和资金实行计划与控制。因此,ERP 系统中清晰分明的财务集成管理是极其重要的,它是整个 ERP 方案中不可缺少的一部分。ERP 中的财务模块与一般的软件不同,作为 ERP 系统中的一部分,它和系统前端的供应链、生产制造部分有相应的接口,能够互相集成,比如它可将由生产活动、采购活动、出货活动产生的信息自动传入财务模块生成相关的财务作业。ERP 的财务集成管理信息流程大大减轻了财务人员采集和处理前端数据的工作量,特别是大量与生产、采购、出货相关的凭证,几乎完全可以替代以往传统的手工操作。

在 ERP 环境下,财务信息处理模式能够实现购销存业务、会计核算和财务管理的一体化,提供事前计划、事中控制和事后分析手段,提供经营的预测决策、控制和分析手段,能有效控制成本和经营风险,帮助企业提高竞争力。

在 ERP 环境下,财务资源规划的基本思路是结合企业资源规划流程,通过估计销售量,再拟定生产计划,有效率地运用资源,使最低的成本发挥最高的效率。

ERP 环境下的财务信息流程再造是建立在信息技术基础上,使企业从根本上重新思考并彻底设计企业活动的流程,结合业务流程变革再造财务信息流程,协助企业努力降低产品成本,提高经济效益的重要财务管理策略。财务信息流程再造要求重新考核现行财务系统的信息流程,从零开始展开财务信息处理功能分析,结合信息化将企业财务系统所能达到的理想功能逐一列出,再经过综合评价和通盘分析,筛选出基本的、关键的、主要的系统信息处理功能,并将其优化组合成新的财务管理系统。

ERP 的信息技术支撑财务工程应用。企业的财务管理事项由于金融环境快速的变化以及科技的进步,呈现多元化。在这样的环境下,市场需要更多种类的金融产品,作为投资的工具。面对商业行为的国际化、科技化趋势,企业必须有效地评估风险,例如汇率风险、利率变动等。而财务工程正是在讨论如何更有效地利用各种投资工具,建立良好的财务状况。无论是风险评估,还是财务管理,都牵涉到大量复杂的计算,需要在财务信息流程中应用计算机进行财务工程的应用。

第三节 财务集成管理信息系统的框架结构

企业财务集成管理信息系统属于 ERP 系统中的一个重要的子系统,除了提供企业外部信息使用者所需的财务信息外,还提供企业内部所需的财务规划、成本控制、利润中心等管理会计的信息,并执行企业资金管理、投资理财等作业的管理与战略决策支持。尽管不同行业、不同规模、不同的业务类型、不同的企业特质会使企业财务模块的应用有所差异。但一般来说,财务管理的业务实践包含三个层次的管理决策类型,即财务业务核算管理层、财务管理控制层、财务辅助决策层。并与组织基础应用环境、信息技术支持环境集成在一起,构成每一层次具有对应信息处理流程的功能模块的集成体系,形成一个标准化的财务集成管理信息系统。这个系统应立足于最佳的业务实践,将先进的管理思想和最佳的业务处理模式兼收并蓄到系统中,并通过灵活的配置实现各种财务业务需求。

财务集成管理信息系统的框架结构如图 2-2 所示:

决策层	财务辅助决策支持					财务集成管理信息系统
财务管理控制层	绩效管理					
	预算管理					
	资金管理					
财务业绩核算管理层	应付款核算与管理	成本核算与管理	应收款核算与管理	总账	报表	
业绩管理信息系统	采购管理	生产制造	销售管理			
	库存管理			存款核算		
	资产管理			固定资产核算		
	人力资源管理			薪酬核算		
基础层	信息应用基础平台					
	技术支持平台					

图 2-2

一、基础层

1. 技术支持平台

对一个企业而言,技术支持平台由企业所拥有的信息技术资源,以及这些资源的相互支持关系组成,它是财务集成管理信息系统运行的物理基础。企业应在强调信息系统整体规划理念指导下,构建适合企业战略发展的信息技术支撑平台,保障企业在此上面开发运行先进的信息系统能创造出更多的价值。

企业技术支持平台的要素包括两类。一是计算机硬件设备与通讯设施,二是支撑信息系统运行的软件技术资源。计算机与通讯设施决定应用系统的计算能力与信息传递的速度。它通常包括计算机硬件、网络的相关硬件。支撑信息系统运行的软件技术资源包括操作系统、网络操作系统,企业所选择的数据库管理系统、软件包、开发平台和管理工具等。其中数据库、操作系统和开发工具的选择应严格遵守企业的IT规划;软件系统开发和管理工具要有预警平台、工作流平台、审批流平台、二次开发平台等,满足企业个性化管理需求和在业务发展过程中的变化需求。

2. 信息应用基础平台

技术支持平台提供企业财务信息管理系统在其上运行的物质条件,若要发挥信息系统的业务信息处理与管理决策功能,需要结合基础技术层的应用技术平台的物理特征,建立起支撑财务业务层、预算及控制层、决策层的应用基础,为信息系统的使用者、开发与维护信息系统的作业人员构建一个完整的信息应用基础平台,保障财务管理信息系统的软件功能在此基础上顺利运行。

企业的信息应用基础平台包括如下要素:

(1)信息技术环境下的组织结构;

(2)管理制度(如存货是否统一管理、会计科目控制到几级等)的规范;

(3)基础档案(如客户档案、会计科目等)的统一定义和分配;

(4)控制参数(如存货编码原则、会计科目编码原则等)的统一配置和下发;

(5)管理权限的规划和分配;

(6)财务管理流程的定义和优化等。

由技术支持平台与信息应用基础平台构成了企业的信息系统的基础层面。以往企业在进行信息化建设时,通常会关注企业的技术支持平台的硬件技术指标与投入的资金数额,而忽略信息应用基础平台的建设。事实上,在企业信息系统的架构中,由下而上,每一层次的建设都是为上一层的应用提供组织与技术的支持。

财务集成管理信息系统是企业信息系统中的一个子系统,显然,基础打得越牢固,越能保障财务管理信息系统与其他业务管理信息系统的集成程度与标准化程度,更有利于企业信息资源在组织中合理分配、传递、共享与利用,规范财务管理信息系统的运行模式、操作规程、内部控制与数据安全保护方式,最大幅度降低信息过程的风险,使财务管理信息系统顺利运行。

二、财务业务核算与管理层

财务业务核算与管理层的主要功能是在对企业经济事项进行准确的会计核算的基础上,进行财务日常的业务层面的资金流管理作业,同时将相关的财务信息及时反馈到企业业务系统,辅助业务部门进行流程的作业控制与管理决策。

企业的资源包括技术资源、人力资源、各类的资产,以及客户、供应商等外部资源。企业价值链的业务流程对这些资源进行组织、加工处理,形成对客户有价值的产品与服务。业务管理信息系统记录了在这个过程中随着物流、资金流的流动、变换所形成的数据流,以及所生成的业务的管理与控制的信息。这些信息处理模块构成了企业的业务管理信息系统。

在信息集成环境下,业务管理信息系统与财务过程相关数据流通过技术支持平台,传递到财务管理信息系统。

在财务业务核算与管理层面,所包含的会计数据处理功能模块的主要任务是对企业组织在整个价值链的经营活动所产生的经济事项进行确认、计量、记录,提供会计报表,支持业务与财务过程的管理活动和利益相关者的信息需求。这些财务核算与管理的处理功能模块通过输入、处理与输出反馈模式,周而复始处理业务系统传递的经济数据,并将处理后的财务信息实时反馈到业务流程,辅助企业管理人员进行管理决策与过程控制,通过计算机网络,传递到企业外部的信息使用者,为他们提供决策的信息。

从企业价值链的价值创造路径角度分析,财务业务核算与管理层所包含的数据处理与管理功能包括:

1. 销售流程的财务集成核算与管理

销售与应收账款业务循环使企业提供的产品与服务价值得以实现,又是企业与客户进行信息沟通,提升客户价值的主要渠道,关系到企业价值的增长。在该业务集成的运行循环中,财务信息处理流程通过应收账款的功能模块与销售业务系统建立无缝的连接,接收由销售系统传递过来的经济事项的原始数据,主要核算企业为客户提供产品与服务而形成的销售收入、销售成本、销售期间的费用,经营利润,核算客户的应收账款、货款回笼情况,提供客户信用度评价、评估销售计划执行情况,考核销售部门和销售业务人员的销售业绩。

2. 生产流程的财务集成成本核算与管理

生产变换循环的财务信息处理流程针对企业生产加工过程,对生产过程所消耗的资源进行成本的核算与管理,以满足企业成本管理细化的要求,提供作业成本法的管理模式。核算生产产品所消耗的人工费用、材料费用、制造费用,计算半成品或产成品实际成本。提供产品成本报告,进行成本控制与管理。管理的内容包括:

成本计划:通过定义材料计划价、计划人工费用、服务计划价和产品单耗,自动生成产品计划单位成本,并根据完工数量生成标准成本。制定产品定额、计划成本实现对成本的事先控制。

成本核算:根据企业的产品结构,选择成本核算方法和各种费用的分配方法,并从存货核算、固定资产核算、薪酬、总账等系统读取资源消耗数据,按成本对象进行分配、汇总后,输出成本核算结果。

成本预测:运用预测方法,对企业成本数据进行预测。

成本分析:根据计划与实际成本的对比情况,对一定时期的成本中心或目标成本进行分析,诸如批次成本分析、成本中心内部利润分析、产品成本差异分析、成本项目构成分析、材料消耗分析。

3. 采购流程的财务集成核算与管理

采购与支付循环的财务信息处理流程记录取得实物资产或劳务并支付现金过程,如购买原材料、配件、服务、支付货款。主要功能模块包括材料采购的成本核算、应付账款核算。并通过分析供应商情况,进行采购成本控制,对供应商及其他外部往来的应付款及付款业务进行管理,强化资金控制,实现资金的合理运用及安排。通过应付管理系统,实现财务与采购管理系统的连接。

4. 库存流程的财务集成核算与管理

企业的生产过程实质上是一个物流的过程。生产计划实际上是对物料流动的计划,它构成 ERP 系统的基础。对物料的管理来讲,物料的流动与库存涉及企业的资金流,管理的目的就是要保证物料流动畅通,最大幅度降低物料的库存数量与停滞时间,进而减少库存成本与库存资金占用。其主要核算企业各类物料的入库成本、出库成本和结余成本,完成对采购暂估业务的处理、物料成本及计划价格的调整、物料成本的分摊和归集、存货跌价准备的提取等,为企业全面成本管理、成本分析提供可靠、及时的基础数据。通过存货核算系统,可以实现财务与物资管理系统的连接。

5. 固定资产的核算与管理

与企业资产管理集成,提供固定资产卡片管理、评估、减值及折旧的计提与分摊、资产调拨和盘点管理等功能,全面反映各级单位固定资产的增加、减少及相关变动,帮助他们更有效地管理固定资产。

6. 薪资核算与管理

与企业人力资源管理集成,为各级单位提供工资的核算及管理功能,实现多种工资类别的计算、计税及发放,帮助财务部门提高工资发放、核算的效率。通过薪资管理系统,可以实现财务与人力资源等其他系统的连接。

7. 总账系统

主要提供凭证处理(录入、审核、记账、查询、打印)、账簿查询及打印、期末处理(试算平衡、月末结转、结账)等基本核算功能,还可进行出纳管理和现金流量表编制等。

8. 报表系统

主要编制除合并报表、系统固有报表(各财务子系统均有自己的统计分析报表)之外的报表,如向统计部门、税务机关、财政部门以及国资委等经济主管部门报送的报表等,从而满足各机构、各人员不同的管理需求。它包括报表格式定义、下发上报、报表数据获取、统计分析等功能。

三、财务管理控制层

1. 资金管理

通常包括资金结算、网银管理、资金计息、远程支付、信贷管理、资金预测等功能模块,其中:资金结算提供从资金结算账户体系建立、资金收支审批到资金收支网上服务的全面监控、分析等功能;网银管理是通过银企互联接口对相关业务进行处理,包括网上付款、银行对账单的下载和管理、银行账号余额实时查询等;资金计息实现企业各级机构存款账户的利息计算,自动转账;远程支付帮助企业实现基于网络的异地或远地资金支付、资金计划填报和查询等;信贷管理包括借贷资金管理、筹投资管理模块、定期存款管理和信贷业务查询;资金预测通过现金在时间轴线上将要发生的流入量和流出量,预测企业期间现金缺口(或过剩)。由此可见,资金管理系统能够指导企业的资金筹集和分配,实现企业资金收支活动的集中监控,统一调剂集团内部资金,保证资金头寸,并通过预算驱动资金的拨付,提高资金使用效率。

2. 预算与控制

通过全面预算管理系统,实现对各级公司资源分配的事前计划,对财务业务层的事中监督和控制,对预算执行情况的事后统计和分析,及时降低企业内部经营成本,并给决策者提供准确的基础数据,为分析及决策支持提供依据。

全面预算管理包括预算编制、调整、执行、控制、分析、模拟等功能。其中预算编制包括预算体系的建立、预算样表的制定、多版本预算的审核确认等功能,可以根据企业需求编制不同周期的财务预算、费用预算、资金预算、成本预算、设备采购、资本预算、月度现金收支预算等,建立集团企业的预算体系,实现上下往返多次的审核、调整和批复。

预算的控制包括控制对象的设置和控制方式的设置,通过与财务业务层的各系统紧密集成,实现及时监控。预算分析功能提供多种分析方法,对预算的执行情况进行分析,并提供针对预算的报警机制。同时,还能为各机构的绩效考核提供依据。

3. 企业绩效管理

企业经营战略的制定与执行,关系到企业是否可以持续健康发展,是实现企业经营目标的关键。企业绩效管理就是评价主体通过一定的方法和制度来保障企业的各个业务流程的价值活动能与企业战略目标保持一致,并促使企业战略目标实现的过程。

绩效管理将企业的愿景与可实现目标联系在一起,制定清晰的企业战略,并通过对战略的层层分解,构成企业战略地图。应用多维绩效评价工具,从财务、客户、内部业务流程、员工学习与成长等维度,为战略地图的每个维度定义关键成功因素指标,使企业战略细化成为具体的执行层面、可量化的、可跟踪监控以及进行业绩评价的指标体系,并将这些指标嵌入到企业全面预算管理,对企业运营进行全面计划与控制。

绩效管理在运行时,通过企业技术平台,从各个业务系统中获取关键成功因素指标的实际运营数据。用这些数据与标准值进行比较与分析,不仅可评析企业经营绩效,评价企业战略的效果,而且根据偏移量的设置,为使用者提供直观的红绿灯预警信息,方便使用者及时了解企业各个环节的运行状况,制定对应的策略,进行管理与控制。它也是财务部门参与企业管理核心过程的一个重要的标志。

四、决策层

在财务决策层,财务辅助决策支持的主要功能是收集和集中企业各类数据,建立企业级的数据仓库系统,并根据决策需求建立面向财务主题的多维数据库集市,按决策要求对数据仓库的数据进行分析和综合利用,辅助信息使用者进行管理决策。另外,通过对数据的钻取、旋转、切片、查询、排序、刷新等对财务数据进行在线多维分析,出具图文并茂的财务专家分析报告。报告内容应包括异常财务情况分析、投资报酬率分析、盈利能力分析、资产管理效率分析等。

总之,财务集成管理系统的应用范围覆盖了企业组织的财务管理工作。

在财务业务核算与管理层面,财务管理系统与业务管理系统紧密连接在一起,进行数据共享和系统集成,实现财务业务一体化,财务核算的及时化、精细化、日常管理科学规范化。

在财务管理控制层,财务管理通过资金管理系统的运行,实现资金统一计划、统一筹措、统一调度、统一结算、统一考核,提高集团企业对资金的调控能力和使用效益;通过全面预算管理系统,进行预算目标下达、预算编制、预算汇总与审批、预算执行、预算分析与调整、预算考核与业绩评价,实现企业预想达到的事前编制预算、事中控制和事后分析的全过程管理,它成为实现企业战略目标的管理工具和组织手段;通过绩效管理,使企业的全体员工共同努力,实现企业经营目标。

在决策层,通过财务辅助决策支持工具,为使用者的个性化决策提供信息依据与辅助决策。

第四节 财务信息化下企业财务集成管理的新思路

随着企业信息应用的进一步发展,企业生产经营管理环境发生了广泛而深刻的变化。面对新的经营环境,企业财务管理思路需要创新,以适应信息技术发展步伐与企业财务的集成管理运行模式。

一、更新观念

现代企业是多边契约关系的总和,包括股东、债权人、经理阶层、一般员工甚至政府等等,他们共同构成了企业的利益制衡机制。信息技术使这些利益相关者与企业的关系比以往连接得更加紧密,形成更具有竞争力的战略同盟。因此,在财务集成管理模式下,企业财务管理的观念不仅要关注股东的利益,而且要关注其他相关主体的利益,通过信息技术,建立与利益相关者的沟通机制,协调企业相关主体的利益诉求,在实现企业价值最大化目标的前提下,使这些利益相关者的价值得以实现。

在信息化环境下,知识作为生产要素将显得越来越重要。而信息技术成为知识转换为企业价值的重要催化剂。在财务集成管理模式下,财务管理不仅要重视有形资产的核算与管理,而且要关注专利权、商标权、商誉、软件产品、人力资本、知识创新等无形资产在企业价值创造过程中发挥的作用。通过与企业业务系统的信息集成,分析企业知识资本的资本形态,在企业资本结构中的地位,以及产生的价值创造能力。

在信息化环境下,企业会面临更多的机遇与风险。财务管理要加强风险控制意识,通过企业价值链的分析,识别企业生存发展的机遇,参与企业战略决策,并应用集成的信息系统,建立绩效评价体系、预算体系、风险控制体系,实行全面的价值管理。

树立以人为本的理财观念。在信息化环境下,企业间的竞争在一定意义上说,是人才的竞争,是人如何应用信息技术这个利器,增加企业价值创造力的竞争。财务管理关注企业人力资源的状况,通过与业务系统的集成,规划人力资源的投资、人力资源的评价、人力资源的激励,使企业的人力资本作为新的资本形态在企业价值创造活动中发挥更大作用。

树立与社会沟通的观念。信息技术加快了企业的社会形象传播速度。作为社会的一员,企业承担了社会责任。财务管理要应用信息技术,通过企业门户,建立与社会的沟通渠道,利用财务信息,反映企业技术和知识创新能力,反映企业持续的价值创造能力,反映企业对社会的贡献程度。

二、变革作业方式

随着企业信息化到来,传统的财务作业模式正发生变化。先进的计算机网络信息技术,推动企业财务与业务协同工作,工作方式向数字化、在线式和远程化发展。传统企业的组织结构、运行机制、管理方式必然发生改变,财务的作业创新是必然的发展趋势。

网络财务作为一种新型的财务作业模式,在信息化环境下应运而生。网络财务不仅可以实现传统财务管理模式的功能,而且派生了很多与网络环境相适应的功能。网络财务是以财务管理的数字化与远程化为核心,业务管理与财务管理一体化,支持电子商务,能够实现各种远程操作(如远程记账、远程报表、远程查账、远程审计、远程监控等)和事中动态会计核算与在线财务管理,处理电子单据和进行电子货币结算的一种全新的财务作业模式。

在信息化环境下,财务集成管理的作业方式具有"协同、在线、动态、集中"的特点。

财务与业务的协同主要包括企业内部价值链作业的协同和外部价值链作业的协同。协同效应是当代企业管理追求的目标之一,而财务集成解决了传统财务管理无法协同处理的难题,实现了物流、信息流、资金流的协同运作。企业各部门、各地分支机构以及在与客户、供应商等发生业务活动过程中,时刻都会产生各种信息,如果有产生财务信息,企业就必须及时地将信息输入财务系统进行处理,并将产生的结果及时反馈给业务系统,保证财务与业务的协同处理并集成各种管理信息。协同化财务管理作业方式能够消除财务与业务活动的时间差,改变财务与业务不对称的滞后状况,使企业财务核算与业务运作协调同步,使企业有限的资源得到更加合理的配置。

财务集成管理实现在线财务管理作业。财务管理从传统的静态模式转向动态模式。在传统的管理下,企业财务管理是一种静态管理模式,静态财务资料及其他相关部门的资料是管理的主要依据,这种财务管理更多的是对经济活动的反映和评价,以及基于事实的事后控制,因此极大降低了决策的时效性和有效性。财务集成管理从事后的静态管理转向事前、事中的动态管理,并丰富了财务信息的内容,提高了财务信息质量,实现了事前预测和事中控制。

三、改进财务管理方法

当今,随着经济全球化,企业面临着多变、复杂的经营环境,财务管理需要实行柔性管理来适应这种环境,并结合信息技术,对企业财务业务流程的重新组合,实现企业财务信息资源的全面优化,适应企业内外部的需要。

在信息化环境下,计算机网络与数据库信息技术的应用,使企业的财务实现了集中式管理。财务的集中管理包括会计核算集中化、财务控制集中化和财务决策集中化。

会计核算与财务控制的集中化使集团企业管理人员容易获取全面的、第一手的会计信息,进而整合企业集团的财务资源,加强对下属或者关联企业的财务信息监控,对集团企业所属的各部门、各下属企业进行整体财务管理。在此基础上,集中做出财务决策,提高企业的整体运行效益。

四、增强风险意识

随着信息技术的应用,企业财务业务流程的各类活动越来越依赖计算机。例如,在计算机网络环境下,"网上银行"和"电子货币"的出现,企业交易变得更为方便,资金的流动更快捷。财务信息的传播、处理、反馈及更新的速度大大加快,但信息技术会增加企业系统运营的风险,如信息系统遭病毒破坏,数据备份出错等等。这就要求企业财务人员善于预测企业可能遇到的各种风险,采取有效措施,将风险损失降到最小。

五、优化财务管理组织结构

信息技术的应用,改进了企业组织中所有人的沟通方式,进而对企业组织结构产生影响,具体表现为组织结构的扁平化。

所谓企业组织结构扁平化,是指企业组织通过管理层次的减少,压缩、合并一些职能机构及裁减部分人员,使企业组织的管理层和基层之间的中间管理层变少、权力下放到基层,从而提高企业效率的一种结构形式。

扁平化的主要优点是减少管理的中间层次,扩大管理幅度。信息化使企业内部、上下级之间、各职能部门之间的信息联系更为广泛、直接和及时,它不仅带来企业组织结构的层次减少,而且带来管理理念的变化。在扁平化组织中,强调以人为中心、团队精神、沟通与合作,通过授权方式使基层组织,甚至是每一个员工都有更多的自由度,对发生的紧急情况做出及时的反应,提高企业应付多变的市场环境的能力,增强企业对不断变化的环境的适应性,使组织结构能灵活地应对市场环境态势。

六、提升财务人力资源的价值创造力

在信息化环境下,要使企业的财务管理信息系统在企业经营过程中充分发挥作用,实现财务管理创新,需要一大批高层次、高素质的财务管理人员。因此,企业必须重视财务人力资源的竞争优势,加大对财务人力资源的投资,培养复合型财务人才,提升财务人力资源的价值创造力。

所谓复合型人才,是指具有跨学科专业知识的人才。由于财务集成管理信息系统是与业务系统连接在一起。在新的作业模式下,财务人员在企业的经营活动中将承担更多的角色。

作为财务信息的提供者,他们需要知道信息使用者是谁,进行哪些决策,需要哪些财务信息,以及如何产生这些信息,进而通过对财务管理信息系统的设置与运行,输出决策相关的财务信息。

作为信息系统的使用者,他们将参与到企业财务管理信息系统的开发过程、构建过程、维护过程、业务流程改造过程。这就需要财务人员具备企业管理和计算机数据处理的知识,有较强的实际工作能力。想要获取这样的人才,

提高企业财务人员的素质主要有两个途径:第一,引进高层次、高素质的复合型财务人才;第二,培训现有财务人员,组织开展现有企业财务人员的继续教育和培训等再学习工作,改善财务人员的知识结构,扩展专业知识,在企业的价值创造过程中发挥更大的作用。

第二部分

企业价值链业务层的财务集成管理信息子系统逻辑结构、信息处理与运行模式

第3章
销售流程财务集成核算与管理信息子系统

第一节 销售流程的财务集成核算与管理概述

一、销售流程的价值创造

在企业的价值链中,销售流程的价值活动直接关系到企业产品与服务的价值实现。企业根据市场需求,从采购商采购生产资源,经过一系列的加工制造、增值过程,形成了产品。但产品最终还要通过销售才能实现其价值。销售业务流程的价值活动不仅关系到企业主营业务收入、资金流入量与流速,并且与产品价值、客户价值、企业价值的实现息息相关。当企业通过销售产品活动为客户带来利益,同时从客户处流入的现金流在补偿了生产产品、提供服务而耗费资源的成本后,剩余的价值就是企业价值的增值量。

企业价值的增长与企业竞争优势有密切关系。当企业拥有一种被目标市场客户看作比其他竞争者更好的产品、提供更好服务或同等条件下提供更有竞争力的价格,企业的竞争优势就存在。

许多因素决定竞争水平。迈克尔·波特在他的《竞争优势》一书论述了在行业内五个决定竞争性质和程度的因素。它们包括:①买方还价能力;②来自替代品的威胁;③供应商的还价能力;④已有竞争者的威胁;⑤新竞争者的威胁。供应商的讨价还价能力决定原材料和其他材料的成本。竞争的强度影响企业在产品的生产、产品开发、广告方面的竞争成本。买方还价能力影响企业的出价,替代品的影响也是这样。买方还价能力同时影响销售费用和投资。

通过战略选择建立企业市场竞争优势,最常见最基本的选择有两种:一种是创造成本优势,另一种是创造市场优势。成本优势要求企业拥有最低成本产品,这种优势可以从多个方面获得。市场优势战略是创建市场差别优势战略,它要求企业在产品或服务的某一方面保持差异性取胜,从促销到产品设计方面各种经营策略都可以带来产品或服务的差异性,创造并保持这种差异的企业将是市场的成功者。

随着全球经济一体化,在同类企业中,产品品质的差别正在缩小,价格信息越来越透明,真正的竞争将转向降低生产和流通成本,提高顾客满意程度和企业的整体运作效率。销售流程处于企业价值链的后端,它的价值创造将体现在如何提高客户满意度,减低客户的成本与企业的流通成本上。

通常企业销售流程包括从客户的订货开始直至货款收回的全过程的价值活动。为使销售流程的活动具有竞争力与价值创造能力,需要在业务层的信息流程方面提供信息支持。通过销售业务信息系统与财务管理信息系统集成的业务信息与财务信息,跟踪产品销售与服务阶段作业,围绕客户满意度与产品获利能力,对销售业务数据与财务数据进行挖掘与分析工作,提供销售作业的价值创造分析报告,并对销售流程的业务与财务活动实施实时管理与控制。

销售流程的价值创造体现在:一是要判断企业为客户提供的产品或服务是否真正为客户创造价值。这就要求在财务与业务集成的信息系统中建立衡量有关客户价值实现程度的财务与非财务评价指标,对销售流程的业务活动的价值创造水平进行评价。这些指标将嵌入到销售循环的业务与财务集成的管理信息系统内,通过记录业务与财务的经济事项,反映企业产品销售与服务作业过程中的交货时间、产品功能与质量、价格、客户的投诉率、客户保持率、客户市场份额变化率等方面经营状况。通过与客户互动的关系,及时收集客户使用产品反馈信息,分析客户满意度,评价销售活动对客户价值的贡献。

销售流程的价值创造还体现在:产品销售与服务作业实现产品获利与客户获利的能力。

产品获利能力与企业产品功能、质量、价格、成本、销售量有密切关系。因此,有关这方面的业务与财务集成管理作业需要以产品为分析对象,通过对产品市场份额数据的收集与分析,以及企业销售渠道、销售方式对产品销售业绩因素的影响分析,判定产品在生命周期中的位置和获利能力,为经营者提供相应的产品决策。

客户获利能力分析按客户分类,不同客户有不同的价值,包括销售的贡献、利润的贡献,找出对企业而言是收益客户、可团结客户、潜在客户、最差客户,目的在于帮助企业识别客户,进行有针对性的销售与服务作业,提高作业有效性,最有效使用企业有限资源,为企业创造最大价值。

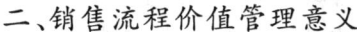

二、销售流程价值管理意义

销售环节的价值管理是企业价值管理的重要一环。企业的产品价值的实现要靠销售活动来完成,如果没有顺畅的销售渠道,企业的生产经营活动就要受到很大影响。因此,需要通过对整个销售流程的有效组织、控制和协调,建立畅通的销售渠道,建立与销售商、顾客的信息沟通机制,预测市场需求信息。当这些信息反馈到企业的生产和技术部门、采购部门、财务部门,他们就可以根据市场需求动态和客户的订货需求,编制生产计划、采购计划、财务计划,均衡组织产品生产,控制产品质量与成本,并经过销售过程,及时为客户提供所需的产品与服务,实现企业销售利润目标。

在产品的销售过程中,物流与现金流并不总是同步进行的。由于各种原因,现金流入往往会滞后产品的流出,即产生应收账款。因此销售流程中财务活动的一项重要工作就是对应收账款加强管理,加快企业流动资金的周转速度,减少呆账、坏账的发生,使销售资金能及时回笼。此外还要对这些销售业务数据、会计核算数据进行信息处理,反映企业营运状态和经营成果。进行产品销售预测、账龄分析、利润预测和分析,辅助管理人员进行管理决策。

销售流程价值管理的核心在于:应用信息技术,建立企业内部的生产作业与外部客户需求的连接通道,以具有竞争力的成本为客户提供高品质的产品或劳务活动,在实现产品销售收入与利润的情况下,加快现金流入速度,加大现金流入流量。重点在于:通过价值链的协同作业,降低企业销售环节的费用,提高产品配送及响应时间方面的柔性,使销售流程具有竞争优势,在满足客户的多样化需求,实现客户价值的同时为企业创造更多价值。

三、销售流程财务集成核算与管理特点

在一个集成环境下,销售活动与企业库存、生产、采购、财务过程有密切的关联。因此销售的信息流程中不仅销售业务数据与财务数据集成,并与企业的生产、库存、采购信息流程连接在一起,实现对业务活动的记录和价值流的核算与管理。

由于销售环节的业务、财务作业与企业其他业务部门价值创造活动联系密切,数据传输频繁,数据通信量大,销售流程的业务、财务集成信息管理除了要准确、及时记录业务数据,正确、快捷地对业务活动的经济数据进行价值计量与计算外,还需要为企业研发、生产、采购等部门提供在销售循环中形成的相关的价值流决策信息。销售环节的财务集成信息管理特点主要体现为:

1. 业务发生频繁,运行环节多,业务内容与核算方法比较复杂

销售业务不仅运行环节复杂,涉及企业内部的多个部门,如销售部门、信用管理部门、仓储保管部门和财会部门,而且还涉及企业外部的销售商、客户、运输商等。由于不同企业的销售方式和手段不同,其相应的价值核算方法也就有所差异,加之诸如批发、零售、退货、赊销、分期付款等不同情况使得销售与收款的业务内容与核算方法比较复杂,从销货业务发生到收回款项有商业折扣、发票价格、销售折扣、销售退回和销售折让等方式,这些都会影响到销售收入计量。

2. 数据的真实性、准确性、实时性要求高

销售流程的财务集成核算与管理信息子系统输出的销售收入、销售成本、销售税金及附加、销售利润是评价企业经营活动、经营成果,进行利润分配的重要依据。同时与企业存货系统、采购系统、生产系统集成后,销售业务、财务集成的信息子系统输出的数据真实性、准确性、实时性关系到企业其他子系统的正常运行,涉及企业能否有效加快资金周转,减少库存产品积压,降低经营成本和费用。

3. 数据的深加工量大

收款管理是企业经营的重要环节,销售流程的应收款财务信息处理除了完成会计核算以反映销售收入、利润外,还需要对这些财务数据作进一步的加工处理,为企业经营者的管理决策提供产品销售预测、应收账款账龄分析、客户信誉度分析与管理、产品获利能力分析、利润预测、产品市场分析与预测、销售费用预测与分析等信息,辅助经营者进行管理与决策。

4. 信息沟通程度高

在网络环境下,企业销售管理、应收款管理往往与其他系统集成,使企业价值管理通过各个子系统之间的信息沟通,达到有效利用企业内外部资源,提高效率,降低成本,创造价值。销售环节的价值活动需要与其他管理过程沟通的信息涉及市场信息、产品库存信息和产品质量信息。

市场信息包括产品的需求数量、需求质量、竞争对手情况和一般价格等。其中产品需求表现形式如客户订单,统计计算后直接用于企业生产计划制订。其他如竞争对手情况、市场一般价格等,对于制造企业而言是很重要的信息,可通过销售渠道信息收集,为企业经营决策提供帮助。

由于物流等方面的原因,与库存信息的沟通就显得十分重要。在降低库存方面最有效的方法是建立一套有效的库存跟踪机制,通过及时的信息传递,使销售部门能实时查询产品库存数据,了解产品收发存动态情况,哪些库存为可用库存,哪些为已分配量,以及预计入库产品的品种、质量、数量和入库时间等情况,再根据当前的销售情况和企业库存情况,合理规划企业产品销售与资金流。

产品质量信息交流的目的是尽量提高产品质量,增强市场竞争力。销售部门及时跟踪产品,收集客户使用产品质量的反馈信息,及时传递给有关部门进行质量分析,以利于企业改进工艺,提高产品的市场竞争力。

四、销售流程的财务集成核算与管理信息子系统设计目标

1. 准确进行销售业务核算和管理

根据与客户签订的合同,按时将产品发出,及时收回货款,提供未收款的有关信息,防止货款拖欠。真实、准确地反映销售收入、销售货款的结算,销售费用的支出情况,保证企业资金的正常运转以及业务的正常运行。

2. 进行产品利润分析与管理

准确计算销售成本并按时交纳销售税金,准确反映和监督企业盈亏情况,计算产品销售利润,分析客户获利能力,促使企业降低成本和费用,为编制会计报表提供依据。

3. 应收账款管理

对客户的应收账款进行详细记录,分类整理,及时登记已收账款,反映和监督赊销业务的货款收回情况,减少坏账损失。提取坏账准备,分析应收账款拖欠情况,进行账龄分析,按期提供逾期未收款,统计客户欠款,评价客户的偿债能力和信誉程度。

4. 提供产品销售情况分析信息与客户价值分析

从企业销售管理的角度,对产品的销售情况进行分析和评价,进行产品销售预测、产品定价决策、利润分析等工作,缩短销售产品、提供服务与收取现金之间的时间间隔,分析企业市场情况以及所提供给客户的产品与服务的成本与费用,从而在提升客户价值与增加企业盈利能力上为企业战略目标实现提供有效财务会计信息支持。

第二节 销售流程的业务、财务集成活动与价值管理

企业由销售产品和提供服务以产生收入,这是企业赖以生存和发展的根本。产品销售或服务提供后,会产生应收账款,以及收取客户货款,由此周而复始的营业活动,形成企业的销售循环。以制造业为例,典型的销售、收款循

环包括接受客户订单、核准付款条件、填制销货通知、发出商品、开具发票、核准销售折扣、核定销售折让或退款条件并办理退款或接受退货、收取货款,以及这个环节的会计核算与财务管理活动。

一、销售流程的业务、财务集成活动

销售流程的业务与财务活动包括销售报价、销售订单、仓库发货、销售退货、销售发票处理、应收账款、收款、会计核算、财务管理活动组成,涉及企业物流的流出与现金流入。通过对销售过程财务信息进行有效控制和跟踪,实现对客户管理、价格折扣管理、信用管理等综合管理功能,并与采购管理、仓存管理、存货核算、生产系统结合运用,提供销售环节更完整的企业物流、资金流的财务集成管理。

1. 接收客户订单

企业产品销售活动一般从接收客户的订单开始。典型的订单内容包括有关客户资料数据、装运地点、客户所订购的商品情况以及支付条件,企业在接收客户订单后,将订单记录到客户订单文件。

2. 核准信用

销售部门收到客户订单后,将其送到企业信用部门办理批准手续。企业应建立有关客户的财务状况和信用等级的档案,对客户提出的购货订单的信贷批准须经过信用部门经理或授权人签字同意的书面证明才有效。

3. 折扣政策制定与审核

对多数企业而言,给予客户一定的折扣是相对普遍的一种销售行为,因此企业应当制定出较为详细的折扣政策和规定。商业折扣规定应详细说明可以享受折扣的客户的条件,不同数量和品种的购货订单可以享受的折扣比例,现金折扣规定应详细说明适用范围和不同支付时间可享受的折扣比例等。一项给予客户的折扣应经过销售部门主管的审核签字认可。

4. 接受销货

通过对客户的审核并综合考虑库存产品以及企业产品生产能力后,由客户订单生成正式销货订单。客户订单与销货订单数据结构相似,重要的差异是销货订单是经过有关人员核准的订单。为便于对执行的订单和未执行的订单分别进行管理与控制,及时检查订单的处理过程和执行情况,要对销货订单按顺序进行编号,并记录到销货订单文件中。

5. 提供货物

仓储部门出货必须经过销售部门的授权,授权的形式是取得销售部门编制以及负责人签字认可的发货通知单。仓库管理人员检查是否缺货或发货单是否有其他问题,实际发货的品种和数量应记录发货单和存货业务明细账,并将发货单传递到会计部门,进行发货成本核算,记录存货明细账。

6. 装运商品

运输部门为了决定运输路线和安排运输日程,除需要得到仓储部门转来的发货通知单外,还应有销售部门核准的装运单,装运部门将装运单与仓库送来的提货单及商品进行比较,包装商品,选择运货人。商品运出后,装运部门将货运通知单或提货单送交开票部门作为开票的依据。

7. 给客户开票

商品发出后给客户开票是企业销售成立的标志,也是向客户收取货款的依据。开票人复查交易附件,这些附件包括客户的购货订单、发货通知单等,并生成销售发票。销售发票除了作为记录交易的原始凭证记录销售日记账,还将传递到财务部门核算销售收入,编制会计凭证。

8. 登记应收账款

在销售采用赊销的方式时,应收账款直接影响企业的财务状况。保证足额安全地收取款项是企业财务的一项重要工作。因此对经过销售部门核准的赊销应及时记录到客户的应收账款账簿上,定期编制应收账款的账龄分析表,及时对客户应收账款进行催款和索要货款,以保证企业的债权得以收回。

9. 退货

企业提交客户的货物由于质量不符合要求或规格不对等原因使客户不能完全接受而发生退回。业务处理过程包括验收客户退回的货物,填制退货接收报告,调查退货索赔,核准退货,填制和邮寄贷项通知单并在退货批准后及时入账,修改销售和应收账款的余额。

10. 收款

企业在收到客户的货款后,输入收款单据,核销客户销售单据,修改客户应收账款数据,应编制会计凭证,登记对应的总账和明细账。

通常企业销售业务类型包括现销、赊销、直运销售、委托代销、分期收款、受托代销。不同业务类型及业务的处理过程及财务收支核算的过程有所差异,在销售上会有不同的业务处理过程。

11. 生成会计凭证,传递到总账子系统

编制的会计凭证传递到总账系统,由总账系统进行其后的账务处理。

二、销售流程的价值管理

企业销售环节的管理与控制系统对象涉及物流、现金流以及与销售活动有关联的内外部参与者,销售环节财务信息流程作业的主要任务是为销售的价值管理提供财务信息,并对流程的业务活动实施控制。

(一)销售、收款的价值管理

销售、收款业务的价值管理是指为实现企业销售利润、完成销售任务和销售收入而进行的计划、组织、指挥、协调和控制的活动。销售管理重心在市场经营,它促使企业加强对目标市场经营活动管理,为客户提供满意的产品与服务,及时从客户处收回货款,在经营循环中真正实现产品与服务的价值。

销售与收款管理主要从目标市场的确认着手,依照销售计划开展销售活动,然后再根据产品销售收入的评估与反馈信息不断调整企业销售行为。通常销售与收款管理的内容包括销售、收款预算,销售活动管理,销售成果管理。

1. 销售、收款预算

制定企业销售、收款预算需要分析企业当前市场状况,竞争对手的产品及销售情况,然后结合企业生产能力和产品市场预测,提出切实可行的销售目标,制定销售策略,编制每一产品的销售、收款预算。一经批准后,需要按照既定的战略策略执行。在预算执行过程中,及时了解和检查计划的执行情况,以确保计划正常运行,实现企业销售收入、利润的目标。

2. 销售活动的价值管理

销售活动的价值管理包括:销售信用管理,应收款管理,销售收入、销售成本、销售费用的分析与评价,销售的时间控制,销售价格管理。

3. 销售绩效管理

销售绩效管理是实现企业销售计划的重要一环,销售部门与销售员工的销售业绩直接关系到企业销售收入、利润的实现。企业应依据销售目标、收款达成程度作为对销售部门与人员奖惩的依据,建立完善激励机制来保障销售计划实现。

(二)销售业务与财务活动的风险控制

每个企业经营环境、业务性质、产业现状与发展前景不同,会给企业销售与收款活动带来不同的经营风险。例如企业所处的行业如果供给过剩,产品需求渐减,都会造成企业销售收入下降,现金流量恶化。

产业竞争加剧也会给企业销售、收款业务带来风险。例如同业竞争可能影响企业产品定价策略、授信赊账条件,从而影响销售计划执行,利润指标的实现,并改变企业财务状况。

另外,在销售、收款的业务活动中也存在作业风险。例如:在客户订货业务活动过程中,接受了不符合要求或未授权的客户订单,由于客户信誉度差而造成企业坏账损失;接受客户订购的产品品种与数量超过企业加工能力范围,企业无法按时交货或加工后出现大量质量问题而造成退货;未授权将产品从仓库中提出;装运产品的运输人员未授权;送到装运地或客户手中的商品数量、类型与订货单不相符;运送货品编制的发票以及过账到应收账款发生错误;由未经授权人员处理应收账款、客户资料、存货记录;收到现金不及时过账而被挪用。企业的退货业务可能存在风险,如未授权的员工核准客户的退货,已冲销应收账款,可是却一直未收到退回的货品。

(三)销售业务、财务活动的内部控制

在企业销售、收款的业务循环中,建立职务分离制度,明确各业务环节上分工和相互牵制作用。加强对订货的证实和审核,建立客户档案和信用等级评价,不管何种客户提出购货订单,信贷必须经过信用部门的批准才生效。制定统一的产品销售价格目录,规定各类交易的商业折扣、现金折扣标准并建立相应的授权批准权限。指定专人负责销售发票的保管和使用,财会部门应及时对发票与会计记录的凭证进行核对检查,应收账款记录严格以销售部门原始凭证为依据,防止应收账款的虚设。建立与客户的对账制度,及时了解客户财务状况,并将结果及时反馈给有关业务部门,以便对应收账款账龄较长的客户采取有效措施,减少坏账损失。

建立销货业务活动的控制制度。存储部门在发货通知单证实并得到一定的授权后才能发货,运输部门除需要得到存储部门的发货通知单外,还应有销售部门填制的装箱单,以证实授权运出货物,才能进行货物的运输作业。

企业的销货退回直接影响企业信誉和销售收入、应收账款的确认,直接抵减企业经济效益。这个环节也可能产生舞弊行为。因此需要建立退货、索赔、销售折让审批制度以及对应处理流程,使任何退货、索赔及销售折让的处理都经过授权后执行。

第三节 销售业务、财务集成信息流程的逻辑结构模型

在销售环节的业务作业活动过程中,随着产品的销售与现金的流入,形成了跨部门之间数据流。销售业务与财务集成的信息流程的任务就是建立一个

信息传输流畅的沟通渠道，准确记录、处理这些业务与财务活动所形成的数据流，及时为信息使用者提供业务信息与财务信息，以满足不同的管理阶层的决策需求。

一、销售业务、财务集成的信息需求分析

1. 产品的目标市场分析与战略决策

在竞争市场上，企业价值创造受限于所处的行业、宏观经济环境、自身的销售行为。企业管理人员在进行具体销售决策行为之前，通常需要销售与财务集成的信息系统能提供有关企业目标市场、有关客户的销售信息，使决策者通过一系列的市场细分、市场研究、市场预测、市场分析活动，制定切合实际的产品销售决策。

市场细分活动是将整个产品或服务市场根据相似需求分为不同的组群，每个组群都可能对应一种市场竞争战略。为了把整个市场适当细分，应考虑细分变量，细分变量就是把一种市场同另一种市场相区别的特定标准，最能代表市场细分标准的是利益变量和统计变量。利益变量是与顾客需求有关的参数。统计变量作为市场细分的补充，典型的统计指标是年龄、性别、职业和收入，它是描述顾客及其购买力的特征变量。

市场研究活动包括市场信息的收集、处理、报告和分析解释。市场研究的第一步骤是确定信息的要求，在进行市场研究时，首先要透彻理解与其事业有关的特殊信息，进而组织数据收集工作。而数据收集过程包括采用观察法、问卷法或采用电子邮件、互联网方式收集资料。在收集到必要的数据后，应该将它们处理成有用的信息。归纳、简化数据，形成使用者所需的信息方法有许多，包括表格、曲线和其他图示方法等。

企业生存在一个适合它的产品与服务市场才能成功。销售预测是典型的指示器，估算在确定的时间段里，一个给定的市场上有多少产品或服务被购买。销售预测必须围绕特定的目标市场，因而市场应尽可能明确界定，对市场的描述决定预测的范围。预测可采用定性或定量的方法进行。预测不可能很精确，但它对企业的生产计划、库存策略、人力资源开发有重要的意义。

市场分析描述目标市场的顾客情况、实际销售情况、竞争状况。它需要描述这些内容：相对于竞争者的产品市场占有率、销售趋势、销售财务经济指标的趋势变化，销货金额、销货退回和折让，以及坏账变化趋势分析；客户销售额的变化趋势、各种产品的生产成本、交货到客户手中的销售成本，以及提供后续服务的成本、业务人员销售的业绩分析，竞争者的产品和服务的定价、广告

活动信息;销售活动所产生的现金流量分析、客户应收账款每日到期余额。使企业决策者获取这些信息,做好产品的销售决策。

2. 客户的市场价值、获利能力的分析与决策

在商业演变的新世纪中,有一条准则是永恒不变的,即客户第一。应该说企业生产和服务都必须围绕如何更好地满足顾客的需求展开,但企业是一个以营利为目的的组织,如何使有限资源创造最大效益也是企业追求的目标,搞好客户识别是企业提升创造价值能力的一项重要工作。

市场份额反映了经营单位在出售商品市场上所占据的业务比例,市场份额可以通过客户数量、花费的金额或售出的货物量来计算,尤其是对于目标客户群来说,这个指标显示了一个企业在目标市场上的占有情况。企业可以针对每个客户和每个市场份额,计量从中获得的收益。

客户保持和客户忠诚可以通过考察企业与客户之间的关系程度方法来进行计算。计量从一个时期到另一个时期与客户关系的保持程度,并通过对客户业务的增长百分比来计算客户忠诚。

客户获得可以用经营单位赢得的新客户及业务的比例来计量。企业在扩大业务的过程中,通常是想增加其目标范围内的客户。客户获得既可以用新客户的数量来计算,也可以通过在目标范围内新客户的总销售额来计算。通过各种的促销活动,来监测客户对促销活动的反应,用实际新顾客的数量除以预计获得顾客的数量来计量顾客转变率。

客户满意程度反映企业与客户的关系如何,企业目前运行得怎样。只有当客户对他们的购买经历完全满意时,企业才能指望他们再次购买自己的产品。

企业管理者除了要掌握核心客户指标——市场份额、客户保持、客户获得及满意程度等这方面的非财务信息之外,为了评价企业对客户采用的销售策略是否成功,是否能为企业创造价值,还希望通过财务方面的计量来考察他们为客户提供服务的广度,以及这些服务的获利能力。

客户获利能力信息揭示企业从目标客户中获利的分布情况、未来的增长情况。可根据顾客行为的不同将他们划分为不同群体,具体分析各个群体明显的行为特征,并与已知资料结合在一起,进行客户识别和目标客户定位,以此了解不同的群体能给企业带来多少利润,以及他们对企业的忠诚度,从中找出对企业具有重要意义的顾客。这些重要顾客主要包括潜在顾客(有价值的新顾客)、合格的潜在顾客和确定的顾客。企业可充分利用这些信息,制定市场策略。

识别客户市场价值是为了能有效利用企业资源为企业与顾客创造价值。培养忠诚顾客或使顾客满意,最有效的方法是降低顾客自身所支付的成本。对顾客关键需求进行评估,然后开始改变企业的作业流程,设法消除交易过程中影响最大的顾客成本等。这些提高创造价值能力的努力,将使企业拥有的有限资产能创造最大化的顾客价值和企业价值。

3. 销售过程的费用预算与控制决策

销售费用是在销售过程发生的,为实现销售收入而支付的各项费用。根据销售过程的各项业务内容,销售费用通常包括:(1)销售人员报酬。销售人员报酬是销售费用的重要组成部分,报酬水平的高低以及报酬形式或构成的不同,直接影响销售活动的最终效果。销售人员工资一般包括基本工资、奖金(包括佣金或利润提成)、津贴、福利等。(2)广告费用。广告费用是企业用于树立企业形象、扩大销售的重要手段,包括广告策划费用、媒体费、制作费、管理费等。(3)公关费用。公关活动也是一种主要的营销工具,公关费用分为日常行政费用和专项费用。(4)业务费用。业务费用是销售人员从事具体业务工作所需的费用。随着市场竞争的日趋激烈,业务范围已从具体的销售工作扩展到为顺利完成销售任务应具备的前提条件。(5)售后服务费用。提供优质的售后服务已成为企业提高市场竞争优势的重要武器。(6)销售物流费用。指销售过程中,伴随商品所有权在生产者与消费者之间的转移,商品在时间和空间上的位移所支付的费用。

在企业生产经营过程中,销售费用的支出是必不可少的,它保证了企业再生产的顺利进行。随着销售活动范围扩大,加强销售费用的管理就显得尤为重要,销售费用的管理大体上包括:(1)建立销售费用管理制度,规范销售环节各部门人员的行为。(2)进行销售费用预算。根据市场调研,了解竞争对手销售费用预算与构成,结合本企业历年的销售费用统计资料与计划年度的经营目标,采用科学合理的预算方法,编制年度销售费用预算方案,并视每一种销售活动对实现销售收入贡献的大小分配销售费用。(3)对销售费用进行控制,采 ABC 分类管理方法,将累计销售费用占总销售费用 80% 以上的少数归为 A 类,实现重点管理。(4)对销售费用执行结构进行分析,将销售费用实际支出情况与预计方案进行比较,计算偏差大小,分析产生偏差的原因。

4. 销售业绩评价与激励

对销售业绩进行考核和评价在销售业务管理中占据重要地位。在明确销售部门、管理者、业务人员承担的责任前提下,制定一系列的考核指标,凭借销售业绩评价这一技术手段,考核销售计划的执行情况,及时进行销售业务流程的控制,并根据量化指标,激励员工努力工作。对于销售部门,如果它的可控因素是销售费用,可通过对实际的销售利润与弹性的销售预算进行差异分析,从中评价部门的销售业绩,并利用销售人员的销售目标与销售费用的控制指标评价业务人员的业绩。

二、销售业务、财务集成的信息流程逻辑结构模型

销售业务与财务集成的信息流程涉及多个部门的数据传递和信息处理,因此要考虑数据的共享,各个业务处理流程之间的依存关系以及数据接口方式。其数据流程图见图3-1,整个信息流程由销售的业务与财务基础数据维护更新、销售业务与财务事项记录、销售业务与财务信息输出三类信息处理活动组成。

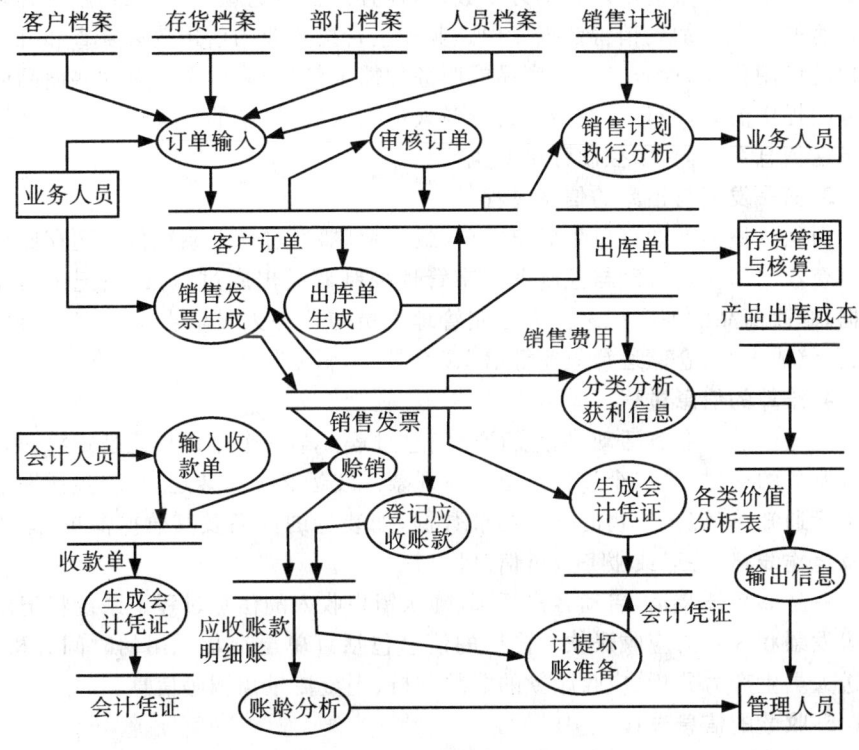

图 3-1　销售、收款数据流程图

(一)销售业务、财务集成信息流程的基础数据维护、更新活动

在销售业务、财务集成的活动中,涉及的参与者包括企业客户、销售商、与销售业务相关的企业内部组织和管理人员、业务人员,涉及的资源包括企业销售的商品、销售的市场以及每年的企业销售计划。这些实体的特征属性值构

成企业的基础层面的数据集,并且这些数据随着企业经营战略、状况的变化而发生变化,需要及时对这些数据进行记录与维护更新。

(二)销售业务、财务集成信息流程的数据处理活动

1. 销售报价的信息过程

销售报价是企业向客户提供货品、规格、价格、结算方式等信息。在双方达成协议后,销售报价单转为有效力的销售订单。企业可以针对不同的客户、不同存货、不同批次提出不同的报价与折扣。

2. 客户订货活动的信息过程

当客户决定购买企业产品时,会给业务人员一份所需的商品或服务的订单。信息系统应帮助用户收集订单数据,检查是否是老顾客,如果是新顾客则将顾客的信息添加到销售数据库中。业务主管按企业的信用政策复查和批准客户的信用程度,检查订单的商品或服务的需求信息,确认企业对这些商品或服务的提供能力,当订单经授权的业务人员确认后,订单的订货信息便被详细记录在信息系统内,以控制订单的执行。

3. 商品发货与出库的信息过程

由经过核准后的订单生成出库单(或提货单)通过信息系统传递到存储部门。企业利用存货管理与控制系统来管理控制商品出库过程,详细记录出库单据,修改商品的库存记录。为存储管理人员与业务人员输出有关存货余额表、存储成本表、仓储运行效率等信息。

4. 结算的信息过程

运送商品的业务活动将触发两个信息过程。第一个过程是记录货物的装运或服务的交付,第二个过程是给客户开票。装运必须有装运凭证,包括提单或货运通知单,记录货物的交货细节数据,如装运的商品及其数据清单、运货商及运输线路、装运或服务人员信息。

一旦商品被装运,启动客户开票、确认销售收入的信息过程。系统将记录销售发票和客户的应收账款。输出的信息包括订单至交货耗用的时间分析、配送人员生产力分析、应收账款的账龄分析、现金流量预测等信息。

5. 收款的信息过程

当客户获得商品或服务后,支付货款,这时企业提供的产品价值得以实现并形成销售现金流入。大多数的客户使用现金、支票支付应付款,企业收到货款后,记录到收款单并核销应收客户的应收账款。

6. 退回及批准折让信息过程

由于商品或服务达不到客户的要求而产生退回事件。企业处理这一问题可能有两种选择:一是客户继续保留商品而接受价格调整或折让,二是客户退

回商品。由此产生的信息过程包括填制退货接收报告和贷项通知单,并及时修正库存、销售收入、应收账款。

7. 与销售活动相关的会计核算信息过程

(1)记录销售收入。企业销售产品业务发生后,出现货款已收和未收两种情况。对于货款已收,在记录收款单、结算销售收入记账凭证时借记"银行存款",贷记"主营业务收入"、"应交税金——应交增值税——销项税"。对于货款未收情况,借记"应收票据"或"应收账款",贷记"主营业务收入"、"应交税金——应交增值税——销项税"。月底结转销售收入,借记"主营业务收入"、贷记"本年利润"。

(2)记录应收账款。企业在产品销售过程中发生赊销,通过"应收账款"进行核算。应收账款按购货单位设置明细账。在产品销售发生而货款未收到时,按客户分类登记应收账款明细账,并借记"应收账款",贷记"主营业务收入"等。当收回货款时,借记"银行存款",贷记"应收账款"科目。平时对应收账款账簿进行分析,评价客户偿债能力和信用程度并进行坏账损失估计。

(3)记录产品销售成本。销售业务发生时,在存货核算系统中按产成品的计价方式核算出库的产成品的实际成本。登记存货管理与核算明细账,由存货核算子系统编制会计凭证,借记"主营业务成本",贷记"产成品"。月末将实际成本转至"本年利润"科目,不留余额。销售子系统获取所发出产品的单位成本数据,计算产品销售明细账中各产品的销售收入、销售成本、销售利润。

(4)记录销售费用。产品销售过程中所发生的费用核算是通过设置"销售费用"科目进行的,该科目的借方登记在产品销售过程中发生的运输费、装卸费、包装费、保险费、展览费、广告费以及为销售本企业产品而专设的销售机构的职工工资、福利费、业务费等销售费用。费用发生时,借记该科目,贷记"现金"、"银行存款"、"应付工资"等科目。"产品销售费用"应按费用项目设置明细账。期末,本科目余额应全部转入"本年利润"科目,结转后应无余额。

(5)结转销售税金及附加。税金是国家根据税法规定的税种、税目和税率,定期向企业征收的税款,它是国家预算收入的一项重要来源。产品销售税金及附加是指销售产品、提供工业性劳务等负担的销售税金和附加,包括营业税、消费税、城乡维护建设税、资源税和教育附加费。发生时借记"产品销售税金及附加",贷记"应交税金",期末结转时借记"本年利润",贷记"产品销售税金及附加"。

(三)销售业务、财务集成信息流程的信息输出活动

通常销售、财务集成的信息系统需要输出日常的业务、财务信息。如销售订单的执行情况明细表、汇总表,销售出库明细表、汇总表,客户单位销售情况明细表,销售收入统计表,销售费用明细表、汇总表,应收账款的明细表等,为日常执行层面的管理人员、业务人员提供决策信息。

此外,通过对记录的销售事项数据从不同的维度进行汇总、分析,为企业决策提供依据。这些输出信息包括:

1. 按市场分类输出报告

对记录在销售发票上的产品销售事项进行市场维度的分析。包括产品销售流向分析,反映购买产品的客户所在区域的产品销售数量和收入的流向。输出企业销售地区分布、产品类别、产品的市场销售情况,以及某一时期部门、业务人员所负责的地区销售产品、回款、应收款的比率情况等信息。

2. 按客户分类输出报告

按客户维度对销售情况进行分类汇总,分析企业各类客户获利情况,销售增长率、销售毛利润、回收客户货款情况。根据客户信用数量、信息额度、信用期进行客户信用分析,确定客户的信息级别、应收款余额、信用额度、两者的差异,以便了解每个客户的信用额度管理情况,以作为企业调整信用管理方针,完善应收款政策的重要依据。

3. 按产品分类输出报告

分析每一产品的销售毛利润,并按类别逐层汇总,反映其销售收入、销售数量、销售成本。从销售发票中按产品维度汇总每一销售产品的数量、销售收入不含税的金额,并从存货核算系统获取发货的产品成本数据。分析产品销售增长率,每个产品的销售数量、销售收入,以及数量与收入与上年同期相比的增减百分比。对所有销售的产品进行销售结构分析,包括占同类销售比率、自身销售增长趋势,提供不同产品销售的增长趋势。

第四节 销售业务、财务集成数据结构模型、信息处理与运行模式

一、销售业务、财务集成数据结构模型

(一)基础数据层面的销售业务、财务集成的实体数据结构描述

在基础数据层面,销售业务、财务集成的实体数据结构模型用于描述与销售活动有关的参与组织、参与者、涉及的资源、地点等基础数据。

1. 销售市场、销售对象的数据结构模型

(1) 企业目标市场的地理分布

目标市场细分的目的在于进行企业销售的市场维度分析,其中目标市场地区文件记录企业已进入或即将准备进入的市场所在的地理位置的分布状况。见表3-1。

表3-1　目标市场文件的数据结构

字段名	数据类型	宽度	小数	说明
地区代码	C	10		
地区名称	C	20		

(2) 企业目标市场的行业分布

企业目标市场的行业细分可用于企业销售的行业维度分析,行业分类文件记录企业目标市场涉及的行业分布情况。见表3-2。

表3-2　行业分类文件的数据结构

字段名	数据类型	宽度	小数	说明
行业代码	C	10		
行业名称	C	20		

(3) 企业目标市场的客户类别分布

企业根据管理的需要,对客户进行分类,如按客户在销售渠道的位置与属性,分为批发商、代理商、零散客户。见表3-3。

表3-3　客户分类文件的数据结构

字段名	数据类型	宽度	小数	说明
分类代码	C	10		
客户分类	C	20		

(4) 企业目标市场的客户级别分布

客户级别是对企业目标市场的客户进行细分的一种方法,企业可以根据自身管理的需要进行客户级别的细分,以便进行客户获利能力分析、客户的行为与特征分析。例如将客户给企业带来的销售收入分为VIP客户、重要客户、一般客户。见表3-4。

表3-4 客户级别分类文件的数据结构

字段名	数据类型	宽度	小数	说明
级别代码	C	10		
客户级别名称	C	20		
级别说明	C	60		

(5)企业客户

企业客户档案文件记录与企业进行交易的客户资料,以便对客户交易经济事项进行业务统计、分析与交易过程控制。作为企业重要的外部参与者资料,信息系统可根据企业的实际经营管理与控制的要求,增加、维护新的数据项。

表3-5 客户档案资料文件的数据结构

字段名	数据类型	宽度	小数	说明
客户编号	C	10		
客户名称	C	20		
地区代码	C	10		客户所处的市场地理位置
行业代码	C	10		客户所属的行业
分类代码	C	10		客户购买特征分类
级别代码	C	10		客户购买结果分类
税号	C	20		客户的工商登记税号
开户银行	C	20		
银行账户	C	25		
地址	C	20		
邮政编码	C	6		
联系人	C	8		
法人代表	C	8		客户企业的法人代表姓名
电话	C	12		客户联系方式
传真	C	12		
手机	C	12		

续表

字段名	数据类型	宽度	小数	说明
应收余额	N	10	2	客户当前应收款余额
扣率	N	5	2	
信用等级	C	4		通过应收款数据处理提供信息确定客户信用等级
信用额度	N	10	2	
信用期限	C	2		
部门编码	C	4		分管部门
人员代码	C	8		专管业务人员
发展日期	D	8		
停用日期	D	8		

2. 企业组织、人员

企业组织、人员的信息结构描述企业的组织机构、员工的特征属性。其中包括销售业务、财务事件所涉及的与销售有关的参与部门。如销售、生产、存储、运输、会计等部门以及相关的管理人员和业务人员。见表3-6。

表3-6 企业组织文件的数据结构

字段名	数据类型	宽度	小数	说明
部门编码	C	10		
部门名称	C	20		
部门属性	C	20		销售、采购、车间等
部门负责人	C	8		

企业组织的人员分类信息模式,如在职人员、退休人员、离职人员,在职人员可进一步分为企业管理人员、经营人员、车间管理人员、生产人员等。通过分类代码的递推逻辑联系,建立树形层次关系。见表3-7和表3-8。

表3-7 企业员工类别设置文件的数据结构

字段名	数据类型	宽度	小数	说明
分类代码	C	10		
分类名称	C	20		企业人员分类说明

表 3-8　企业员工基础数据文件结构

字段名	数据类型	宽度	小数	说明
员工代码	C	10		
员工姓名	C	20		
员工类别	C	60		
部门编码	C	10		所属部门
性别	C	2		
联系方式	C	30		

3. 存货的数据结构模型

在企业基础数据层面,存货文件记录企业所有的原材料、半成品、产成品等实体的资料,涉及企业采购、生产、销售等业务活动有关的各种物流类别和经济属性,其中包括销售资源。

为了对存货进行有效的管理与核算,需要对存货进行分类描述,其次从基本特征、价值特征、控制特征等方面进行存货属性描述。

(1) 存货分类描述

存货分类数据文件结构如表 3-9,该数据文件记录企业对所涉及的存货进行的分类,如材料、产成品、燃料、半成品等,并在此基础上向下继续分类,形成企业存货的分类树形结构。

表 3-9　存货分类文件的数据结构

字段名	数据类型	宽度	小数	说明
类别编码	C	10		
类别名称	C	20		

存货分类文件所记录的数据如表 3-10。

表 3-10

类别编码	类别名称
1	原材料
101	原料及主要材料
102	辅助材料
103	外购半成品
2	包装物
3	产成品
4	应税劳务

(2)存货档案的数据文件结构

在企业信息集成管理环境下,存货档案文件的数据结构描述企业各类存货的基本特征、物流特征、计划特征、价值特征、控制特征、设计特征等属性。如表3-11。企业可以根据实际情况,建立、维护更新存货特征属性的数据结构文件,系统记录存货资料。一般来说,存货至少要包括如下最基本的经济属性。

表3-11 存货档案基本属性文件的数据结构

字段名	数据类型	宽度	小数	说明
存货编码	C	10		
存货代码	C	10		
存货名称	C	30		
规格型号	C	20		
主计量单位	C	10		
辅助计量	C	10		辅助计量单位,如销售计量单位
类别编码	C	10		存货分类码标识
存货属性	L	1		与存货属性描述文件建立联系
计划价	N	10	2	
参考成本	N	10	2	
最高进价	N	10	2	
最新成本	N	10	2	
最低售价	N	10	2	
参考售价	N	10	2	
库存数量	N	10		
库存金额	N	10	2	
提前期	N	3		
经济批量	N	10		
最高库存	N	10		
最低库存	N	10		
安全库存	N	10		
批次管理	L	1		
ABC分类	C	1		
保质期管理	L	1		
呆滞管理	L	1		

存货属性描述存货与物流过程的关系,如采购属性、销售属性、生产耗用、

委外等,当存货属性设置为销售时,具有该属性的存货将出现在销售环节的客户订货、发货、开票业务的信息流程。

4. 销售业务类型、财务结算类型的数据结构

(1)销售业务类型数据结构描述

企业销售业务类型包括普通销售、定量销售、销售调拨、委托销售、非正常销售、分期付款销售、本地销售、外地销售、零星销售、集中销售、大批量销售。销售分类的数据结构如表3-12。

表3-12 销售分类文件的数据结构

字段名	数据类型	宽度	小数	说明
销售类型码	C	10		
销售类型名称	C	20		
出库类别码	C	10		与库存管理及核算业务(收发类别)建立文件数据关联

(2)结算方式与优惠条件

企业在销售过程中与客户进行结算所涉及的结算方式,有现金结算、支票结算等。其数据结构描述包括结算类别编码、名称。并在应收款管理系统中将结算方式与会计科目建立联系。如表3-13。

表3-13 结算方式与会计科目对应关系的数据文件结构

字段名	数据类型	宽度	小数	说明
结算编码	C	10		
结算名称	C	20		
币种	C	10		
会计科目	C	20		应收款会计核算

(3)付款条件文件的数据结构

见表3-14。

表3-14

字段名	数据类型	宽度	小数	说明
付款条件编码	C	10		
名称	C	20		
信用天数	N	10		
优惠天数	N	10		
优惠率	N	10	5	

(4)企业自定义逾期应收款或收款时间间隔,进行应收款账龄分析见表3-15。

表3-15 账龄区间设置文件的数据结构

字段名	数据类型	宽度	小数	说明
付款条件编码	C	10		
名称	C	20		
信用天数	N	10		
优惠天数	N	10		
优惠率	N	10	5	

此外,在应收款管理中,还需要设置在销售循环中涉及的应收科目、预收科目、销售收入、税金科目和结算科目与业务、产品、客户、结算方式的对应关系,使系统在销售事项发生时,依据这些对应关系,进行应收款财务核算。有关这些会计科目的属性设置在总账系统的基础层进行描述。

(二)销售业务、财务集成活动的数据结构描述

销售业务流程主要包括销售计划、客户订货、发货、收取货款等活动。信息过程需要对应每一项活动进行记录与处理,销售业务流程的数据结构描述如下:

1.销售计划的数据结构描述

企业每年根据经营目标制定年度销售计划,将产品销售计划落实到具体的销售部门与销售人员,制定责任单位与个人的月计划销售金额和销售定额。

按销售单位与个人的销售计划数据结构见表3-16。

表3-16 销售计划文件的数据结构

字段名	类型	宽度	小数	说明
年度	D	4		计划年度例如2008
单位代码	C	10		
人员代码	C	10		
1月销售	N	10	2	1月份的计划销售额
2月销售	N	10	2	
3月销售	N	10	2	
4月销售	N	10	2	
5月销售	N	10	2	
6月销售	N	10	2	

续表

字段名	类型	宽度	小数	说明
7月销售	N	10	2	
8月销售	N	10	2	
9月销售	N	10	2	
10月销售	N	10	2	
11月销售	N	10	2	
12月销售	N	10	2	

2. 订货业务数据结构描述

企业产品销售订货业务事件涉及客户、销售的产品、负责销售的部门以及业务人员、审核订单的管理人员。在订货事件的数据结构中,应包含这些特性的描述,由订单主文件与订单子文件组成。

(1)订货事件主文件的数据结构(见表3-17)

表3-17

字段名	数据类型	宽度	小数	说明
订单日期	D	8		
订单编号	C	10		
销售类型码	C	10		
客户代码	C	8		与客户档案文件关联
发货地点	C	20		
部门代码	C	8		执行销售业务的部门,与部门文件关联
职工代码	C	8		负责订货业务人员
定金	N	10	2	
币名	C	10		
汇率	N	10	2	
税率	N	10	2	
发运方式	C	10		
付款条件码	C	2		
制单人	C	8		
审核人	C	8		订单审核控制
关闭人	C	8		

表 3-18 订单事件子文件数据结构

字段名	数据类型	宽度	小数	说明
订单编号	C	10		
存货代码	C	10		
订货数量	N	10		
含税单价	N	10	2	
无税单价	N	10	2	执行销售业务部门
无税金额	N	10	2	该部门的业务人员
税额	N	10	2	
税价合计	N	10	2	
扣率	N	10	2	
折扣额	N	10	2	
预发货日期	D	8		
备注	D	30		

3. 发货、退货业务数据结构描述

见表 3-19 和表 3-20。

表 3-19 发货单主文件数据结构

字段名	数据类型	宽度	小数	说明
日期	D	8		
货单编号	C	10		
收发类型	C	10		
销售类型码	C	10		
客户代码	C	10		
发货地点	C	20		
部门代码	C	10		执行销售业务部门
职工代码	C	10		该部门的业务人员
定金	N	10	2	
币名	C	8		
汇率	N	10	2	
税率	N	10	2	
发运方式	C	10		
付款条件码	C	2		
制单人	C	8		
审核人	C	8		

表 3-20 发货单子文件数据结构

字段名	数据类型	宽度	小数	说明
货单编号	C	10		
存货代码	C	10		
订货数量	N	10		
含税单价	N	10	2	
无税单价	N	10	2	执行销售业务部门
无税金额	N	10	2	该部门的业务人员
税额	N	10	2	
税价合计	N	10	2	
扣率	N	10	2	
折扣额	N	10	2	
预发货日期	D	8		
备注	C	30		

4. 发票业务的数据结构描述

开票业务的信息结构与发货的数据结构相同。实际上,发货、开票业务的数据是共享的,并存在同一个数据库文件内,发货单与发票是通过数据库文件同一记录的不同的货单编号和发票号这两个字段的数值来标识的。见表 3-21 和表 3-22。

表 3-21 发票数据文件结构

字段名	数据类型	宽度	小数	说明
日期	D	8		
发票编号	C	10		
收发类型	C	10		
销售类型码	C	10		
客户代码	C	10		
发货地点	C	20		
部门代码	C	10		执行销售业务部门
职工代码	C	10		该部门的业务人员
定金	N	10	2	
币名	C	8		
汇率	N	10	2	

续表

字段名	数据类型	宽度	小数	说明
税率	N	10	2	
发运方式	C	10		
付款条件码	C	2		
制单人	C	8		
审核人	C	8		

表 3-22 发票子文件

字段名	数据类型	宽度	小数	说明
发票编号	C	10		
存货代码	C	10		
订货数量	N	10		
含税单价	N	10	2	
无税单价	N	10	2	执行销售业务部门
无税金额	N	10	2	该部门的业务人员
税额	N	10	2	
税价合计	N	10	2	
扣率	N	10	2	
折扣额	N	10	2	
预发货日期	D	8		
备注	C	30		

5. 订货、出库、开票事件之间的关联记录

在核销文件中记录订单编号、出库单编号、发票编号,描述这些业务的核销情况。见表 3-23。

表 3-23 核销的数据文件结构

字段名	数据类型	宽度	小数	说明
年份	D	4		
订单编号	C	10		
出库单编号	C	10		
发票编号	C	8		

6. 收款业务数据结构描述

数据结构见表 3-24 和表 3-25。

表 3-24　收款单文件的数据结构

字段名	数据类型	宽度	小数	说明
日期	D	8		
收款单编号	C	10		
客户代码	C	10		
金额	N	10	2	
外币编码	C	8		
汇率	N	10	2	
税率	N	10	2	
发运方式	C	10		
付款条件码	C	2		
制单人	C	8		
审核人	C	8		

表 3-25　收款核销文件数据结构

字段名	数据类型	宽度	小数	说明
收款单编号	C	10		
发票编号	C	10		
核销金额	N	10	2	
余额	N	10	2	

7. 应收账款明细账

对没有付款的销售事件记录客户赊销情况。数据结构见表 3-26。

表 3-26　应收账款文件数据结构

字段名	数据类型	宽度	小数	说明
日期	D	8		
客户代码	C	10		
摘要	C	10		
借方金额	C	10		
贷方金额	C	10		
余额	C	20		

此外,销售收款与会计总账集成,通过会计凭证的数据文件,将销售循环形成的销售收入、应收款、现金流入的经济事项自动生成会计凭证,传递到总账系统。销售循环发货业务单据传递到存货管理系统,在实施发货后,库存管理记录存货减少,并由存货核算系统核算销售成本,生成会计凭证传递到总账。

二、销售业务、财务集成核算管理子系统的信息处理功能运行模式

在集成信息化环境下,销售业务、财务集成核算管理子系统的信息处理功能主要由以下三种类型的功能模块组成。这些功能模块按处理的业务、财务性质不同,分布在企业 ERP 软件的销售管理子系统与财务业务核算管理层的应收款管理子系统中,并与存货管理、生产循环、采购循环的信息流程集成,对销售循环形成的数据流执行从销售业务到财务的一体化、集成化的数据处理、价值核算与管理。

(一)销售信息流程的基础数据维护、更新功能

出于系统优化与资源共享的目的,销售信息流程涉及的资源、参与者等基础业务、财务数据的维护与更新操作,通常由 ERP 软件的系统设置中的基础资料功能模块执行这项操作。当企业对这些实体的数据进行标准化、规范化的处理后,通过 ERP 软件在企业信息系统的基础数据层面上执行销售循环的基础数据的维护、更新功能。

1. 企业销售市场、客户基础资料的维护功能模块

地理位置分类功能对企业的目标市场,按照管理与战略决策的要求进行地理分类、行业分类、客户分类与细化,使销售与财务信息处理系统可以分别按地理区域、行业、客户、客户重要程度,分别统计、分析企业产品销售业务与财务状况,为管理者进行战略与业务决策提供依据。

这项功能模块包括:(1)地区分类的基础数据维护功能模块;(2)行业分类的基础数据维护功能模块;(3)客户分类的基础数据维护功能模块;(4)客户级别分类的功能模块;(5)客户资料的维护功能模块。它们分别记录、更新、维护企业销售的基础层面的数据,并将这些数据分别存放在地区分类文件、行业分类文件、客户分类文件、客户级别分类文件中,并随着经营环境的变化,对这些文件的数据进行维护、更新操作。例如图 3-2 是客户级别分类的输入界面。

客户级别分类

序号	客户级别编码	客户级别名称	级别说明
1	01	VIP	销售收入50万以上
2	02	重要客户	销售收入达10万以上、50万以下
3	03	一般客户	销售收入在10万以下

图 3-2

客户是企业进行销售活动的对象,详细的客户资料为企业的销售管理与控制提供决策的依据。通常客户资料的维护与更新功能主要包括记录客户的基本情况、联系方式、信用评级以及其他一些情况,通过客户资料所包含的地区、行业等分类信息,建立了企业销售目标市场分类与客户的具体联系。输入的数据存放在客户档案的数据文件中,企业销售过程中,每出现新的客户或客户的资料发生变化,及时更新客户资讯。并根据客户在销售活动中付款情况、客户经济状况,准确计算、评价客户信用程度、修改客户的信用等级,使销售部门经理客观区分不同客户,针对不同客户制定对应的销售策略与服务方式,规避销售过程的风险。

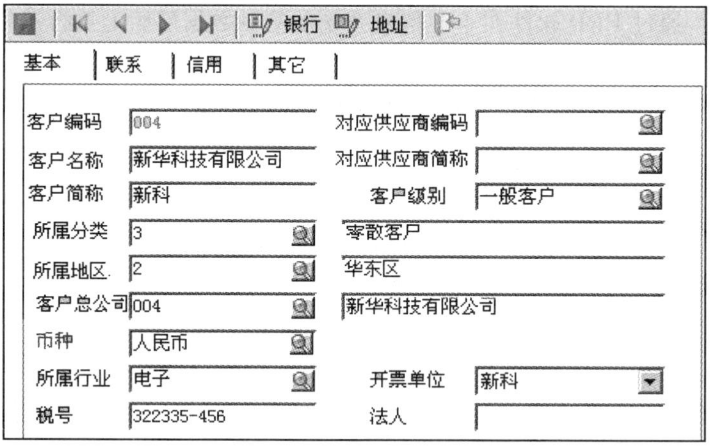

图 3-3 客户资料输入界面

2. 部门与业务人员基础数据维护功能模块

为明确负责销售业务的具体管理部门与业务人员的责任,在系统的初始设置中,需要将有关销售部门组织机构、人员类别、销售人员的资讯输入到部门文件、员工类别文件、员工资料文件中,以便于计算机在其后按部门、人员编制销售计划、过程控制与销售业绩评价。

3. 企业存货的数据维护功能模块

在基础数据层输入企业存货类别和各类存货的具体特征属性数据,并通过存货特征属性值区分是外购件、销售件、生产耗用、委外等。

4. 销售类别与费用项目基础数据维护功能

企业产品的销售事件有各种不同方式,而在销售过程中也会发生各类的销售费用,销售类别与费用项目模块的功能就是将所设置的数据输入到销售类别与销售费用的数据库文件,使用户能对不同的销售类别进行统计处理。如图3-4。

销售类型			
序号	编码	销售类型名称	出库类别
1	1	普通销售	销售出库
2	10	定量销售	销售出库
3	11	销售调拨	销售出库
4	2	委托销售	销售出库
5	3	分期付款销售	销售出库
6	4	零星销售	销售出库

图 3-4

5. 销售的财务基础数据维护功能

在应收款核算与管理基础数据维护功能模块中,进行财务基础数据的维护作业。主要包括:

(1)应收业务的会计科目设置功能:如果企业应收业务类型较固定,生成的会计凭证的科目较固定,则可以将业务与会计科目建立对应关系,系统就会自动生成会计凭证。科目设置功能是输入与应收款业务相关联的会计科目。如"应收账款"、"预收账款"、"应收票据"、"财务费用"、"主营业务收入"、"银行存款"等会计科目。

(2)坏账准备设置功能:坏账准备设置的功能是用户根据发生的应收业务情况,设置提取比率,系统每次自动计提坏账准备金后,生成会计凭证传输到总账。

(3)账龄区间设置功能:为了对应收账款进行账龄分析,评估客户信誉,并按一定的比例估计坏账损失,账龄区间设置的功能是输入各账龄区间起止天数。

(4)付款条件设置功能:付款条件也叫现金折扣,是指企业为了鼓励客户偿还贷款而允诺在一定期限内给予的规定的折扣优待。这种折扣条件通常可表示为"5/10,2/20,n/30",它的意思是客户在10天内支付货款,可得到5%的折扣,只付原价的95%的货款;在20天内支付货款,可得到2%的折扣,只要付原价的98%的货款;在30天内支付货款,则须按照全额支付货款;在30天以后支付货款,则不仅要按全额支付货款,还可能要支付延期付款利息或违约金。

(二)销售业务与财务集成信息处理功能

1. 销售业务的信息处理功能

销售业务的信息处理功能是建立在销售管理子系统内、执行销售业务的信息处理作业。

(1)销售计划

根据企业对市场的预测、能力预测、盈利目标、战略目标、预算情况,可以按部门、产品、业务人员、市场编制年度销售计划,并逐层分解到每个月度计划。在业务发生过程中,及时按部门、产品、业务人员等分类标准汇总实际的销售额,与计划指标比较,分析销售计划的执行情况。

(2)销售订单

对于需要组织生产批量较大的销售业务,一般销售业务从签订销售合同开始。销售订单模块的功能主要是输入企业客户订货的业务数据,这些数据包括订单标识号、订单日期、客户标识、销售部门以及业务人员、订货的货物名称、数量、单价等数据。如果是新客户,还需将客户的新资料输入到客户档案文件内。通常销售订单的输入界面如图3-5,这些数据被保存在销售订单文件中。

销售订单

销售类型	普通销售	客户简称	创新科技	付款条件	
销售部门	销售二部	业务员	张平	税率	17.00
币种	人民币	汇率	1	备注	

	存货名称	规格	计量	数量	报价	含税单价	无税单价	无税金额
1	迅雷杀客		套	20.00	200.00	200.00	170.94	3418.80
2								
3								
合计				20.00				3418.80

制单人 杨琦　　审核人　　　　关闭人

图 3-5

主管人员从销售订单文件中提取销售订单，对客户进行审核签字后，形成正式的销售订单。在库存量达不到客户订货需求，需要组织生产、采购情况下，跟踪销售订单的执行，进行全过程的管理与控制。

(3)销售发货

销售发货是企业执行与客户签订的合同或订单，将货物发往客户的行为，是销售业务的执行阶段。如果客户进行了订货业务，发货模块就可以直接从销售订单文件获取对应订货单的数据，形成发货单。通常发货单的输入界面如图 3-6，发货单编号唯一标识每一发货业务事件，订单号的数据记录订货业务与发货业务连续状况，这些数据被存储在发货单的主文件与子文件中，在集成环境下，存货管理子系统就可直接读取发货单文件的数据，形成出库单，进行发货业务处理。

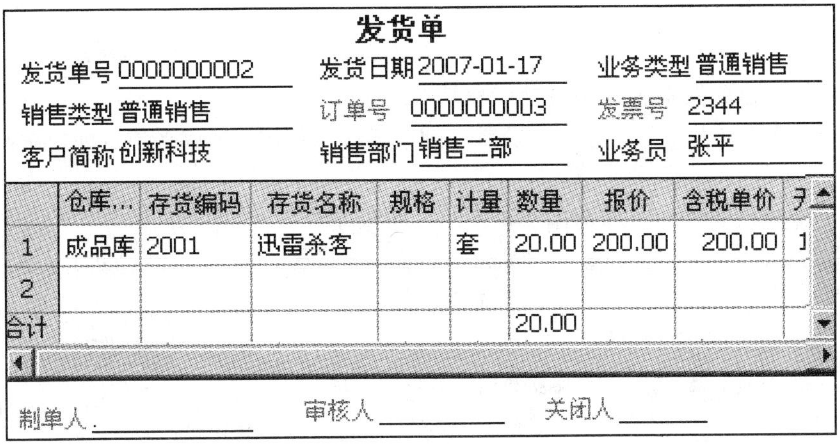
发货单

发货单号 0000000002　发货日期 2007-01-17　业务类型 普通销售

销售类型 普通销售　订单号 0000000003　发票号 2344

客户简称 创新科技　销售部门 销售二部　业务员 张平

	仓库…	存货编码	存货名称	规格	计量	数量	报价	含税单价	于
1	成品库	2001	迅雷杀客		套	20.00	200.00	200.00	1
2									
合计						20.00			

制单人　审核人　关闭人

图 3-6

(4)销售开票

销售开票是销售过程企业给客户开具发票及其所附清单的过程，它是确认销售、销售成本计算、应交销售税金和应收款确认的依据。销售开票可以依据订单生成，在开票直接发货流程下，发货单依据发票生成。在先发货后开票的流程下，开票业务依据发货单生成。销售发票主、子文件记录每一销售开票事件。这些数据不仅是销售业务子系统进行有关的各种统计分析依据，在数据集成环境下，这些数据传递到应收款核算子系统，进行会计核算处理与财务控制。如图 3-7。

销售专用发票

| 开户银行 | 中国银行 | 账号 | 123456789 | 税号 | 34942983910 |
| 币种 | 人民币 | 汇率 | 1 | 税率 | 17.00 |

	仓库...	存货	存货名称	规格	计量	数量	报价	含税单价	无税单价
1	成品库	2001	迅雷杀客		套	20.00	200.00	200.00	170.94
2									
合计						20.00			

单位名称 北京冠群科技有限公司　　本单位税号 110108473287215
制单人　　　　　　　　　　　　复核人

图 3-7

2. 销售的财务信息处理功能模块

财务业务核算管理层的应收款管理子系统执行销售的财务信息处理作业。

（1）收款业务

收款单的输入界面如图 3-8。

收款单

单据编号 0000000001　　日期 2007-01-28　　客户 创新科技
结算方式 转账支票　　　　结算科目 10020101　　币种 人民币
汇率 1.00000000　　　　金额 4000.00　　　　本币金额 4000.00
客户银行 中国银行　　　　客户账号 123456789　　票据号
部门 销售二部　　　　　　业务员 张平　　　　　项目

	款项类型	客户	部门	业务员	金额	本币金额	科目
1	应收款	创新科技	销售二部	张平	4000.00	4000.00	1131
2							
合计					4000.00	4000.00	

录入人　　　　　审核人　　　　　核销人

图 3-8

在应收款子系统中,收款单记录企业收到的款项。企业收到的款项包括客户提前支付的货款、应付款或其他费用。对于应收款的款项类型,还要进行核销业务处理。

(2) 应收款的会计业务处理

应收冲应收:将一家客户的应收款转到另一客户中,通过应收款的转移实现业务的调整。

预收冲应收:通过预收冲应收处理客户的预收款与应收款之间的核销业务。

应收冲应付:用客户的应收款冲销供应商的应付款项,实现客户与供应商之间的转账,解决应收债权与应付债务的冲销。

红票对冲:红票对冲可实现客户的红字应收单据与其蓝票应收单据、收款单与付款单之间进行冲抵的操作。

(3) 坏账处理

坏账处理模块包括计提坏账准备处理、坏账发生后的处理、坏账收回后的处理等功能。应收账款子系统自动提取应收款项的坏账准备,坏账发生时即可进行坏账的核销,当被核销的坏账又收回时,即可进行相应的处理。

(4) 生成会计凭证

在应收款子系统中,对于从销售业务系统传递过来的业务发票,以及收(付)款单、票据等业务单据,根据初始设置的业务事项与会计要素的对应关系,进行会计事项处理,生成会计凭证。见图3-9。这些会计凭证将传递到会计账务系统,登记会计总账与生成财务报告。

摘要	科目名称	借方金额	贷方金额
收款单	银行存款/中行存款	400000	
收款单	应收账款		400000
	合计	400000	400000

收款凭证

收字 0001　制单日期:2007.01.28　附单据数:1

票号 202 -
日期 2007.01.28
数量
单价

备注　项目　部门　个人
　　　客户　业务员

记账　审核　制单

图 3-9

(三)销售业务与财务集成的信息输出功能

销售信息输出模块的功能主要是为企业的业务人员以及主管人员输出有关销售业务、财务明细与汇总的信息,计算机可以根据用户的查询要求从记录业务事件的数据文件中获取有关数据,按一定的格式输出这些信息。通常销售信息输出的内容包括销售计划执行情况、销售收入明细、发货明细、销售成本明细。同时也可以对销售数据进行不同侧面的分析,输出企业不同区域市场的销售增长情况、市场占有率、客户获利情况等信息。

1. 销售收入明细输出

销售收入明细的输出功能模块可以按部门、销售类型、销售商品作为查询条件,在销售发票文件,以及与销售发票数据关联的存货文件、客户文件进行结构化查询处理,形成销售收入明细输出界面,输出满足查询条件的记录。

2. 销售成本输出

销售成本输出功能模块可以按部门、销售类型、销售商品作为查询条件,从销售发货单文件,以及与销售发票数据关联的存货文件、客户文件进行结构化查询处理,输出销售成本明细数据。

3. 利润分析

可以按产品或客户等汇总销售收入,并与销售成本、销售费用进行配比后,输出产品利润、客户的获利情况。

4. 应收款与欠款分析

应收账款子系统应提供对发票、应收单、结算单、会计凭证的查询。此外应收账款还需要为用户提供客户应收账款的明细账查询,应收账款的账龄分析等信息。

第4章 库存流程财务集成核算与管理信息子系统

第一节 库存流程的财务集成核算与管理概述

一、存货

物料是指为企业生产经营服务的物资。范围包括企业持有以备出售的产成品或商品,或者为了出售仍然处在生产过程中的在产品,或者将在生产过程、提供劳务过程中被消耗的各类材料等。物料在企业经营环节的流动形成企业的物流,当这些物流暂时停滞在仓储地,形成企业的存货。存货是指企业在生产经营过程中为销售或者耗用而存储的各种有形资产。

存货是企业重要的流动资产。持有充足存货有利于避免缺货带来经营问题与机会损失,能及时满足销售流程中的客户订货需求。但过多的存货会占用更多企业资金,增加存储、保险费、维护、人工等各项支出,使存货持有成本上升。过多存货也会掩盖企业生产流程、采购流程的一些瓶颈问题,降低企业作业效率。因此,存货动态管理与仓储控制活动,直接影响企业资金占用水平、资产运行效率,并成为创造企业价值的"第三方利润源"。

(一)存货分类

企业经营过程是从外部采购多种物料,加工成为产成品并将其销售给客户的过程。因此,企业的存货通常具有品种繁多、形态各异、收发频繁的特点。为了分门别类记录各种存货的收、发、存状况,正确计算存货成本与费用,通常存货分类如下:

1. 原材料

经过加工后构成产品主要实体的材料,以及虽不构成产品的主要实体,但有助于产品形成的辅助材料。具体包括:

(1)原料及主要材料;

(2)辅助材料;

(3)燃料;

(4)修理用备件。

2. 委托加工材料

发出并委托外单位加工中的材料,虽然加工中的材料已远离本企业,但所有权并未发生转移,仍属企业存货的特殊存放形式。加工完成并验收入库后,其类型属于某类材料。

3. 低值易耗品

不能作为固定资产的各种劳动资料。如一般工具、专用工具、管理用具等。

4. 包装物

为了包装企业产品而存储的各种包装容器。

5. 产成品

企业完成全部生产过程,可以对外销售的产品。

6. 自制半成品或在产品

经过一定生产过程,但尚未全部完工,在销售之前还需要进一步加工的中间产品或正在加工的产品。

(二)存货的计价

存货的计价是存货价值核算的前提。根据《企业会计准则》规定:各种存货应当按取得时的实际成本核算。采用计划成本或者定额成本方法进行日常核算的,应当按期结转其成本差异,将计划成本调整为实际成本。

1. 按实际成本计价

外购存货成本:外购存货实际成本计价包括:买价、运杂费、运输途中的合理损耗、入库前的挑选费用和其他费用。

自制存货成本:包括自制过程中的各项实际支出,如制造过程中所发生的材料费、人工费和制造费用。

委托加工存货成本:指其实际耗用的原材料或半成品的实际成本、运输费、装卸费、保险费和加工费计价及按规定计入成本的税金。

存货应按取得时的实际成本计价。由于存货的每次进货实际成本并不相同,所以,在存货发出时需要选择一种计价方法,来计算发出的存货成本。根据《企业会计准则》规定"各种存货发出时,企业可以根据实际情况选用先进先出法、加权平均法、移动平均法、个别计价法等方法确定其实际成本"。企业可以自行选择其中的一种方法来计算发出存货成本,但选定后一般不能随意变动。

2. 按计划成本计价

在实际工作中,为了简化存货日常核算手续,减少存货核算工作量,通常对存货按计划成本计价。存货的计划成本是根据存货的实际成本经过预测和计算得到的,尽量使其与实际成本接近。计划成本一经确定,一般在一个会计年度内不作变更。

由于存货实际成本的变动,计划成本与实际成本之间存在差异,称为存货成本差异。会计上应设置材料采购、原材料、材料成本差异等会计科目进行存货成本核算。

二、库存价值管理的意义

企业生产经营过程实质上是物料在不同的作业中被耗用、加工转换、增值的物流过程。为了使企业资源的配置与生产、经营环境相匹配,与企业的人力资源、生产能力、市场的客户需求相均衡,需要有一定的存货发挥调节作用。显然,如果企业供货能力能满足客户需求,保障经营每一环节供货的数量、质量、准时状态,使企业存货的库存水平达到最小化,企业的物流、资金流处于最佳状态,则此时由于物料仓储降低,减少由存货引发的一系列物料存储费用、贬值等、营运资金占用过多的风险,自然会提升企业的价值创造能力。

企业的经营环境、客户需求在不断变化,为了保证生产与经营活动持续进行,必须不断购入物料、耗用物料、销售企业产品。因此,存货总是不断处于销售和重置、消耗和重置的流转过程中,并随着销售实现价值补偿。存货的存储水平与企业的销售、生产、采购流程的价值活动紧密相连。而存货具有较大的流动性、时效性和潜在损失的可能性。因此,从物流和资金流的角度加强对存货价值核算与价值管理对提升企业价值具有重要的意义。

(一)存货流动性的价值管理

在一些制造企业中,存货往往占流动资产较大比例。传统狭义的观点认为,存货控制主要针对仓库中的物资进行盘点、数据处理、保管、发放等,通过执行防腐、温湿度控制等手段达到实物库存保管的最佳状态。但从价值管理的角度出发,存货的价值管理应从企业战略层面来考量,即通过优化整个供应链流程,并辅以相应的信息处理技术,在保证及时交货的情况下,综合考虑企业的生产能力,均衡生产各阶段的产出与需求,成本与效益的关系,优化库存管理水平,尽可能降低存货库存水平,提高存货的流动性,从根本上减少库存积压与报废、贬值的风险。

衡量存货的流动性指标是库存周转率,它与整个需求与供应链管理这个大流程的输出有密切关系。这个大流程除了包括库存管理这个环节外,更重要的部分是销售预测与订单的出库、生产计划与控制、物料采购计划与控制、库存计划与预测,以及原材料、成品的配送与发货策略。

因此,在企业目标市场的客户需求驱动下,企业销售、客户管理、产品研发、生产制造、采购、供应商管理贯穿企业价值链,它们与存货的库存管理与存货核算业务、财务过程连接在一起,并通过集成信息流程进行管理与控制。

在信息集成环境下,库存管理除了要对存货入库、出库业务进行详细的记录,对存货增加、减少、结存进行日常管理外,加强对存货的有效管理,防止企业资产的丢失,还应全面系统地反映企业物流的动态情况,并为企业采购业务、生产过程和销售业务提供准确的物料各类属性的信息,使企业准确进行主生产计划与物料需求计划的计算,形成生产与采购方案,使企业不同业务流程的运行协同一致。加强存货的流动性管理,使企业的存货在数量、品质上能保持适当水平,避免存货过多而占用大量资金,又可防止因存货不足而影响企业价值链的生产经营活动。

(二)存货价值核算管理

存货的管理离不开会计介入,存货一经确认就需要计量,及时生成财务信息。存货核算的目的一方面是使销货成本与销售收入进行配比,从而恰当地确认企业会计期间的利润,另一方面是反映企业存货数量增减过程中相应的价值变化。存货核算作业要正确计算存货物流过程的成本,准确提供有关存货费用情况,分析实际存货成本与计划成本的差异,以便向会计信息使用者提供准确的物流收、发、存的价值信息。企业的利润是与成本相关的,减低成本意味着提高利润。

在存货管理中,还应对存货的积压、贬值的状况进行分析,使存货的账面价值与实际可收回的金额相符。企业每期都应重新确定存货的可变现值,定期对存货进行盘点,不仅要从实物数量上进行核对,更应从价值形态上认真分析,计提存货减值准备,确保账面价值与实际相符,真实反映企业存货的价值和企业经营成果。

(三)存货资金的价值管理

企业从外部获取物料,与物料流入相伴的往往是企业现金的流出,同样伴随企业产成品的流出的是销售现金流入以及在库存阶段的存货资金占用。资金流是企业经营的血液,降低企业物料库存,加快存货的周转,将会加快企业资金的流速,减少资金在存货上的积压,提高企业资金收益率。

存货资金的价值管理是通过对存货的预测与控制达到提高资金利用率,提高企业资金收益率的目的。通过对存货的日常会计核算,使企业经营者了解伴随物流过程的资金流动情况和各类存货占用资金情况,为企业加快资金周转提供决策依据。这些决策包括存货订货点的选择,订货数量的确定,缺货成本以及资金占用的机会成本和风险分析。

改进企业采购模式、库存模式与销售模式是一种提高企业库存资金的使用效率的有效途径。采用诸如供应商库存管理模式、联合库存管理模式,提升库存管理水平。例如供应商库存管理模式是一种在上下游已经达到一致目标的前提下,由供应商管理下游企业的库存。企业与供应商交换的不仅仅是库存信息,还包括企业的运营计划信息。在此模式下,企业库存减少,供货及时,降低存货资金占用与库存成本。企业可以根据自身的特点选择适合自己的库存管理模式,加强存货资金的价值管理,提高供应链的整体竞争力。

三、库存流程业务、财务集成信息核算与管理特点

企业库存信息流程是由库存管理与存货核算管理组成,从业务与财务集成角度进行信息流程的数据处理作业。

在企业的经营过程中,物料仓储部门的供给受市场的客户需求驱动。为达到存货仓储价值管理的目标,需要将企业物流、资金流、信息流统一管理。它涉及企业内部从原材料采购、产品制造、产品销售到售后服务全过程,在广义的库存管理模式下,要做到快速高效地响应用户需求,就必须通过加强与企业价值链的合作伙伴的信息沟通协助,使需求信息能在价值链上快速地传递。因此,库存流程的业务、财务集成信息管理实质上是对采购、生产、销售、存货核算、成本、总账的业务与财务信息的集成管理。

1. 建立与物料需求部门的信息沟通平台

通过建立物料入库、出库业务与企业所有物料需求部门业务的关联平台,使这些业务系统共享存货的基础数据。这些业务系统的物料仓储、存货核算的业务、财务信息集成框架如图4-1所示。

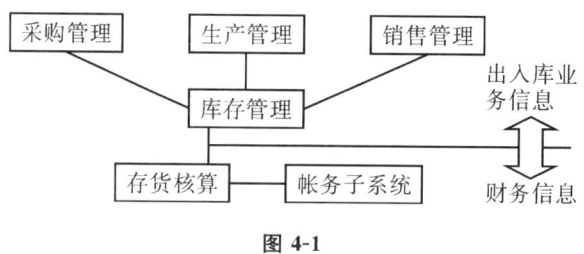

图 4-1

2. 存货核算相关账户设置

在存货核算中,通常在账务系统设置物资采购、原材料、材料成本差异、包装物、自制半成品、库存商品、基本生产成本、制造费用、管理费用等账户并建立明细账,对存货进行总分类核算与明细分类核算。

以材料为例,材料按大类、品种、规格设置材料明细账,记录每种材料的收、发、存情况。在材料的收、发、存业务中,所有与材料有关的收发业务手续、凭证都要传递到会计部门、仓储部门。仓储部门进行实物方面的记录与管理,会计部门进行价值方面的核算与管理。

3. 存货入库核算与管理

材料采购账户用于核算外购材料的采购成本。对于采用计划成本计价方法的,借方登记材料采购成本,贷方登记材料计划成本,其差额作为材料成本差异。

材料成本差异账户用于核算各类材料实际成本与计划成本的差异。在结转材料采购成本时,用于轧平材料计划成本与实际成本的差异,发出材料时,也要转出该材料成本差异。

材料采购时,供应部门根据有关材料采购凭证填写材料入库单,传递到财务部门与仓管部门,供日后材料到货时据以验收材料。

购买的材料到货后,仓管人员对照从采购部门传递的入库单,验证实际入库数量,登记仓库材料明细账。会计部门依据供应商以及相关的采购发票,核算材料采购成本,登记在材料明细账的价值栏目,并依据不同入库类型的原始凭证编制会计凭证,传递到账务子系统,以登记材料采购、材料成本差异(采用计划成本核算)、材料总分类账账簿。对于材料已入库但月末尚未收到结算票据的,按市场价格或计划成本暂估入账,下月初作转回分录,用红字冲回。

自制半成品、产成品的入库业务,仓储部门依据生产单位传递的交库原始凭证,登记半成品、产成品的明细账。会计部门计量入库存货实际成本,记录存货明细账价值栏目数值。然后,汇总原始凭证数据,生成会计凭证,传递到账务系统,登记存货入库相关的总分类账。

仓库部门一方面协调质量管理部门对采购物料进行检验,确保原材料合格,而且使用ERP后,可适时形成报表,对供应商的产品质量进行统计,指导采购部门进行采购。

4. 存货出库核算与管理

存货出库时,领料人填制领料单,经主管审核,仓库保管人员发出存货,登记存货的仓库明细账。会计人员计算领用材料的实际成本,编制发出材料费用分配表,生成会计凭证传递到账务系统,登记有关成本费用、材料总分类账簿。

为了保证材料库存实际数和材料账存数一致,会计人员要定期进行材料库存盘点清查,将实际盘点结果与明细账的数据进行比较,对于盘盈、盘亏材料要查明原因并进行盘盈、盘盈账务处理。

产成品的发出主要涉及企业销售业务。仓储部门根据发货单登记产成品明细账,会计部门计算出库的产成品发出成本,登记明细账。并根据不同出库的业务性质,生成会计凭证,传递到账务子系统,记录与销售活动有关的主营业务成本、产成品等有关总分类账簿或其他总分类账。

建立价值链的物流绩效评价方法与绩效评价指标体系。通过对存货管理过程的信息反馈,评估企业价值链的物流管理水平、成本控制能力。

四、库存流程的财务集成核算管理信息子系统的设计目标

通过上述分析,我们可以看出,库存流程的业务主要是存货的收、发、存活动以及对这些活动涉及的存货进行价值核算与管理。库存流程的业务与财务集成信息管理模块设计目标如下:

(1)正确记录存货的出入库动态情况,及时反映存货的增减变动情况,保障存货基础数据的准确性和完整性,支持存货的物流管理。

(2)按照会计制度要求对存货的出入库业务进行会计核算,正确计算入库、出库、结存的存货的价值,提供相对准确、及时的存货成本信息、存货储备资金占用情况信息。

(3)准确反映和监督企业各生产单位的材料耗用情况,以便按成本对象归集材料费用,为产品成本计算提供重要基础数据。

(4)建立存货积压和缺货情况预警指标,及时反映存货积压与短缺情况。

(5)建立存货分析模型,提供诸如存货资金占用分析、入库成本分析、ABC成本分析、存货周转率分析,以及库存资金占用等各种分析。

(6)建立与企业其他业务信息系统的数据接口,以便能够及时准确地从其他相关子系统获取(如采购与应付账款子系统、销售与应收账款子系统)接收传入的数据,也能及时准确地向其他相关子系统(如账务处理子系统、成本子系统等)提供相关的会计数据。

第二节 库存流程的业务、财务集成活动与价值管理

一、库存业务、财务集成作业流程

库存业务与财务集成作业流程涉及从存货入库开始至出库为止的一系列活动。在此期间所发生的活动具体包括三个环节:一是存货的入库环节,它与采购业务或生产作业发生衔接,使企业存货数量与价值增加。二是存货存储环节,存货处于相对静止与被保管状态,放置在企业仓库。三是存货出库环节,它与产品销售业务或生产领用等业务直接衔接。

(一)存货入库活动

企业外购原材料到货,生产制造部门加工的半成品、产成品,在经过质检后,仓库保管员经过验收、核对确认,办理入库手续,登记存货明细账。然后这些单据上的价值数据流传递到财会部门,核算存货入库成本,核算分为按计划成本计价和实际成本计价两大类。

1. 按计划成本计价

以计划成本计价的存货采购核算是通过存货采购账户进行核算。存货购进,按其实际成本记入存货采购账户的借方,存货验收入库,按其计划成本从存货采购账户贷方转入有关的存货账户。同时,设置存货成本差异账户以反映存货购入时实际成本与计划成本的差额,实际成本大于计划成本的差额为存货采购成本超支差异,应从存货采购账户转至存货成本差异账户借方。实际成本小于计划成本的差额,为存货采购成本节约差异,应从存货采购账户转至存货成本差异账户贷方。

2. 按实际成本计价

按实际成本计价的存货入库核算可根据入库的来源不同分成外购存货的核算和加工制造存货的核算。

(1)外购存货的核算。为了反映购入存货的实际成本,应设置有关的存货采购或在途存货账户。加工业生产企业可设置"材料采购"或"在途材料"账

户,商品流通企业可设置"商品采购"或"在途商品"账户,并根据货款结算方式和存货验收的几种不同情况,分别进行核算。

(2)加工制造存货的核算。这里的加工制造存货主要指两类,一类是完成全部加工制造过程并已经验收入库,可供对外出售的产品;另一类是完成部分加工制造过程并已验收入库,以备下一个生产步骤领用的半成品。对加工制造存货主要通过"产成品"和"自制半成品"账户加以核算,在对产成品或半成品验收入库时,应根据产成品或半成品交库单及成本计算单等单证,按实际成本结转入账;尚未完成生产过程的产品和不经过半成品仓库验收发出而直接移交给下一生产工序的半成品,均属企业的在产品,所发生的实际成本仍停留在"生产成本"账户中,不予转出。

(二)存货出库活动

存货出库可能有多种原因,如生产领用或者直接对外投资或者销售。仓库保管员对发出的存货办理必要的出库手续,并登记存货明细账,然后将有关单据传递给财会部门。财会部门根据有关各方传递过来的单据(原始凭证)进行发出存货的核算,企业可以根据实际情况,选择使用计划成本计价法或者实际成本计价法,两者的主要内容如下:

1. 计划成本计价法

按计划成本进行存货发出的核算时,平时发出存货一律使用计划成本计价,到了期末再集中将发出存货的计划成本调整为实际成本,账务处理时应根据存货的用途和去向借记有关账户,贷记存货账户,同时对发出存货应负担的存货成本差异及时结转,将发出存货的计划成本调整为实际成本。

2. 实际成本计价法

按实际成本进行发出存货的核算时,根据企业具体情况可以选择分批认定法、平均认定法(又可分为加权平均法和移动加权平均法)、先进先出法等几种方法中的一种进行计算。账务处理时,应根据发出存货的实际成本,依照存货发出的不同用途分别借记有关账户,贷记存货账户,其中发出存货直接用于产品生产的应借记"生产成本"账户;属于车间管理部门耗用的,应借记"制造费用"账户;属于企业管理部门耗用的,应借记"管理费用"账户;用于对外投资的,应借记有关投资账户;属于直接发出销售的,则应借记"产品(或商品)销售成本"等账户。

(三)存货盘点活动

期末对存货进行实地盘点,编制盘盈盘亏表,经审批后通知仓库、财会部门修改相应的存货账簿记录,编制出入库汇总表,根据存货账簿等资料编制超储和积压存货一览表,并确定本期发出和期末结存的存货成本。

二、库存流程的价值管理

(一)存货控制

企业存货往往会占压企业大量的资金,存储量的大小也关系到产品生产进程或产品的销售。如果存货发生积压,将会导致存货损失风险。同时企业的存货品种繁多,进出频繁,也容易产生未经授权出货或被盗等风险。因此,为保障存货资产安全、降低存货成本,应加强企业存货的控制活动。

1. 授权控制与职责分离

对各种存货的收、发、存业务,根据存货的重要程度,指定有关负责人审核批准,严格把关,确保存货的安全完整和合理使用。对于存货的请购、采购、验收、记账、保管、审批、发放,由不同的人员负责,以便互相牵制、互相制约。

2. 存货的计划与管理控制

由财会部门、供应部门和存储部门依据生产销售计划生成合理的存储定额,在经营过程中,存货管理系统将最高和最低储备定额作为控制标准,及时反映当前存货的存储状况,以保障生产的正常进行,避免存货短缺或超储积压。存货的收入、发出业务必须依据有关手续办理,并及时记录在相关账簿上。

3. 实地盘点

定期对企业存货实施盘点清查,将盘点结果与会计记录进行比较确定是否相符,防止并及时揭示出现的差错和舞弊行为,保证账实相符。

(二)库存价值管理方法

随着库存管理概念的变化和通讯技术的发展,库存管理与控制的方法也在不断发展。从传统的 ABC 分类法、EOQ 法和定量(期)法,到现代的 MRP、JIS 等,这些管理方法和管理技术都能有效减少库存,提高顾客的服务水平。

1. ABC 分类法

ABC 分类法是帕累托原理的在库存管理上的应用。帕累托原理指出存在重要的"少数"和"不重要的"多数。这一思想是将管理资源集中在重要的"少数"而不是不重要的"多数"。

为了对存货进行 ABC 分类,通常的做法是:假设 A,B,C 三类存货分别占全部存货总价值的 80%、15%和 5%,只要将所有存货按使用价值(用量×单位成本)进行排序,然后按所排序次逐项累加,累加到占总价值的 80%所涉及的存货就是 A 类物料,再继续累加到占总价值 95%所涉及的物料属于 B 类,其余存货就属于 C 类。

企业花费在 A 类存货上的资金大大超过 C 类存货,自然对 A 类存货实施重点管理能达到事半功倍的效果。在对存货进行核算、排序、分类,确定企业存货 ABC 分类后，业务人员对 A 类存货的预测、现场控制、盘点的频率更加重视。ABC 分类法确保存货管理能更好地预测、现场控制、提高供应商的信赖度以及减少安全存货和存货投资。

2. 准时制库存

准时制库存是维持系统正常运行所需的最少库存。

为了获得准时制库存，管理者必须减少由于内外部因素造成的不确定性。这些不确定性可能是由于不了解客户的需求，员工、机器和供应商没能按标准生产，或者未能及时生产，或者生产的数量不对等原因形成，以往通过更高的库存来掩盖这些问题。准时制库存就是要通过对存货库存的分析，减低库存的措施，将掩盖的问题暴露出来，制定对策来解决这些问题。这样，通过一次次的改进，不断减低企业库存，提升企业整体的价值创造水平。

3. 供应商管理库存(VMI)模式

近年来，为了降低库存成本，越来越多的企业开始尝试一种新型的库存管理模式——供应商管理库存(VMI)。供应商管理库存是一种战略伙伴之间的合作性策略，它以系统的、集成的管理思想进行库存管理，使供应链系统能同步优化运行。在这种库存管理模式下，供应商替代需求方履行对需求方库存进行管理的职责，供应商基于销售分析与需求方的库存情况组织发货，这样一方面节约了需求方库存管理成本，另一方面使供应商能更好地掌握市场需求并根据实际的或预测的需求进行及时供给，体现供需双方的一种合作策略。这种管理模式建立在供需双方配备先进的信息系统基础上，通过信息共享机制、利益分配机制，形成具有竞争优势的战略伙伴关系，减低供应链上的存货库存与成本，提升利润空间。

因此，企业在进行库存管理过程中，要综合考虑企业的实际情况，选择适合本企业的库存管理方法，充分利用存货核算的财务信息，进行最有效的库存管理，分析造成企业库存的原因，应用信息集成技术，改善作业流程，在最大限度降低库存成本的同时，为企业创造更多价值。

第三节　库存业务、财务集成信息流程的逻辑结构模型

一、库存业务、财务集成的信息需求分析

企业库存业务连接产品销售、生产、物料采购全过程，直接影响库存资金

筹措使用，并在客户需求、企业生产、供应商物料供给的每个环节发挥调节企业资源、平衡供需矛盾的作用。

企业存货作为库存管理对象，其库存量、价值量会随着企业内外部的供需状态、生产作业效率而发生变化。为了使库存管理有效保障企业的经营过程，降低存货持有成本，提升企业价值创造能力，需要库存业务与财务集成的信息流程能准确计量、记录有关存货的业务、财务数据，及时为与库存管理和库存业务相关的其他业务流程提供管理与控制信息。其信息需求主要体现为：

（1）及时、准确记录物料供应的业务与经济数据，及时反映供应商提供的物料购买成本信息、质量信息、合同履行情况，为企业分析供应环节的竞争力、选择供应商、购买决策提供依据。

（2）正确记录各时点的存货收、发、存的动态状况，核算出入库存货的价值，期末存货的数量与价值，及时反映存货各类成本信息，以及各时点库存资金需求、占用情况的财务信息。

（3）反映和监督企业各生产单位、经营单位的材料耗用情况，以便随后归集汇总产品的材料成本和经营费用，为产品的成本计算以及有关经营费用控制提供重要的基础数据。

（4）结合企业供应链的运行效率与仓储管理水平，建立存货控制模型与存货的库存量控制指标，为企业编制生产计划、物料需求计划提供依据，并对存货的积压和缺货情况及时提供预警报告，以便对积压的存货和短缺的存货实施有针对性的解决方案。

（5）对存货进行各种查询、统计与汇总，对存货进行各种分析，诸如存货资金占用分析、入库成本分析、ABC成本分析、存货周转率分析以及库存资金占用规划等各种价值分析信息，辅助经营者进行仓储过程的价值管理。

（6）建立与销售、生产、采购、应收款、应付款、账务处理等业务与财务信息流程的数据接口标准、信息处理规则，使采购、生产、销售部门的用户通过企业信息系统集成，不仅能在授权范围内访问到所需的存货仓储的业务与财务信息，并且能通过嵌入信息系统的处理规则，规范采购、销售、财务的物流、资金流的处理流程。

二、库存业务、财务集成信息流程的数据处理特点

1. 与企业其他业务紧密关联，数据处理量相对较大

一般来说，企业存货品种繁多，企业通过对这些不同类别存货的获取、消耗、加工变换、销售活动，一步步地实施企业价值创造。在这些过程中，库存作

业与这些活动连接在一起,共同完成存货的采购入库、领用消耗、半成品、产成品的加工、入库,以及存货销售、出库作业与价值核算和管理工作。

在该过程中,库存信息流程不仅接收由采购、生产、销售业务循环传递过来的存货收发信息,而且通过对各类存货收、发、存实时记录与价值核算,为它们提供有关存货的数量、价值、计划、质量等方面信息。当这些不同类别、不同作业任务的信息流程集成,达到最佳的信息沟通状态,企业就能顺利完成从客户需求开始,到产品生产,直至供应商的物料供应的全过程的物流价值管理。

由于库存作业与企业各个价值创造过程发生联系,不同的价值活动需要各类存货不同属性的信息。于是,在库存信息流程的维护更新活动中,首先需根据企业各个业务系统的存货信息需求,完善存货的各种自然属性、价值属性、质量属性、计划属性与控制属性的定义。因此,记录存货属性的项目较多。另外存货的收、发业务次数多,由此产生的数据流量大,凭证数量也多,数据量大。

2. 存货核算内容广泛

存货核算要反映企业的材料采购及库存材料的收、发、存和生产中材料耗用情况,也要反映半成品、产成品的收发存情况,存货的核算与价值管理活动贯穿企业的整个生产经营过程。

3. 存货种类、属性值的变化

企业供应链管理水平的提升,以及客户市场需求变化、科技的发展、企业加工能力变化,这些内外部因素的改变,会推进产品更新换代,促使企业不断选择新材料,不断改变企业库存种类,物料之间的关系,存货的质量、计划、控制、价值等属性值。这就要求物料仓储的业务、财务信息流程要及时维护、更新存货的基础资料,以适应企业经营管理的要求。

4. 存货内部结算环节多

从存货采购到存货到货结算,材料成本差异核算,收料、领料、更新库存,材料费用分配等都需要进行内部结算。

5. 数据实时性要求高

由于存货在企业生产过程中既不能缺少,又不能储存过量,而且企业的销售、生产、采购计划也是依据企业的存货的供应特征、库存情况而定。因此,企业物料仓储的业务与财务信息流程要与企业的采购、生产、销售信息流程紧密融合在一起,当发生物料的收、发业务时,实时进行信息处理,及时更新存货仓储信息,并将存货收发的动态信息反馈到相关作业部门的信息系统。当存货量或存货价值变动到控制界限时,触发有关控制作业,如提示超储信息、订货信息等给有关部门,进行存货的管理控制。

三、存货业务、财务集成的信息流程逻辑结构模型

库存业务与财务集成的信息流程涉及销售、生产、采购等多个部门的数据传递和信息处理,其数据流程图见图4-2,整个信息流程由库存的业务与财务基础数据维护更新、库存业务与财务事项记录、库存业务与财务信息输出三类信息处理活动组成。

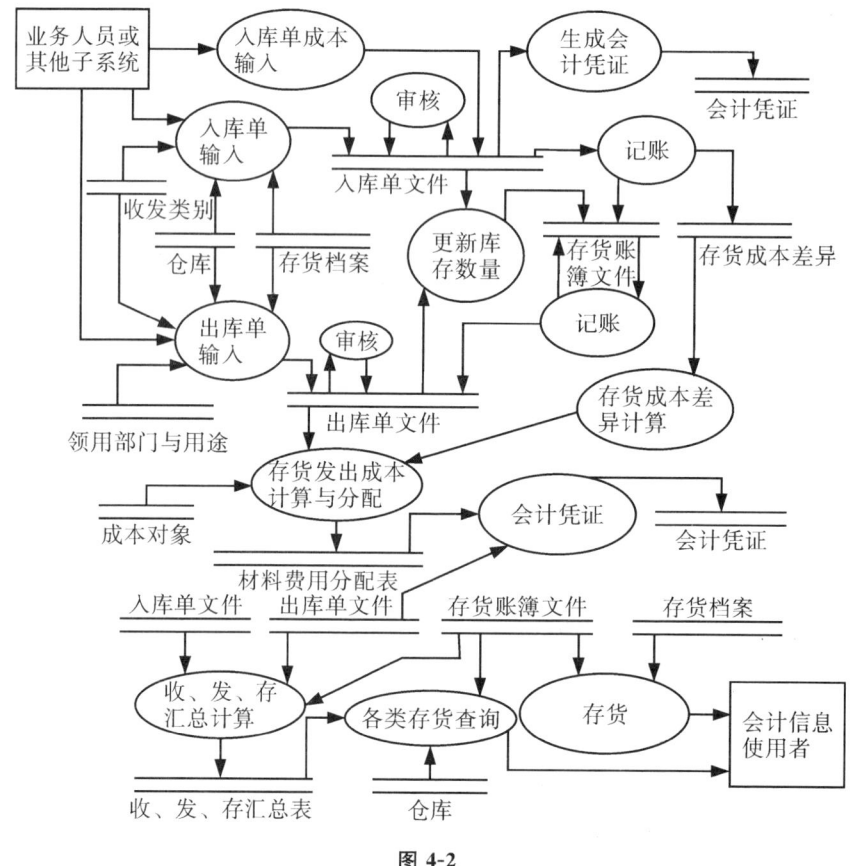

图 4-2

(一)库存业务、财务集成信息流程的基础数据维护、更新活动

在库存业务、财务集成的活动中,涉及存货入、出库业务的参与者包括客户、供应商以及与这些活动相关的企业内部组织等,管理人员、生产人员、业务人员。存货的存储仓库、存货档案资料,以及出入库的业务类型、这些业务类型与会计科目的对应关系等基础层面的数据。

(二)库存业务、财务集成信息流程的数据处理活动

存货业务数据的输入方式分为两种。在企业信息集成环境下,由与库存管理相关的信息流程如采购子系统、销售子系统输入业务数据。业务人员在存货的收、发业务后,直接对这些数据进行审核、确认后登记存货的业务明细账。如果企业没有实现各业务数据之间的集成,则需要由业务人员在库存管理子系统输入存货业务活动的数据。

1. 入库业务

在入库数据输入过程中,存货管理部门的数据录入人员根据存货入库业务的原始凭证,从已初始设置的收发类别、仓库、存货档案等基础资料文件选择对应数据,在入库单录入与存货有关的应收数量、实收数量等入库数据。或直接从与存货管理关联的其他子系统接收传递过来的入库单数据(如采购子系统业务人员输入的入库单)。入库单数据经审核、确认无误后,记录存货明细账数量的数据。会计部门依据结算凭证计算入库单的存货入库成本。

2. 出库业务

仓储管理人员依据出库业务类型在出库单上输入存货领用部门、用途和领用数量等数据,记录存货明细账数量的数据。会计部门根据企业会计制度规定的存货计价方式,由系统自动计算出库单存货的出库成本。

3. 更新库存账

库存业务管理根据入、出库单据自动更新库存账。

4. 会计记账

会计部门的业务人员对这些已核算的出、入库单进行记账,更新存货明细文件有关存货收、发、存的价值部分数据。如果某些类别的存货采用计划成本计价,还要将入库成本差异登记到这些类别存货成本差异文件。

5. 计算存货成本差异率

对采用计划成本计价的存货,会计业务人员根据上月结存存货成本差异和本月已入库存货实际成本与计划成本的差异,采用加权平均法计算出材料成本差异率,并以此差异率计算存货领用成本差异和存货领用实际成本。

6. 存货发出成本计算与分配

对于材料的出库单,依据领用部门和材料用途,以及按计划成本计价的材料所对应的材料成本差异率,对发出材料的费用进行分类汇总计算,并进行分配后输入到材料费用分配表。

7. 会计凭证生成

会计部门业务人员根据出、入库单所登记的出、入库业务类型,存货出、入

库成本数据,费用分配表数据,以及这些业务与账务子系统所设置的会计科目的对应关系,自动或半自动生成出、入库业务的会计凭证,生成后的会计凭证传递到账务子系统。

8. 存货超储、短缺、过期警示

在存货档案文件中,对需要控制的存货设置控制点数据。每次运行存货管理与核算子系统时,系统自动将存货收、发、存明细账中数据与控制点的数据进行比较,及时输出有关这些存货的警示信息。

(三)库存业务、财务集成信息流程的信息输出活动

信息使用者可以对入库单、出库单、存货明细账簿、材料费用分配表等数据文件的数据进行分类、汇总等数据计算,输出有关存货数量与价值方面的各类决策信息。

第四节 库存业务、财务集成数据结构模型、信息处理与运行模式

一、库存业务、财务集成的数据结构模型

(一)基础数据层面的库存业务、财务集成的实体数据结构模型

1. 存货的数据结构

企业库存业务对象是企业生产经营所需的存货。企业各类存货出现在企业采购、生产、销售、财务业务过程中,不同的业务所需的存货信息存在差异。因此,需要对存货进行分类,并结合存货的实际应用要求,对存货的基本特征、价值特征、控制特征、计划特征等方面的属性进行描述,以满足不同业务与管理的信息处理需求。

(1)存货分类

存货分类的数据结构如表4-1,该数据文件记录企业的存货分类信息,如材料、产成品、燃料、半成品等。

表4-1 存货分类文件

字段名	数据类型	宽度	小数	说明
类别编码	C	10		
类别名称	C	20		

(2)存货

存货档案文件的数据结构描述企业所有与经营活动有关的各类物料属性。这些属性的数据结构如表 4-2 至表 4-6 所示:

表 4-2 存货基本属性的数据结构

字段名	数据类型	宽度	小数	说明
存货编号	C	10		
存货代码	C	10		
存货名称	C	40		
规格型号	C	60		
类别编码	C	10		分类码标识在存货分类文件中
主计量单位	C	10		
采购默认计量单位	C	10		可选项
销售默认计量单位	C	10		
库存默认计量单位	C	10		
生产计量单位	C	10		
辅助计量单位	C	10		
辅助计量单位换算率	C	10		

表 4-3 存货价值属性的数据结构

字段名	数据类型	宽度	小数	说明
存货编号	C	10		
计价方式编码	C	10		计划价或实际价
最高进价	N	10	2	采购最高进价
计划价	N	10	2	采用计划价模式的存货计划价格
最低售价	N	10	2	最低销售价格
存货成本	N	10	2	
销售价格	N	10	2	
零售价格	N	10	2	

表 4-4 物料控制属性的数据结构

字段名	数据类型	宽度	小数	说明
存货编号	C	10		
最高库存	C	10		
最低库存	C	30		
安全库存	C	20		
ABC 分类	C	10		
批次管理	C	10		
呆滞积压管理	L	1		
保质期管理	L	1		
批次管理	L	1		

表 4-5 存货质检属性的数据结构

字段名	数据类型	宽度	小数	说明
存货编号	C	10		
检验方式	C	10		全检验、抽检、免检
检验计量单位	C	10		
抽检方案	C	20		按比率、定量、国际标准等
抽检比率	N	10	2	

表 4-6 存货计划属性的数据结构

字段名	数据类型	宽度	小数	说明
存货编号	C	10		
再订货点	C	10		
固定供应量	C	30		
固定提前期	C	20		
累计提前期	C	10		
最低供应量	C	10		
变动提前期	D	8		

(3)存货的计价方式

企业库存财务过程对各类存货的收发存核算业务会采用不同的计价方式,这些计价算法被编写成计算机程序封装在信息系统内,当处理存货的出、入库业务时,通过设置仓库、物料的计价方式属性,计算机自动选择存货计价算法进行存货的财务核算。存货计价标识文件结构如表4-7。

表4-7 存货计价标识文件结构

字段名	数据类型	宽度	小数	说明
计价编码	C	2		
计价名称	C	20		

例如在存货计价标识文件(见表4-8)输入记录。

表4-8

计价编码	计价描述
1	计划价
2	先进先出
3	后进先出
4	加权平均

2. 仓库特征描述

仓库文件的数据结构如表4-9。

表4-9 仓库文件的数据结构

字段名	数据类型	宽度	小数	说明
仓库代码	C	10		
仓库名称	C	20		
部门编码	C	10		仓库所属部门
地址	C	30		
负责人	C	8		
计价编码	C	2		计价方式
资金定额	N	10	2	

仓库文件记录企业所有的仓库。在计价编码属性中填入计价代码,则在进行数据处理时,计算机自动对该仓库文件记录的存货业务采用对应的计价

方式进行核算。

3. 参与者描述

涉及存货的参与者包括供应商、企业组织内的各个部门、有关子系统的使用人员(如仓库管理人员、会计人员)、客户,它们作为共享数据在信息系统的基础数据管理层中进行描述。

(二)存货出、入库业务事项与财务事项关联数据属性描述

1. 存货出、入库方式

企业采购、生产、消耗、销售等经济事项直接驱使存货仓储的收、发业务,使存货的价值发生变化。为了使存货仓储业务、财务过程与这些业务流程建立联系,分类、汇总这些不同类别所形成的物料、价值流信息,需要设置这些业务类型以及它们之间的业务、财务的集成关系的数据模型。见表4-10。

表4-10 出、入库方式文件的数据结构

字段名	数据类型	宽度	小数	说明
出入库方式编码	C	2		
名称	C	20		
收发标志	C	2		

例如表4-11:

表4-11

出入库方式编码	名称	收发标志
1	存货入库	收
101	采购入库	收
102	退料入库	收
103	委托加工入库	收
104	自制半成品入库	收
105	产成品入库	收
2	存货出库	发
201	材料领用	发
202	销售出库	发

在采购业务类型文件中,包含了入库类别数据字段,在记录入库类型后,采购业务类型就与入库类型建立了关联。其记录的数据如表4-12所示。

表 4-12

序号	采购类型编码	采购类型名称	入库类型编码	入库类别
1	1	生产用材料采购	101	采购入库
2	2	其他材料采购	101	采购入库

2. 存货业务与会计事项关联设置

存货的收、发业务通常会使企业资产、负债、所有者权益、成本、费用发生变化。出入库方式不同，对财务会计科目的影响是不一样的。在物料仓储业务、财务集成环境下，业务与财务事项之间的逻辑关系如表4-13、4-14所示。

表 4-13　不同仓库的存货增减事项对应的会计科目的数据结构

字段名	数据类型	宽度	小数	说明
仓库代码	C	10		
存货分类代码	C	20		
存货代码	C	10		仓库所属部门
存货科目代码	C	30		
存货差异科目代码	C	8		

表 4-14　存货增减与对应会计科目关系的数据结构

字段名	数据类型	宽度	小数	说明
出入库方式编码	C	10		
存货分类代码	C	10		
存货代码	C	10		
部门代码	C	10		
项目代码	C	10		
存货会计科目编码	C	10		
存货差异科目编码	C	8		

当一项仓储业务发生时，在记录这项业务后，会触发由上述文件所记录的具体仓库、存货增减，以及出库或入库的方式与会计科目关系的对应设置，自动生产会计凭证，并传递到账务系统。

(三)存货出、入库业务与财务核算事项属性的数据结构

1. 入库业务事件属性描述

企业存货的入库业务一般包括采购原材料入库、产成品完工入库和其他类型入库。企业存货入库业务事件的属性描述将涉及入库时间、入库存货数量与价值、供应商或生产部门、经办业务人员、验收的存储人员、会计人员以及存放地址等。入库单文件记录企业每一项存货入库事件,其数据结构如表4-15和表4-16。

表4-15 入库单主文件

字段名	数据类型	宽度	小数	说明
入库单编号	C	10		
订单编号	C	10		
入库日期	D	10		
方式编码	C	10		入库方式编码
供应商代码	C	10		
部门代码	C	10		
仓库代码	C	10		
业务员代码	C	10		
审核人代码	C	10		
制单人代码	C	10		
记账人代码	C	10		

表4-16 入库单明细文件

字段名	数据类型	宽度	小数	说明
入库单编号	C	10		与主文件关联
存货代码	C	10		
入库数量	N	10		
单价	N	10	2	
金额	N	10	2	

2. 出库业务事件数据属性描述

企业存货的出库业务涉及材料领用、存货销售、其他类型的出库等。同样对其出库事项的业务属性的描述也将涉及出库的时间、出库的类型、存货的数

量与价值、参与者与地点等方面。其数据结构如表 4-17 和表 4-18 所示。

表 4-17　出库单主文件

字段名	数据类型	宽度	小数	说明
出库单编号	C	10		
订单编号	C	10		
出库日期	D	10		
客户代码	C	10		
部门代码	C	10		
方式代码	C	10		出库方式编码
仓库代码	C	10		
用途	C	10		材料领用用途
业务员代码	C	10		
审核人代码	C	10		
制单人代码	C	10		
记账人代码	C	10		

表 4-18　出库单明细文件

字段名	数据类型	宽度	小数	说明
出库单编号	C	10		与出库单主文件连接
存货代码	C	10		
出库数量	N	10		
单价	N	10	2	
金额	N	10	2	

3. 存货明细文件

存货明细文件动态记录每月、每一种存货收、发、存的变动情况，其数据结构如下。

(1) 存货收发存文件的数据结构，见表 4-19。

表 4-19

字段名	数据类型	宽度	小数	说明
存货编号	C	10		
存货代码	C	10		
月份	C	2		
期初数量	N	10	2	
期初金额	N	10	2	
入库数量	N	10	2	
入库金额	N	10		
出库数量	N	3		
出库金额	N	10		
结存数量	N	10		
结存金额	N	10		

(2)存货明细账文件

存货明细文件记录每一种存货的收、发、存的情况见表4-20。

表 4-20 存货明细账文件的数据结构

字段名	数据类型	宽度	小数	说明
存货代码	C	10		
日期	D	8		
单据编号	C	10		出、入库单编号
入库数量	N	10		
入库单价	N	10	2	
出库数量	N	10		
出库金额	N	10	2	
结存数量	N	10		
结存金额	N	10	2	

(3)存货差异文件

在采用计划成本进行计价时,需要将实际成本与计划成本的差异记录到存货差异文件,见表4-21。

表 4-21　存货差异文件的数据结构

字段名	数据类型	宽度	小数	说明
存货代码	C	10		
日期	D	8		
单据编号	C	10		
借方差异	N	10	2	
贷方差异	N	10	2	
结存差异	N	10	2	

4. 会计凭证

与账务子系统会计凭证数据结构相同。

二、库存业务、财务集成核算管理子系统的信息处理功能运行模式

在集成信息化环境下,库存信息流程分别由库存业务管理信息子系统与财务的存货核算子系统组成,实现业务与财务集成的信息处理作业,并与销售、生产、采购的信息流程集成,实现对库存业务与财务的价值核算与管理。库存信息处理分为以下三种类型功能模块,分布在库存管理与存货核算子系统内,执行从库存业务到财务的一体化、集成化的数据处理、价值核算与管理。

(一)库存信息流程基础数据的维护、更新功能

在企业基础数据层面上,存货的初始设置主要是在数据库文件中录入并维护与存货业务有关的资源、参与者、存货地点等基础资料,为存货的核算与管理提供基础。

1. 存货分类数据维护功能

存货分类模块的功能是将存货分类数据输入到存货分类文件,以便其后对存货进行分类统计分析。

2. 存货档案数据维护功能

在输入存货资料时,首先要对企业所有的存货资料进行整理,制定编码规则,以及相关的价值属性、计划属性、控制属性等值,在业务人员经过仔细的核定正确无误后,由操作人员执行输入操作功能。不但要录入存货的基本特征,如基本的计量单位以及各个业务视图下采用的计量单位,还涉及存货类型与种类、自制还是外购、提前期、批量、安全库存、MRP 类型、是否质量检验等。

3. 仓库档案

仓库档案模块的功能是输入企业的所有仓库资料。这些资料包括仓库代

码、所属分管部门、仓库对所存储的存货采用的计价方式、仓库存储资金最高定额度的控制信息,这些资料存储在仓库文件中。如图4-3。

仓库编码	仓库名称	所属部门	仓库地址	电话	负责人	计价方式	资金定额
101	材料一库	库房	厂内	118	胡库	移动平均法	10000000.01
105	材料二库	库房	厂内	888	郭库	计划价法	8000000.00
201	产成品库	库房	厂内	555	谈库	全月平均法	7000000.00
301	杂品库	库房	厂内	999	王库	全月平均法	5000000.00

图4-3 仓库档案的输入界面

4. 收发类别

存货收发业务有不同的类别,如入库就包括采购入库、委托加工入库、产成品入库、自制半成品入库、调拨入库、其他入库等,存货出库包括原材料领用、销售出库、产品自用等。这些不同的业务类别会影响不同会计要素的价值。在收发类别文件中记录企业的存货业务类别,不仅便于分类统计分析,同时也为业务数据变换为会计数据提供基础。如图4-4。

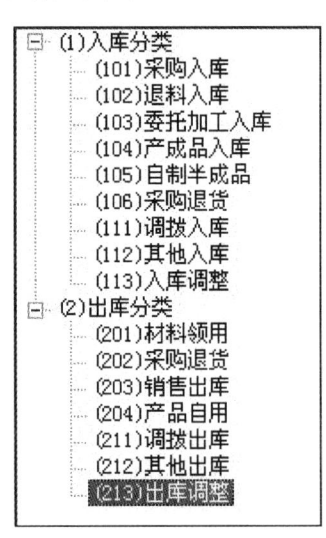

图4-4 收发类别

5. 部门资料、员工资料、客户、供应商资料维护

在集成应用环境下,各子系统都共享这些基础信息层的数据文件。

6. 存货核算的基础数据

在存货核算功能的初始设置中，与存货仓储管理的不同在于增加了会计科目设置。存货进出企业的业务会引起存货科目、存货差异科目(计划成本计价)会计数据变化。根据会计的二元关系,在存货增减的过程中,由于不同的存货事件也引发对方科目会计数据的变化。因此,为能根据存货业务类型自动生成会计凭证,应建立与存货业务相关会计科目的对应变换关系,进行会计科目的初始设置。例如：

存货会计科目的设置如表4-22所示：

表4-22　存货科目设置

仓库	存货类别	存货科目	差异科目
原料库		原材料	材料成本差异
产品库		产成品	产品成本差异

与存货业务相关的对方科目设置如表4-23所示。

表4-23　业务与对方科目设置

业务类别	存货类别	存货	部门	成本对象	对方科目
采购入库					材料采购
产成品入库					基本生产成本
材料领用					基本生产成本
销售出库					产品生产成本

这些设置的数据存放在科目设置文件。

(二)库存业务、财务的信息处理功能

业务处理包括接收各类业务单据、在业务单据上记录业务事件以及与这些业务事件相关的资源、参与者、地点等数据。

1. 库存管理的信息处理功能

(1)入库业务

入库业务功能由采购入库、产品入库、其他入库模块实现。在集成环境下,采购子系统生成的采购入库单直接传递到仓储管理子系统,由仓储业务人员从数据库文件调出后进行审核确认。通常入库单的输入界面如图4-5,这些数据记录在入库单主文件与明细文件中,每一次入库业务事件通过文件中入库单号的数值关联。

入库模块记录企业的存货真实入库业务事件。它涉及与入库业务事件有

关的存货资源、参与者。因此在入库单中通常需要描述业务事件属性的数值，一般包括如下项目：

入库事件的标识符号：入库单号、批次。

业务事件的发生时间：入库日期。

业务事件的类别：业务类型。

业务事件涉及的资源：存货代码、数量、单价、金额。

入库事件参与者：内部参与者包括主管部门、业务员、制单人、审核人、记账人。外部参与者包括供应商、客户。

与事件发生有关的地点：仓库。

业务事件的业务流程逻辑关联关系：如采购订单号与采购管理系统的订单业务建立关联，由此就可以追溯到供应商供货合同执行情况。

例如产成品入库单输入界面如图4-5所示。

产成品入库单

入库单号	0000000001	入库日期		仓库	产品库	
生产订单号		生产批号		部门		
入库类别	产成品入库	审核日期		备注		

	产品编码	产品名称	规格型号	计量单位	数量	单价	金额
1							
2							
3							
4							
合计							

制单人 ___   审核人 ___   记账人 ___

图 4-5　产成品入库单

（2）出库业务

出库业务功能由销售出库、材料出库、其他出库模块实现。在集成环境下，销售子系统生成的销售出库单可直接传递到存货管理子系统。通常出库单的输入界面如图4-6，每一次存货出库业务事件记录在出库单的主文件与明细文件中，它们通过出库标识符号即出库单号数值连接在一起。通常在出库单输入界面需要记录的出库业务事件涉及的存货资源、参与者项目包括：

出库事件的标识符号：出库单号。

业务事件的发生时间：出库日期。

业务事件的分类类别：业务类型。

业务事件涉及的资源：存货代码、数量、单价、金额。

如果出库的存货按计划成本核算，系统自动从存货档案文件中提取该存货的存货计划单价、计算金额。如果按实际成本计价，由存货核算子系统计算出库成本。

与出库事件有关的参与者与对象的资料：部门、生产批号、成本对象、制单人、审核人、记账人。

与事件发生有关的地点：仓库。

业务事件的业务流程逻辑关联关系：如销售订单号与销售管理系统的销售订单业务建立关联，由此就可以追溯到销售部门合同执行情况。

材料出库单

出库单号 0000000001	出库日期 _____	仓库 _____
订单号 _____	产品编码 _____	产量 0.00
生产批号 _____	业务类型 领料	业务号 _____
出库类别 _____	部门 _____	委外商 _____

	材料编码	材料名称	规格型号	主计量单位	数量	单价	金额
1							
2							
3							
4							
合计							

制单人 _____　　审核人 _____　　记账人 _____

图 4-6　出库单输入界面

(3) 其他业务

其他出入库事件包括盘点、调拨、组装、形态转化、限额领料等。企业的存货品种多、收发频繁，在日常存货收发、保管过程中，由于计量错误、检验疏忽、管理不善、自然损耗、核算错误以及偷窃、贪污等原因，有时会发生存货的盘盈、盘亏和毁损现象，从而造成存货账实不相符。为了保护企业流动资产的安全和完整，做到账实相符，企业必须对存货进行定期或不定期的清查。确定企业各种存货的实际库存量，并与账面记录相核对，并将结果输入到盘点单上。查明存货盘盈、盘亏和毁损的数量以及相应的原因，并据以编制存货盘点报告表，按规定程序，报有关部门审批，进行相应的账务处理。

2. 存货财务核算信息处理功能

(1) 入库核算

存货核算子系统与采购子系统集成,存货采购发票在采购系统进行自动或人工结算,自动在入库单填上所采购的存货实际成本,并传入存货核算与管理子系统做进一步数据处理。否则,入库单上的采购成本由会计人员根据采购的结算票据进行填制。

(2) 出库核算

材料出库的计价方式有多种。在每次出库时,计算机根据存货在存储的仓库定义的计价方式,按计价的算法提取存货数据,填制出库单的出库成本。例如存货的计价方式为"先进先出",计算机自动到本月存货结存文件按入库单时间顺序从前向后检查每一种存货的结存单价和结存数量,自动计算出本次出库数量对应的单价与金额。

(3) 单据记账

对于经过核算的出入库单据,经过审核后,登记到存货的明细账文件。

(4) 调整业务

入、出库调整单是对存货的入、出库成本进行调整的单据,它只调整存货的金额,不调整存货的数量;它用来调整当月的入库金额,并相应调整存货的结存金额;可针对单据进行调整,也可针对存货进行调整。

(5) 暂估处理

暂估成本是指采购系统所购存货已入库,但是期末发票未到或未报销时,需要在入库单上估算成本;用户在选择栏目对入库单进行选择后,生成暂估单。暂估入库成本处理方式有月初回冲、单到回冲、单到补差。在结算单到后,自动按用户定义的方式进行处理。见图4-7。

选择	仓库名称	入库单号	存货名称	数量	暂估单价	暂估金额
	材料一库	0000000001	A3钢	2.000	1,500.00	3,000.00
	材料一库	0000000001	20号钢	3.000	1,200.00	3,600.00
	材料一库	0000000003	45号钢	2.000	1,500.00	3,000.00
	材料一库	0000000003	20Cr钢	3.000	2,000.00	6,000.00

图4-7 暂估结算表

(6) 期末处理

对于采用计划成本计价的存货,入库时入库单记录计划成本,实际成本与计划的差异记录在成本差异文件中。出库时,出库单记录计划成本,期末计算材料的差异率,结转出库的存货成本。见图4-8。

| 单据类型 | 差异结转 | 仓库： | 二仓库 | 记账日期 | 2008-11-30 |

收发类别	存货	数量	计划金额	差异率	差异额
材料领用	018 - 8MM螺钉	64,000.000	264,000.00	0.013785	3,639.21
材料领用	020 - 直径为200M	4,200.000	4,200.00	0.019360	81.31
材料领用	021 - 直径为80MM	4,400.000	3,520.00	0.000000	0.00
材料领用	017 - 20MM螺钉	11,200.000	166,800.00	0.019854	3,311.67
材料领用	011 - 5百铜绕线	21,000.000	210,000.00	0.086454	18,155.40
材料领用	013 - 径向为200M	840.000	840,000.00	0.016881	14,180.35
材料领用	015 - 5百铜涮	2,940.000	588,000.00	-0.003562	-2,094.46
材料领用	014 - 径向为80MM	1,320.000	1,056,000.00	0.001184	1,250.77

图 4-8 差异结转单

(7)生成凭证

对于已记账的各类入出库单，系统按照存货科目设置的业务与会计科目的对应关系，自动或半自动由计算机生成会计凭证，传递到账务处理子系统。

(8)结账

(三)库存业务与财务集成的信息输出功能

1. 账簿查询

存货账簿查询的功能模块包括出入库流水账、库存台账、批次台账、呆滞积压备查等。当存货入出库事件被记录、审核后，这些数据存储在入、出库单数据文件中，用户就可以对这些存储数据进行多角度的查询操作，系统根据用户的查询要求，在数据库中建立用户视图，连接数据库中相关记录，在显示窗口上按一定的显示格式输出这些账簿信息。如图 4-9。

分类:低碳钢　　　　　　　　　　代码:A001
名称:A3 钢　　　　　　　　　　　编码:001
规格:10 000×2 000(mm)　　　　　单位:吨

日期	单据号	摘要	收入数量	发出数量	结存数量
		期初结存			50.000
2008-11-01	00010	材料一库	2.000		52.000
2008-12-02	00011	材料一库		2.000	50.000
2008-12-05	00012	材料一库	100.000		150.000
		本月合计	102.000		150.000

图 4-9 库存台账

2. 存储分析

存储分析的功能模块包括安全库存预警、超储存货、短缺存货的查询、保质期预警等管理控制的功能。同样这些功能模块对存货数据文件的数据作进一步的统计加工处理，并与预先设定的控制指标进行比较，输出预警或分析信息。例如在进行超储存货的信息输出处理时，计算机将存货档案文件中标有最高储备定额控制的存货与收发存文件中当前月份所对应存货的结存数量进行比较，将超过定额的存货输出。例如图 4-10 显示的安全库存与超储存货查询显示结果。

存货编码	存货名称	规格型号	计量单位	最高库存量	当前库存量	超储量
003	25号钢	直径为25MM	吨	50.000	200.000	150.000
015	5百铜涮		个	5,000.000	5,100.000	100.000
016	80W铜涮		个	5,000.000	6,410.000	1,410.000
017	20MM螺钉	20MM	个	500,000.000	550,000.000	50,000.000
020	直径为200MM垫片	ZJW200MM	个	6,000.000	7,500.000	1,500.000
021	直径为80MM垫片	ZJW80MM	个	5,000.000	6,000.000	1,000.000

图 4-10　安全库存预警

3. 统计分析

统计分析是对存货账簿内的会计核算数据作进一步的加工处理。如，存货周转率分析、ABC 成本分析、存货资金占用分析、入库成本分析等。

第5章 采购流程的财务集成核算与管理信息子系统

第一节 采购流程的财务集成核算与管理概述

一、采购流程的价值创造

采购活动是人类经济活动的基本环节,也是现代企业从事生产经营活动的物质基础。在企业持续经营过程中,企业需要源源不断地从外部获取资源,并在消耗、加工、变换这些资源的过程中,不断为市场、客户输出产品与服务,创造出新价值。其中,从供应商处采购生产资料是企业一个非常重要的资源获取环节,更是取得经营利润的一个重要源泉。

从采购反映的经济过程看,采购通常指组织或企业的一种采购行为,其采购对象是生产资料。采购包含两种含义,一层是"采",既是从许多对象中选择,包括采购对象的选择和供应商的选择,另一层意思是"购",即通过商品的交易手段购买选择的对象。

企业采购流程是从外部市场获取与生产有关资源的过程,是价值创造的源头。企业采购流程除了具有保障企业生产基本职能外,还是企业了解上游市场资源供应动态,获取外部知识的重要桥梁。此外,供应商也是通过企业采购流程直接或间接参与企业价值创造活动,并在过程中实现自身价值。

采购流程的价值创造在于通过采购活动的有效组织,分享专业化的分工与协作带来的高效率、低交易成本的经济利益,使企业能以最有效的途径,在最佳的需求时间内,以最经济的方式购得自己生产经营所需的生产资料。

企业选择采购行为取决于相对于自己生产，企业从外部获取的产品与服务具有优势，能为企业创造更多价值。选择采购的原因多种多样：如获得低成本、获得技术或管理能力、产品受专利或贸易保护、保持与供应商的联系、互惠互利、减少存货成本、弥补生产能力不足、将有限的精力投入到企业主要的产品。在选择具体的采购对象、采购数量以及采购价格时，需要企业采购、工程制造、财务部门专业人员共同参与决策，并对资源市场的供应商进行价值评价与选择。在企业经营环境、目标产品市场、自身的生产能力、上游供应状况发生改变时，应及时对采购流程的作业行为进行成本效益分析，调整采购政策，以保障采购活动为企业创造价值奠定坚实基础。

当前，面对激烈的市场竞争，采购流程的价值创造就显得十分重要。在科技与管理水平相对较低，以生产为导向的市场环境中，生产什么就能卖出什么的卖方市场，采购管理基于企业生产、经营成本节约的角度，以最小化库存投资为目标。随着市场由生产导向型向需求导向型转化，企业之间的竞争转化为价值链的竞争。为了在竞争中处于优势，使企业经营能创造更多价值，采购就需要从最终市场的变化、最终客户需求来考虑企业采购战略，并将采购战略贯穿到具体的采购职能的实践环节。

采购流程的价值创造还具体体现为：采购流程的活动直接或间接影响企业价值链的一系列价值创造的质量，进而影响企业价值。采购流程不仅与企业内部的销售部门、研发部门、生产部门、财务部门的作业紧密关联，而且与外部供应商的作业联系在一起。有效的采购行为将促进企业销售活动的拓展与创新，推进企业研发新产品步伐，保障生产、销售的每一环节准时的资源需求，企业的物流、资金流通畅，营运资金使用效率高。特别是在一些制造业中，企业产品的材料成本占50%以上，产品的质量问题的30%出自采购作业，影响准时交货的原因80%来自供应商因素。采购流程的作业质量与效率的任何一点改进，所形成的"牛鞭效应"对后续作业的经济效益会产生很显著影响，最终体现在企业价值的大幅度提升上。

在经济全球化与信息化、需求多样化的背景下，企业面临激烈的市场竞争，快速多变的市场需求与产品生命周期的不断缩短状况。因此，企业需要高度重视采购流程在企业价值创造中的地位，运用现代信息技术，实现从信息收集、供应商选择、采购、运输、库存、使用全过程信息化，规避采购风险，形成一个具有竞争优势的供应链，最大限度地加快物流、资金流的流速和营运资金的使用效益，减少采购物流成本，满足生产经营需求，实现企业价值创造目标。

二、采购流程价值管理的意义

采购流程的价值管理主要是围绕价值最大化的战略目标,对采购流程价值活动进行计划与控制,对企业采购活动的行为与后果进行价值分析、评价。包括供应商价值管理,以及采购计划、采购订货、到货接收、检验入库、采购结算全过程价值分析与价值流程控制。

作为企业价值创造一个重要来源,采购价值管理通过对参与者的价值分析、作业活动的价值分析,优化采购流程的价值创造能力。采购流程的价值管理的意义在于使企业从利益相关者的角度,建立与供应商的合作与价值分享机制,并从源头上优化资源获取渠道,形成竞争优势。

1. 促使企业关注供应商的价值管理

企业所需的物料来自供应商,供应商的价值管理就是寻找、发展新的、可靠的供应商,并以企业利益相关者,而不仅仅是交易对象的视角来看待与作为企业合作者的供应商的关系。这样,当供应商成为企业价值创造体系中的一员时,企业与供应商的关系就从传统的买卖交易关系转化为战略合作伙伴关系,成为共享价值创造成果的利益共同体。

当企业与供应商建立这种战略伙伴关系时,将促进企业与供应商之间通过资源共享、知识共享、流程改进来达到企业内部价值链与外部价值链在生产能力、供应能力方面的协调与匹配,进而在供应流程上获得竞争优势。例如供应商通过企业信息系统沟通渠道,了解企业的生产经营需求、生产计划,并以双方最经济的方式准时供给。这个供应过程使企业能以更快的速度、更低的成本为客户提供产品并获得更好的收益。

2. 促使企业注重信息沟通与改善企业采购模式

以往企业采购主要表现为需方主动型,基于库存采购模式,如果这种模式转为供应方主动型、基于准时制的供应模式,信息沟通就显得十分重要。企业通过与供应方的信息系统的互联,双方的信息保密转向信息共享,采购模式的改变,使供应商的企业所需物料的生产排程能与企业市场需求、生产过程相协调同步。

在与供应商建立稳定的信息沟通与供货关系基础上,企业可采用准时制的生产与采购模式,依据企业销售市场预测、客户订单情况、生产能力、产品结构生成物料需求计划,编制物料采购计划与采购预算,达到最经济的采购批量。这种准时制的采购模式,由大批量少频次连续送货,转向小批量、多频次连续送货制,达到采购的适时适量、保证质量、费用最小目的。

3. 促使企业注重采购过程的价值分析

在采购流程中,每个环节都会发生各种各样的费用,如购买时发生购买费用,进货时有进货费用、运输费用、检验费用、装卸费用、库存资金占用而产生的利息支出等。价值管理促使企业注重采购过程的价值分析,包括供应商价值分析、作业的价值分析,使企业通过对采购成本、采购各种费用进行对比分析、优选进货渠道和进货时机,在组织货源时,综合考虑进货距离、商品流向、运输条件、时间快慢、费用高低等因素。

企业采购的物料的价值体现为其质量能符合企业产品生产的质量标准。如果进货的物料质量低,即使采购成本暂时低,但由此引发的加工过程的质量问题、废品损失上升,甚至造成销售的产品可靠性下降,客户投诉增多,增加企业维护产品费用,从其后果看实质上损害了企业价值。采购过程实施价值管理会促使采购部门重视购入的物料质量,并通过其后加工使用过程的质量反馈信息,组织物料的采购工作。

三、采购流程业务、财务集成信息核算与管理特点

企业为了能及时给客户提供优质的产品与服务,必须确定在合适时间内准确了解采购企业生产所需的、适用的、价格合理、质量合格的生产资料,以保障生产或服务活动的正常进行。同时,企业还要考虑如何筹措资金以用于支付货款。企业采购流程包括订货、购买、验收、支付现金一系列业务活动,这些活动并不是孤立的,它与企业的销售流程、生产流程、库存流程、货款支付过程紧密关联,并通过信息流程连接在一起。因此,采购流程的业务、财务集成信息具有如下特点:

1. 采购计划与销售、生产计划信息集成

企业生产的目的在于在为客户提供产品与服务的过程中期望获得最佳的收益。销售收入、经营利润计划的实现很大程度上取决于生产过程对输入的资源进行有效的加工变换。因此,只有由销售计划、生产计划、物料需求计划生成企业物料的采购计划,并在计划的时间内,以经济采购价格获取符合企业营运所需的、符合质量要求的、数量恰当的生产原料,才能保障企业生产与销售活动正常运行,实现企业经营目标。

2. 反映企业资金流出与采购成本、采购质量信息

在企业采购活动过程中,伴随物资流入将发生资金流出。这些流入的物料经过生产变换过程逐步转移价值至产品或服务对象上,形成产品或服务的成本。因此,在企业物资采购过程中,应准确记录企业资金的流动状

况,预测资金使用情况以及采购过程的成本费用,使管理者进行有效资金管理,以最低资金成本筹集采购资金,改进作业流程,在满足生产与销售的情况下,尽可能降低购买成本与采购费用,合理安排现金支付过程,提高企业资金使用效率。

3. 通过财务与业务信息反馈机制,规避采购风险

对于运行状况良好的企业,生产与销售活动将触发大量的采购业务事件。而采购与支付过程既涉及企业外部的供应商、运输商,又与企业内部的采购、存储、财务与会计、生产、销售等部门发生各种直接或间接的联系,运行环节多,风险因素多,控制难度大。因此,建立采购流程的内部控制制度,将内部控制指标嵌入到业务与财务的集成信息内,通过物流、资金流的集成信息反馈机制,沟通财务部门与业务部门的信息沟通渠道,规避因管理不善而容易发生舞弊或低效率的现象。

四、采购流程的财务集成核算与管理信息子系统设计目标

采购流程业务、财务集成信息的核算与管理功能通常由企业供应链的采购功能模块与财务会计的应付核算与管理模块组成,并与库存管理、存货核算、质量管理信息系统集成。在采购过程中,随着企业物流与资金流的流入与流出,这些活动将产生大量的数据流,采购业务、财务系统应及时、准确记录、处理这些活动所产生的经济数据,为企业的信息使用者的决策行为、内部控制活动提供会计信息报告。

因此,从价值管理的角度出发,采购流程的业务、财务集成核算与管理信息子系统设计目标包括:能与企业的销售、库存、生产、会计信息系统建立无缝的连接,及时、准确地进行采购与支付活动的数据处理,正确计算采购成本,反映与监督采购合同的执行情况,现金支出与应付情况,及时提供债务情况和资金需求报告,能有效支持信息使用者进行以下价值活动:

(1)供应商的价值评价与选择。

(2)物料的采购与生产、销售活动保持协调一致,当企业生产需要购入资源时,能适时提供这些物料最经济的采购信息。

(3)以最合理的价格从可靠的供应商处购买质量合格的物料。

(4)将内部控制规则与程序嵌入到业务与财务信息系统内部,规范业务流程、数据处理程序与授权规则。通过信息处理流程控制购买与支付过程的业务活动,促使业务人员购买符合企业经营利益的物料,防止采购、支付过程的违法行为。

(5)适时进行会计核算与管理,及时提供采购过程、支付过程的各类成本信息、应付账款信息,为企业管理者采购决策、财务决策提供正确的经济信息。

第二节 采购流程的业务、财务集成活动与价值管理

企业应该有一套合适的采购制度和规范的流程,以确保所采购的产品与服务能符合规定的采购要求。特别是当代管理技术与科技不断改变,企业管理者应该不断进步,完善采购制度和可操作性。要根据采购的物料与原料在产品生产中的重要性,对后续产品、最终产品的影响,来决定如何实施采购管理。

一、采购业务、财务集成的作业流程

典型的采购、支付业务循环包括采购申请、采购订货、进料检验、仓库收料、购货发票处理、支付货款活动,涉及从采购申请、订货、入库、货款结算全过程的核算与管理。

1. 采购申请

企业根据市场需求生成销售计划,为了使物料的购买既满足销售与生产需求,又能防止过分采购造成存货积压,企业生产制造部门依据一定时期的产品需求量,结合产品结构信息,存货的库存情况,进行主生产计划、物料需求计划的计算,生成物料需求明细单。按经济批量规则处理后,形成并提交"请购单",并经采购部门和财务部门确认生效后,由采购部门将请购单报主管经理批准后,办理订货业务。

2. 订货活动

采购部门业务人员依据批准后的请购单向不同的供应商发出询价,在获取供应商的报价单后,比较供应货物的价格、质量标准、可享受的折扣、付款条件、交货条件和供应商信誉,确定合适供应商并进行谈判。然后,业务人员根据请购的项目向供应商发出采购订单,同时也将采购订单送交验收部门、生产部门、保管与会计部门,以便合理安排生产、销售、收货和付款。

3. 货物验收与保管活动

企业所购的物料到达后,授权的质量管理部门、保管部门对物料进行验收与保管。收货的检验包括质量与数量是否与采购要求一致。在供货方的货物验收入库后,仓库保管部门应及时填写"入库单"一式数联,分别传送给采购部门和会计部门。

4. 付款活动

财务会计部门在取得供货方的发票和入库单等表示货物已验收入库、收货业务已完成的原始凭证后,应及时审核这些活动的真实性,登记应付账款或按付款结算要求安排资金,及时付款。

5. 会计核算活动

采购物料与支付活动引发企业存货、负债、资金的变化,会计部门应及时对这些活动所涉及的会计事项进行确认、计量、记录。它涉及存货核算子系统、应收账款核算子系统和账务子系统的核算活动,需要设置材料采购、原材料、材料成本差异、应付账款、银行存款等会计科目进行核算,登记这些科目的明细与总分类账,正确计算物料的采购成本。企业根据资金预算情况,合理安排付款。

二、采购流程的价值管理

(一)供应商管理

选择合适的供应商是采购价值管理的一个首要问题。如果选择不当,日后难免品质欠佳、交货不准等问题层出不穷,危害企业的价值创造。企业组织应通过多种渠道寻找、发现对企业具有价值的供应商,按照所要求的产品能力、产品质量、交货期、交货量、工作质量、价格、进货费用水平、信用度、协同性建立评价指标体系与评估标准,用于评估、考核、选择供应商,及时记录评估的结果与提出的改进措施。

建立与供应商的信息沟通机制、知识共享机制是保障企业持续价值创造的基础。在企业价值链中,通过购买行为获得的竞争优势是建立在良好的供应商关系基础上的。建立与供应商长期稳定的合作关系、信息沟通机制、知识共享机制是有利的,它将会降低企业采购成本、生产成本。企业可以通过信息系统与供应商进行信息沟通,使供应商及时知道产品和供应计划的变化情况。同时完善的业务与财务集成信息管理系统也能及时反馈供应商的价值评价信息,对比供应商的价值评价标准,使企业在购买决策时能不断优化供应商选择,制定符合企业生产所需、符合企业质量要求的采购政策。

(二)采购计划与预算管理

采购计划的目的是根据市场需求、生产能力和采购环境制订采购计划,包括物料需求计划与订单计划两方面。充分做好综合平衡,以便保证物料及时供应,同时降低库存成本、减少急单,降低风险采购率。采购预算是将计划或活动用金额来表示,可通过物料需求计划(MRP)的请购数量乘以标准成本,即可获得采购金额,采购预算应以现金基础编制,通过市场需求预测或客户订单,根据企业生产计划、产品结构和加工流程、存货状况生成物料需求计划和采购计划。物料采购成本将直接影响企业产品市场竞争能力。物料的价值在企业成本中占的比例大,物料需求实时性高,更应注重采购计划的科学性、供给的稳定性、协作性,努力降低采购环节的成本,提高采购活动的价值增值。

如何对采购计划所需物料的购买价格进行决策是采购价值管理的一项重要活动,关系到最终产品销售的竞争力与企业和供应商利益。采购循环的财务集成信息系统应提供基于产品目标成本基础的物料购买价格模型。结合市场披露的参考价格信息、供应商的物料生产成本、供货能力、服务质量、物料的质量、运输条件、购买批次与批量,制定与供应商谈判策略,使双方都能从所接受交易价格中获取各自的收益,即这种供应价格能让供需双方获得价值增值。另外,对于具有稳定的生产过程的企业,可考虑采用如准时制的采购方式、电子交易方式,消除一些不必要的采购作业,优化采购计划科学性、降低交易费用、存储费用与库存存货成本。

采购活动最终将导致企业负债增加或资金流出。采购资金预算关系到企业如何在合适的时间筹集适当的资金购买生产所需物料。因此,在现金支出活动中,采购资金管理将涉及采购资金预算。企业可依据购买计划,未来资金流量等信息形成采购资金预算。另外,企业应加强应付账款管理,及时了解企业所欠供应商货款的情况,及时有效组织资金,偿还企业货款,提高企业信誉等级。

(三)采购流程的风险识别

在企业价值链上,采购活动与企业的许多部门和人员的业务活动紧密相关,涉及企业所需资源的流入与大量现金流出,对采购流程的业务与财务活动进行风险识别与控制是采购的价值管理的一项重要内容。

采购环节存在如下的风险:

1. 采购申请活动的风险

(1)申请采购实际并不需用的物料。

(2)由未经授权的人请求购买。

(3)所请求购买的物料有错或金额有误。

(4)未能及时申请所需购买的物料,延误企业其他活动正常进行。

2. 订货活动的风险

(1)订购的物料由未经授权的个人或单位进行采购。

(2)订购的物料有误或质量不合适。

(3)订购的条件包括价格、付款条件等不合适。

(4)未及时订购物料以致需要时要付出高的采购成本。

3. 验收与保管活动的风险

(1) 由无权收货的人进行确认与验收货物。

(2) 所收到的物料的型号、金额、品质有问题而没被检验出来。

(3) 由收到的货物保管不善而产生变质、失窃。

4. 付款活动的风险

(1) 无正当理由的折扣损失。

(2) 向未订货或未验收的物料、服务付款。

(3) 支付金额错误或支付给未提供物料的供应商。

(4) 无能力支付货款而造成信誉危机。

(四) 采购流程的内部控制

为规避采购流程的风险，在企业中需要建立有效的采购、付款业务的内部控制制度，在信息化环境下，将这些内部控制嵌入到采购业务、财务集成的信息流程，通过业务系统与信息系统的集成，实现对采购循环流程的作业控制。这些风险的控制措施包括：

(1) 建立采购申请核准档案。所有经过核准的采购申请都自动存入采购申请文档，以助于达到输入完整性的目标。

(2) 建立已核准的供应商档案。采购部门通过已核准的供应商档案来选择供应商。

(3) 申请采购结果传回请购部门。

(4) 供应商选择的核准。采购部门主管在订购单上签字之前，必须核准所选择的供应商，并核定请购数量。

(5) 独立的核准付款。订购文件由采购部门的人员负责建档。

(6) 供应商发票有效性验证。在建立采购、支付核算与管理子系统时，可将控制规则嵌入到信息系统内部，以人机方式实现企业的内部控制。

第三节 采购业务、财务集成信息流程的逻辑结构模型

一、采购业务、财务集成信息需求分析

在信息集成化环境下，采购信息的使用者包括企业管理人员、业务人员、财务会计人员以及上游的供应商。采购业务、财务集成的信息流程要针对这

些信息使用者的不同信息需求特点,通过对采购业务、财务数据的及时处理,为他们及时输出信息。

(一)采购管理的信息需求

采购管理将物料采购看成一个系统的计划、组织、激励与控制活动。它的主要业务包括预测物料需求,寻找货源并获得物料,把物料引入企业,按流动资产控制物料状况。因此,企业经营主管需要通过采购、支付过程的信息来评价业务活动的有效性。他们关注供应是否能有效保障生产进行,采购的零部件如果未能及时供给而造成停工时间、次数,以及由此引发的经济和信誉损失;采购的物料成本在企业产品或服务成本中所占的比例,以及未来的发展趋势如何;上游供应商所提供的物料品质、供货方式、采购费用是否能满足企业竞争战略需求;采购资金的使用效率;采购、支付业务对企业战略与目标实现的支持情况;建立基准数据,分析比较行业或竞争对手在采购环节的成本信息;评价采购、支付活动对企业业绩的贡献。

(二)采购业务的信息需求

采购主管与业务人员需要了解各期采购申请单购买的物料数量和需用时间、汇总的需求信息、每批的订货费用信息、购货折扣信息,进行经济定货量决策。采购人员需要获取有关供应商的资料,如服务质量、价格以及履约方向的信息,评估选择企业的供应商。采购人员也要跟踪了解当期已批准并执行的订单、还未执行的订单的信息以及付款的情况。

(三)验收与保管人员所需的决策支持信息

验收人员需要有关订货的明细信息,以避免收到非订购的、品质有问题、数量有差异的物料,登记入库资料,对存货进行有效管理。

(四)财务会计人员所需的决策信息

财务人员需要物料采购信息,以决定采购预算编制,是否有足够的资金支付采购的货物,计划筹措现金。会计人员需要采购、支付过程形成的各种原始数据编制会计凭证,核算采购成本、比较与计划成本差异,了解应付账款情况,输出对内的各种管理报告和对外的财务报告。

(五)供应商方面的信息需求

供应商作为物料的提供者,采购信息流程需要为他们提供采购信息,如采购的物料的规则、适合标准、需求时间和需求的数量、质量要求、测试方法、验收方式等资料,并通过网络进行信息的沟通与交流。此外,采购的信息流程将寻找、筛选的供应商相关资料传递给工程、技术部门参考。

二、采购业务、财务集成信息处理特点

企业采购、支付活动涉及企业内部物料需求、保管、财会、采购、运输部门和外部的供应商,采购与结算方式多样并且实时性要求高,物流和资金流较多且频繁,流经的环节多,需要加强内部控制与管理。因此,采购、支付子系统的数据处理具有如下特点。

1. 数据量大

物料采购与支付子系统的数据量大,主要是由于企业采购物料的品种、批次较多。有些企业的物料品种多达千种以上,尤其在目前竞争环境下,为减少库存、提高资金使用率,降低采购与存储成本,多采用量少多进的方式,这种业务模式会产生大量数据流。

2. 日常数据处理频繁且实时性要求高

企业采购、支付是经常性的业务活动,每天都要及时进行数据处理,实时反映企业采购、物料入库、货款支付的状况,为后续作业提供会计信息。

3. 业务处理复杂且可靠性要求高

企业采购业务按采购地点的不同可分为同城采购和异地采购。这两种采购业务手续和凭证的流转程序都与货物的交接方式和货款结算方式密切相关。货物交接方式有提货制、送货制和发货制。付款方式有钱货两清、延期付款、分期付款等。结算方式有现金、银行支票、银行汇票、商业汇票、委托收款、异地托收承付和汇兑等方式。采购过程有票先到货后到、货先到票后到、票货同到。所有这些业务处理和核算都需要及时记录、正确计算。

4. 与企业其他信息子系统有较多的数据联系

采购、支付的业务处理流程涉及企业多个部门的业务活动和管理控制活动。它与企业销售、生产、存货、账务处理的数据处理有密切的联系。销售计划驱动企业生产计划、生产计划驱动物料需求计划、物料需求计划驱动采购计划和采购资金的预算计划。企业实施物料采购,从供应商处购买生产所需的物料,验收入库、支付货款或延期支付现金形成企业负债,这些物流、资金流流经企业各业务环节,存货核算子系统、应付款子系统对这些过程的会计事项进行核算、分类汇总。

5. 与供应商的采购协同

与供应商的采购协同在宏观上体现为建立长期的战略协同伙伴关系,在微观上则表现为与供应商协同产品开发、协同计划、预测等。采购的协同性的实现方式包括:与供应商之间建立基于计算机技术的共享信息平台,与供应商

共享库存信息以减低企业的库存,且同时实现持续供货,实现对物料需求的快速反应。借助互联网,收集需求与供应信息,与供应商协同计划、预测和补货,通过信息流,促进稳定的物料流动。

三、采购业务与财务集成信息逻辑结构模型

采购业务与财务集成的信息流程涉及销售流程、生产流程、库存流程的信息处理过程,根据销售需求、库存状况、生产排程状况、产品结构关系,形成物料需求计划,并与供应商建立采购信息沟通关系,执行采购的业务与财务作业。采购与企业内部多个部门有数据传递和信息处理关系,因此要考虑数据的共享,各个业务处理流程之间的依存关系以及数据接口方式。其数据流程图见图 5-1、5-2,整个信息流程由采购的业务与财务基础数据维护更新、采购业务与财务事项记录、采购业务与财务信息输出三类信息处理活动组成。

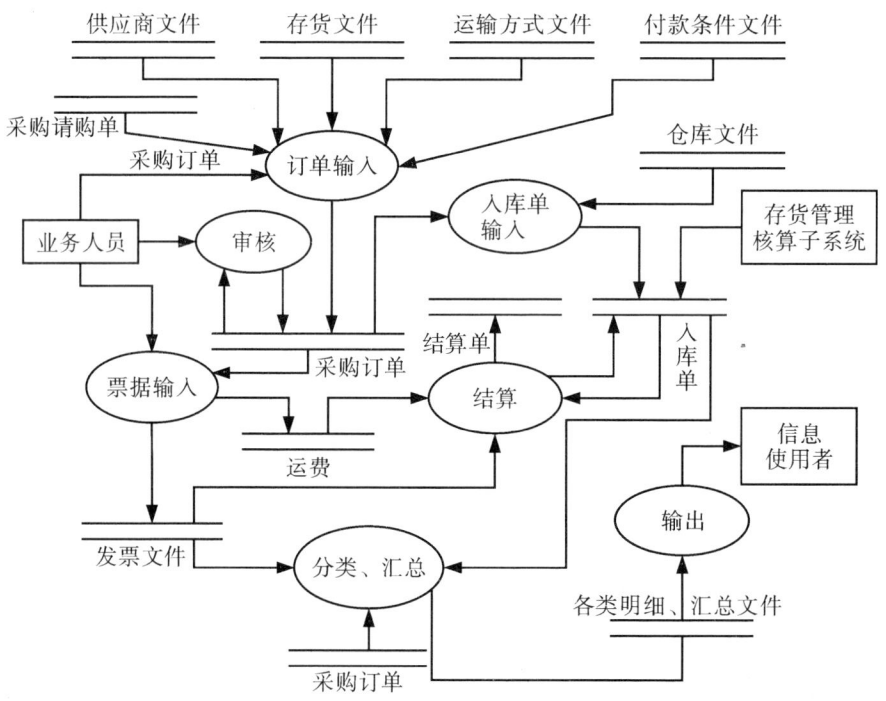

图 5-1

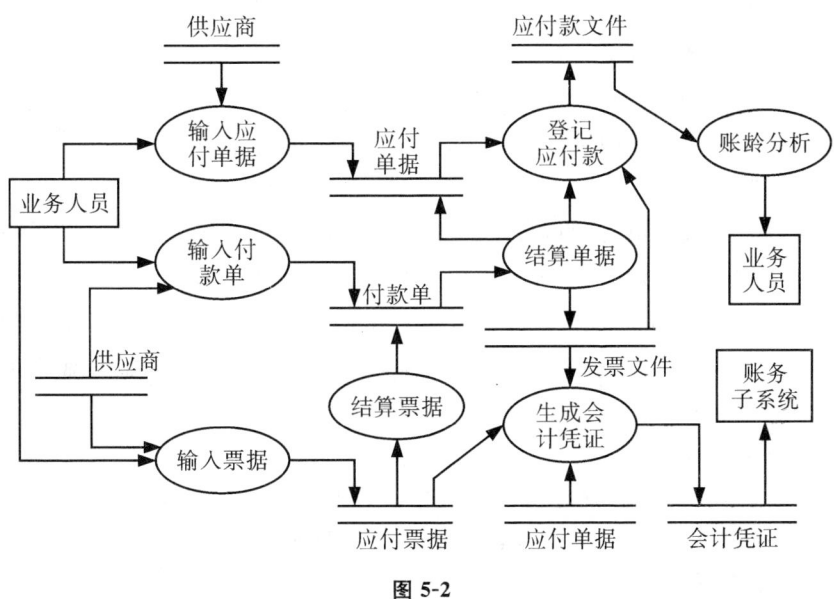

图 5-2

(一)采购业务、财务集成信息流程的基础数据维护、更新活动

在采购业务、财务集成的活动中,与这些活动相关的参与者包括供应商、企业采购部门、质量检验部门、物料的保管部门、物料的使用部门、财务部门,以及这些部门的管理人员、业务人员等,还涉及需要采购的物料的资料信息等。输入这些数据形成企业的基础数据集合。随着企业经营状况的变化,需要对这些数据维护更新。

(二)采购业务、财务集成信息流程的数据处理活动

1. 采购订单

采购订单数据既可以直接录入,也可以根据物料需求计划、采购请购单文件直接生成,有的还可以根据销售(直运业务)、生产、库存等情况自动生成采购订单。主管人员审核采购订单是否合理,如果合理,则批准这项采购。经审核后,形成正式的采购订单,存入采购订单文件。

2. 采购入库单

当供应商的货物到达企业后,可以根据采购订单编制入库通知单,传递到库存信息流程,存货经检验入库,生成入库单,登记存货台账。如出现采购退货事项,一般是直接录入或自动生成红字采购入库单进行其后的数据处理。

3. 采购发票

在采购信息流程中，在收到供应商的发票后，既可以直接输入，也可以根据采购订单、采购入库单的数据，生成发票的数据。对采购退货业务直接录入或生成红字发票。采购过程发生的费用，如运输费等，使用财务费用单录入。

4. 采购结算

根据采购入库单、采购发票的关联关系，人工或自动选择与发票相关的入库单进行核对与采购结算，形成采购成本数据。将结算结果记录在结算单文件，而有关采购成本的数据通过经采购结算的入库单，传递到库存信息流程中进行存货财务核算作业，登记存货明细账，生成会计凭证，传递到总账系统进行其后的账务处理。

5. 付款处理

当付款期限已到，财务人员进行付款处理。输入付款单，并与相关的发票、应付单结算，生成付款结算单，修改应付账款明细账。

6 会计凭证生成

根据付款单、发票生成会计凭证，并将这些会计凭证传递到账务系统。

(三) 采购业务、财务集成信息流程的信息输出活动

信息使用者可以按自己的访问权限查询采购信息流程所输出的有关采购业务与财务的账簿文件，进行各类数据的分类汇总、各类分析。例如进行采购汇总，根据采购发票和外购入库情况，综合反映某种物料的汇总购进情况，入库与购进成本的对应情况以及差异。进行供应商供货的 ABC 分析、采购价格分析、合同履行情况分析、供货质量分析、应付款账龄分析、付款分析，以及付款现金预测。

第四节　采购业务、财务集成数据结构模型、信息处理与运行模式

一、采购业务与财务集成的数据结构模型

(一) 基础数据层面的采购业务、财务集成的实体数据结构模型

1. 供应商

(1) 供应商地理分布

表 5-1 供应商地理位置文件的数据结构

字段名	数据类型	宽度	小数	说明
地区代码	C	10		
地区名称	C	20		

(2)供应商行业分布

表 5-2 行业分类文件数据结构

字段名	数据类型	宽度	小数	说明
行业代码	C	10		
行业名称	C	20		

(3)供应商类别分布

表 5-3 供应商分类数据文件结构

字段名	数据类型	宽度	小数	说明
分类代码	C	10		
分类名称	C	20		

(4)企业供应商档案

供应商文件记录经企业筛选的供应商的资料。有关这些供应商数据属性如何确定,需要从经济事项进行业务统计、分析与交易过程控制的信息需求角度进行考虑。通常供应商的数据结构包含表 5-4 的属性,企业可以根据企业的实际经营管理与控制的要求,增加、维护新的数据项。

表 5-4 供应商档案资料数据文件结构

字段名	数据类型	宽度	小数	说明
供应商代码	C	20		
供应商名称	C	40		
地区代码	C	10		供应商所处的地理位置
行业代码	C	10		供应商所属的行业
税号	C	20		客户的工商登记税号
开户银行	C	20		

续表

字段名	数据类型	宽度	小数	说明
银行账户	C	25		
地址	C	20		
邮政编码	C	6		
联系人	C	8		
法人代表	C	8		客户企业的法人代表姓名
电话	C	12		客户联系方式
传真	C	12		
手机	C	12		
应付款余额	N	10	2	客户当前应收款余额
扣率	N	5	2	
部门编码	C	4		分管部门
人员代码	C	8		专管业务人员
发展日期	D	8		
停用日期	D	8		

(5)供应商提供的物料

企业要确定供应商可以提供哪些存货或某一存货由哪些供应商提供,以及该存货在各供应商间的配额分配和价格水平。在物料需求计划系统中用供应商存货对照表进行计划的配额分配,在采购管理系统中用于采购凭证的价格确定。必须先设置供应商档案和存货档案后,再设置供应商存货对照表。物料需求计划、采购管理系统使用该表,无此要求的用户可不使用。

表5-5 供应商可供应货物数据文件

字段名	数据类型	宽度	小数	说明
供应商代码	C	10		
存货代码	C	8		
最大供应量	N	10		
最小供应量	N	20		
配额比例	N	5	2	
采购单价	N	8	2	

2. 员工的数据结构描述

企业的员工归属某一具体部门,一般先定义企业部门数据结构,然后再定义员工特征属性的数据结构。

3. 存货的数据结构描述

在企业的存货文件中存放企业所有存货的档案,其数据结构在第四章已有描述,存货属性通常包括基本特征、物料特征、计划特征、设计特征、财务与控制特征,在基本特征中,通过存货在物料过程表现的特点,定义其诸如外购、自制、销售等属性,将企业存货出现在物流的不同位置区分出来。

4. 采购流程的业务类别的数据结构描述

(1)采购业务分类的数据结构

企业采购可分为生产采购、委托加工采购、其他采购等,为了统计分析不同采购业务,通常需要进行采购分类,记录采购类型数据文件的结构。

表 5-6 采购类型设置文件的数据结构

字段名	数据类型	宽度	小数	说明
采购类型码	C	10		
采购类型	C	30		

(2)采购货款结算方式

结算方式的设置用来管理企业在采购过程中涉及的结算类型,如现金、现金支票、转账支票、电汇、商业汇票、银行汇票、内部转账等,结算方式文件中记录的结算方式数据应与财务结算方式一致。

表 5-7 结算方式文件的数据结构

字段名	数据类型	宽度	小数	说明
结算方式码	C	10		
结算方式	C	30		
币种	C	10		
结算科目	C	30		

(二)采购业务、财务集成活动的数据结构描述

1. 采购申请

由使用部门提出采购申请。采购申请表记录有关材料采购的申请事项,它的数据结构描述如表 5-8。

表 5-8　采购申请单文件

字段名	数据类型	宽度	小数	说明
请购单编号	C	10		
日期	D	8		
请购部门	C	10		部门代码
存货编码	C	10		采购物资的代码
请购数量	N	10		
需用日期	D	8		
到货日期	D	8		
资金部意见	C	40		
采购部意见	C	40		

2. 采购订单

记录采购订货业务事件的是采购订单文件，从数据规范角度，将其分解为主文件与子文件，数据结构如表 5-9。

表 5-9　采购订单主文件

字段名	数据类型	宽度	小数	说明
日期	D	8		
订单编号	C	8		
供应商编号	C	10		与供应商文件关联
付款条件	C	20		
订货部门	C	10		填入订货部门编码，与部门文件关联
运费	N	10	2	
业务员	C	8		填入员工代码，与员工管理文件关联
运货方式	C	10		
税率	N	3	2	
汇率	N	3	2	
到货日期	D	8		
关闭	T	1		订单执行关闭
采购类型	D	2		与采购类型文件关联
制单人	C	8		
审核人	C	8		
请购单编号	C	8		与请购单关联

表 5-10　采购订单子文件

字段名	数据类型	宽度	小数	说明
订单编号	C	8		与主文件关联
存货编号	C	10		
订货数量	C	20		
订货单价	N	10	2	
税额	N	10	2	
计划到货期	D	8		

3. 物料到货单与入库单

采购到货单与入库单的数据结构相似,到货单记录供应商货物已到事项,如果货物需要进行检验,检验部门对所进的物料按质检要求检验,然后货物进入仓库,企业物料存储部门对入库事项进行记录,填写入库单。

入库单记录购买的材料入库事件,同样从数据规范角度,将它分解为主从文件。数据结构如表 5-11 所示。如果入库的材料是经事先订货,并记录在订货单上,订单编号数据项就记录与入库事件相关的订货事件的订单编号数据,建立入库与订货联系。

表 5-11　入库单主文件

字段名	数据类型	宽度	小数	说明
入库日期	D	8		
入库单编号	D	10		
订单编号	C	10		与订单文件关联
供应商编号	C	10		与供应商文件关联
入库类型	C	20		
采购类型	C	10		与采购类型关联
业务员	C	8		
仓库编号	C	10		
制单人	C	8		
审核人	C	8		
记账人	C	8		
订单编号	C	8		与采购订单关联

表 5-12　入库单子文件

字段名	数据类型	宽度	小数	说明
入库单编号	C	8		与入库单主文件关联
存货编号	C	10		
入库数量	C	20		
单价	N	10	2	
金额	N	10	2	

4. 采购发票

记录采购入库材料的采购成本,当供应商将采购发票送到企业时,应及时记录,采购发票文件数据结构如表 5-13 与 5-14 所示。

表 5-13　采购发票主文件

字段名	数据类型	宽度	小数	说明
开票日期	D	8		
订单编号	C	8		与采购订单关联
供应商编号	C	10		
发票类型	C	20		
采购类型	C	10		
部门代码	C	10		
业务员	C	8		
付款条件码	C	2		付款条件编码与付款条件文件关联
制单人	C	8		
审核人	C	8		

表 5-14　采购发票子文件

字段名	数据类型	宽度	小数	说明
发票编号	C	8		与采购发票主文件关联
存货编号	C	10		
入库数量	N	10		
单价	N	10	2	
金额	N	10	2	

5. 采购结算

收到供货单位的发票后,如果所订购的物料已入库,将入库单与对应的采购发票进行结算,分配采购的费用,确定入库物料的采购成本,为存货的核算提供依据。如果入库单实际采购价格与结算结果不符,依据结算单的计算结果修改入库单的采购成本。

表 5-15 采购结算单文件的数据结构

字段名	数据类型	宽度	小数	说明
结算单编号	C	8		
入库单编号	C	10		
发票编号	C	20		
存货编号	C	10		
数量	N	10	2	
结算单价	N	10	2	
费用	N	10	2	
结算金额	N	10	2	

经过采购结算的采购入库单的数据才能进行存货核算,也就是入库单文件中只有在采购结算文件中记录入库单编号的入库记录才能进行实际会计核算,否则存货核算子系统只能在期末暂估其入库成本。

同时结算后的采购发票进入会计应付系统,进行其后的会计信息处理流程。

6. 其他应付单

除了采购发票外的需付款凭证,数据结构与采购发票相似。

7. 付款事件

由付款文件记录企业的支付货款事件。数据结构如下表 5-16。

表 5-16 付款文件的数据结构

字段名	数据类型	宽度	小数	说明
开票日期	D	8		
结算单号	C	8		
供应商编号	C	10		与供应商文件相关联

续表

字段名	数据类型	宽度	小数	说明
结算日期	D	8		
结算方式	C	4		记录结算方式编码,与结算方式文件关联
结算科目	C	10		
币种	C	6		
汇率	N	10	2	
票据号	C	10		与票据文件关联
银行	C	20		
金额	N	10	2	
部门	C	4		
业务员	C	8		
录入员	C	8		
审核人	C	8		

8. 付款结算

购货单位在收到供货单位的发票并付款后,对所对应的采购发票进行结算,并将结果登记在付款结算文件中。

表 5-17 付款结算文件的数据结构

字段名	数据类型	宽度	小数	说明
结算单号	C	8		
单据编号	C	10		结算的单据编号,如采购发票编号
单据类型	C	20		
结算金额	N	10	2	

9. 票据记录

如果企业以商业汇票或银行汇票方式进行材料采购,需要记录这些票据,数据结构如表 5-18,当票据到期,支付货款后形成付款单据。

表 5-18 票据文件的数据结构

字段名	数据类型	宽度	小数	说明
票据编号	C	10		
票据种类	C	8		
供应商编号	C	10		
结算方式	C	20		
收票单位	C	10		
承兑银行	C	20		
票面面值	N	10	2	
票面利率	N	10	2	
签发日期	D	8		
到期日期	D	8		

10. 会计凭证生成

在企业采购过程中,随着物流的流入、资金的流出,在采购业务进行的不同时期,将触发企业资产、负债的变化,信息系统应及时对业务事件进行会计核算,根据业务类型与会计科目标准变换文件所记录的业务类型与会计科目的对应关系,将业务事件的经济数据自动变换为会计凭证格式的会计核算数据,传递到账务子系统。

入库物料的会计核算由存货核算子系统进行,采购资金流的核算由应付子系统进行。

首先在系统中建立业务类型与会计科目之间对应关系的数据描述文件。见表 5-19。

表 5-19 业务类型与会计科目之间对应关系的文件

字段名	数据类型	宽度	小数	说明
业务类型	C	8		采购循环中的各自业务类型描述
借方会计科目	C	10		
贷方会计科目	C	20		

其次,将业务事件到会计事件的转换,依据业务类型与会计科目之间对应关系文件中描述的关系,将入库单、付款单等记录业务事件的经济数据变换为

会计凭证。会计凭证文件的数据结构与账务子系统一致。

二、采购业务、财务集成管理子系统的信息处理功能运行模式

在集成信息化环境下,采购业务、财务集成核算管理子系统的信息处理功能分别由采购管理、应付款管理子系统执行。

(一)采购信息流程的基础数据维护、更新功能

在采购管理子系统的业务运行之前,软件一般需要进行基础数据的系统设置,输入有关企业基础资料、有关分类的数据,构建软件的运行环境等工作。企业要针对业务性质,会计核算和财务管理的具体要求进行设置。初始设置工作做得越完善、正确和全面,系统在今后的运行就越顺利。

1. 采购业务所涉及的参与者、资源的数据录入

建立供应商分类、供应商所在地区分类信息,并将其输入到供应商分类文件与地区分类文件。然后输入企业所有供应商的资料,录入项目包括:供应商编号、供应商名称、分类码、地区码、所属行业、税号、开户银行、银行账户、地址、电话、联系人等内容。这些记录输入后,存放在供应商档案资料文件。如图 5-3。

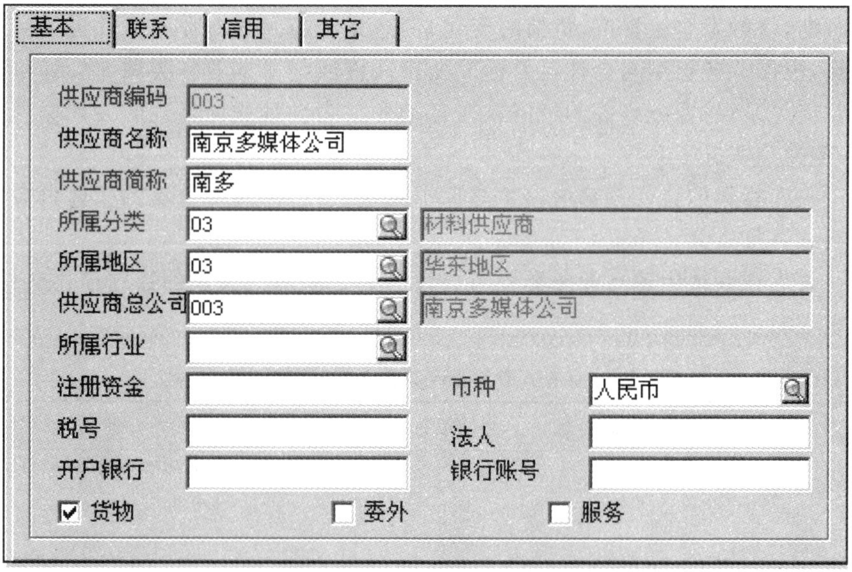

图 5-3 供应商档案资料输入

在员工文件中,输入记录的项目包括员工代码、姓名、部门代码、职务,如果是集成的信息系统,该文件是一个共享文件,它记录了企业所有员工的数据。

采购类型设置的功能对企业采购事件进行进一步分类,当采购业务发生后,在入库单、采购发票等单据中输入相应的采购类型,为其后的统计分析提供分类依据。通常企业采购类型如图 5-4,这些资料输入后记录在采购类型文件。

采购类别设置

采购类型码	采购类型名称
01	生产采购
02	生产研发采购
03	委托加工采购
04	定量采购
05	进口采购
06	零星采购
07	其他采购

图 5-4

付款条件设置。付款条件即现金折扣,指企业为了鼓励客户偿还货款而允诺在一定时期给予的折扣优惠。这种优惠条件通常可表示为 5/10,2/20/,n/30,它的意思是客户在 10 天内偿还货款可得到 5% 的折扣,只付原价的 95% 的货款;在 20 天内偿还货款,可得到 2% 的折扣,在 30 天内付款,按照全额支付货款;在 30 天偿还货款,不仅要按全额支付货款,可能还要支付延期付款利息或违约金。这些数据输入到付款条件文件。

2. 结算方式

结算方式输入模块的功能是用来建立和管理企业在经济活动中涉及的结算方式,为付款业务提供信息,典型的结算方式如表 5-20。

表 5-20 结算方式设置

结算方式码	结算方式
101	现金
201	现金支票
202	转账支票
3011	电汇
401	商业汇票
402	银行汇票
501	内部转账

另外,有关采购的存货资料数据由存货系统输入。

在应付款子系统的初始设置中,除了一些已在公共模块进行基础设置外,增加了建立基本科目与业务关系的设置。其功能是建立应付科目、预付科目、应付票据、现金、银行存款等与支付过程、采购过程涉及的业务、供应商、采购的物料、结算方式一一对应的关联关系。这样,当业务事件发生后,系统所记录的业务事件的数据就可通过业务事件与会计科目的对应关系自动生成会计凭证,否则在会计凭证生成过程中就需要用户在会计凭证上手工输入相应的会计科目。结算科目的设置如图5-5所示。

结算方式	币 种	科 目
现金结算	美元	10102
现金结算	人民币	10101
现金支票	人民币	1020101
转帐支票	美元	1020102
转帐支票	人民币	1020101
电汇	人民币	1020201

图 5-5 结算方式科目设置

除此之外还要进行账龄区间设置、报警级别设置等操作。

初次使用应付款子系统,需要输入期初数据,将企业未处理的所有供应商的应付账款、预付账款、应付票据等数据录入。

(二)采购业务与财务集成信息处理功能

1. 采购业务的信息处理功能

(1)请购单生成

采购请购是指企业内部向采购部门提出采购申请,或采购部门汇总企业内部采购需求提出采购清单。请购是采购业务处理的起点,也是 MPS/MRP 计划与采购订单的中间过渡环节。用于描述和生成采购的需求,如采购什么货物、采购多少、何时使用、谁用等内容;同时,也可为采购订单提供建议内容,如建议供应商、建议订货日期等。采购请购单是可选单据,用户可以根据业务需要选用。

企业购买物料要求录入请购单。一种方式是手工从计算机终端输入采购申请单,另一种方式是物料部门输入物料需求,系统根据产品结构文件、存货子系统中存货库存情况自动生成采购请购单,内容包括采购的部门、采购的存货、采购时间、交货事件等信息，这些数据被保存在采购申请单文件中。采购请购单的样式如图5-6所示。

采购请购单

	业务类型	普通采购		单据号	0000000002		日期	2008-12-11	
	部门	供应部		业务员	王纬		采购类型	生产用材料采购	

	存货编码	存货名称	规格型号	主计量	数量	无税单价	金额	税率	需求日期
1	1001	原纸	铜板纸	吨	50.00			17.00	2008-12-18
2									
合计					50.00				

制单人_____ 审核人_____ 关闭人_____

图 5-6

（2）采购订单

采购订单是企业与供应商之间的一种协议，主要包括采购货物的品种、数量、采购加工、供应商、到货时间、运输方式、运费等项目。采购订单是企业经济活动中重要的组成部分，采购订单管理模块的主要功能包括编制采购订单、修订和审核采购订单、关闭采购订单等，编制采购订单的典型输入格式如图5-7所示。

采购订单

业务类型	普通采购		订单日期	2008-12-11		订单编号	0000000003
采购类型	生产用材料采购		供应商	上信		部门	供应部
业务员	王纬		税率	17.00		付款条件	

	存货编码	存货名称	规格型号	主计量	数量	原币含税单价	原币单价	原币价税合计	税率	计划到货
1	1001	原纸	铜板纸	吨	50.00	5265.00	4500.00	263250.00	17.00	2008-12
2										
合计					50.00			263250.00		

制单人_____ 审核人_____

图 5-7

这些数据在录入后,保存在采购订单文件中。

(3)采购入库单

采购入库单是根据采购到货签发的实收数量填制的单据。入库单据类型按进出仓库方向分为入库单、退货单,按业务类型分为普通业务入库单、受托代销入库单。采购入库单可以直接录入,也可以由采购订单或发票自动生成。如果根据采购订单生成入库单,系统自动按订单编号获取订单数据到入库单,然后依据实际入库的情况补齐修正入库单数据,此时生成的入库单为暂估入库单(货到票未到)。如果根据采购发票生成入库单,系统自动按发票编号获取发票中数据并复制到入库单,然后补齐入库单的其他数据,此时生成的入库单为实际的入库单。

典型的入库单输入界面如图 5-8 示。

采购入库单

入库单号	0000000004	入库日期	2008-12-11	仓库	材料库
订单号	0000000003	到货单号	0000000002	业务号	
供货单位	上信	部门	供应部	业务员	王纬
到货日期	2008-12-11	业务类型	普通采购	采购类型	生产用材料采购
入库类别	采购入库	审核日期	2008-12-11	备注	

	存货...	存货名称	规格型号	主...	数量	本币单价	本币金额
1	1001	原纸	铜板纸	吨	50.00	4516.60	225830.00
2							
合计					50.00		225830.00

制单 _____ 审核 _____ 记账 _____

图 5-8

(4)采购发票

采购发票是核算采购成本的重要依据。采购发票编制的功能包括输入和核算发票,并将结果记录在采购发票文件。

采购发票的类型分为专用发票、普通发票、运费发票,按业务性质分为蓝字发票和红字发票。发票的数据录入方式分为直接录入与间接录入。当企业收到供货单位的发票后,如果没有收到供货单位的货物,可以对发票进行压单处理,待货物到后再将发票输入到采购文件做采购结算处理。另外也可以先将发票输入到计算机,以便及时掌握在途物料情况。如果货到并入库,可以根据入库单生成采购发票数据,系统按供应商分类从入库单列表中选择与发票有关的入库单,自动获取入库数据拷贝到采购发票文件后,由操作员补齐采购发票的数据。采购发票的输入界面如图5-9示。

```
专用发票
业务类型 普通采购          发票类型 专用发票      发票号 0000000003
开票日期 2008-12-11        供应商   上信          代垫单位 上信
采购类型 生产用材料采购    税率     17.00         部门名称 供应部
业务员   王纬              币种     人民币        汇率     1
发票日期                   付款条件               备注

       存货编码  存货名称  规格型号  主计量  数量    原币单价   原币金额
  1    1001     原纸      铜板纸    吨     50.00   4500.00   225000.00
  2
  合计                                    50.00             225000.00

结算日期_____  制单人____  审核人____
```

图 5-9

(5) 采购结算

当所购买的货物入库并且与此项业务相关的发票都到后,就可进行采购的结算以确认采购成本。结算方式有两种:一种是自动结算,由系统根据采购订单号从与此相关联的入库单、采购发票获取数据进行核算,如果核对结果相符,生成结算数据并存入到采购结算文件内,并对订单、发票、入库单做结算标准。另外也可以采用手工的方式选择入库单根据采购发票进行采购结算。结算后的入库单可作为存货核算的原始凭证。

2. 采购的财务信息处理功能模块

(1) 付款单

企业给供应商付款后,录入付款单的具体数据,与该供应商对应的没核销的单据将列表在输入窗口供用户进行核销。这些数据存放在付款单文件。例如典型的付款单如图5-10所示。

(2) 票据管理

企业一般情况下都有应收票据,票据管理的功能主要是对银行承兑汇票、商业承兑汇票进行管理,记录票据的详细情况,记录票据处理情况,包括票据的贴现、背书、结算、转出等情况。

(3) 会计凭证生成

付款单

单据编号	0000000003	日期	2008-12-11	供应商	上信	
结算方式	转账支票	结算科目	100201	币种	人民币	
汇率	1.00000000	金额	264250.00	本币金额	264250.00	
供应商银行		供应商账号		票据号	123456	
部门		业务员		项目		
摘要						

	款项…	供应商	科目	金额	本币金额	部门	业务员	项目
1	应付款	上信	2121	264250.00	264250.00			
合计				264250.00	264250.00			

审核人 **杨杰**　　录入人 **张江**　　核销人 **王伟**

图 5-10

当企业上述的单据录入并经过审核后，就可以进行会计凭证的制作。会计凭证的生成有两种方式，一种是在对单据审核后就可以立即进行制单，还有一种方式是在期末成批进行制单。系统根据初始设置中业务类型与会计科目的关系，将业务单据的数据自动分类汇总生成会计凭证。传递到账务系统作进一步审核，登记会计明细账、总账。

(三)采购业务与财务集成的信息输出功能

根据企业业务与管理控制的要求，从上述的数据库文件中获取数据，并对其作进一步的处理，形成信息使用者所需的信息。一种输出的方式是由用户自行定义报表的格式以及表中单元的取数表达式，由计算机系统生成用户所需的报表。另一种方式是由系统定义常用的采购查询模块，运行这些模块就立即输出所要查询的信息。

常见的报表如采购订单执行表、采购明细账，以及按客户、按采购对象统计输出的统计表。这些输出处理主要是对记录在数据库中的采购事件的数据以及对应的资源、参与者资料的数据文件，按用户的查询要求进行组织，生成用户视图，对数据提炼后输出用户所需信息。

应收账款的统计查询功能主要包括单据查询、业务账表查询、业务分析和会计科目账表的查询输出。

单据的查询包括发票、应付单、结算单和会计凭证的查询，用户只要输入查询条件，计算机就从这些数据库文件中查找满足这些条件的记录，并以一定的输出格式在屏幕或打印机上打印出来。

业务账表的查询。业务账表的查询包括业务总账、明细账、余额表和对账单的查询,并可以实现账表数据与单据的联查。

业务分析功能包括应付款账龄分析、欠款分析。欠款分析如图5-11所示。

欠款分析

公司　　富华　　币种　　人民币　　截至时间　2008.06

供应商		欠款总计	信用额度	信用余额	货款金额	应付款金额	预付款金额
编号	名称						
007	联想集团	15,000.00			15,000.00		
总计		15,000.00			15,000.00		

图 5-11

科目账表查询包括科目余额表和明细表的查询,可以通过一个"总账"与"明细账"的切换命令按键切换进行,实现总账与明细账、会计凭证的联查。

第6章 人力资源流程的薪酬核算与管理信息子系统

第一节 人力资源流程的薪酬核算与管理概述

一、人力资源管理与企业价值创造

一个企业能否在激烈的市场竞争中保持持续竞争优势与价值创造能力,与企业是否具有一批高素质的人才有直接的关系。特别是在知识经济时代,人力资源已成为企业最重要的战略性资源。重视人力资源的管理,包括从人员的招聘、培训、薪酬、绩效等方面进行系统的管理,使员工在其中不仅提升自身的价值,而且能为企业创造更多价值。

从价值创造角度分析,人力资源管理流程主要由价值创造、价值评价、价值分配环节组成。

在价值创造环节,从战略角度上看,人力资源管理的理念之一是将企业员工视为企业重要的资源,是企业价值的重要体现。人力资源管理工作就是将这些资源加以有效开发和利用,使之成为企业提升核心竞争能力的重要推动力。其常规工作包括根据整体战略制定战略性的人力资源规划,在此基础上建立招聘、录用、培训管理系统,保证企业所拥有的人力资源是企业组织真正需要的。员工的知识、技能、态度符合组织要求,使员工与企业组织文化相适应、与工作相匹配,使企业的人力资源具有持续的竞争力,在经营活动中能创造更多的价值。

在价值评价环节,通过建立一套科学规范的价值评价体系,使员工的投入与贡献能得到客观的评价。战略性的价值评价不仅包括员工的工作分析与个性特征评价,而且包括动态的绩效评价,它注重的是员工个人、团队及组织整体绩效的动态管理,从中发现、解决流程中影响绩效的问题。作为价值评价的重点,战略人力资源管理将组织最需要的员工留在企业,并针对评价结果进行培训与开发,使企业的价值创造作业与员工的关系建立在紧紧围绕组织的总体战略基础上,并且相互衔接配合。在提高组织绩效的同时,不断提高员工工作质量和员工的满意度。

在价值分配环节,通过建立公平合理的价值分配体系、薪酬分配制度,使员工的绩效得到合理的回报,由此形成良性的激励机制。人才的激励包括内在激励与外部激励的平衡。一方面,它强调通过工作设计和员工的合理配置以及组织文化建设、福利政策、培训政策使员工通过本身努力获得激励,作为组织的成员获得满足。另一方面,它重视物质激励对员工行为的重要影响,企业的薪酬设计对员工行为具有重要的导向作用。

企业人力资源管理是一个持续的人力资源开发与增值,进而为组织创造价值的过程。战略人力资源管理是将企业经营过程变成一种人力资本经营过程。通过人力资源的投资管理,企业可以获得更大的人力资本收益,人力资本增值成为组织增值的一种重要形式。

二、人力资源的薪酬价值管理的意义

薪酬设计与管理是人力资源管理的价值分配环节中的一项重要作业,也是员工最关心的企业政策之一。当人力资源成为企业价值创造的重要来源时,为企业职工支付与其价值创造相匹配的薪酬,对于提升企业绩效具有重要意义。

1. 职工薪酬的含义和范围

职工薪酬的含义是指企业为获得职工提供的服务给予的各种形式的报酬以及其他相关支出。薪酬支付的对象涉及与企业订立劳动合同的所有人员,包含全职、兼职和临时职工;企业正式任命的人员;在企业的计划、领导和控制下,虽未与企业订定合同或未正式任命,但为其提供与职工类似服务的人员,如劳务用工合同人员。

企业薪酬制度设计与员工的切身利益密切相关,是影响和决定员工的劳动态度和工作行为的重要因素。同时薪酬占据企业成本份额,与企业经济利益密切相关,也是企业其他利益相关者十分关心的问题。目前企业会计准则将企业人力资源耗费统一规范到职工薪酬核算的范围,具体包括:

(1)构成工资总额的各组成部分,如奖金、津贴、补贴等。

(2)职工福利费,用于改善职工生活条件。

(3)工会经费和职工教育经费。

(4)五险一金:养老保险费、医疗保险费、失业保险费、工伤保险费和生育保险费、住房公积金。

(5)非货币性福利,包括企业以产品形式发放给职工的福利,将企业拥有的资产无偿提供给职工使用,为职工无偿提供医疗保健服务。

(6)解除劳动关系补偿。当职工还没有到退休的时候,企业与其终止了劳务合同,而给他一笔作为补偿的资金,或为了鼓励员工志愿接受裁减而给予的补偿。

(7)其他与获得职工提供的服务相关的支出。

2. 员工薪酬价值管理的意义

一方面,支付薪酬是企业必不可少的一项成本。不同岗位所需的人力资源各不相同,企业需要设计一套合理的薪酬方案,既能补偿员工正常工作消耗,又能激励员工为企业主动多做事。另一方面,员工领取薪酬是为了再生劳动力资源并投入再生产,同时企业薪酬又是企业对内部的长期投资,需要从投资收益率和投资回收期的角度综合考虑每期投资支出以及总投资额。如果企业通过有竞争力的薪酬安排来吸引优秀的技术、管理人员,企业就占据人才的竞争优势。因此,现代企业薪酬设计要吸引高级人才加盟,共同提高企业利润率和市场份额。

企业支付给职工薪酬实质上隐含对员工的价值贡献度的度量。价值贡献度是对价值创造者各自价值贡献的评价,即经营者、劳动者在企业中的贡献大小。在薪酬设计过程中,如果将价值贡献因素考虑在内,设置对应的价值评价原则和评价要素,通过价值评价原则反映企业的价值导向和发展战略,并制定要素的价值评价标准,规范员工的行为与责任,以及对应薪酬的标尺,企业就可根据不同的角色、价值贡献度来实施不同的价值分配形式,如采用股权、红利、社会荣誉、福利、奖金等。如果一个企业能通过灵活、有效的价值分配方式,发挥薪酬在价值创造中的作用,由此激励各个价值创造者的最大效能,则企业的发展必势不可挡。

三、人力资源的薪酬财务集成核算与管理特点

通常企业的人力资源信息系统由组织规划、职员管理、招聘选拔、培训发展、考勤管理、薪酬设计、薪资管理、社保福利等功能组成。覆盖人力资源管理与人力资源开发的多个领域,体现以职位体系为基础的规范的人力资

源管理方法,灵活的职务体系、组织架构,支持多种薪酬规划和薪酬方案设置的薪酬设计业务,直接获取人力资源基础数据、考勤数据和绩效数据,参与薪酬核算。

薪酬财务核算与管理系统的主要任务是以员工个人的薪资原始数据为基础,计算应发工资、扣款和实发工资等,编制工资结算单,按部门、人员类别进行汇总,进行个人所得税计算,进行工资费用分配与计提,并实现财务的自动转账等。

在信息集成环境下,薪酬核算与管理功能与企业其他的人力资源管理模块、财务总账系统、成本管理模块连接在一起,实现人力资源管理过程的业务、财务数据传输与信息共享。在人力资源管理系统中设置企业组织机构、划分职务体系和职位体系,明确每个职位的工作职责和任职要求,以及职位间的工作关系,薪酬管理就可通过信息共享机制获取员工任职情况以及这些分类关系,进行对应的员工薪资信息处理作业。

在员工薪酬的核算中,薪酬核算与管理包括员工工作的分类管理。按不同类别薪酬进行核算处理,以满足企业按不同标准分工处理和集权控制。薪酬管理从考勤系统获取员工的考勤记录,进行工资核算,用于工资的分次发放或银行代发、个人所得税的申报;与总账联用,完成工资费用分配并及时掌握人工费用在期间费用、在产品、产成品成本中的比重。员工薪酬核算后的财务数据将传递到财务系统进行其后的成本核算、总账的会计核算。

四、人力资源薪酬财务集成核算与管理信息子系统设计目标

为了达到企业人力资源的价值管理要求,薪酬核算与管理信息子系统的设计目标包括:

(1)及时准确地计算每个职工的应付工资,反映和监督企业与职工的工资结算情况。

(2)正确地计算企业工资总额,反映和监督工资总额计划的执行情况,有计划地对工资总额进行控制。

(3)按照工资的用途正确地将工资费用计入产品成本及其他相关账户。

(4)正确计提与工资相关的费用:应付福利费、工会经费、职工教育经费等。

(5)通过薪酬,反映企业价值观,鼓励那些有助于达到企业目标的行为,支持企业在提高质量、关心客户、开展团队工作、促进企业革新、增强市场反应能力和适应性以及反应速度等方面的关键价值的实现。

第二节 人力资源流程的薪酬核算与管理活动

一、工资核算流程

工资是以货币形式支付给员工个人的劳动报酬,它是根据按劳分配、工资制度和职工的劳动数量、质量而计算出来的。企业除支付给职工工资,还要对工资费用进行分配,计入产品生产成本或作为期间费用在当期损益中列支,此外还要根据工资总额的一定比例提取职工福利费、工会经费和职工教育经费等。工资核算正确与否,不仅关系到职工的切身利益,也会影响到企业产品成本和当期损益,所以工资核算是企事业单位经济活动中的一项重要工作。其核算流程如下:

1. 考勤记录

工作记录人员对职工考勤情况作出初始记录,为发放工资提供依据。

2. 签审

劳资部门负责人对编制的工资提前表和工资发放表进行审核和签章。

3. 审查

会计人员对工资提取表和工资发放表的真实性与正确性进行审理检查。

4. 分配

会计人员根据国家提取职工福利费等规定和工资发放表中反映的数据,计算职工福利费等费用的提取数,并填制工资汇总表,同时将有关费用在各个受益部门之间进行分配,填制工资分配表,填制记账凭证并签章。

5. 稽查

稽查人员对记账凭证及所附的原始凭证进行审核并签章。

6. 审定

会计主管人员对记账凭证及所附的原始凭证进行复核,在会计凭证上签章。

7. 记账

会计人员依据记账凭证登记工资账簿。

8. 发放

签发现金支票,向职工发放工资。

9. 核对

按照规定对有关费用明细账与工资总账进行核对。

二、工资核算流程的作业事项

(一)工资计算的原始记录

为了进行工资核算,企业必须建立和健全职工工资档案、考勤制度、工时和产量完成等统计制度。

人工费用核算的原始记录,可以分为工资卡片、出勤考核记录和完成工作量记录三种基本原始记录。出勤考核记录一般通过设置"考勤簿"进行,工作量记录又分为"产量记录"和"工时记录"两种形式。

1. 工资卡片

企业人力资源管理部门在招聘职工后就需要建立职工工资卡。工资卡片主要记录职工的姓名、职位、岗位、级别、工资标准、工龄等原始数据,反映企业职工就职、离职、调动、职务变动、工资级别、工资标准和各种津贴变动的信息,是计算工资费用的重要依据。

2. 考勤记录

考勤记录反映每个职工出勤和缺勤的情况,是计算职工工资的原始记录。在计时工资形式下为了正确地计算职工工资,必须了解每一个职工出勤、缺勤和工作时间的情况。因此采用一定的方法进行考勤,是计算工资费用的一项重要基础工作。

考勤工作可以按车间、部门配备专职考勤人员,也可以在车间、部门内按小组自行推选考勤人员。考勤方法有考勤簿、考勤号牌、考勤卡片、考勤钟等。

3. 工作量记录

工作量记录是记录工人或小组在实际工作时间内生产产品的产量、质量以及耗用工时的原始记录。它是统计产量和工时、监督生产作业计划完成情况、考核劳动生产率、计算计件工资和产品成本的依据。企业不同、生产车间工艺过程或生产组织不同,其记录格式与登记程序有所不同。例如,在加工产品经常变动的生产车间常采用"工作通知单",在成批生产类型企业的车间中采用"工序进程单"和"工作班产量记录"。

工作通知单是以每个工人或生产小组所从事的各项工作为对象开设的记录。当任务完成后,将送检的产品数量和实用工时填在单中,据以计算应得的工资。

工序进程单是以加工产品为对象而开设的产量记录。这种记录的特点是跟随零件的加工过程,顺序登记各工序的实际产量和工时,以及工序间零件的交接数量,是有较强监督和控制作用的原始凭证。

工作班产量记录是按班组设置,反映在工作班内生产产品数量的原始记录。它同"工序进程单"结合起来使用,以满足计算工资和统计产量的需要。

(二)工资的计算方法

企业工资总额是指各单位在一定时期内直接支付给本单位全体职工的全部劳动报酬总额。主要有计时工资、计件工资、奖金、津贴和补贴、加班加点工资、特殊情况下支付的工资。

1. 计时工资的计算

计时工资是根据考勤记录登记的每一职工出勤、缺勤天数,按规定的工资标准进行计算的。

采用计时工资制的企业,职工的计时工资一般采用月薪制,即工资标准是按月计算的;在月薪制下,不论大月小月、休假日与节假日多少,各月的标准工资是相同的,职工只要出全勤,就可以得到固定的月工资标准。

2. 计件工资的计算

在实行计件工资制的企业中,职工的计件工资是根据产量记录中登记的产量(包括合格品产量和不是由于生产工人操作不当等本人过失造成的废品数量,如料废品数量),乘以规定的计件单价(根据单位产品工时定额和规定技术级别工人的小时工资率确定)计算的。由于生产工人本人过失造成的废品(简称工废品),不但不能计算工资,有的还应根据具体情况由生产工人赔偿损失。

3. 应发和实发工资的计算

职工的实发工资 = 应发工资 - 代扣款项

应发金额数据来源:人员基本工资额数据一般来源于人事部门;加班、缺勤等记录一般来源于劳动(或考勤)部门;产品产量、质量统计数据一般来源于生产车间。

代扣款的数据来源:房租、水电费等来源于总务部门;互助金、工会经费来源于工会部门;个人所得税中税率来源于个人所得税税率表。

会计部门每月汇集上述各项数据后,逐一计算出每一职工的应发工资和实发工资额。

(三)工资的分配与核算

1. 工资结算凭证

工资结算的凭证形式通常有"工资结算表"、"工资卡片"等。前者一般按车间、部门编制,具体记载职工姓名、应付工资、代扣款项、实发工资等项目,通常一式两份,一份在发放工资时制成工资条以便交与职工进行核对,一份由职工签章后作为记账的原始依据。后者一般按职工开设,一年一张,每月一行,用于登记应付工资、代扣款项、实发工资等项目,职工领取工资后,收回卡片,以便以后继续使用。

例如,某企业的工资结算表的格式如表 6-1 所示:

表 6-1 工资结算表
年 月

职工代码	职工姓名	基本工资	职务工资	工龄工资	奖励工资	固定津贴	变动津贴	病假扣款	事假扣款	应发工资	房租	水电费	互助金	个人所得税	固定扣款	变动扣款	代扣款合计	实发工资
合计																		

2. 工资费用的分配

工资费用的分配,首先要区分应计入成本的工资费用与不应计入成本的工资费用。例如,企业管理部门人员的工资、长期病假人员的工资、福利部门人员的工资等均不计入成本。其次,区分直接计入产品成本与间接计入产品成本的工资。例如,生产工人的工资应直接计入产品成本,车间管理人员的工资则作为间接费用计入产品成本。最后,区分可以直接确定为某种产品的工资费用与需要用一定方法在几种产品中加以分配的工资费用。

工资费用的分配,就是分清工资费用渠道,以及如何将之计入不同的产品成本中去。在计时工资形式下,基本生产车间生产工人的工资计入生产成本时,如果基本生产车间只生产一种产品,则生产工人的工资可直接计入该产品的生产成本。如果基本生产车间生产多种产品,生产工人的工资则应采用适当的方式加以分配。具体分配的思路在成本核算子系统中略作介绍,此处不再分析。

企业在月末按每一职工的工种部门不同将应付工资额分配计入不同的成本费用中去,而不论工资是否已在当月领取。在分配工资费用时,通常通过"工资费用分配汇总表"来实现。"工资费用分配汇总表"格式如表 6-2 所示:

表 6-2　工资费用汇总表

年　月

借方科目	贷方科目:应付工资				
	金工车间	机工车间	装配车间	管理部门	合　计
生产成本					
制造费用					
管理费用					
应付福利费					
在建工程					
产品销售费用					
合　计					

在工资费用分配汇总表中,对于生产人员工资通常按成本计算对象分项填列。最后,会计部门根据"工资费用分配汇总表"编制分配工资费用的分录:借记生产成本等科目,贷记应付工资科目。

第三节　人力资源薪酬核算与管理信息流程的逻辑结构模型

一、人力资源薪酬核算数据处理的主要内容

在工资数据处理过程中,员工的工资数据可分为固定数据和变动数据。固定数据是指在较长时间内较少变动的数据,如职工的代码、姓名、基本工资等。变动数据是每月都有可能变动的数据,如计件工资、代扣款及一些不固定的津贴。工资数据处理的主要内容如下:

(1)系统初始化时将固定数据输入到工资卡文件,同时根据企业的人力资源管理部门以及其他部门提供的人事变动或津贴调整资料,进行数据的更新。

(2)每月输入当月的考勤记录、奖金及扣款信息。

(3)根据工资计算文件的项目计算员工工资,生成工资结算单。

(4)根据会计制度规范要求,进行工资费用分配,生成会计记账凭证传递到总账核算。

二、人力资源薪酬核算与管理信息流程的逻辑结构模型

薪酬核算与管理信息流程是企业人力资源管理信息处理的一个环节,在集成信息作业环境下,薪酬核算与管理的信息流程不仅要与人力资源管理的其他信息处理流程进行连接,还要与成本核算与管理、总账进行财务数据传递和信息处理。其数据流程图见图6-1。

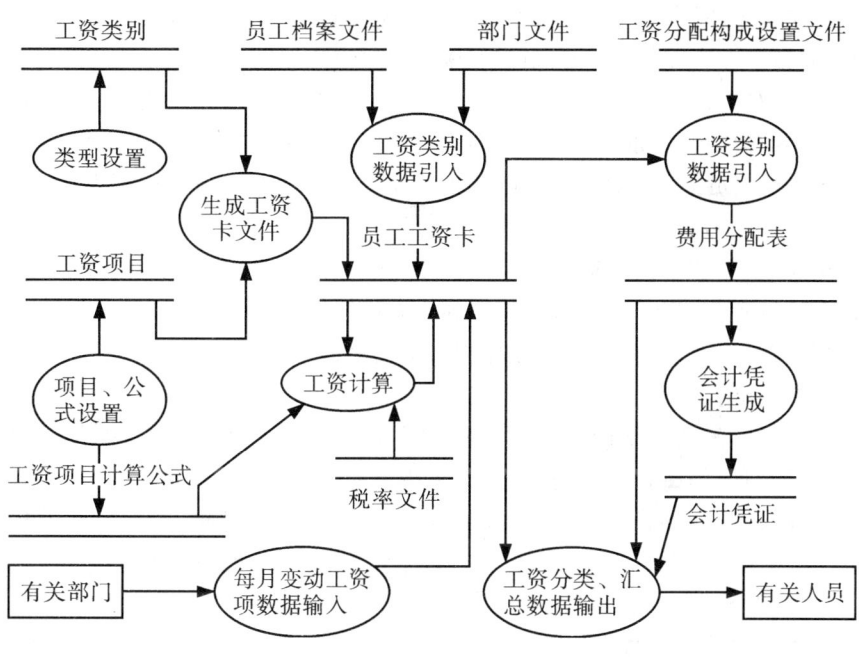

图 6-1

(一)薪酬核算与管理信息流程的基础数据维护、更新活动

1. 工资类别设置

人力资源的薪酬管理系统提供处理多个工资类别的功能。如果核算单位有多种不同类别的人员,工资发放的项目不同,计算公式也不同,或单位按周、每月发放多次工资,需要建立不同的工资类别,按工资类别组织企业员工的工资核算数据,进行工资项目核算。而核算单位的所有人员的工资项目、工资计算公式全部相同时,建立单个工资项目就可以了。

2. 工资项目与计算公式设置

在工资管理系统中,可以根据企业经营与薪酬制度设计的需要,设置每个工资类别的工资项目和计算公式,并根据这些工资项目数据,生成这类工资类

别的员工的工资数据文件。

3. 每类工资类别的员工基础数据引入

从企业已建立的部门、职工档案数据文件中,选择这类工资类型的核算所涉及的员工、所在部门,将其基础数据导入到这类工资类别所生成的员工工资卡文件。

4. 输入员工基本工资核算数据

在工资卡核算中,有一类数据是相对稳定的员工工资基础数据。例如基本工资、职务工资等这一类数据,由于在核算期间,其数据每月变动的频率不高,或基本不变,在初始设置时一次输入,其后日常处理量少。尽管如此,系统仍应提供相应的维护功能。如由于人员的调入、调出及工资政策的变化,要求系统能够灵活地进行人员的增加、删除、修改和工资项目的增加、删除和修改等操作。

5. 税率设置

通常,员工的个人所得税由单位代缴,在所得税的税率文件中设置各个工薪段对应的税率,用于计算员工应缴的个人所得税款。

(二)薪酬核算与管理信息流程的数据处理活动

1. 工资计算

在进行薪酬的初始设置后,人力资源部门以及有关部门收集、考核员工的每月变动数据,如每月考勤记录、工作量等数据,输入对应工资类别的员工工资卡数据文件,薪酬管理系统的工资计算功能依据所设置的工资项目的计算公式、税率文件数据,计算每一职工的应付工资、代扣款项和实发工资。

2. 费用分配与工资汇总

依据工资分配构成设置文件,汇总员工工资卡文件的数据,并按工资的用途对工资费用进行分配,形成工资费用分配文件。

系统提供工资汇总的功能,对工资数据按不同的标准进行汇总,如:按部门汇总、按类别汇总等。汇总后形成工资汇总表。

3. 会计凭证生成

依据工资分配构成设置文件的工资的用途与会计要素的数据关系,对工资卡的员工工资数据按会计要素进行分类汇总,生成会计凭证,存储到会计凭证文件。

(三)薪酬核算与管理信息流程的信息输出活动

薪酬核算系统通过分类汇总提供各种条件的查询、统计、打印等功能,同时为有关部门或人员提供下列信息:工资单、工资明细表、工资汇总表、票面张数一览表、工资分配表、工资分配的记账凭证等。

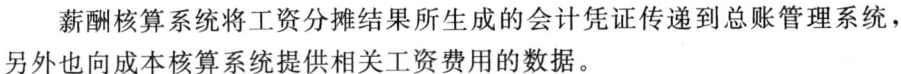

薪酬核算系统将工资分摊结果所生成的会计凭证传递到总账管理系统,另外也向成本核算系统提供相关工资费用的数据。

第四节 人力资源薪酬核算与管理数据结构模型、信息处理与运行模式

一、人力资源薪酬核算与管理的数据结构模型

1. 工资类别

企业如果需要对不同类型的员工进行分类工资核算,就要在工资类别文件中记录企业各类工资类别,并在其后为每一类别建立工资核算方法。其数据结构见表6-3。

表6-3 工资类别文件数据结构

字段名	类型	宽度	小数位	说明
工资类别代码	C	4		
类别名称	C	4		
币种代码	C	7		

2. 工资项目

工资项目文件的记录所要生成的每类工资的工资卡核算项目的数据结构,数据库管理系统会根据该文件描述的数据结构,生成所对应工资类别的工资卡片数据文件,记录每类员工的工资核算数据。其数据结构见表6-4。

表6-4 工资项目文件数据结构

字段名	类型	宽度	小数位	说明
工资类别代码	C	4		
工资项目名称	C	20		
数据类型	C	4		
长度	N	3		
小数	N	2		

3. 工资项目计算公式

在该文件中,记录每类工资卡文件的相关项目的数据计算公式,工资计算

功能模块在计算员工的工资时,就会根据工资类别代码,读取在文件中记录的这类工资项目的计算表达式,按表达式的内容进行运算。其数据结构如表6-5。

表6-5 工资项目计算公式文件数据结构

字段名	类型	宽度	小数位	说明
工资类别代码	C	4		
工资项目	C	20		
项目计算表达式	C	100		

4. 员工工资卡片

员工工资卡文件的数据结构描述员工工资核算的属性,其中基本工资、工龄工资等核算字段是根据工资项目的记录生成的数据文件。见表6-6。

表6-6 员工工资卡片文件数据结构

字段名	类型	宽度	小数位	说明
工资类别代码	C	4		
员工代码	C	4		
部门代码	C	10		
人员类别代码	C	10		
性别	C	2		
学历	C	10		
银行名称	C	40		代发工资银行
银行账号	C	30		员工的银行账号
基本工资	N	10	2	
工龄工资	N	10	2	
职位补贴	N	10	2	
福利补贴	N	10	2	
交通补贴	N	10	2	
奖金	N	10	2	
缺勤天数	N	10	2	
住房公积金	N	10	2	
个人所得税	N	10	2	
应付合计	N	10	2	
扣款合计	N	10	2	
实发合计	N	10	2	

5. 费用分配

每月终了要按工资费用的用途对工资费用进行分配,由该文件生成机制转账凭证,据以计算产品成本和登记账簿。其数据结构见表6-7。

表6-7 费用分配文件数据结构

字段名	类型	宽度	小数位	说明
工资类别代码	C	4		
部门代码	N	3		
人员类别代码	C	4		
借方科目	C	20		
贷方科目	C	20		

6. 税率文件数据结构

此文件给出根据税法规定的工资、薪金个人所得税应纳税所得额、适用税率和适用速算扣除数的对照关系,用于计算个人所得税的依据。其数据结构见表6-8。

表6-8

字段名	类型	宽度	小数位	说明
级别	C	4		
下限	N	10	2	
上限	N	10	2	
税率	N	5	2	
速算扣除数	N	10	2	

二、人力资源薪酬核算与管理子系统的信息处理功能的运行模式

(一)薪酬核算与管理的基础数据维护、更新功能

1. 工资类别设置与使用

人力资源的薪酬管理软件提供不同类别工资的核算功能。如果企业要对不同类别的员工分类核算工资,需要在信息系统中建立工资类别,其输入界面如图6-2,新建的工资类别被记录在工资类别数据文件。

类别编码	类别名称
001	正式人员
002	临时人员工资

图 6-2

在其后工资核算过程中,打开某类工资类别,例如正式人员类别即可进行这类人员工资核算的操作。

2. 建立与维护工资核算项目

建立工资核算项目是通过人机对话方式构建企业某类工资类别所对应的工资卡文件的核算项目的数据结构,由计算机生成工资卡数据文件的过程。当企业有不同工资类别核算时,需要对不同工资类别建立对应的工资项目,由此生成不同类别的工资卡文件,存储不同类别的工资数据。当选择某类工资类别后,通过运行工资项目功能的增加命令按钮,就可以为这类工资建立工资项目,输入界面如图 6-3,当输入结束后,这些数据存储在工资项目文件。最后由数据库管理系统依据这些工资项目数据结构,生成工资卡文件。

工资项目

工资项目名称	类型	长度	小数
基本工资	数字	8	2
职务补贴	数字	8	2
福利补贴	数字	8	2
交通补贴	数字	8	2
奖金	数字	8	2
缺勤扣款	数字	8	2
住房公积金	数字	8	2
缺勤天数	数字	8	2

增加　　删除

图 6-3

3. 工资项目的计算公式

在建立工资项目后,就可以对其中的一些项目设置计算公式,如请假扣款、养老保险金、住房公积金、应收合计、扣款合计、实发合计等。这些计算公式输入后将记录在该类别的工资计算公式文件中,用于每月的工资计算。公式设置的界面如图 6-4。

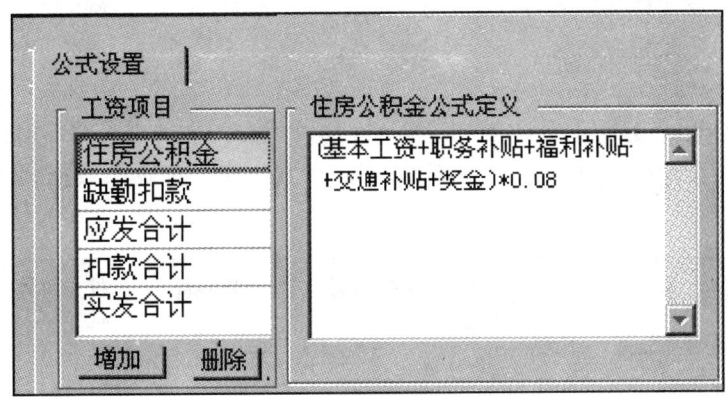

图 6-4

(二)薪酬核算与管理的信息处理功能

1. 工资计算

在每类工资类别的工资卡文件建立后,从人力资源管理信息系统已建立的员工档案文件中选择或直接输入员工编号、姓名、部门、人员类别的基本信息,以及基本不大变动的工资核算数据,如基本工资、职位工资等。每月从人力资源部门以及相关部门获取有关考勤等变动数据,在变动数据输入结束后,运行工资计算模块,从工资计算公式文件中逐一读取对应工资项目的计算公式、税率文件的计算公式,进行员工的工资核算。

(1)计算个人工资的方法。

应发工资=基本工资+固定津贴+变动津贴−病假扣款−事假扣款
实发工资=应发工资−固定扣款−变动扣款−个人所得税

(2)计算病、事假扣款的方法。

事假扣款=事假天数×日工资
病假扣款=病假天数×日工资×扣款率

(3)计算代扣个人所得税的方法。

按照个人所得税法规定,工资、薪金所得应纳税额的计算公式为:

应纳税额=应纳税所得额×适用税率−速算扣除数

2. 工资费用分配、计提与会计凭证生成

工资分配功能将企业每月全部工资费用按工资费用的用途进行分配。月末根据工资计算文件进行工资分配，形成工资费用分配文件，同时产生工资分配业务的转账凭证。

具体设计如下：

初始化时，根据会计制度规定输入工资费用分配文件中表明部门代码、工资类别与会计科目、代码对应关系的数据，生成工资分配业务数据。如图6-5所示。

部门名称	人员类别	分配金额	借方科目	贷方科目
总经理办公室	经理人员	4300.00	550201	2151
财务部	管理人员	9228.00	550201	2151
销售一部	经营人员	2345.00	5501	2151
销售二部	经营人员	2346.00	5501	2151
销售三部	经营人员	2345.00	5501	2151
产品研发	开发人员	2100.00	410501	2151

图6-5

工资分配数据由工资计算文件产生，按车间、科室和工资类别进行应付工资汇总。还要按照财务制度规定的工资总额比例计提职工福利费和工会经费。计提职工福利费、工会经费和职工教育经费的方法如下：财务制度规定，职工福利费按企业职工工资总额的14％提取，工会经费按职工工资总额的2％提取，职工教育经费按职工工资总额的1.5％提取。

编制工资分配业务转账凭证。月终，将本月应发的工资进行分配，并提取职工福利费和工会经费。对此，要建立本系统的凭证文件，以存放工资分配业务转账数据，其结构与账务处理子系统中记账凭证文件的结构相同。工资分配业务生成转账凭证。

(三)薪酬核算与管理的信息输出功能

在薪酬信息查询与输出报表中，系统可提供工资条、工资发放表、工资汇总表、工资统计表、工资费用分配表、人员工资结构分析表、银行代发工资文件等报表。

第7章 固定资产的财务集成核算与管理信息子系统

第一节 固定资产财务集成核算与管理概述

一、固定资产在企业价值创造中的作用

固定资产是企业为生产商品、提供劳务或经营管理而持有的、使用寿命超过一个会计年度的有形资产。包括房屋、建筑物、机器设备及运输工具等。固定资产作为企业的一项长期投资,其投资结构、使用状况及管理水平是影响企业竞争力的重要因素。特别是对资本密集型的企业而言,在企业资产总额中占有很大比重,管好、用好固定资产对企业的生存和发展更具有战略意义。

固定资产作为企业资产的重要组成部分,使用期限较长,单位价值较高,在使用过程中保持原有的实物形态,具有潜在的服务能力。这种服务潜力会随着固定资产的不断使用给企业带来长期的经济利益。因此,固定资产是企业价值创造的动力源,价值增长的"催化剂"。

企业对固定资产投资后,这些资源在一定程度上决定了企业可生产的产品品种类型、产品的加工质量水平,以及价值创造作业的流程。作为企业重要的资产,固定资产具有盈利性较强的特点,它是企业生产经营的主要生产要素,是企业创造财富不可缺少的手段,是企业培育核心竞争力和竞争优势的重要保障。当它与其他资源有机结合在一起,处于相互协同状态时,能提高企业生产效率,创造较高的价值。但是,固定资产的流动性差,对企业的长期经济效益有重大影响。如果企业对目标市场预测、在资产投资战略上出现失误,在

固定资产投资管理上出现问题,就会严重影响企业的财务状况和现金流,会给企业带来经营风险和财务风险。

二、固定资产的价值管理的意义

固定资产作为企业重要的战略资源影响企业的价值创造,其价值管理的意义主要体现:

1. 注重企业价值增长战略与固定资产管理的关系

企业固定资产投资与管理要与企业战略相匹配才能使企业所拥有的资源持续为企业创造价值。企业战略制定、战略选择与决策决定企业未来发展以及核心竞争力的培育。企业需要在对目标市场的预测分析的基础上,制定具有竞争优势的战略规划,并在此基础上进行固定资产的投资与管理。企业的固定资产的投资与管理不能只重视短期经济利益,忽略长期经营目标,甚至与企业未来的发展战略与规划相冲突。在价值管理下,企业战略是以能否为利益相关者创造价值作为前提的,所有投资都要考虑是否符合企业持续价值增长的目标,使企业的固定资产配置能与企业战略相匹配。

2. 注重固定资产价值计量

固定资产的价值管理需要进行正确的价值核算,客观计量企业在各个时期的价值创造。加强固定资产价值财务核算,可以避免企业为了增加盈利或减少亏损,而混淆资本性支出与收益性支出的界限,对固定资产不足额或超额提取折旧,造成资产的实际损耗与计提的固定资产折旧相互背离的现象,使企业的固定资产价值真实可靠。完善企业固定资产的管理制度和财产管理方法,财务部门与固定资产管理部门相互协作,建立和完善固定资产的增减变动、内部转移和维护修理等管理制度,并监督有关部门认真执行。结合固定资产利用效率分析,促使各部门利用效率的提高。

3. 应用信息技术,提升固定资产业务与财务价值管理水平

通常,企业固定资产规模大、种类繁多,且分散在各使用部门,各项管理工作仅靠传统的手工统计,已无法适应工作要求,这势必会影响到固定资产的管理效率。因此,企业加强固定资产的信息化建设,对固定资产进行全面的跟踪,使固定资产的相关信息在企业内部各部门间实现共享,这样固定资产管理部门就可以及时、准确地了解各项固定资产的使用和变动情况,并采取相应措施,提高管理效率。

三、固定资产财务集成核算与管理特点

固定资产管理是价值管理与实物管理的有机结合。其中价值管理主要指

固定资产的价值核算,而实物管理则主要指归口管理与现场管理,价值管理以实物管理为基础。在信息化环境下,固定资产的财务信息集成特点主要体现为:

1. 业务信息与财务信息集成

通过信息技术,从购入资产开始,统一资产编号、统一台账、统一资产卡片。既从设备使用、保管、维护的角度管理固定资产,又从财务的角度管理固定资产,使业务部门与财务部门管理的口径一致。

2. 通过信息集成优化固定资产业务管理流程

业务流程包括购入或建成的固定资产增加、资产置换、资产简化。固定资产的核算和管理,实现及时、灵活、全面的固定资产信息查询,以及实现网上的审核、签章。并与成本、总账、生产系统建立相关数据之间的链接与双向传输,提升财务分析与管理功能。

四、固定资产财务集成核算与管理信息子系统设计目标

加强固定资产核算与管理是改善企业经营管理的一个重要方面。企业一般都会非常重视固定资产的安全,保证固定资产不受侵占。重视固定资产的完整性,要在资产保全的基础上计算经营收益。重视固定资产的投资效果,定量考核固定资产投资利润率。因此,固定资产核算与管理的目标包括:

(1)预测固定资产需要量,避免盲目投资造成资金浪费。

(2)保证固定资产取得的合理性。

(3)正确计量、记录固定资产取得、折旧、清理等经济事项。

(4)对固定资产使用过程进行管理,保证固定资产安全、完整。及时提供未使用、不需用的固定资产的信息,以便进行处理。

(5)折旧、摊销方法和处置措施的合理性。

(6)尽量提高固定资产使用效率,减低产品成本,节约资金。

第二节 固定资产财务集成核算与管理活动

一、固定资产分类

固定资产是企业长期使用的财产,是企业生产能力的重要标志。为了使固定资产管理规范化,企业要参照国家的有关规定,并结合企业的具体情况,制定固定资产分类标准,实行固定资产分类管理。

1. 按经济用途分类

按经济用途分类，固定资产可分为经营用固定资产和非生产经营用固定资产。经营用固定资产是指参加生产经营过程或直接服务于生产经营过程的固定资产，如用于企业生产经营的房屋、建筑物、机器设备、运输设备、设施和器具等。非经营用的固定资产是指不直接服务于生产经营过程的各种固定资产，如公共福利设施、文化娱乐、卫生保健等方面的房屋、建筑物、设备和器具等。

2. 按使用情况分类

按固定资产的使用情况可分为使用中的固定资产、未使用固定资产和不需用的固定资产。

3. 按固定资产的所有权分类

按固定资产的所有权分，可分为自有固定资产和租入的固定资产。自有固定资产是企业通过各种渠道取得，拥有法定所有权。租入的固定资产包括经营性租入和融资租入两种方式，企业只拥有使用权而不拥有所有权。

4. 按固定资产的经济用途和使用情况综合分类

(1) 生产经营用固定资产。

(2) 非生产经营用固定资产。

(3) 租出固定资产。

(4) 未使用固定资产。

(5) 不需用固定资产。

(6) 融资租入固定资产。

(7) 土地。

5. 按自然属性分类

(1) 房屋及建筑物。

(2) 机器设备。

(3) 电子设备。

(4) 运输工具。

(5) 其他设备。

固定资产的分类属性反映企业固定资产的综合状况。通过固定资产分类汇总，可以清楚地反映企业所拥有的各类固定资产构成的分布情况、使用价值和使用效率，以便于合理配置固定资产，实施分类管理。

二、固定资产计价

企业固定资产取得、变更、处置以及固定资产使用过程的折旧计算都涉及对这些活动的对象核算。对固定资产既要按实物数量进行计算和反映，又要按货币计量单位进行计算与反映。为了正确反映和监督企业固定资产资金占用,需要确定固定资产的价值、计提固定资产折旧,这些都会影响企业生产成本、期间费用,直接关系到经营利润的计算。采用不同的计价标准所计算的结果将从不同侧面反映固定资产的价值。由于计价目的的不同,采用的计价方法也不同,一般可以采用三种计价方法:

1. 原始价值

指企业建造或购买固定资产所发生的全部货币支出。这是一种最基本的计价形式。例如购入固定资产,按照双方协议或合理估价加上支付的运输、安装、调试等全部费用。自行建造的固定资产,以建造过程中实际发生的全部支出作为原始价值。融资租入的固定资产,以租赁协议确定的设备价款、发生的运输费、途中保险费、安装调试费等支出为原价。在原有固定资产的基础上进行改建、扩建的,按原固定资产的价值,加上由于改建、扩建发生的支出。原始价值具有客观性、可验证性和可操作性等特点。这是因为原始价值是实际发生的、具有支付凭证的市场买卖双方认可的价格。正是由于这种计价方法具有客观性和可验证性,它成为固定资产的基本计价标准。

2. 重置价值

固定资产重置价值也称为现时重置成本,是指按现行价格重新购建同样的固定资产所需的全部支出。重置价值反映固定资产的现时价值,一般可用于对盘盈固定资产和接受捐赠固定资产的计价。

3. 净值

固定资产净值也称为折余价值,是指固定资产原始价值减去累计折旧后的余额,反映企业实际投资在固定资产上的资金数额和固定资产的新旧程度。主要用于计算盘盈、盘亏、毁损固定资产的溢余或损失。

三、固定资产核算业务活动

(一)固定资产增、减、变更核算业务

固定资产核算包括反映固定资产存量方面的固定资产的增减核算、固定资产用途变更核算、固定资产清理核算和固定资产清查;反映固定资产价值保全方面的固定资产折旧计算和固定资产折旧费用分配;反映固定资产生产能力维护方面的固定资产大修理核算等内容。

1. 固定资产取得与处置核算

企业取得固定资产方式包括购入、自制自建、投资者投入、融资租入、改建、扩建、接受捐赠、盘盈。不同的获取渠道所核算的会计科目有所不同。企业在取得固定资产时,会计部门与管理部门协作,填制和审核有关凭证,作为固定资产核算的依据,并按照固定资产的经济用途或其他分类标准进行分类编号,确定其价值,记入"固定资产登记卡"。会计部门应每月与管理部门核对"固定资产登记卡"的记载事项,如有缺漏事项应立即通知补正。

固定资产处置核算包括:固定资产出售、报废、毁损、盘亏以及对外投资转出固定资产等。通过"固定资产清理"科目核算,会计核算流程可分为:(1)固定资产转入清理;(2)发生的清理费用;(3)出售收入和残料的处理;(4)保险赔偿的处理;(5)清理净损益的处理。

当企业新增固定资产时,根据相关凭证入账,增加固定资产的资金占用,并填制固定资产卡片,并将其纳入固定资产管理范围。当固定资产减少的时候,根据固定资产减少凭证将固定资产转入固定资产清理账户,进行固定资产清理核算。

2. 固定资产变更核算

固定资产变更是指改变固定资产的使用部门或改变固定资产的经济用途。企业在发生固定资产变更时,需及时修改固定资产卡片文件的数据,以便正确反映固定资产管理责任,按照配比原则承担固定资产折旧费用,满足对固定资产分类管理的需要。

3. 固定资产修理的核算

企业的固定资产由于使用、自然消耗、意外事故等原因,会发生不同程度的损耗,为恢复固定资产使用效能,需进行检修保养。对于固定资产日常的修理,费用支出少,修理频繁,一般将实际发生的修理费用直接计入当月的费用中。固定资产的大修理,修理范围大,费用支出多,为均衡成本、费用的负担,采用待摊或预提的方法核算。

固定资产的改扩建,所发生的工程支出先在"在建工程"账户内归集,在固定资产达到预定的使用状态时,再将扩建前的固定资产原值与改扩建工程中的净支出之和作为改扩建后的固定资产原值入账。

4. 固定资产清查核算

固定资产清查主要是核查固定资产是否账实相符,对盘盈、盘亏的固定资产要查明原因,并通过"待处理财产损溢——待处理固定资产损溢"账户进行账务处理。

(二)固定资产折旧核算

1. 固定资产折旧计算方法

固定资产在使用过程中,其价值由于固定资产损耗而逐步转移到产成品或期间经营费用中去,在资产保全的观点下,需要正确计算固定资产的这部分转移价值,将其提留起来弥补固定资产的损耗,以保证固定资产再生产资金的需要。

根据现行会计制度规定,固定资产折旧费用计算的方法有直线折旧法和加速折旧法两种。直线折旧法主要有平均年限法和工作量法两种。加速折旧法主要有年数总和法和双倍余额递减法两种。

(1)平均年限法

平均年限法又称直线法,是根据固定资产的使用年限,在固定资产有效使用年限内,每月等额提取一部分固定资产折旧费用。其计算公式如下:

$$年折旧率 = \frac{1-预计净残值率}{规定的折旧年限} \times 100\%$$

$$月折旧率 = \frac{年折旧率}{12}$$

$$月折旧额 = 固定资产原值 \times 月折旧率$$

(2)工作量法

工作量法是根据固定资产的实际工作量提取固定资产折旧费用的一种方法。工作量可以是大型机器的工作小时、运输工具的行驶里程、矿产资源的生产量等,其计算公式如下:

$$单位工作量折旧额 = \frac{固定资产原值 \times (1-预计净残值率)}{预计的总工作量}$$

$$月折旧额 = 该项固定资产原值 \times 单位工作量折旧额$$

(3)双倍余额递减法

双倍余额递减法是在不考虑固定资产残值的情况下,根据每期期初固定资产账面余额和双倍于直线法折旧率计算固定资产折旧率,但要在折旧期间的最后两年改用直线法。其计算公式如下:

$$年折旧率 = \frac{2}{折旧年限} \times 100\%$$

$$月折旧率 = \frac{年折旧率}{12}$$

$$月折旧额 = 固定资产账面净值 \times 月折旧率$$

(4)年数总和法

年数总和法是以改变折旧率来加速折旧的一种折旧方法,其计算公式如下:

$$年折旧率 = \frac{折旧年限 - 已使用年限}{折旧年限 \times \frac{折旧年限 + 1}{2}}$$

$$月折旧率 = \frac{年折旧率}{12}$$

月折旧额＝(固定资产原值－预计净残值)×月折旧率

2. 固定资产折旧核算处理流程

企业拥有的固定资产并不需要都提取折旧,借鉴国际通行的做法,并遵循我国具体情况,房屋和建筑物,在用的机器设备,仪器仪表,工具器具,季节性停用、大修理停用的固定资产,融资租入的和以经营租赁方式租出的固定资产需要提取折旧。已提足折旧仍继续使用的、未提足折旧提前报废的、不需用固定资产、以经营租赁方式租入的固定资产不需要提取折旧。

企业应根据固定资产的性质和消耗方式,合理确认固定资产的预计使用年限和预计净残值,选择合适的折旧方式计算折旧费用。正确计算出固定资产折旧额后,要按照固定资产使用的受益原则进行费用分配,分别记入相应的成本费用账户。

生产性车间等部门使用的固定资产折旧费用应借记制造费用账户,贷记累计折旧,作为产成品的间接费用。

企业管理部门、销售部门、其他业务部门使用的固定资产的折旧费用应借记管理费用、销售费用、其他业务支出,贷记累计折旧,作为经营期间费用处理。

四、固定资产管理活动

1. 固定资产投资的预测分析

随着企业生产经营的不断发展,企业所需的固定资产的数量、结构、效能随之发生变化。正确预测固定资产的需求量是搞好固定资产管理的一项基础工作,也是固定资产管理的首要环节。企业应根据生产经营的任务、生产规模、生产能力等因素,采用科学的方法预测各类固定资产的需求量,并在此基础上进行固定资产的投资预测分析,认真研究投资项目的必要性,分析技术上的可行性,对各种方案进行的经济效益进行预测,选择投资效益高的方案。并对固定资产的投资支出、投资来源和投资效果做出合理安排。

2. 固定资产管理与内部控制

固定资产的管理与控制就是企业按照固定资产管理的要求,对固定资产的形成、使用、损耗、补偿以及利用效果所进行的日常管理、监督和调节工作。会计部门协同企业管理部门建立固定资产管理制度与内部控制制度。固定资产业务循环的控制点包括:(1)请购核准;(2)订购;(3)固定资产验收;(4)收到供应商发票并核准;(5)现金支付;(6)记录固定资产等。在固定资产核算与管理业务活动中,应建立明确的职务分离与相应责任控制制度,要求固定资产在采购、调出、修理、报废等业务环节上,业务执行人员与负责审批、保管、付款、收款、记账人员相分离,有明确的固定资产取得、使用、维护、出售管理程序和凭证流转程序,对固定资产进行归口管理,以保障及时取得相关原始凭证,确保固定资产核算的真实性。

企业财务管理部门是管理资金部门,对固定资产主要是从价值角度进行管理。在固定资产控制中,重点应做好以下几项工作:(1)参与固定资产投资的使用、项目建设和验收的预测与决策。(2)对新增的固定资产参与验收。(3)对调出的固定资产参与办理移交。(4)对报废固定资产参与鉴定清理。(5)清查固定资产。

3. 应用信息技术,提高固定资产的利用率

为加强企业对固定资产的管理,固定资产核算与管理子系统还应在会计核算的基础上,为企业各类管理人员提供有关固定资产价值状况、使用情况等会计信息。例如提供"固定资产统计表"、"企业各部门、各类固定资产占用情况表"、"价值结构分析表"、"使用情况分析表"等,挖掘固定资产使用潜力,及时处理多余固定资产,为企业合理配置资源,资产投资决策提供信息支持。

企业通过有效的信息输出,辅助固定资产的管理工作,最大限度发挥固定资产的效能,提高固定资产的利用效果。

第三节 固定资产集成核算与管理信息流程的逻辑结构模型

一、固定资产的财务集成信息需求分析

1. 业务层面的信息需求分析

在企业的日常业务中,固定资产财务集成核算与管理子系统是以固定资产卡片数据管理为基础,帮助企业实现对固定资产的全面管理,包括固定资产的新增、清理、变动,按会计准则的要求进行价值核算、计提折旧和分配,并向企业设备管理子系统、企业成本管理子系统、总账传递信息。固定资产管理子

系统业务层面的信息需求分析如下:

(1)结合企业实际情况,灵活定义固定资产实体的各种属性(自然属性与价值属性),形成固定资产卡片文件。科学分类固定资产类别,使输入企业的固定资产资料能准确记录固定资产增、减、变更业务数据。

(2)按内部控制要求,由有关人员审核固定资产的增、减、变动原始凭证的合法性和完整性,并对这些事件编制会计凭证,传输到账务系统进行总分类核算。

(3)在信息系统中定义固定资产折旧的计算方法,计算固定资产折旧费用,输出折旧费用分配表和折旧的会计凭证。

(4)实现与相关系统的数据传输。在完成固定资产核算后,系统能自动生成转账凭证,转到总账系统。通过系统的数据接口,成本子系统也能自动获取由固定资产子系统归集的费用。

2. 管理层面的信息需求分析

(1)能灵活按信息使用者要求,生成符合管理需求的有关固定资产的内部报表。

(2)部门或责任中心占用固定资产的价值情况。

输出各部门或责任中心占用的固定资产的价值,作为计算部门或责任中心的投资报酬率、资产周转率的资料,以判定各部门或责任中心对固定资产的使用效率。

(3)部门或责任中心负担使用的固定资产成本。

输出各部门或责任中心应负担使用固定资产的成本,说明成本负担情况,增加其责任感,进而加强固定资产管理控制。

(4)呆滞资产报告。

固定资产发生闲置和呆滞的原因是多方面的。如投资计划变更、资产购入后弃之不用、技术进步使旧设备效率差而淘汰、经济环境变化使产品无销路、旧设备被迫放弃等,主管人员需要查明哪些资产处于闲置状况,造成损失情况,如何进行处置。

二、固定资产财务集成信息流程的逻辑结构模型

根据固定资产核算与管理业务的目标要求,固定资产子系统的数据处理逻辑模型应具有管理固定资产卡片的功能,能根据固定资产增减变动凭证增减和变更固定资产卡片;应具有固定资产折旧计算和折旧费用转账的功能,能根据固定资产的原始价值、净残值、使用年限和固定资产折旧计算

方法等参数计算出固定资产的折旧金额,并能将折旧费用分配入各有关账户并进行自动转账。能满足信息系统用户的有关固定资产信息的各类信息的查询需要。

固定资产数据流程图如图 7-1 所示。

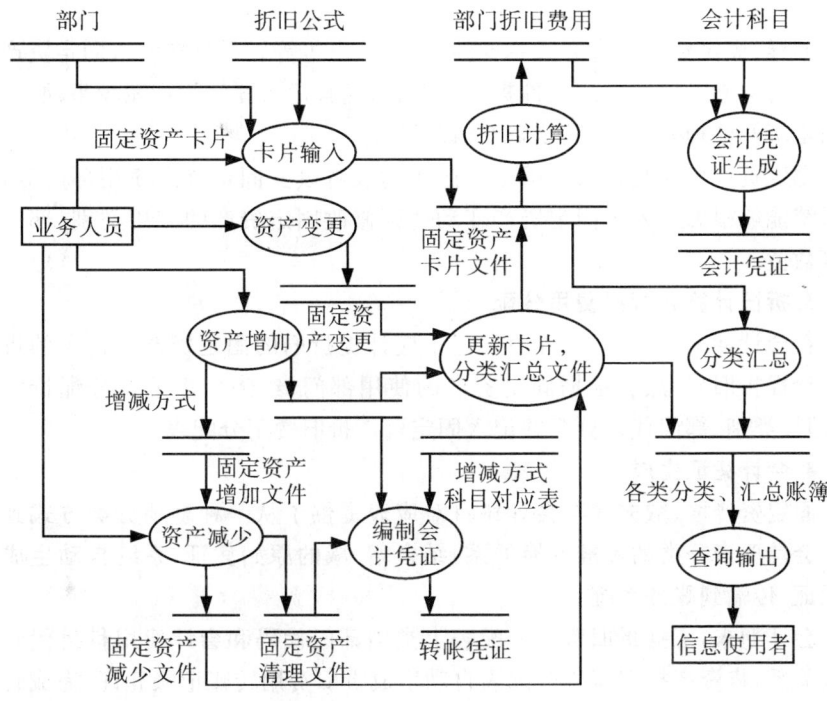

图 7-1

1. 固定资产卡片管理

固定资产管理首先要保证固定资产实物安全,满足对固定资产实物管理的需要。在手工会计管理中对每件固定资产实物进行编号,并对应登记一张固定资产卡片,卡片一直保存至固定资产报废后五年。

固定资产子系统记录企业所有的固定资产的详细资料,一张卡片转换成计算机数据库的一条记录。在记录固定资产卡片资料之前,首先定义企业使用固定资产的部门、折旧方式和它的计算公式。这样在输入固定资产卡片后,就能对照所选择的折旧方式自动计算出今后应计提的折旧额和统计的累计折旧值。此外,系统灵活地提供对固定资产卡片数据的增加、减少、修改、汇总统计、查询、输出等管理功能。

2. 固定资产增减变动核算

企业获取固定资产有多种途径,在输入固定资产增加凭证时,参考增减方式文件记录的增减类型资料,记录以何种方式获取的固定资产,并能根据固定资产增加凭证及时更新固定资产卡片文件数据,改变固定资产数量与价值存量。

同样,固定资产减少方式主要涉及报废、出售等。系统在输入固定资产减少凭证时应参考增减方式文件提供的资料,完整记录固定资产减少事项,并填入固定资产清理表,进入固定资产清理阶段。

固定资产变动是指改变固定资产用途或者改变固定资产使用部门等,要求系统能够根据输入的固定资产变动凭证修改固定资产的使用类别、部门代码等数值。

3. 折旧计算和折旧费用分配

在会计期末,对卡片文件中所记录应计提折旧的固定资产按设定的折旧方法计提折旧费,然后根据固定资产的使用部门、经济用途汇总分配折旧金额,即按类别、部门代码分配并记入固定资产折旧费用分配表。

4. 会计凭证生成

固定资产增、减方式与会计科目对应表提供了从一种事项分类方式到另一种会计要素分类的标准变换关系,结合增、减的原始凭证,系统自动生成会计凭证,传输到账务系统。

会计期末,依据折旧费用分配表上类别部门代码和会计费用科目代码的对应关系,将资产折旧费用分配表自动生成折旧费用转账记账凭证,完成转账操作。

5. 固定资产管理功能

提供固定资产管理功能,例如对经营性租赁的固定资产进行统一管理。对经营租入的固定资产按件进行登记,保管固定资产的实物安全。对经营性租出的固定资产也按件登记,并每月计算固定资产的折旧费用和维修费用,作为固定资产租金收入的成本。通过按件登记固定资产的经济用途、使用部门等资料,辅助管理人员进行有关固定资产方面的决策。

6. 提供固定资产决策支持

在提供固定资产管理数据的基础上,构建固定资产管理模型,对固定资产年使用成本进行跟踪记录,计算固定资产经济使用年限、辅助固定资产更新决策等。

第四节 固定资产集成核算与管理数据结构模型、信息处理与运行模式

一、固定资产财务集成核算与管理的数据结构模型

(一)基础数据层面的固定资产核算与管理的实体数据结构模型

1. 固定资产数据文件结构

企业固定资产实体的数据结构描述包括固定资产分类、使用状况、折旧方式以及固定资产的自然属性、经济属性、使用单位等方面。企业可以根据实际核算与管理的信息需求,定义固定资产实体的数据属性,由固定资产核算与管理信息子系统生成固定资产卡片文件。

(1)固定资产卡片文件的数据结构,见表7-1。

表 7-1

字段名	类型	宽度	小数位	字段名说明
卡片编号	字符型	10		卡片编号
固资编码	字符型	10		固定资产代码
名称	字符型	20		固定资产名称
固资类别	字符型	8		固定资产分类代码
规格型号	字符型	20		
建造单位	字符型	20		
增减变代码	字符型	2		增加、减少、变更方式
购建日期	日期型	8		
启用日期	日期型	8		
部门代码	字符型	4		使用部门代码
存放地点	字符型	20		
预计年限	数值型	2	3	预计使用年限
总工作量	数值型	11	3	预计总工作量
月折旧量	数值型	11	3	本月折旧工作量

续表

字段名说明	类型	宽度	小数位	字段名说明
原始价值	数值型	11	2	原始价值
预计清理费用	数值型	11	2	预计清理费用
预计残值率	数值型	11	2	预计残值率
折旧代码	字符型	1		折旧方式代码
累计折旧	数值型	11	2	累计折旧
本月折旧	数值型	11	2	本月折旧
修理费用	数值型	10	2	大修理费用预提率(‰)
固资值变动	数值型	11	2	固定资产价值变动
使用状态	字符型	2		使用状态代码
录入人	字符型	8		录入人
卡片审核人	字符型	8		卡片审核人

(2)固定资产类别文件数据结构见表7-2。

表7-2 固定资产类别文件数据结构

字段名	类型	宽度	小数位	字段名说明
固资类别	字符型	8		与固定资产卡片的固资类别关联
名称	字符型	30		固定资产类别名称

(3)固定资产使用状态文件数据结构见表7-3。

表7-3 固定资产使用状况文件数据结构

字段名	类型	宽度	小数位	字段名说明
使用状态	字符型	2		使用状态代码与固定资产卡片关联
说明	字符型	16		使用状态说明

2.固定资产折旧算法

固定资产折旧算法记录在折旧方式计算公式文件,它与固定资产卡片文件中折旧代码建立数据关联,对记录的固定资产进行折旧核算。相应的数据结构如表7-4所示。

表7-4 折旧方式计算公式文件数据结构

字段名	类型	宽度	小数位	字段名说明
折旧代码	字符型	2		折旧方式代码
折旧算法	字符型	60		月折旧率计算公式

3. 固定资产使用部门的数据结构

在集成的企业信息系统中,企业各部门编码以及对部门数据属性的描述数据是通过基础数据层来定义,这样信息系统功能模块都可访问到这些共享的数据。数据结构见表7-5。

表7-5 固定资产使用部门代码表文件

字段名	类型	宽度	小数位	字段名说明
部门代码	字符型	2		
部门名称	字符型	16		

4. 记录固定资产业务与会计核算事件的数据结构

有关固定资产的会计事件包括固定资产增、减、变更以及折旧计提,固定资产核算系统不仅记录这些事项,并且能依据不同业务性质所导致的有关会计要素价值变化情况,自动或半自动生成会计凭证。

(1)固定资产增加、减少数据文件,见表7-6。

表7-6

字段名	类型	宽度	小数位	字段名说明
增减代码	字符型	2		增、减、变更代码
说明	字符型	16		增、减方式说明

(2)固定资产增加、减少方式与会计科目对应关系,数据结构见表7-7。

表7-7

字段名	类型	宽度	小数位	字段名说明
增减代码	字符型	2		增、减、变更代码
借方科目	字符型	16		对应入账的借方会计科目代码
贷方科目	字符型	16		对应入账的贷方会计科目代码

例如在增减文件中记录企业固定资产各类增减方式说明,见表7-8。

表 7-8

增减代码	说明
1	购入
2	自行建造
3	投资者投入

在固定资产增加、减少方式与会计科目对应关系文件中记录这些事项与会计要素——对应关系,描述了从业务事项分类到会计要素分类的变换标准。

数据记录格式如表7-9,当这些业务发生时,对其进行核算后,就可以依据事先在表中记录的变换标准,自动生成会计记账凭证。见表7-9。

表 7-9

增减代码	借方科目	贷方科目
1	1501	1002
2	1501	1603
3	1501	3101

(二)固定资产财务集成核算与管理活动的数据结构

1. 固定资产增加事项的数据结构文件

表 7-10　固定资产增加事项文件数据结构

字段名	类型	宽度	小数位	字段名说明
增加凭证号	字符型	10		固定资产增加事项的标识码
固资代码	字符型	10		固定资产代码
日期	日期型	8		固定资产增加日期
增加方式	字符型	2		增加方式代码
会计凭证号	字符型	5		生成的会计记账凭证号码
操作员	字符型	8		录入人

每次所增加的固定资产具体数值同时输入到固定资产卡片文件中,它们之间的数据关系通过这两个文件中相同的固定资产代码值来建立了关联。

2. 记录固定资产减少事项的数据结构文件

表 7-11　固定资产减少事项文件数据结构

字段名	类型	宽度	小数位	字段名说明
减少凭证号	字符型	10		固定资产减少事项的标识码
固资代码	字符型	10		固定资产代码与固定资产卡片文件关联
日期	日期型	8		固定资产减少日期
减少方式	字符型	2		减少方式代码
会计凭证号	字符型	5		生成的会计记账凭证号码
减少原因说明	字符型	10	2	
清理费用	数值型	10	2	
清理收入	数值型	10	2	
操作员	字符型	8		录入人

3. 固定资产价值变更事项的数据文件结构

每次固定资产价值变更事项记录在价值变更事项文件中，并通过固定资产代码与固定资产卡片文件的数据关联，进行对应数据项数据变更。

表 7-12　固定资产价值变更事项文件数据结构

字段名	类型	宽度	小数位	字段名说明
变更凭证号	字符型	10		固定资产变更事项的标识码
固资代码	字符型	10		固定资产代码与固定资产卡片文件关联
日期	日期型	8		固定资产减少日期
变更方式	字符型	20		
会计凭证号	字符型	5		生成的会计记账凭证号码
变更原因说明	字符型	10	2	
增减价值	数值型	10	2	固定资产增加或减少的价值
操作员	字符型	8		录入人

4. 固定资产在不同使用部门之间转移事项

固定资产在企业不同部门使用时，该数据文件记录固定资产转移轨迹，并同时修改固定资产卡片文件的对应固定资产的使用部门为当前的使用部门。

表 7-13 部门之间转移事项文件的数据结构

字段名	类型	宽度	小数位	字段名说明
调动单号	字符型	8		固定资产调动通知单号
固资代码	字符型	10		固定资产代码
日期	日期型	8		固定资产调动日期
部门代码1	字符型	2		当前固定资产使用部门代码
部门代码2	字符型	1		原先固定资产使用部门代码
地址1	字符型	10		当前固定资产工作地点
地址2	字符型	10		原先固定资产工作地点

5. 固定资产折旧核算事项

固定资产在使用过程中其消耗的价值由使用者或使用对象承担。由于使用者作业性质不同,形成不同类型的成本费用。因此,固定资产折旧费用按使用者或使用对象进行归集后,还需将其转换为不同的成本、费用。

首先建立使用部门与成本、费用会计科目的对应关系数据文件结构,如下表 7-14 所示。

表 7-14 使用部门与会计科目的关系文件数据结构

字段名	类型	宽度	小数位	字段名说明
部门代码	字符型	12		使用固定资产的部门代码
名称	字符型	12		
会计科目	字符型	12		折旧费用借方会计科目代码
科目名称	字符型	20		

输入记录后,固定资产使用部门就与对应的会计科目建立联系。如表 7-15。

表 7-15

部门代码	名称	会计科目	科目名称
1	一车间	4105	制造费用
2	销售部	5501	营业费用
3	厂办	5502	管理费用

然后,每月按部门归集的折旧费用被记录到折旧费用分配文件。其数据结构如表 7-16 所示。

表 7-16 折旧费用分配文件的数据结构

字段名	类型	宽度	小数位	字段名说明
日期	日期型	8		折旧计提日期
部门代码	字符型	12		
费用科目	字符型	10		折旧费用借方会计科目
金额	数值型	10	2	
会计凭证号	字符型	16		折旧转账会计凭证号

二、固定资产集成核算与管理子系统信息处理功能运行模式

(一)固定资产信息流程基础数据的维护、更新功能

1. 使用部门相关数据设置

固定资产总是由具体业务单位使用。因此,在进行固定资产使用部门设置时,首先根据核算的要求建立使用部门分类档案文件。在信息集成环境下,由企业管理信息系统统一设置企业的组织结构,在部门档案文件中输入部门明细数据,各子系统共享该文件数据。

其次,在定义使用部门后,建立使用部门与成本费用会计科目的对应关系,以便每月自动汇总折旧费用后自动生成会计记账凭证,并将这些数据输入到使用部门与会计科目的关系文件。

2. 固定资产卡片结构定义

每个企业对固定资产核算与管理的要求不同,所拥有的固定资产具体的物理属性不同,为能灵活对企业各类固定资产的属性进行记录,在输入固定资产卡片数据之前,用户可结合企业核算与管理实际情况,定义固定资产卡片的项目。其输入界面如图 7-2 所示。

当卡片文件的所有数据项定义结束后,这些数据项作为固定资产卡片文件字段,由信息系统自动生成企业固定资产卡片数据文件。

3. 固定资产类别定义功能

对企业所有的固定资产进行分类,建立分类目录,并将这些数据输入到固定资产分类文件。

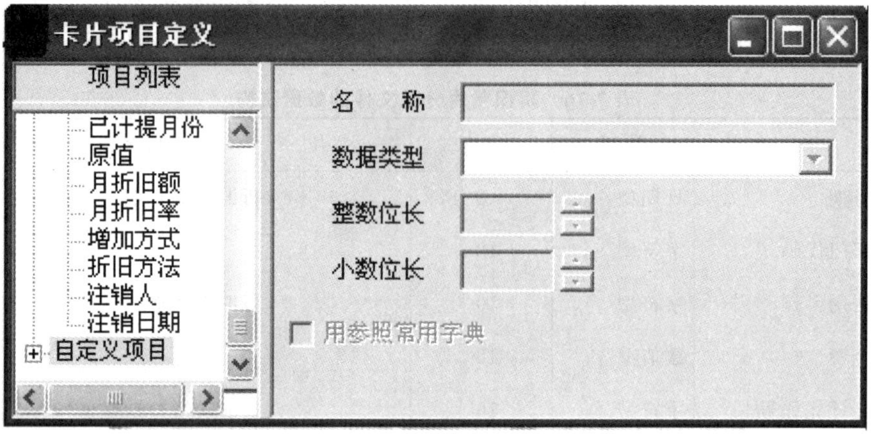

图 7-2

4. 定义折旧计算公式

不同的固定资产可能采用不同的折旧政策。在核算前,用户应将折旧计算表达公式输入到折旧计算公式文件。见表 7-17。因此,每当用户输入新增加的固定资产数据时,系统会根据用户在卡片输入过程所选择折旧计算公式代码,从该文件中读出它的折旧计算表达式,自动计算出该固定资产应提的月折旧额,填入卡片的月折旧额数据项内。

表 7-17

代码	名称	月折旧率计算公式
1	不提折旧	0
2	平均年限法	$\dfrac{1-净残值率}{使用年限\times 12}$
3	工作量法	$\dfrac{1-预计净残值率}{预计的总工作量}$

5. 增、减方式与会计科目关系的设置

企业固定资产取得或减少的途径有多种方式,在增、减方式与会计科目关系的文件(见表 7-18)中输入业务类型与会计科目的数据,系统就能依据这些关系将固定资产增、减事项的经济数据自动生成会计凭证。

表 7-18

增减方式名称	对应入账科目
直接购入	10020101 工行人民币
投资者购入	310102 个人投资
捐赠	3111 资本公积
盘盈	191101 待处理财产损溢
在建工程转入	1603 在建工程
融资租入	2321 长期应付款
出售	1701 固定资产清理
盘亏	191101 待处理财产损溢
投资转出	1401 长期股权投资
捐赠转出	560101 营业外投资支出
报废	191101 待处理财产损溢
毁损	191101 待处理财产损溢

6. 固定资产卡片初始数据录入

在固定资产其他初始设置工作准备结束后,用户可以分门别类地输入企业所有的固定资产,数据存入固定资产卡片文件,当每条记录输入后,系统会根据用户所选择的折旧计算方式,自动计算每月应提取的折旧金额,并将这些数据记录在卡片文件的本月折旧数据项,期末计提折旧后,系统会自动更新所提取折旧的固定资产卡片累计折旧数据项的数值。

在初始数据录入后,通过财务信息系统,与总账的固定资产、累计折旧的会计数据进行总量核对无误后,就可进入固定资产的日常核算与管理作业。

图 7-3

(二)固定资产财务集成信息处理功能

1. 固定资产增加

在日常的业务处理中,每当企业增加一项固定资产,除了将固定资产资料输入到固定资产卡片文件外,系统在固定资产增加文件中记录固定资产增加的事项,增加方式。

2. 固定资产减少

当企业发生固定资产减少事项时,用户在减少事项的输入窗口(见图7-4)输入固定资产代码,系统根据代码在固定资产卡片文件查询,对该固定资产进行减少的数据处理,然后在固定资产减少文件中记录固定资产减少的事项。

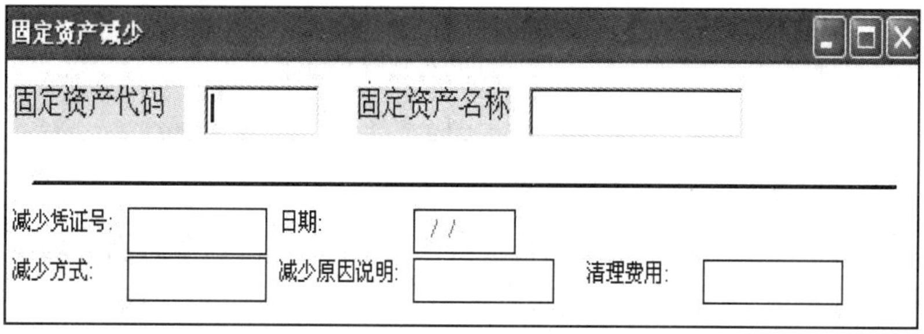

图 7-4

3. 内部调拨

企业的固定资产在不同的使用部门之间发生使用转移时,不仅要在卡片文件中对该固定资产的使用部门值进行修改,调换为新的使用部门,而且还要将该业务事件记录到固定资产转移文件,见图7-5。

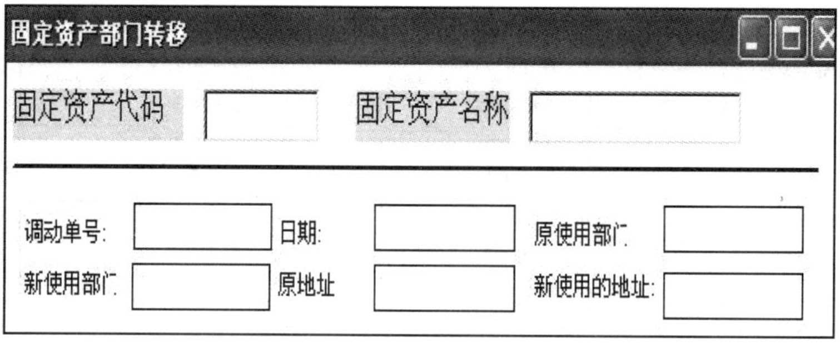

图 7-5

4. 固定资产价值变动

固定资产价值的变更方式有价值增加、价值减少两种。当企业固定资产发生价值变动时，系统应及时在固定资产价值变更事项的数据文件记录变动事项，并根据固定资产代码，查询固定资产卡片中的记录，修改其价值数值，见图7-6。

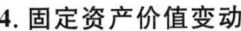

图 7-6

5. 折旧计算

每到期末，对固定资产卡片文件中需要计提折旧的所有记录，按使用部门归集固定资产的月折旧额，并将其输入到折旧费用分配文件，然后修改固定资产卡片的累计折旧数值。如表7-19。

表 7-19

部门编号	部门名称	科目编号	折旧额
101	厂办	5502	1 600.00
201	运输科	5502	2 600.00
301	铸造车间	410505	2 050.01
401	机装车间	410505	3 050.32
501	销售科	5501	1 023.02

6. 会计凭证生成

固定资产增加、减少、价值变更、折旧等会计事项记录在所对应的事项文件中。一种方式是当这些事项发生时，在事项文件中记录后，直接生成会计凭证，另一种是采用批处理方式，集中处理一段时间内固定资产的会计事项，例如表7-20，计算机将这些文件中没有生成会计凭证的记录显示出来，用户选择制单，系统根据业务类型与会计科目的关系，自动生成会计凭证，并记录到会计凭证文件，供账务子系统或其他核算子系统读取处理。

表 7-20

	业务日期	业务类型	业务描述	业务编号	金额	制单
1	2006.07.01	变动单	原值增加	0001	10 000.00	V
2	2006.07.05	变动单	原值减少	0002	5 000.00	
3	2006.07.10	资产增加	新增资产	0006	6 400.00	
4	2006.7.15	资产减少	减少资产	0008	2 000.00	
5	2006.07.30	折旧计提	折旧计提	01	5 900.00	V

(三)固定资产信息输出功能

固定资产子系统的输出功能是为用户提供有关固定资产价值、折旧、净值等方面会计信息，信息使用者可以通过系统提供的报表生成工具从固定资产数据文件中提取数据生成会计报表，另外一般的固定资产核算软件也会根据用户常用的信息需求，编制输出程序，为使用者提供各类固定资产的明细账、汇总表等数据。通常可以输出固定资产使用状态分析表、部门构成分析表、固定资产明细账、固定资产统计表、资产及折旧等表。如图 7-7。

固定资产使用状态分析表

期间 2008.07

使用状况	原值		累计折旧		净值	
	金额	占总值百分比%	金额	占总值百分比%	金额	占总值百分比%
使用中(1)	,378,360.00	99.83	648,211.20	99.69	730,148.80	99.95
在用(1001)	,130,360.00	81.87	456,788.50	70.25	673,571.50	92.20
季节性停用(1002)	10,000.00	0.72	3,598.00	0.55	6,402.00	0.88
经营性出租(1003)	48,000.00	3.48	29,174.70	4.49	18,825.30	2.58
大修理停用(1004)	190,000.00	13.76	158,650.00	24.40	31,350.00	4.29
未使用(2)	2,400.00	0.17	2,016.00	0.31	384.00	0.05
合计	,380,760.00	100.00	650,227.20	100.00	730,532.80	100.00

图 7-7

第8章 生产制造流程的产品成本核算与管理信息子系统

第一节 生产制造流程的产品成本核算与管理概述

一、生产制造流程的价值创造

对于制造业而言,生产制造流程就是不断从企业外部获取资源,并将这些资源转化为产品与服务的一系列活动。当企业所生产的产品被市场接纳,给客户带来价值,并且从客户端流入的现金流大于为其提供的产品与服务所消耗的资源,企业的经营活动就创造了价值。显然,如何减低整个制造过程所耗用的资源,努力提高产品价值与客户价值,是决定企业经营活动能否创造价值的关键。

生产制造过程的成本管理有效与否直接影响了企业的整体竞争能力与价值创造能力。现代管理理论要求企业的成本管理应该有一个宽广的视野,对从最基本的原材料到最终用户之间的全部过程进行考察,包括与供应商之间的联系以及与最终消费者之间的联系。企业成本管理的本质目标是通过其企业经营行为取得低于其竞争者的累积成本,或以一定的成本行为提升产品价值与客户价值,赢得竞争成本优势。因此,企业应对从供应商原材料供应开始直至用户之间的整个价值链进行成本分析,全方位寻求降低成本的合理途径,制定企业具有竞争优势的成本策略,实施成本管理。

二、基于价值链的成本核算与管理的意义

成本是企业生产过程中的劳动耗费及其补偿价值。成本作为商品价值的基本组成部分,对企业有着重要的作用。通过成本计算可以对企业生产经营过程中发生的各项费用支出进行监督和控制,并以此为计算盈亏、产品定价决

策、考核业绩提供依据。因此,企业成本的准确核算和有效管理对于企业生存与发展有重要作用。

现代企业管理的目标是如何取得长期竞争优势,实现企业价值最大化。尽管企业可以采用不同的战略来开发其竞争优势,但无论采用哪一种方式,都离不开成本核算与管理,企业成本管理是企业管理的重要组成部分,是实现现代企业管理目标的一个必要途径。

企业的竞争战略主要有成本领先战略和差异化战略。

成本领先战略多用在产品特性相当的情况下,注重企业产品与竞争对手产品在成本上的差异,如果产品具有较低的成本,在市场上就有较强的竞争力,可见这种战略的重心就是成本,此时企业的战略主要体现为成本控制战略。

产品差异战略是指企业依靠向顾客提供具有对手无法比拟的特征的产品来取得竞争优势。尽管这种竞争策略的核心是如何实现差异化,但它同样也需要利用成本管理来帮助其实现这个核心。一方面,在不影响差异化目标实现的前提下,通过实行成本管理战略尽可能降低实现竞争战略的成本;另一方面,避免过度的差异化,造成成本提高,价格昂贵,使顾客觉得这种产品是可望而不可即的,导致竞争劣势。如何将价格、成本和产品特征三者协调起来,避免只追求差异而忽视成本的做法就是成本核算与管理的工作内容。

成本领先和产品差异战略只是竞争策略的一部分,其实无论企业采用何种竞争策略都离不开成本核算与管理,要想使企业在市场中立于不败之地,就必须加强成本管理。

产品成本的核算与管理是整个价值链的企业管理重要环节。产品成本核算主要应用会计的原理、原则,系统记录企业生产过程所发生的一切费用,并确定各种产品或服务的单位成本和总成本。成本核算为存货计价、确定利润和产品定价提供决策依据。

基于价值链的企业成本核算与管理是成本会计与管理的直接结合。它一方面运用成本计算方法处理生产成本,归集产品生产过程中的耗费,以计量产品生产过程所涉及的各类生产成本;另一方面则应用现代的价值链成本分析方法进行战略成本分析,为各级经营管理人员提供用于进行决策和管理控制的成本资料,据以进行企业产品生产经营全过程的成本预测、成本决策、成本预算、成本控制、成本计算、成本分析和成本考核等价值管理活动。

总之,随着企业经营环境的变化,加强整个价值链的成本控制成为企业获胜的重要途径。企业成本核算与管理作为企业在预算与控制它的资源利用情况方面的原理、惯例、技术和制度设计的一种系统组织行为,在现代企业管理过程中,不仅仅要做好生产过程中的成本控制以及事后的成本计算和分析工作,更重要的是做好成本预测、决策,加强事先成本控制、部门成本责任控制,以成本的最优化方案来指导生产活动,从而取得最佳的经济效益。

三、制造流程的产品成本核算与管理信息子系统的设计目标

企业成本核算与管理系统的设计应依照国家有关法规、制度的要求,结合企业经营特点与管理需求,及时、正确地进行成本计算,为编制财务报表与满足内部管理要求提供真实的、有用的、与决策相关的成本信息。

以制造业为例,为了确定企业在一定时期所创造的价值,在计算产品销售收入的同时要正确计算各种产品的销售成本。产品成本的计算既是资产负债表上产成品存货和在产品存货的计价基础,也是影响利润表和资产负债表的可靠性的重要因素。成本计算所提供的成本信息是企业正确进行存货计价、确定利润的依据。它关系到反映企业生产经营过程的价值创造数据的准确性,如果成本计量不正确、不可靠,就会影响财务报表的社会作用和利益相关者的利益。

从企业内部管理的作用看,成本核算与管理系统是正确进行成本计算,为成本预测、成本决策、成本预算、成本控制、成本分析和考核等管理工作提供真实、与决策相关的成本信息的基础。成本是计量经济过程耗费的一个重要指标,通过成本的计量、计价、考核,企业能知道自己的耗费程度和水平。成本是制定价格的重要依据,也是企业考核尤其是责任中心考核的重要指标之一。成本计算为管理提供成本信息贯穿企业经营管理各个方面,准确的成本信息可以指导企业的战略制定、战略评价和战略选择,可以作为价格决策和企业各项决策的依据,为企业内部业绩的评价和计量、业绩的改善和控制提供信息支持。

由此,成本核算与管理子系统的设计目标包括:

(1)与企业的生产作业系统、物流核算与管理系统、固定资产、薪酬核算、总账信息系统集成,获取有关制造作业的成本费用数据。

(2)以成本要素费用为主线进行费用分配,处理辅助生产费用、制造费用分配。

(3)结合企业生产经营与管理特点,为成本对象提供对应的成本计算方法。

(4)提供标准成本分析的整套业务计算流程。

(5)结合企业实物与价值管理的需要,提供各种成本类型资料,为信息使用者输出成本对象、成本项目、要素费用等重要资料。

(6)提供本量利分析模型、成本预测模型、成本控制模型,为信息使用者的决策提供依据。

第二节 生产制造流程的成本核算与管理活动

一、企业生产类型

产品成本是在生产过程中形成的。因此,产品成本的计算很大程度上取决于产品的生产特点。所谓产品生产的特点一般是指生产的类型,包括产品的工艺过程特点和生产组织特点。产品生产特点不同,成本计算也不同。成本计算是为成本管理和决策提供信息,采用什么方法,提供哪些信息,要考虑成本管理的要求。

尽管不同制造行业的企业生产的产品形形色色,生产规模有大有小,生产特点千差万别,但按照工业产品生产的特点,可将生产按照工艺过程特点和生产组织特点进行分类。

(一)按工艺过程特点分类

1. 单步骤生产

单步骤生产是指生产工艺过程不间断,或者因为受地点限制,不可能或者不需要划分生产步骤的生产。属于简单生产的企业每期产品的生产周期一般比较短,通常没有自制半成品或其他中间产品。而且产品由于工艺过程的特点,决定了只能由一个企业独立完成,如发电、采掘等工业生产。

2. 多步骤生产

多步骤生产,也称复杂生产,生产工艺过程可以间断,可以划分为若干个生产步骤组成的生产。它既可以在一个企业或车间内独立进行,也可以由几个企业或车间在不同的工作地点协作进行生产。其产品的生产周期一般比较长,产品品种不是单一的,有半成品或中间产品,而且可以由几个车间协作进程生产。

多步骤生产按其加工方式,又可进一步分为连续加工式生产和装配式生产。连续加工式是指原材料投入生产以后,需经过许多相互联系的加工步骤才能生产出产成品,前一个步骤生产出来的半成品,是后一个加工步骤的加工对象,直到最后一个加工步骤才能生产出产成品,如纺织、钢铁、造纸等。装配式生产方式是将原材料投入生产后,在各个步骤进行平行加工制造成零件、部件,再将零件、部件装配为产品。

（二）按生产组织特点分类

生产组织的特点是指生产的专业化程度，即在一定时期生产产品品种的多寡，同种类产品的数量及其生产的重复程度。制造企业的产品生产，按其生产组织特点，可分为大量生产、成批生产、单件生产。

1. 大量生产

大量生产是指不断重复生产相同产品的生产。这种类型的主要特点是企业生产的产品品种少，产量大，通常采用专用设备重复生产，专业化水平高。

2. 成批生产

成批生产是按事先规定的规格、金额、数量，分批生产一定种类的产品的生产。在成批生产的企业或车间，通常生产的产品品种较多，而且各种产品的生产具有一定的重复性、一般同时采用专用及通用设备进行生产。成批生产按照批量的大小，可分为大批生产、小批生产。大批类似于大量生产，小批类似于单件生产。

3. 单件生产

单件生产是根据订货单位的要求，生产某种规格、型号、性能等特定产品的生产。在这种生产的企业或车间，生产的产品品种较多，而且很少重复生产。

二、成本分类

成本就一般意义而言，是指经济活动中为实现一定的目标或进行某种经济活动所投入或耗费的经济资源的货币表现。由于经济活动的复杂性以及企业经营管理的具体要求不同，有必要根据具体的应用目的对成本进行不同分类。

（一）按经济内容分类——费用要素

企业的生产过程也是劳动对象、劳动手段和活劳动的耗费过程。在生产经营过程中发生的各种成本费用，可分为劳动对象方面的费用、劳动手段方面的费用和活劳动方面的费用。一般来说，工业企业按其经济内容对成本进行的分类通常分为：外购材料、外购燃料、外购动力、工资、计提折旧费、利息费用（指计入成本的利息支出）、税金（指为生产经营所耗、可以计入产品成本的各项税金），以及企业定义的其他费用，如修理费、水费、电费等费用要素。在具体的应用中，企业可以结合实际业务和管理需求在成本核算与管理系统中定义费用要素，使系统在数据处理上能有效地输出企业生产费用消耗在哪些方面，哪个要素开支过多，以便管理者对生产费用要素进行分析。

(二)按经济用途分类

成本按用途分为产品成本和期间费用。

1. 产品成本

产品成本也称生产成本或制造成本,是指产品在制造过程中所耗用资源的货币表现,将其对象化归集到产品,即产品成本。产品成本项目是产品成本按经济用途进行分类计算的项目。制造企业的产品成本项目通常分为直接材料、直接人工、制造费用。

生产费用与产品成本关键的区别是将生产费用对象化、归属化,划分给特定(时间、期间、数量、质量、品种等)对象,确定为该对象所耗费,生产费用归属是整个成本计算的核心。

成本项目是产品成本最小单元数据。成本核算与管理系统要通过设置成本项目,归集生产费用数据,进而考察、分析企业成本对象在成本项目上的开支情况,对这些实际成本项目的数据与标准成本数据标准进行比较,进行成本的考核、控制。

2. 期间费用

期间费用是指企业在生产经营过程中发生的、与产品生产没有直接联系,属于某一时期耗用的费用。制造企业的期间费用按经济用途可分为销售费用、管理费用、财务费用。

(三)按与特定成本对象关系分类

成本按与特定成本对象的关系可分为直接成本和间接成本。直接成本也称可追溯性成本,是指能够合理地确认与某一特定的成本对象有直接联系,因此可以直接追溯到该成本对象的成本。间接成本是指不能确认与某一特定的成本对象有直接联系,因而不能直接追溯到该成本对象,需要先归集然后按一定的分配方法在多个成本对象之间进行分配。

此外,按成本的性态可分为固定成本和变动成本;按经营决策需要可分为边际成本、机会成本、差别成本、重置成本等。

三、成本对象

计算成本,必须先行确认成本对象。成本对象是为计算成本而确定的归集与分配生产费用的对象,也就是成本的承担者。通常成本对象就是企业所生产的产品。此外,一些企业除了将企业生产的产品作为成本对象外,还依据成本管理的需要,将其他需要归集成本的实体作为成本对象。例如在SAP成本管理系统中,成本对象包括:(1)成本中心:成本中心类似于企业内部的部门,但它主要用于成本控制的目的,在企业中划分本中心可以实现责任区域的成本计划、认定、控制和分摊;(2)内部订单;(3)项目;(4)销售订单;(5)市场细分;(5)生产订单等。

四、产品成本计算方法与标准成本制度

(一)产品成本计算的基本方法

1. 品种法

品种法是以产品品种为成本计算对象的产品成本计算方法。当企业存在大量、大批、单步骤的生产加工业务时,需要根据实际业务需要,按照产品的品种归集生产费用、计算成本,一般适用于单步骤的大量生产,也可用于不需要分步骤计算成本的多步骤的大量、大批生产。

2. 分批法

分批法是以产品批别为成本计算对象的成本计算方法。一般适用于单件、小批的单步骤生产或管理上不要求分步骤计算成本的多步骤生产。

3. 分步法

分步法是以产品生产步骤为成本计算对象的产品成本计算方法,一般适用于大量、大批的多步骤生产。

4. 分类法

分类法是以产品类别作为成本计算对象归集费用、计算成本的一种方法。分类方法适用于产品品种规格繁多,并且可以按照一定标准进行分类的企业。

(二)作业成本法

作业成本法是一种以作业为基准计算间接成本的方法。由于产品结构中间接费用比重增加,以工时或台时为基准的间接费用的分配方法无法正确分配成本费用,以满足管理决策需要,出现了成本计算的作业成本法。它是基于作业管理,将间接成本按作业(活动)进行归集,然后按不同作业的不同成本动因将间接成本分配到具体产品一种成本计算方法。

(三)标准成本制度

标准成本体系是于20世纪早期产生并被广泛应用的一种成本管理制度。标准成本管理的特点是对成本进行事前计划、事中控制、事后分析。在许多ERP系统中,成本管理通常包含标准成本管理体系功能。

标准成本管理方法的应用主要体现在:

在成本发生前,通过对历史资料的分析研究和反复测算,制定出某个事前各种生产条件处于正常状况下的标准成本。标准成本是进行成本控制的依据

和基础。

在成本发生过程中,将实际发生的成本与标准成本进行对比,记录产生的差异,并作适当的控制与调整。

在成本发生后,对实际成本与标准成本的差异进行全面的分析研究,发现问题,解决问题,并制定新的标准。

(四)产品成本计算方法的适用范围

受企业生产类型、生产组织特点以及相应的管理要求的影响,成本对象、产品成本计算方法之间的关系如表 8-1 所示。

表 8-1

生产工艺	生产组织	半成品	成本计算期间	成本计算对象	成本计算方法
单步骤	大量生产	无	历月	产成品	品种法
多步骤	大量生产	有	历月	半成品和产成品	逐步结转分步法
装配式生产	大量生产		历月	产成品	平行结转分步法
成批生产	成批生产		批完工	批	分批法
单件生产	单件生产		件完工	件	订单法

五、生产制造流程的产品成本核算与管理活动

(一)产品成本核算的一般流程

产品成本核算的主要任务是计算出每个成本对象的总成本和单位成本。为此,需要记录生产过程所发生的费用要素,归集并分配到具体的成本对象的成本项目。因此,成本管理系统的成本核算流程需要解决两个问题:一是如何从其他系统中获取费用要素数据,归集各种费用,二是如何分配归集各种费用。

企业生产发生的费用,根据与产品相关程度可划分为直接费用和间接费用。直接费用是某种产品直接受益的费用,应直接归集记入该产品成本计算单的成本项目,并在账簿系统中记录为"生产成本——某产品"会计科目。间接费用是由几种产品共同受益的费用,应从其他各系统,如薪酬系统、固定资产系统等获取这些间接费用,记录到辅助科目账簿,如"生产成本——辅助生产"、"制造费用"会计科目账簿。然后按各受益产品的受益比例分配计入产品成本。生产费用归集和分配的会计科目通常有三个:"生产成本——基本生

产"、"生产成本——辅助生产"、"制造费用",借方表示费用归集,贷方表示转出费用。

费用归集与分配过程可以大致分为以下步骤:

工资费用归集和分配:从薪酬核算子系统获取数据,并通过工资费用分配表传入本系统。

原材料、燃料费用归集和分配:从存货核算子系统获取数据,并通过材料费用分配表传入本系统。

折旧费用归集和分配:从固定资产核算子系统获取数据,并通过固定资产折旧费用分配表传入本系统。

辅助生产费用归集和分配:由账务处理子系统归集,或直接由成本核算与管理子系统将上述获取的费用进行归集,进行辅助生产成本的计算,按受益单位与对象的辅助生产受益量进行分配。

制造费用归集和分配:由账务处理子系统归集或成本核算与管理系统归集,按用户设置的分配方法在成本对象之间分配。

生产费用在完工产品和在产品之间分配。

计算完工产品总成本与单位成本。

(二)ERP系统的产品成本计算特点

ERP系统成本计算的成本数据包括采购成本、材料定额、工时定额以及各种费率等。它们分别记录在物料主文件、物料清单、工作中心和工艺路线等文件中。

ERP系统是按照成本发生的实际过程来计算产品成本的。它的计算基础是产品结构,所有制造的产品都是从采购原材料或外购件开始,是按物料清单所规定的物料之间的层次、需求关系和制造过程,从产品结构最低层开始,从低层向高层逐层累计,成本的发生和累计与工作过程同步,随着生产过程的进行,在材料信息和生产计划信息动态产生的同时,成本信息也随之产生。反映了产品成本发生和增加的实际过程,它可以用来说明物料或产品的库存值、作业费用和成本单价。

在一个典型的产品物料清单中,最底层的项目是外购件,它的材料费和材料采购间接费组合成产品成本中的底层材料费。

进入产品结构的上一层以后,如果发生加工装配作业,这一层的直接人工费和制造费构成加工成本,是物料在本层的增值。再将加工成本与低层的各项成本累加在一起,组成滚加至本层的物料项目成本。如此累加直至到最高层,组成了产品的成本,每一层的成本由本层的增值成本和低层的累加成本组成。

滚加法对成本的分解较细,便于企业按不同的要求进行汇总,对实行各种成本计算方法(如品种法、分步法、分批法)都很方便。当与每层物料的标准成本进行比较后,可输出成本差异信息,使管理者能及时对产品生产全过程的成本进行控制。

(三)成本核算注意事项

成本核算要求计算出来的产品成本是实际成本,但在计算过程中实际成本的客观性往往会人为地扭曲。为了正确地核算生产费用和经营管理费用,正确地计算产品实际成本和企业损益,必须正确划分以下五个方面的费用界限。

1. 正确划分生产经营管理费用与非生产经营管理费用的界限

工业企业的经济活动是多方面的,除了生产经营活动以外,还有其他方面的经济活动,因而费用的用途也是多方面的,并非都应计入生产经营管理费用。例如企业购置和建造固定资产、购买无形资产以及进行对外投资,这些经济活动都不是企业日常的生产经营活动,不应计入生产经营管理费用,又如,企业的固定资产盘亏损失、固定资产报废清理损失、由于自然灾害等原因而发生的非常损失,以及由于非正常原因发生的停工损失等,也不是由于日常的生产经营活动而发生的,也不应计入生产经营管理费用。只有用于产品的生产和销售、用于组织和管理生产经营活动,以及用于筹集生产经营资金的各种费用,才应计入生产经营管理费用。企业既不应乱挤生产经营管理费用,将不属于生产经营管理的费用,计入生产经营管理费用,也不应少计生产经营管理费用,将属于生产经营管理的费用,不计入生产经营管理费用。乱挤和少计生产经营管理费用,都会使成本、费用不实,不利于企业成本管理。

2. 正确划分生产费用与经营管理费用的界限

工业企业的生产费用应计入产品成本。产品成本要在产品产成并销售以后才计入企业的损益;而当月投入生产的产品不一定当月产成、销售,当月产成、销售的产品也不一定是当月投入生产的,因而本月发生的生产费用往往不是计入当月损益、从当月利润中扣除的产品销售成本。但是,工业企业发生的经营管理费用作为期间费用处理,不计入产品成本,而直接计入当月损益,从当月利润中扣除。因此,为了正确地计算产品成本和经营管理费用,正确地计算企业各个月份的损益,还应将生产经营管理费用正确地划分为生产费用和经营管理费用,也就是划分为成本和费用。用于产品生产的原材料费用、生产工人工资费用和制造费用等,应该计入生产费用,并据以计算产品成本;用于产品销售、用于组织和管理生产经营活动和筹措生产经营资金所发生的费用,应该计入经营管理费用,并归集为销售费用、管理费用和财务费用,直接计入当月损益,从当月利润中扣除。应该防止混淆生产费用和经营管理费用的界限。

3. 正确划分本期成本、费用与下期成本、费用的界限

为了按月分析和考核产品成本和经营管理费用,正确计算各月损益,还应将应计入产品成本的生产费用和作为期间费用处理的经营管理费用,在各个月份之间进行划分。为此,本月发生的成本、费用都应在本月入账,不应将其一部分延到下月入账;也不应未到月末就提前结账,将本月成本、费用的一部分作为下月成本、费用处理。更为重要的是:应该贯彻权责发生制原则,正确核算待摊费用和预提费用。

4. 正确划分各种产品的费用界限

为了分析和考核各种产品的成本计划或成本定额的执行情况,应该分别计算各种产品的成本。因此,应该计入本月产品成本的生产费用还应在各种产品之间进行划分。属于某种产品单独发生,能够直接计入该种产品成本的生产费用,应该直接计入该种产品的成本;属于几种产品共同发生,不能直接计入某种产品成本的生产费用,则应采用适当的分配方法,分配计入这几种产品的成本。应该特别注意盈利产品与亏损产品、可比产品与不可比产品之间的费用界限的划分。应该防止在盈利产品与亏损产品之间,以及可比产品与不可比产品之间任意增减生产费用,以盈补亏,掩盖超支,或虚报产品成本,掩盖利润的错误做法。

5. 正确划分完工产品与在产品的费用界限

月末计算产品成本时,如果某种产品都已完工,这种产品的各项生产费用之和,就是这种产品的完工产品成本;如果某种产品都未完工,这种产品的各项生产费用之和,就是这种产品的月末在产品成本,如果某种产品一部分已经完工,另一部分尚未完工,这种产品的各项生产费用,还应采用适当的分配方法在完工产品与月末在产品之间进行分配,分别计算完工产品成本和月末在产品成本。应该防止任意提高或降低月末在产品费用,人为调节完工产品成本的错误做法。

以上五个方面费用界限的划分,都应贯彻受益原则,即何者受益何者负担费用,何时受益何时负担费用,负担费用多少应与受益程度高低成正比。这五个方面费用界限的划分过程,也是产品成本的计算过程。

(四)生产制造流程的产品成本管理功能

成本管理是在成本计算的基础上,通过对成本数据的加工处理,为管理者提供成本管理信息,用于对成本对象进行预测、计划、分析控制、对成本责任的管理过程。

1. 成本预测

在实际成本发生之前，对未来一定时期的成本对象的成本将发生的数额、数量进行预测。成本预测一般会按照一定的数学方法进行，常用的方法有加权平均法、指数平滑法、趋势分析法等。

2. 成本计划、预算

采用预测等方法获取的成本数据，对一定时期的成本对象发生的数额、水平进行计划、预算。成本预算编制一般多要配合进行控制，其目标是控制实际成本的发生不超过既定的计划与预算数。

3. 成本分析

在实际成本发生后，将实际成本与计划、预算等成本数据进行对比分析。成本分析可以找出成本过高的原因，为以后各期成本核算与控制提供更好的依据。

4. 成本控制

指成本发生过程中，按照预先设定的目标，即成本预算、成本计划或成本预测，控制实际发生的费用不能超过既定的水平。一般来说，成本控制的方法是通过成本发生的原始业务单据、会计凭证、账簿、报表查看数据，即时控制其在既定的标准、目标范围内。

第三节 生产制造流程成本核算与管理集成信息流程逻辑结构模型

一、生产制造的成本核算与管理信息处理特点

成本的核算与管理是现代企业关心的一个经营重点。由于它涉及面广，使用灵活，并且每个企业都有自身的特点。因此，需要结合成本核算与管理的特点，进行细致的业务设计和系统优化配置，以满足企业成本核算与管理的要求。

1. 成本核算方法的规范

成本核算与产品生产工艺流程和生产组织管理有关，不同的企业生产工艺流程不同，生产组织方式不同，因此成本核算方法也不大一样，需要结合企业成本管理特点，规范化企业成本核算方法。

2. 与其他信息系统的数据交互

成本核算涉及企业的生产管理、供应链的物流管理、固定资产折旧、薪酬管理、总账系统的业务数据和财务数据相互之间的接收与传递。如何设置好

数据接口、数据的获取方法,保障成本系统数据处理的正确性,将是成本核算与管理系统设置时需要重点考虑的问题。

3. 成本核算数据处理流程比较复杂

成本核算过程中归集和分配数据有一定的次序要求,需要多次归集和分配才能完成计算。因此,需要科学地设置费用要素、费用分配标准、准确地从其他系统中获取有关成本费用数据,进行归集与分配和成本计算。

4. 对企业经营决策影响力大

成本信息对企业的经营决策具有重要的影响。如定价决策、供应商选择、产品选择、盈亏平衡位置等。需要对成本对象的成本属性进行科学的分类,在成本核算的基础上,能根据决策的要求,提供不同类别的成本信息。

二、成本核算与管理子系统的信息集成关系

与生产数据管理的关系:生产数据管理系统提供与 BOM 相关的数据和信息。

与库存系统的关系:库存管理系统提供生产领料单有关材料费用的数据来源,产品入库单提供完工产品的数据来源。

与生产任务管理系统的关系:提供投入产量、废品产量数据。

与车间作业管理系统的关系:提供工时耗用、计件计时工资信息。

与存货核算系统的关系:提供存货核算的材料出库成本、产品入库核算、自制品入库核算。

与薪酬系统的关系:提供人工费用数据。

与固定资产系统的关系:提供折旧费用数据。

与总账的关系:总账系统提供其他费用凭证,成本核算与管理系统的数据生成凭证传递到总账系统。

它们之间的关系如图 8-1。

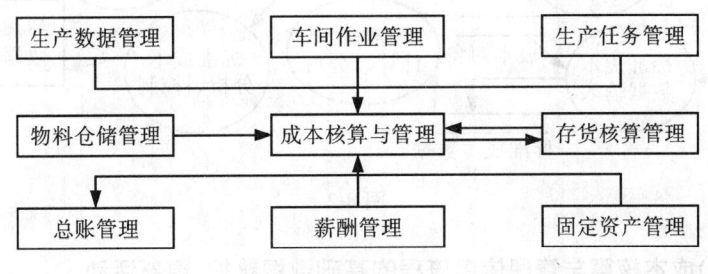

图 8-1

三、成本核算与管理信息流程的逻辑结构模型

成本核算与管理系统的信息流程的数据流程图如图8-2。

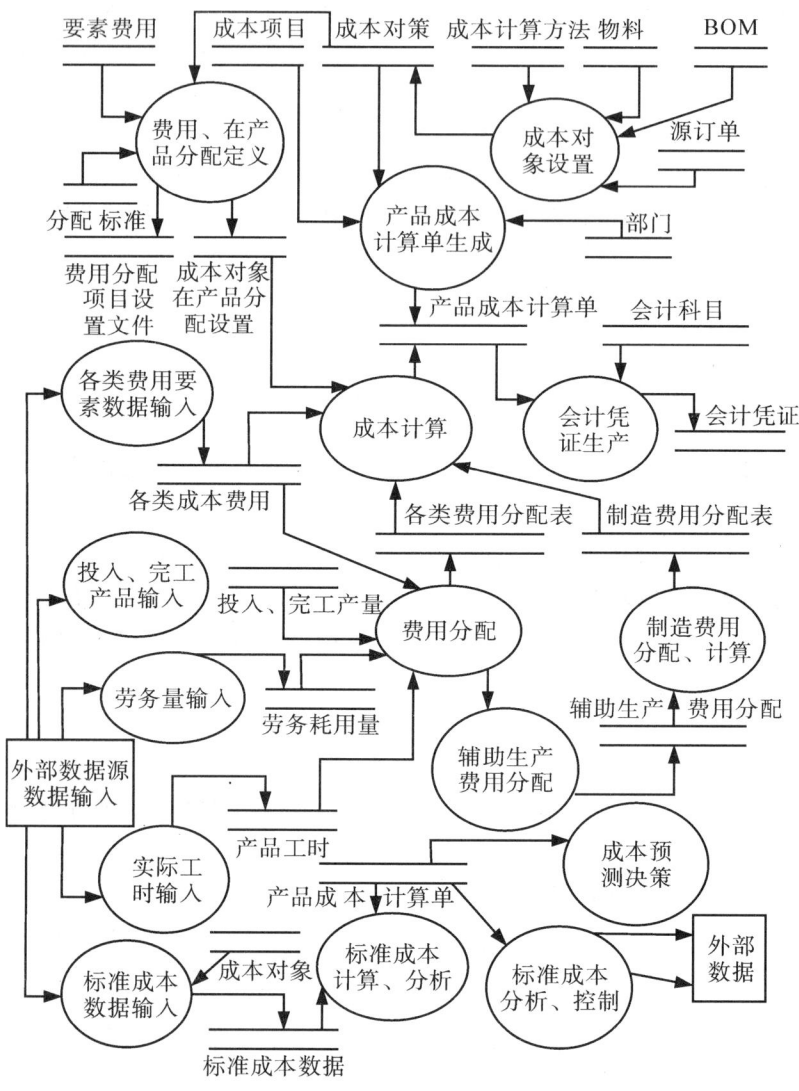

图 8-2

(一)成本核算与管理信息流程的基础数据维护、更新活动

在企业的信息系统中,有关成本核算与管理的要素的设置涉及会计科目、

物料、BOM、费用要素、成本项目、成本对象以及成本计算方法、部门与成本核算相关的属性、工作中心、工艺、成本对象的加工工序、标准成本数据、费用要素的分配方法、分配标准。

部门"成本核算类型"设置提供三种选项：基本生产部门、辅助生产部门、期间费用部门，其中期间费用部门的费用不参加成本计算。

（二）成本核算与管理集成信息流程的数据处理活动

1. 要素费用的归集

这是成本核算的一个重要活动。这个工作可以通过与相关的系统接口，成本核算与管理系统逐个获取费用要素数据。相关的系统包括仓库、存货核算、薪酬管理、固定资产、总账、生产管理等。要收集的数据及方式：

（1）库存管理：原材料、半成品、产成品等的领退出入库数据，以及库存收发单的方式。

（2）存货核算：上述各个单据的成本数据。

（3）薪酬管理：工资、职工福利费、奖金、津贴等所有人工费用，主要表明作业类型的人工费用以及其耗费性质——直接费用、共耗费用、辅助生产、期间费用。

（4）固定资产：固定资产的折旧费用，以折旧计算单的方式体现，主要表明什么样的折旧费用，以及耗费的性质——直接费用、共耗费用、辅助生产、期间费用。

（5）总账——其他费用：以"记账凭证"和原始单据的方式体现，如水电费用、租金等。

（6）生产管理：投入产品数据、工时数据、BOM数据、辅助生产部门提供的劳务等。

2. 要素费用的分配

将上述归集到的要素费用进行分配。主要是将费用明确划分为下列用途：直接费用直接归集到成本对象上，几个成本对象共同耗用的费用，按一定的分配方法分配到成本对象。

3. 辅助生产费用的分配

对于已经归集到的辅助生产费用，要采用一定的方法进行分配，辅助生产费用的分配一般有直接分配法、一次交互分配法、代数分配法。在计算机系统中，可以采用代数分配方法，提高数据的准确性。

4. 制造费用的分配

采用一定的分配方法将某部门归集到的费用进行分配，最终分配到成本对象。

5. 完工产品和期末在产品之间的分配

到本步骤为止,所有的生产费用归集、划分到具体的成本对象,但这个费用还包括本期完工的产品和期末在产品,因而,还需要将生产费用在完工产品与期末在产品之间进行分配。常用的方法有:

(1)不计算在产品成本。这种方法不计算在产品成本,生产费用全部计入本期完工产品,适用于那些在产品很少或成本很小,可以忽略不计的企业。

(2)在产品按照完工产品计算。这种方法主要适用于那些在产品成本很大,接近完工产品的企业。

(3)在产品成本按照年初的数固定计算。

(4)在产品只计算其耗费的原材料成本。

(5)定额法。

(6)定额比例法。

(7)约当产量法。

6. 产品成本的计算

在完成费用的归集与分配、期末在产品与完工产品分配后,生成成本计算单和产品成本汇总表。

7. 转账处理

将各成本计算表的数据生成转账凭证,传递到总账进行会计处理。

(三)成本核算与管理集成信息流程的信息输出

输出各类成本信息报表,进行成本的预测、计划、分析、控制、决策。

第四节 生产制造流程成本核算与管理数据结构模型、信息处理与运行模式

一、成本核算与管理的集成数据结构模型

(一)基础数据层面的成本核算与管理集成实体数据结构模型

1. 会计科目设置

与成本核算与管理系统相关的会计科目设置在企业信息系统的会计科目基础文件内,其数据结构将在总账系统中作具体描述。正确的会计科目设置将作为总账系统与成本系统的数据接口,最终使成本管理的业务单据凭证、费用分配结果以会计凭证的模板形式,转化生成会计凭证,传递到总账系统。这

样,实现从业务系统、成本系统,直至总账系统的集成,使业务、财务信息传递、处理规范化、集成化。

2. 部门的成本属性描述

在部门文件的数据结构中,设置部门成本核算类型属性主要用于成本核算,见表8-2。其值分为:基本生产部门、辅助生产部门、期间费用部门,以区分企业不同部门所发生的费用的归属和费用数据处理方式。在部门文件的记录中,如果某一企业部门的成本类型的值为基本生产,所发生的费用就要归集、分配到该部门作业对象——成本对象。属于辅助生产类型的部门,所发生的费用归集、按受益对象接受服务程度进行分配。而成本核算类型属性的值为期间费用的部门,如销售部门、采购部门、企业管理部门所发生的费用的数据不会被成本核算系统接收,直接纳入财务会计的期间费用核算流程。

表8-2 企业部门数据文件

字段名	数据类型	宽度	小数	说明
部门编码	C	10		
部门名称	C	20		
部门属性	C	20		销售、采购、车间等
成本核算类型	C	20		基本生产、辅助生产、期间费用部门
部门负责人	C	8		

3. 成本项目文件的数据结构

每个成本对象的成本项目用于描述发生的费用的用途。通常成本项目属性值包括直接材料、直接人工、变动制造费用、固定制造费用等。为了对成本对象的成本特性进行更多角度的分析与控制,增加每一成本项目的成本性态描述属性,用于区分成本项目是属于变动成本或固定成本,以及成本项目的成本责任属性,分为可控成本、不可控成本,用于作业参与者的成本责任分析。其数据结构见表8-3。

表8-3

字段名	数据类型	宽度	小数	说明
项目编码	C	10		
项目名称	C	20		
成本性态	C	20		变动、固定成本
控制属性	C	20		可控、不可控成本

4. 费用要素文件数据结构

表 8-4

字段名	数据类型	宽度	小数	说明
费用编码	C	10		
费用名称	C	20		

费用要素文件用于记录企业按经济内容进行分类的成本数据，如人工费用、折旧费用、水费、电费、租金等。其数据结构见表 8-4。

5. 成本对象文件的数据结构

成本对象是企业在一定时期内为所生产产品而归集和分配生产费用所确定的对象。在成本对象文件中（见表 8-5），成本计算方法属性描述了文件的记录中每个成本对象采用的成本计算方法，这些计算方法分为品种法、分步法、分批法和分类法，这些成本计算方法被编写的算法存放在计算机软件系统的方法库内，在进行成本计算时，系统将依据成本对象的记录所对应的具体成本计算方法，进行成本核算。

如果成本对象的成本计算方法是分批法，在成本对象文件的批号、对应的源单号数据属性需要输入具体批号，用于按批归集、分配生产费用，而源单号属性的值描述生产的批号与来源订单的数据联系，如销售订单。通过记录它们之间的联系，可以追溯生产经营流程的经营事项的业务与财务关系。

成本对象的物料编号、BOM 编号数据属性描述成本对象与物料文件、BOM 文件的物料、BOM 的关联。在进行成本计算时，就可以从物料或 BOM 文件寻找到成本对象的标准成本数据，并可按 BOM 中产品结构的物料层次关系，进行成本核算、分析、控制方面的成本数据处理作业。

系统根据成本对象文件的记录，生成每个成本对象的成本计算单，用于归集成本费用、计算对象的成本。

表 8-5

字段名	数据类型	宽度	小数	说明
成本对象编码	C	10		
成本对象名称	C	20		
成本计算方法	C	30		
批号	C	10		
BOM 编号	C	30		
对应源单号	C	20		如销售订单号
物料编号	C	30		

6. 费用分配标准定义的文件数据结构

表 8-6

字段名	数据类型	宽度	小数	说明
费用分配标准代码	C	10		
费用分配标准名称	C	20		
计量单位	C	10		
计算公式	C	30		

在费用分配标准定义文件中(见表 8-6),记录成本核算与管理系统有关成本费用的分配标准依据。这些值如:定额材料、本期实际完工产品、实际工时、约当产品等。在计算公式属性中记录一些定义的分配标准项目的计算公式,如以约当产量作为在产品与产成品费用分配标准,将其计算公式设置为:约当产量=期末在产品产量×约当系数,定义了期末在产品约当产量的计算方法。

7. 费用分配设置文件的数据结构

费用分配标准设置文件(见表 8-7)记录企业在进行成本对象的生产作业过程中,所发生的间接费用如何进行分配的方法与分配方案。分配项目设置包括:(1)部门间费用分配标准;(2)共耗材料费用分配标准;(3)制造费用分配标准;(4)在产品成本分配标准;(5)分类法成本分配标准;(6)废品处理的分配标准。

统一设置与部门设置属性描述了文件中记录的各个费用分配项目是在企业范围进行统一标准分配还是按不同部门实行不同的标准分配。如果某一费用分配项目选择部门设置的值为真,在进行这些费用分配标准设置时,还要再输入部门代码,进行不同部门的费用项目分配标准设置。

表 8-7

字段名	数据类型	宽度	小数	说明
费用分配项目代码	C	10		
费用分配项目名称	C	20		
要素费用代码	C	20		
统一设置	L	1		
按部门设置	L	1		
部门代码	C	20		
成本对象代码	C	20		
费用分配标准代码	C	20		

(二)生产制造流程的成本事项数据结构描述

1. 投入产量文件的数据结构

投入产量文件(见表 8-8)记录企业一定时期各生产部门的成本对象投入数量。一个部门成本对象的期初余额与本期投入量反映了成本对象的投产信息。

投入产量的数据可以从生产管理系统的生产任务单中获取。

表 8-8

字段名	数据类型	宽度	小数	说明
编号	C	10		
日期	D	8		
部门代码	C	20		
成本对象编码	C	20		
数量	N	10		

2. 完工产量入库文件数据结构

完工产量文件记录企业一定时期各生产部门的成本对象完工情况。其数据结构与存货管理的产品入库单结构一致。

3. 劳务耗用文件的数据结构

表 8-9

字段名	数据类型	宽度	小数	说明
编号	C	10		
日期	D	8		
部门代码	C	20		耗用费用的部门
受益部门代码	C	20		
劳务要素代码	C	20		
数量	N	10		
源单据编号	C	20		

辅助生产车间发生的费用将记录在劳务耗用的数据文件内。

3. 费用归集与分配文件的数据结构

(1) 费用归集文件结构,见表 8-10。

表 8-10

字段名	数据类型	宽度	小数	说明
费用归集编号	C	10		
日期	D	8		
归集的费用代码	C	20		
归集的费用名称	C	30		
部门代码	C	20		耗用费用的部门
成本对象代码	C	20		耗用费用的成本对象
成本项目代码	C	20		成本对象的成本项目
要素费用代码	C	20		
物料代码	C	20		
数量	N	10		
单价	N	10	2	
金额	N	10	2	
源单据编号	C	20		归集的数据来源

在信息集成环境下,企业生产经营活动所发生的费用在相关的业务系统、会计系统中记载,成本核算与管理系统需要按费用项目从相关的信息系统中获取并归集这些费用数据。文件中归集的费用代码与名称的值将其分为:(1)部门间共耗费用;(2)材料费用;(3)人工费用;(4)折旧费用;(5)其他费用类型。从这些系统分别获取对应的费用数据到归集费用文件内。

在归集过程中,如果费用数据来源的单据中已明确记载了耗用的物料、要素费用的部门与成本对象,根据费用的性质确认到对应的成本项目。如果单据中没有明确具体的成本对象,作为公耗的费用的数据,将这些数据记录在费用分配文件后,要进行费用分配计算。

(2) 费用分配文件数据结构,见表 8-11。

表 8-11

字段名	数据类型	宽度	小数	说明
费用分配编号	C	10		
日期	D	8		
费用分配项目代码	C	10		
分配标准代码	C	10		
部门代码	C	10		
成本对象代码	C	20		
成本项目代码	C	20		
分配标准数值	N	10	2	
数量	N	10		
单价	N	10	2	
分配金额	N	10	2	
费用归集编号	C	10		

对费用归集文件中属于公耗的、辅助生产车间的耗用费用进行材料费用分配、其他费用分配、辅助生产费用分配、制造费用分配。最后将费用归集、费用分配的数据按成本对象、成本项目传递到成本计算单,进行成本计算。

4. 实际工时文件数据结构

表 8-12

字段名	数据类型	宽度	小数	说明
编号	C	10		
日期	D	8		
会计期间	C			
部门代码	C	20		
成本对象代码	C	20		
工时类别	C	10		
工时	N	10		
备注	C	40		

5. 在产品分配标准文件数据结构

表 8-13

字段名	数据类型	宽度	小数	说明
编号	C	10		
部门代码	C	20		
成本对象代码	C	20		
成本项目代码	C	20		
固定金额	N	10	2	
固定比例	N	10		
约当系数	N	10		
分类法成本权重	N	10		

6. 成本计算单文件数据结构

表 8-14

字段名	数据类型	宽度	小数	说明
编号	C	10		
会计期间	C	10		
成本对象代码	C	20		
部门代码	C	20		
成本项目代码	C	20		
期初在产品产量	N	10		
期初在产品成本	N	10	2	
本期投入产量	N	10		
本期投入成本	N	10	2	
生产费用合计	N	10	2	
期末在产品产量	N	10		
期末在产品成本	N	10	2	
分配标准数据	N	10	2	
本期完工产品产量	N	10		
本期完工成本	N	10	2	
本期完工单位成本	N	10	2	

在期末,在成本计算单文件中记录企业产品的成本数据。

二、生产制造的成本核算与管理子系统的信息处理功能运行模式

(一)制造过程成本核算与管理子系统的基础资料维护、更新

1. 建立与成本核算有关的会计科目

企业应结合自身经营特点与管理的需要,在总账系统中建立与成本核算与管理相关的会计科目,使账务系统能与成本核算系统的财务数据相互进行传递,实现财务系统之间的数据的无缝链接与数据的处理,使总账系统与成本有关的凭证数据能传递到成本核算系统进行归集与分配,成本核算系统的业务数据生成的凭证能自动传递到总账。

2. 部门成本属性维护

企业信息系统的部门数据文件存放有关企业组织的部门资讯。在进行成本核算与管理时,需要分析企业每个部门业务性质,确定其成本核算类型是属于基本生产部门、辅助生产部门还是期间费用部门,并将其值输入到企业部门文件的成本核算类型属性下。如果部门的成本核算类型的值为期间费用部门,该部门所发生的费用不进入产品成本核算过程。

3. 物料与BOM文件维护

企业生产经营所涉及的各类物料存放在物料档案文件中。为了进行标准成本的核算与管理,需要设置物料的标准成本属性,录入物料的标准成本数据,如单位标准成本、单位标准工时、标准工资率等,为分配成本、预测订单成本提供依据。

如果成本核算涉及BOM的业务处理,还需要建立BOM文件。其后标准成本计算、实际成本计算,选择完工产品按BOM成本计算。

4. 核算项目——要素费用、成本项目、劳务数据的维护

要素费用是对生产费用按发生的经济内容的分类。成本项目是生产费用按不同用途的划分。劳务费用是指企业辅助生产部门为其他部门提供服务的成本。在成本核算与管理系统中,对成本要素费用、成本项目、劳务分类后,输入到要素费用、成本项目、劳务的数据文件。成本项目的输入界面如图8-3所示。

5. 核算项目——成本对象

成本对象是企业为归集和分配生产费用而确定的对象。成本对象数据源自物料文件中企业的物料记录,每个成本对象会涉及具体的成本计算方法,因此,在设置企业成本对象时,首先物料文件中必须具有物料记录,并需要定义

代码	名称	全名	审核人
5001	材料费用	材料费用	
5002	工资费用	工资费用	
5003	折旧费用	折旧费用	
5004	水费	水费	
5005	电费	电费	
5006	租金	租金	

图 8—3

其成本的计算方法。采用分批法的成本对象还需要设置录入订单号,用于订单的跟踪、订单报表查询。

6. 分配标准设置

(1) 费用分配标准定义

费用分配涉及部门间分配、费用分配、在产品分配、分类法成本分配,费用分配按实际完工产量、实际总工时、机台工时、人工工时、定额材料、实际完工产量、约当产量等定义的标准进行部门之间、在产品之间的成本分摊与分配。

(2) 费用分配标准的设置

费用分配标准的设置主要包括:部门之间共耗费用分配,基本生产部门共耗材料费用、其他要素费用的分配,辅助生产费用的分配,制造费用分配标准的设置,在产品成本分配标准,分类法成本分配标准设置。

基本生产部门的材料要素费用的共耗材料费用,在已投产的成本对象的分配标准由企业统一或按部门分别设置,费用分配标准设置可从已定义后的费用分配标准文件中选择对应选项,如定额材料、实际完工产量、实际总工时,用于其后的费用分配计算。基本生产部门的其他共耗的费用要素分配标准的设置方法基本相同。

辅助生产部门费用分配标准既可按企业统一设置,也可按照部门设置,即受益部门分配的辅助生产费用在部门内所有成本对象分配的标准,如按实际总工时进行分配。辅助生产费用的第一次分配是根据劳务的耗用情况采用代数分配法将辅助生产部门的费用分配到生产部门,辅助生产部门的费用分配是对分配到基本生产部门的费用进行第二次分配。

制造费用分配标准是对基本生产部门发生的要素费用要转入制造费用的共耗的费用进行分配的标准。

在产品成本分配标准是指在共耗费用分配后,对按成本对象和成本项目归集的期初在产品成本与本期发生成本值和在本期完工产品与期末在产品之间分配标准。既可以按照企业统一设置,即所有的成本对象的在产品成本分配标准统一为一种,也可按照成本对象设置。

(3)费用分配标准数据输入

在进行了费用标准定义、费用标准设置后,就可按成本对象进行费用分配标准数据输入,如固定金额、固定比例、约当系数、分类法成本分配权重数据的输入。

另外实际工时数据的输入除了手工输入外,在集成环节下,还可直接从生产作业管理系统的工序汇总表引入各个部门及成本对象的工时信息。而材料定额数据是在BOM数据基础上进行处理的结果,材料定额是以成本对象、产品、材料、单位耗用量来显示材料定额的数据。如果材料定额发生变化,需要通过修改BOM来修改材料定额。

(二)生产制造的成本核算与管理的信息处理功能

1. 记录成本对象的投入与产出量

成本对象的投入量是指企业各生产部门本期所加工生产的成本对象投入数量,它与期初的产品成本之和反映了一个部门已投入的成本对象的信息。在信息集成化环境下,成本对象的投入量可以直接从生产管理系统所生成的生产任务单直接获取数据。

同样,成本对象的产出量反映了企业生产部门所加工生产的成本对象完工情况,也可从生产管理系统的成本对象的入库单中引入到成本管理系统中,并将这些数据添加到成本对象的成本计算单文件,用于成本对象的成本计算。这样,通过系统的数据接口引入成本对象投入产出数据,保障了成本核算与管理系统与企业生产、仓储的信息系统的数据同步一致。

2. 记录费用数据

企业在本期生产过程中会发生各项成本费用,记录费用是将生产过程所产生要素费用的发生额进行归集。在信息集成环境下,这些费用数据来源于企业的存货核算、薪资管理、固定资产核算与管理、总账系统。通过数据接口,成本核算与管理系统从这些信息系统中归集材料费用、人工费用、折旧费用、制造费用、其他费用,并将其存放在对应的费用文件内,对于可以确定成本对象的费用,按费用要素的经济用途,归集到费用耗用部门的成本对象的成本计算表,对不能明确成本对象的共耗的费用要素将进行费用分配的计算。

3. 输入标准成本数据

标准成本数据的录入是指录入各种标准成本数据,用于标准成本的计算、标准成本分析和成本差异分析。输入的数据包括外购物料的标准成本、自制物料的标准成本、成本对象的单位标准工时、标准工资率等标准成本核算数据。有关物料的标准成本数据如果在物料档案中已有描述，可以直接将其引入。

4. 费用分配

费用分配功能主要提供生产过程中所有费用的分配，其中材料费用分配用于分配正常生产耗用的所有生产领料单，制造费用分配用于分配所有转入的制造费用的单据，辅助生产费用分配用于分配耗用部门为辅助生产部门的费用单据，其他费用分配用于分配人工、折旧以及其他系统设置的要素费用单据。

在系统设置费用分配标准后，费用分配过程自动提取对应的分配标准进行运算，完成各项费用分配作业。

5. 成本计算

在每个会计期间，当费用分配作业结束后，就可通过成本计算功能模块进行成本计算。成本计算的第一步是进行数据的合法性检验，在合法性检验通过后，系统根据对成本对象定义的成本计算方法，进行实际成本，完成产成品和在产品之间的成本分配，同时计算废品损失、在实际完成产量下计算标准成本。

6. 凭证处理

用户在以有效数据进行成本计算后，可以进行本期的凭证处理，在生成凭证前，首先要定义凭证。成本系统涉及的凭证被分成四种：结转制造费用、结转辅助生产成本、结转盘点损失、结转工序产品耗用。系统将自动显示需要结转的金额，用户可以手工输入凭证的其他信息。

系统自动将需要生成凭证的记录汇总，用户通过选择凭证生成的方式，决定如何生成凭证，系统根据用户的需要，按总账规定的凭证格式生成凭证，完成向总账子系统传递数据的功能。

（三）生产制造的成本核算与管理信息输出功能

在产品成本计算后，这些数据存在成本对象的成本计算单内。通过对这些成本的数据进行加工处理，就可为管理者提供成本分析、成本预测、成本控制的信息。

1. 成本分析

成本分析主要对成本计算后的数据进行进一步的加工处理，分析成本升降的原因。分析的内容包括成本结构分析、成本比较分析、期间成本分析、期间单位成本分析、成本性态分析等。通过不同角度的分析，为管理者提供企业成本构成情况，指导企业控制成本重心；通过成本类型之间的分析，掌握企业成本控制的力度；通过不同期间的成本分析，掌握企业成本的重大影响因素，为企业成本决策提供依据。

2. 成本预测

成本预测是指通过以前若干期间实际成本计算结果预测以后的期间成本数据。预测方法包括移动平均法、时序移动平均法等，这些方法的算法被嵌入在成本管理系统内，在运行成本预测功能时，调用这些算法对成本数据进行运算，提供有关成本预测分析、订单成本预测分析等信息。

3. 本量利分析与价格决策

在对成本对象的成本项目定义了成本性态后，从销售系统获取成本对象的销售价值信息，就可以进行成本对象的本量利分析。系统应用本量利计算模型，对成本系统的成本数据进行处理，分析价格变动对目标利润的影响，作盈亏平衡分析，为产品生产、定价决策提供依据。

4. 成本控制

在对成本对象输入标准成本数据后，成本核算与管理系统就可将实际成本计算的结果与标准成本数据进行比较分析，提供有关成本对象的成本项目的差异分析，如直接材料成本差异、直接人工差异、变动制造费用差异、固定制造费用差异分析，为管理者进行成本控制提供依据。

第9章 集成账务处理与财务报告生成子系统

第一节 集成账务处理与财务报告概述

总账子系统和财务报告生成子系统是企业进行财务核算、报告财务信息的作业中心。在集成环境下，应收、应付、存货核算、薪酬核算、固定资产核算对链接的业务信息系统传递的业务数据进行处理，所产生的财务数据流最终流到总账子系统，进行账务处理，生成规范的财务报告。

一、账务处理

在财务会计信息处理过程中，会计方法包括会计核算方法、会计分析方法、会计检查方法等。会计核算方法包括：设置账户（会计科目）、复式记账、填制和审核凭证、登记账簿、成本计算、财产清查、编制财务报表等七种。其中前四种构成总账系统。

1. 设置会计科目

设置会计科目是对会计对象的具体经济业务按经济实质进行分类核算、归集的一种专门方法。在企业生命周期中，经营过程实质上是不断筹资、投资、消耗资源、创造价值的循环过程。设置会计科目是对企业的各项经济业务规范地定义分类标准，进行经济核算，系统反映会计对象的经济运行的本质，满足使用者对价值运动信息的需求。

设置会计科目要把握会计要素的基本特征，具体体现为：

类聚性与层次性。类聚性是指性质相同或相近的项目要联合归于一类；层次性是指某一类会计科目所包含的内容可以划分为若干层次。

独立性与关联性。不同类的会计科目之间是独立的,它们之间互不重复,各代表某一方面的核算内容。但是它们之间又是紧密联系的,通过企业经营活动的经济事项联系在一起。而它们共同构成的结构图,能反映企业筹资、投资、经营等经济活动的分类价值信息,揭示企业价值创造活动运行轨迹与利益相关者之间的经济关系,以及企业财务核算与管理的内容。

口径一致,相互可比。科目的设置符合财政部颁布的企业会计制度规定。

相对稳定性和发展性。在设置会计科目时,在符合会计制度规范的前提下,结合企业组织结构、业务范围、信息需求、管理要求,科学地设置企业的会计科目体系与会计科目的经济属性,使会计科目在一定时期能保持相当的稳定性。而随着企业经营环境的变化,又能灵活、便捷地进行维护更新,使会计数据的识别、记录、处理、分析、比较、汇总能顺利完成。

2. 复式记账

复式记账就是对企业的每项经济业务,以相同的金额同时在两个或两个以上的相互联系的账户中进行登记,借以完整地反映经济业务的方法。

经济活动中,每项经济业务的发生都会引起两方面的资金形式变化。比如销售产品取得现金,一方面引起现金的增加,另一方面引起销售收入的增加。这种变化都需要在两个以上的账户中同时登记才能完整地反映资金的来龙去脉,才能把经济业务连续记录下来。

3. 填制和审核凭证

会计凭证是记录经济业务、明确经济责任的书面证明,是登记账簿的依据。只有经过审核并认为是正确无误的会计凭证,才能作为记账的依据。填制和审核会计凭证,不仅为经济管理提供真实可靠的数据资料,也是实行会计监督的一个重要方面。

在集成化的信息系统中,会计凭证作为总账子系统与应收、应付、固定资产核算、存货核算、成本核算、薪酬核算,以及预算管理、资金管理的数据传递接口,将业务核算的经济数据变换处理为会计数据,并传递到总账。因此,记录到总账系统中的凭证数据应与传递过来的业务核算系统的数据建立关联关系,保障会计数据与业务数据的可追溯性与一致性。在凭证输入环节,采用各种各样的校验措施——平衡校验、重复校验、科目正确性校验,信息处理流程的内部控制方法,保证记录到账簿的数据正确,以提高输出的会计信息质量。

记账凭证的格式通常有收款凭证、付款凭证、转账凭证格式,有现金凭证、银行凭证、转账凭证格式;有现收凭证、现付凭证、银收凭证、银付凭证格式等。虽然从数据处理的角度上看,凭证的数据格式并没有本质变化,仅仅是数据的输入形式不同。究竟采用哪一种凭证格式的方案,总账的使用者可以根据以往使用的习惯及系统的适用范围来确定。

无论采用何种凭证格式,关键的是记账凭证由哪些数据项组成。通常它们都应包括诸如凭证名称、凭证日期、摘要、会计科目、金额、附件张数、责任人等记账凭证必须具备的这些数据项。此外,在信息集成环境下,经济事项涉及企业的参与者,以及一些对应的核算项目,在记账凭证中增加与会计科目所对应的经济事项相关联的实体信息,如供应商、客户、成本项目等,这样就扩展了记账凭证记录的信息含量,为其后的多维的会计信息处理与信息输出奠定基础。

4. 登记账簿

账簿是用来连续、全面、系统地记录各项经济业务的簿籍,是保存会计数据资料的重要工具。登记账簿就是将会计凭证记录的经济业务,序时、分类地记入有关簿籍中设置的各个账户,并定期进行结账、对账,以便为编制财务报表提供完整而又系统的财务数据。

经济业务全部记入会计凭证,只是取得了一个记账的依据。会计凭证记录的会计事项是大量的、分散的,只有按经济发生的性质分类记录到有关账户内,才能提供比较系统的财务信息。因此,无论是以传统手工方式、以纸介质形式记录的会计凭证,还是以计算机方式、以磁介质记录的会计凭证,都需要按会计科目的分类标准分别归集记账凭证的会计数据,转存、登记到会计账簿。账簿是账户的集合,是记录和存储财务信息的数据库,是编制报表的依据。

手工会计下,通常设置以下几类账簿:一是总账(常用的格式是三栏式)、二是现金和银行存款日记账(常用三栏式)、三是明细账(明细账的账页格式因登记的内容而异:如存货类通常用数量金额式,成本费用类通常用多栏式,往来类账户通常用三栏式,涉及外币的通常用数量外币式等等)。应用计算机进行总账的会计核算所形成的总账与明细账,其数据关系是在相同的数据来源——会计凭证文件的基础上按科目递归层次逐级汇总形成,只要凭证文件的数据项记录的会计数据多样化,就可为信息使用者输出多种形式的账簿格式的财务信息。

二、财务报告

(一)财务报告的目的

财务报告是会计核算的最终产品。它是根据日常会计核算资料,定期编制，用于综合反映企业在一定时期内的财务状况、经营成果、理财过程与结果的书面文件，是企业向内外部利益相关者传递财务信息的重要工具。

在市场经济中，作为现代企业，由于所有权与经营权分离，存在着企业"外部"与企业"内部"之间资源的委托经营与受托经营的关系。同时现代企业必须面向市场，进行投资、筹资和经营活动，这在客观上都要求企业不断向市场披露信息以便帮助现在的、潜在的投资者，债权人和其他使用者做出合理的投资、信贷以及其他相关决策。

另外，随着市场竞争加剧，企业管理者为了提升企业的竞争力与价值创造能力，也需要大量的财务信息进行企业的战略、战术、业务方面的决策与管理和流程控制。这样，企业内部的各层管理人员除了从规范的财务报表中了解企业总体的经营信息，还需要与管理决策相关的个性化财务报告，辅助他们的管理活动。

因此，财务报告系统通过对记录在会计账簿数据进一步的处理、汇总、整理，按照规范的或定制的编制方法，定期或适时为企业的投资者、债权人、协作企业、员工、管理者以及上级主管部门提供总括性的财务报告与个性化的财务报告。其目的是反映经营者的受托责任的履行状况，为这些企业利益相关者提供决策有用的财务信息。

(二)编制财务报告的要求

财务报告分为内部报告和外部报告。无论是内部报告或外部报告，都要求报表的数据来源真实、计算准确、输出报告及时、内容完整、正确、与决策相关。

在编制财务报告过程中，通常要采用诸如盘点财产、核对账簿、账实相符、账证相符、账账相符的核对方法，保障财务报告的原始数据能客观地、有根据地反映企业的经济活动情况。在财务报告的计算过程中，还要根据各类报表之间的钩稽关系，对有关计算结果进行验证与核对，确保设置的各类报表计算模板的算法正确，数据处理流程规范，数据处理步骤准确无误，使最后的输出结果内容完整、正确，满足报表内容规范的要求，能全面反映企业的财务状态和经济成果。

(三)财务报告的作用

1. 满足企业内部管理的需要

在企业经营管理过程中，事先要有全面的战略规划与细致的执行计划，事中要加强作业流程控制和协调，事后要对企业的业绩进行总结和评价。财务报告是对企业发生的经济数据按决策的要求归纳和总结的结果，并形成与决策相关的各类外部财务报表与内部财务报表。经营者通过财务报表提供的信息,了解企业的资金分布、企业经营业绩状况,通过对实际数据与预算指标的比较,分析经营薄弱环节,及时对业务流程的各类经济活动进行控制。应用财务报表提供的历史数据,进行企业运营趋势统计分析与预测,为编制企业经营计划与战略规划提供决策依据。

2. 满足投资者、债权人的决策需求

投资者、债权人与企业有着密切的经济关系。投资者为企业经营提供承担经营风险的资本,同时对企业偿还债务后的剩余资源拥有所有权。债权人向企业贷款或持有企业债券。在现代企业制度下,虽然企业所有者和债权人并不直接参与企业经营活动,但他们需要通过财务报告来了解企业营运状况、企业绩效与管理者的经营能力,并据此进行对应的决策。

例如,财务报告所提供有关企业绩效信息与价值创造的信息,为投资者考核经理人员受托责任完成情况,评价管理人员经营业绩提供依据。他们可以通过企业财务报告提供的信息,计算股价和盈利比率,评估企业价值创造能力,做出有关投资方面的决策。债权人也可通过财务报告所提供的财务信息,分析企业财务结构、流动比率、速动比率、应收账款等,评估企业偿债能力,确定贷款数额、利息率、贷款期和必要的保险,降低信贷风险。

3. 满足国家宏观调控和管理的需求

国家行政管理部门通过汇总企业财务报告,可以总括反映国民经济的财务状况、经济实力、盈利水平、存在问题,为国家制定政策、进行计划和保持国民经济平衡提供重要的依据。同时,主管部门通过了解财务报表提供的财务信息,检查和评价企业对国家有关法规、方针政策的执行情况。财政税务部门可以利用财务报表检查企业税款计算是否正确,是否及时足额上缴国家。

4. 满足职工了解企业经济状况需求

职工与企业利益存在密切的关系,他们总是期望能在长期保持盈利的企业工作,以获得较高的工资报酬和拥有良好的工作环境与福利待遇。财务报告能帮助职工评估企业的经济状况、存在的风险和发展潜力,并由此判断就业、提薪和升职的可能性。

5. 满足供应链的供应商、客户的信息需求

作为企业的战略伙伴,供应商关注的是企业的长期经营能力、商业信誉和偿债能力。财务报告在帮助供应商评价企业的长期生存能力、偿债能力上发挥重大作用。客户往往需要了解企业长期供应商品的能力、产品价格、成本和性能以及售后服务等。财务报告能帮助顾客预测企业生存和发展的可能性,评估产品价格的合理性和售后服务。因此财务报告的财务信息对于供应商、客户能否继续建立支持企业的信心起十分重要的作用。

第二节 集成账务处理与财务报告生成的信息处理活动

一、集成账务信息处理活动

总账是集成财务核算与管理信息系统的核心部分。它以会计凭证为主要输入来源,通过会计凭证数据结构设计,使企业业务、会计核算系统的数据实现无缝链接,并通过账务信息处理流程,对会计数据进行系统处理、传递与共享,为财务报告的生成提供基础数据。

1. 系统初始设置

在财务核算与管理信息系统中,与每个核算实体的经济事项有关的参与者、资源等实体数据、事项数据、财务属性数据都需要进行设置、记录、存储在核算单位的账套数据库中。与总账子系统有关的初始设置包括建立会计科目、核算的币别、核算项目、期初会计数据等有关资料,核对这些数据的正确性、平衡校验会计数据,根据实际的业务需要设置系统控制参数,例如预算控制,完成总账的初始设置作业。

2. 凭证处理

在实现总账的初始设置后,财务人员将以记账凭证的方式对业务数据进行规范会计处理,系统、连续、全面记录核算单位所发生的各项经济业务。凭证处理包括凭证的输入、审核、记账作业。

在集成环境下,财务核算与管理信息系统以各种不同作业形式生成会计凭证数据。包括如手工输入;在各个财务核算子系统中根据业务事项与会计要素的对应关系,建立会计凭证模板,在记录业务事件的同时,由事件触发机制运行会计凭证模板,自动催生会计凭证生成,并传递到总账子系统。

定义总账子系统内部设置凭证模板,在会计期末,运行模板,进行期末调汇、处理汇兑损益、结转损益等会计期末的数据操作,自动生成模板定义的会计凭证。

审核会计凭证的准确性。根据原始凭证,检查录入的会计凭证数据是否完整、准确、符合会计制度。

将经过审核的会计凭证过账登记到会计账簿。

3. 期末处理业务

在会计期末,所有的会计事项均已生成会计凭证且记账的情况下,进行期末的结账操作。

在集成环境下,按业务数据处理的逻辑顺序进行结账作业,先进行业务信息系统的结账,然后进行相关会计核算系统,如薪酬核算、固定资产核算、应收、应付、存货核算、生产成本结账,最后总账子系统结账。在结转结束后进入下一个会计作业期间。

4. 查询输出各类账簿与辅助账簿的会计数据

在集成环境下,通过总账子系统与其他信息系统的逻辑关系,可以查询各类总账、明细账、会计凭证、业务凭证的数据。

二、财务报告的信息处理活动

(一)财务报表的分类

企业编制的财务报表,按照不同的方式划分,有下列几种类型。

1. 内部报表和外部报表

企业的利益相关者不同,他们所需要的信息系统提供的决策信息存在差异。按对内和对外提供财务报告划分,可分为企业内部管理需要的财务报表和向外报送的财务报表两大类。内部财务报表是主要侧重于满足企业内部经营管理需要而编制的不对外公开的财务报表。如产品成本表、制造费用表、产品销售费用表等,具体种类和格式由企业根据管理的需要自行设定。对外财务报表必须符合会计准则的要求,按一定标准的格式进行编制。如资产负债表、利润表、现金流量表、利润分配表、主营业务收支明细表等。反映企业财务状况、运营水平、利益分配。使外部信息使用者了解企业的资产构成、资金来源的结构,资金流动程度和企业的偿债能力,企业经营业绩和赢利水平。

2. 动态报表和静态报表

按其所反映的内容可分为动态报表和静态报表。动态报表反映的是一定时期内资金耗费和资金收回报表,或反映一定时期经营成果的报表,如利润表。静态财务报表反映某一特定日期资产总额和各种权益,如资产负债表反映某一时点上的资产、负债和所有者权益。

3. 按编报的时间分类

按财务报表的编报时间,可分为月报、季报、半年报告、年度报告。

4. 按财务报表各项所反映的内容,可分为个别报表和合并报表

如果企业的组织形式是集团企业,各子公司独立编制本企业的报表,然后汇总到母公司,则各子公司编制的财务报表是个别报表,表中数据反映的是本企业的经济内容。合并报表由母公司编制,一般包括控股子公司财务报表的有关内容,通过编制和分析合并报表,可以向报表使用者提供公司集团的财务状态和经营成果信息。

(二)财务报表自动生成的信息处理活动

财务报告的信息处理流程主要进行各类财务报告表格文件的处理。在报表子系统中,需要为每一张财务报表定义报表结构、数据获取方式、报表数据的计算算法,由此形成各类财务报表的模板。其后在需要输出财务报告时,直接调用对应的报表模板,运行后输出各类的财务报表。工作流程分为五个步骤:

(1)新建报表文件。

(2)建立或维护报表结构模板。用户在报表系统软件的帮助提示下,输入报表的标题、定义报表的结构。对外报表的设计应要求报表的结构符合规定格式。对内报表的结构根据企业应用的目的和要求编制。报表数据的填写方式可以由用户直接从计算机终端输入或从有关的账簿、其他报表获取。财务报表无论是对内报表或对外报表,它总是表示为某一时期经济业务的数据归纳和总结,提供概括性的信息。一般它的数据源总存在相关的数据库文件中,需要我们定义数据获取和计算的公式,由计算机程序识别这些公式的含义,从而到相关的数据源中获取数据并进行加工。特别是对外报表的生成,如资产负债表、利润表的数据应由报表系统按一定的计算方式从有关会计账簿文件、报表文件中获取。

(3)审核报表模板的数据的钩稽关系与运算表达式的正确性。

(4)存储报表模板。

(5)报表编制与输出。打开报表系统存储的报表文件,系统自动运行该报表模板的定义的取数函数、运算表达式。根据报表模板数据来源的约定,以及输入的时间界定,从企业账套数据库的数据文件中采集相关数据,填入报表有关的表单元中,或通过键盘输入有关数据,经过表间逻辑运算和钩稽关系检查、报表单元定义的表达式的运算,使这张财务报表的数据生成,并以报表模板定义的数据输出格式,为信息使用者输出报表。

第三节 集成账务处理与财务报告信息流程逻辑结构模型

一、集成账务信息流程逻辑结构模型

总账的集成账务处理的信息流程通过会计凭证与企业其他财务核算与管理子系统进行数据传递和信息处理，整个信息流程由总账基础数据维护更新、总账的信息处理、账簿信息输出三类信息处理活动组成。

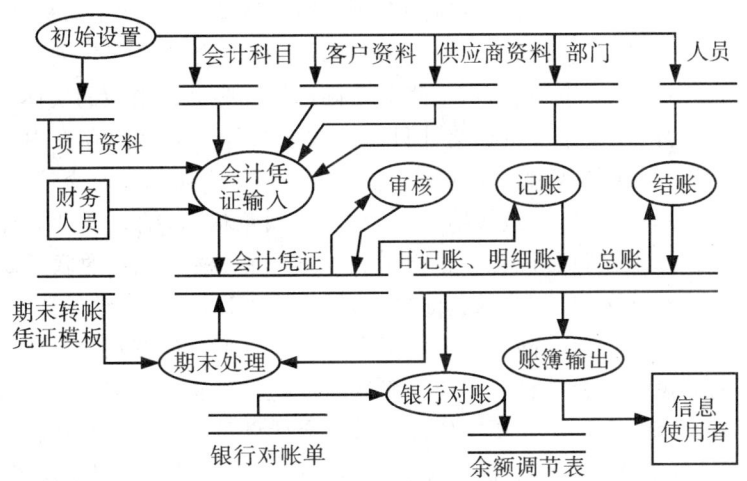

图 9-1

（一）总账基础数据维护、更新

账套是一个会计核算单位存放各类数据的载体，从计算机信息计算的角度看，建立核算企业的账套实质上是在计算机系统中建立一个企业的数据库，其后与企业经济事项有关的所有业务与会计核算的数据以数据文件的形式安放在数据库的相应文件中。

在建立账套后，总账子系统就需要进行基础数据初始设置，并将输入的数据存在这些文件内。

1. 会计科目的设置

会计科目是填制会计凭证、登记会计账簿、编制财务报表的基础。由会计科目形成一个完整的、系统的核算体系,会计科目设置直接影响会计核算的详细、准确程度。

因此,在一些软件中需要定义会计科目的代码级别以及每一级的长度。由于不同性质的核算单位其会计核算的内容有所不同,相同性质的企业其核算的繁简程度有所不同。但对于一个特定的单位而言,在某一时间内,其会计核算的级次是可以确定的。会计科目设置还应注意用户科目升级的要求。例如,某单位在启用系统时定义采用三级核算,第一级科目代码长 4 位,第二、三级分别为 2 位。在以后的业务发展中,需要分四级核算,那么原有的代码体系能否适应这种变化,就显得尤为重要。

在企业经营过程中,参与者通过企业的经济活动,使企业不断从外部获取资源、加工作业、创造价值。会计科目是会计事项的会计要素分类的细化,当经济活动所引发会计事项发生,一些会计科目与这些会计事项的实体、对象有着一种隐含的内在联系。例如会计科目应收账款与企业客户存在内在联系,而与管理费用会计科目相关联的是企业管理部门。当我们在对会计科目属性的描述中增加会计科目与核算项目、参与者的联系信息,输入会计凭证,录入会计科目后,如果在科目设置中建立了它与参与者、核算项目的联系属性,就会触发录入与会计科目相连的具体参与者、核算项目,这时会计凭证不仅记录了会计要素的价值变化,同时也记录了影响会计要素价值变化的具体对象。

例如,当设置了会计科目的应收账款的辅助核算属性为客户后,在输入应收账款的会计凭证时,不仅要在凭证的借方会计科目栏输入应收账款,还要求在这张会计凭证输入未付款的具体客户名。这张会计凭证不仅记录了会计事项,而且也记录了与该事项相关的实体或核算项目。这样,会计凭证的数据项所包含的信息量就比传统凭证多,使得总账系统除了能按会计科目的分类标准输出总账、明细账簿的会计信息外,还可以按照凭证记录的实体、核算项目分类标准,归集会计事项的经济数据,输出辅助账财务信息。

2. 供应商、客户、部门、人员、核算项目的设置

在会计科目设置中,如果输入的会计科目数据设置了辅助核算,即会计科目体系中,一些会计科目建立与供应商、客户、部门、人员、核算项目的联系属性,在其后的基础数据设置中,就必须在供应商、客户、部门、人员的数据文件中输入企业这些实体的具体数据。

企业在实际的业务处理过程中,会对各种类型的项目进行核算。例如在建工程、对外投资、技术改造项目、成本对象等。在具体核算项目的设置中,可以将具有相同特性的一类项目定义成一个大类,其后在此基础上再定义该类下的多个项目。这些对具体核算项目进行描述的数据记录到项目资料文件。

3. 凭证种类设置

会计凭证作为总账的数据输入端口,不同的单位凭证种类的设置不尽相同,但是其数据结构基本是相同的。在设置中,可以根据不同的凭证种类所记录的不同会计事项的特点,对一些字段的输入值进行控制,提高输入数据的准确性。例如,设置收款凭证的借方科目必有现金或银行存款,这样总账或其他业务系统用收款凭证记录会计事项时,如果凭证的借方科目没有出现现金或银行存款,系统就会检测出输入的问题,提醒操作者修正,以保障总账在输入端口上无论是操作员用手工录入或从其他核算系统传递的会计凭证的数据的正确性。通常总账的应用软件预先需要设置一些常见的凭证类型,让用户根据需要进行选择;也可以完全让用户根据业务需要自行定义会计凭证种类。

4. 系统使用人员管理

根据会计工作组织和分工的要求,加强内部会计控制,对于不同的工作岗位有时需要由不同的人员担任。为了规范会计系统使用人员的范围,使会计人员各司其职、各负其责,通常在建立账套后,由系统管理员进行用户角色的设置和权限的设置。权限的设置包括功能权限、字段权限、数据权限,并对不同的使用人员赋以不同的口令,这样既可防止非法用户进入系统,也对合法用户规定其合理的使用范围,从而保证了会计数据的安全。

5. 外汇汇率管理

企业有外部核算业务,需要设置币别,定义记账汇率、折算方式,以便对不同的外币汇率进行管理。

6. 期末转账会计凭证模板的设置

期末会计转账包括费用分配结转、费用分摊、计提各项费用、销售成本结转、汇兑损益、期间损益结转等。使用者设置期末转账凭证模板,定义模板中对会计科目的取数表达式,以便用于在会计期末的转账处理。

7. 初始会计数据输入

为了保证会计数据的连续、完整,并与其他业务系统的数据相衔接,保持数据的一致性,在进行了初始设置后,在总账系统中需要将初始会计数据录入到系统中。在初始余额录入时,我们应该注意的是系统应该只接受最明细科目的金额,对于其上级科目的余额应该由系统自动产生;此外对于初始余额系统应提供校验功能,以确保期初余额的借贷平衡。

(二)总账数据处理

从账务处理系统的流程可以看出,账务处理工作一般包括凭证处理(输入和审核)、账簿处理(记账、结账)、银行对账(对账单的输入和核对)、数据输出(凭证查询打印、账簿查询打印)、数据备份等,以上几部分工作共同完成账务的处理工作。

1. 会计凭证输入

会计记账凭证是登记会计账簿的依据,是保证会计信息质量的基础。财务会计核算业务中,会计凭证的数据输入有三种方式。一是用户直接在计算机上根据业务系统传递的审核无误的原始凭证填制记账凭证;二是从业务系统的数据库中读取经过业务稽核后的业务原始凭证数据,按业务类别与会计科目分类转化关系标准,自动分类汇总后生成会计凭证;三是期末由运行机制凭证生成会计凭证。

2. 凭证修改

尽管在输入凭证时采用了各种各样的校验措施,但并不能确保所保存的凭证是正确无误的。对于这些已经记录在凭证数据库文件的错误凭证,如果还没有经过审核,凭证输入人员可以直接进行修改,如果经过审核但未记账,由审核人员取消审核,凭证输入人员再对这张凭证进行修改。

3. 会计凭证审核

审核凭证是具有审核权限的会计人员依据财务会计制度规范,对制单员填制或自动生成的会计凭证进行检查核对,进行会计稽核作业。主要审核记账凭证是否与原始凭证相符,会计分录是否正确等,审查认为错误或有异议的凭证,应交与填制人员修改,只有经过核算的会计凭证才能登记账簿。

4. 会计凭证记账

记账凭证经审核签字后,登记总账和明细账、日记账、备查账等。

5. 期末处理

在会计期末,按会计凭证生成模板的取数定义方式,从会计账簿取对应数据进行会计期末处理,计提公积金利息,结转收入、支出等,自动形成会计凭证,记录到会计凭证文件,并对其进行审核后登记会计账簿。

6. 结账

在会计期末,在业务信息系统的流水账都结账结束后,进行会计结账工作。

(三)银行对账

银行对账采用自动对账与手工对账相结合的方式。根据输入的银行对账单,核对银行日记账,输出银行存款余额调节表。

由于存在未达账项或(银行或企业的)记账错误,银行将不属于企业的收支记在企业的银行账上是常有的,加之存在着未达账项或企业本身记账的错误,这些情况常使企业银行存款日记账的余额与银行对账单的余额不一致。这就使得银行对账这项工作成为不可缺少的部分。

1. 未达账初始数据确认

为了确保银行对账的正确性,在使用银行对账模块前,将银行未达账和企业未达账输入到系统中。手工银行对账转换为计算机银行对账时需做两个初始化工作,一是把所有的未达银行业务通过输入银行对账单功能输入计算机;二是把所有的日记账业务通过编辑调整日记账未达账项功能输入计算机。未达账初始数据主要包括:银行存款科目名称、日期、凭证类别、结算方式、结算号、收入金额、发出金额。

2. 编辑输入银行对账单

本功能用于输入、修改银行提供的对账单。银行对账单的输入方式有两种:一是手工输入,二是软盘读入。若银行提供的对账单是以纸张为存贮媒介的,则宜采用第一种方法;若银行提供的对账单是以软盘等磁性介质为存贮媒介的,则宜采用第二种方法。

3. 银行对账

可以有两种对账方法:

其一是手工核销未达账项。由于同一笔经济业务在"银行日记账"和"银行对账单"上记录的口径不一致,例如,日记账中的有关数据项不全导致系统无法自动对账,此时可以用手工核销的方法,逐笔核销日记账和银行对账单上相同的经济业务。

其二是自动银行对账。即根据结算方式或金额对银行存款日记账上的有关记录和银行对账单上的有关记录进行核销。

4. 银行存款余额调节表

生成和输出某银行科目的银行存款余额调节表。

(四)账簿数据输出

1. 日报单

对于现金要求做到日清月结,即出纳人员每天将现金的余额与账存数进行核对,同时要编制出现金日报单,以汇总出某一天的现金收支和结余情况。

在信息化环境下,同样要求系统可以编制现金日报单,除此之外,还可以应用户的需求,编制对应账户的日报单。

2. 日记账

在信息化环境下，任何账户均可以以日记账的形式输出。其数据来源就是账簿数据库文件，根据用户选择的一级账户代码（或名称），由系统根据日期的先后顺序自动产生相关的日记账格式。

日记账区别于明细账的一个重要标志是：日记账必须每天结算出发生额合计和余额。这就要求以日记账格式输出的账户，必须根据科目数据库中的有关记录和账簿数据库文件中的有关记录计算出每一天的余额和发生额。

日记账输出的格式与手工会计下的格式基本相同，即应包括日期、凭证种类、凭证号数、摘要、对方科目、收入金额、付出金额、余额等。

3. 明细账

明细账的处理方式与日记账基本相同。只是明细账还有其自身的特点，例如，要输出原材料（一级代码为 1211）明细账，此时应根据当初定义的格式（譬如用户在定义原材料科目时将其定义为数量金额式账户）输出。因此在定义一个会计科目时，应定义其账户格式，以便明细账的数据输出。

4. 多栏式账簿

一般地，成本费用类科目、应交税金的二级科目应交增值税科目等常用多栏式表示。为了满足用户的需求，电算化会计系统同样应提供相应的功能。究竟哪些账户用多栏式输出、是借方分栏还是贷方分栏，这些都可以由用户自行决定，系统只需根据用户的定义自动生成即可。必须要指出的是，在电算化会计中，只要某一科目有下级科目，均可以用多栏式输出。

5. 总账和科目余额表

总账通常以科目汇总表的形式体现。在手工会计下，设置总账的主要目的是为了统驭和控制明细账和日记账，而在集成财务下，由于数出一门，总账与明细账、日记账之间的控制被系统所取代，但考虑到用户使用的习惯和编制财务报表的方便，仍设总账，但可将它与科目汇总表合二为一。亦即在科目汇总表中设置科目的期初余额和每一个会计期间的发生额，从而随时可以动态地反映出每一个科目的期末余额。

6. 辅助账输出

如果在会计记账凭证文件中记录了会计科目、客户、供应商、部门、人员，以及项目的辅助核算数据，以这些项目为关键字对会计凭证的数据进行组织，形成各类的辅助账，可为使用者输出有关这些辅助账簿的会计信息。

二、财务报告信息流程逻辑结构模型

财务报告信息流程包括构建财务报表的模板、运行财务报表模板、从数据源获取数据进行报表的计算、生成财务报表并以一定的输出格式为信息使用者输出报表信息,其数据流程图如图9-2所示。

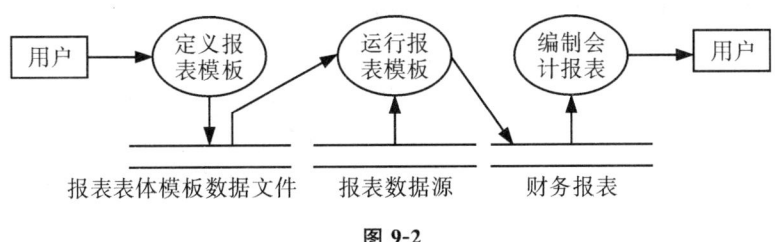

图 9-2

财务报表是对企业经济业务的一种概括和总结。账簿数据是编制财务报表的主要依据。数据真实、计算正确、可用性是财务报表的基本要求。因此,在编制财务报表之前,要把各项债权、债务、收入、费用及时入账,并做好有关的调整分录,做到账账相符、账表相符、账实相符。在编制报表时,报表与报表之间的钩稽关系,要认真核对,做到互相一致,不出差错。

以资产负债表、利润表、现金流量表为例,资产负债表的数据可以直接根据总分类账户余额填写,根据若干个总分类账户余额分析计算填写,根据明细分类账余额填写,根据若干明细分类账户分析计算填写,根据报表项目之间的关系计算填写;利润表数据要根据账户的发生额及报表项目间的关系分析计算填写;现金流量表数据则根据资产负债表和利润表的有关项目、有关账户的发生额和余额分析计算填写。

当企业对外投资达到被投资企业资产的一定比例,应编制合并财务报表。合并财务报表是反映投资企业与被投资企业作为一个整体的财务状况、经营成果等方面的书面文件。合并财务报表的数据来源有两部分:一是子、母公司的个别财务报表,子、母公司的个别财务报表是根据子、母公司账簿数据生成;二是抵消母公司与子公司、子公司相互之间发生的经济业务对个别财务报表影响的抵消会计分录,抵消会计分录是在母公司与子公司、子公司之间账簿记录核对的基础上根据母公司和子公司的账簿记录及相关资料编制的。

在信息集成环境下,通常在业务处理、财务核算的信息流程中,由于信息系统自动化程度的提高,减少许多人工的误操作,如果输入的数据准确,经过计算机处理后,就能有效保证记录在账簿上的数据的正确性。因此当用户通过财务报表子系统构建财务报表模板时,关键的问题在于要准确定义有关需要计算的表单元的运算表达式,这样报表子系统在运行时,计算机按照报表模板表单元的表达式,从指定的数据源获取报表模板设置的财务数据并进行运算,由此生成的财务报表在一定程度上能保障所输出的财务信息的准确性、可靠性和一致性。

合并财务报表的数据来源是母、子公司各自财务子系统产生的财务报表数据,企业集团内部交易核对后需编制带抵消的会计分录。母公司的财务报表数据可由系统自动传输到要执行合并的数据文件,子公司的财务报表数据可以上报或传输到母公司财务报表系统,目前抵消会计分录多以人工输入的方式进入财务报表系统,如果企业集团各公司间联网,就可以通过网上自动生成抵消会计分录。

第四节 总账子系统的数据结构模型与信息处理运行模式

一、总账子系统的数据结构模型

(一)会计科目与核算项目文件的数据结构

1. 会计科目文件

会计科目文件存储财务核算与管理信息系统所有的会计科目数据。

文件的数据结构主要包括:

会计科目编码:科目编码必须唯一,科目编码必须按其级次的先后次序建立。

科目名称:资产、负债、所有者权益、成本、损益。

辅助核算:用于说明本科目是否有其他核算要求,系统除完成一般的总账、明细账核算外,并提供以下专项核算功能:(1)部门核算;(2)员工核算;(3)供应商核算;(4)客户核算;(5)项目核算。

银行账、日记账,现金科目、银行科目核算:用于说明科目是否其他核算要求,如银行账、日记账等。一般情况下,现金科目要设为日记账;银行存款科目要按存款账户设为银行账和日记账。

科目性质(余额方向):增加登记在借方的科目,科目性质为借方;增加登记在贷方的科目,科目性质为贷方。

封存:被封存的科目在制单时不可以使用。

表 9-1 会计科目文件

字段名	数据类型	宽度	小数	说明
会计科目代码	C	30		
科目名称	C	40		
科目类别	C	20		资产、负债、所有者权益、成本、损益
科目性质	C	4		余额方向是借方或贷方
外部核算	L	1		是否外币核算
外币币种	C	20		
数量核算	L	1		是否数量核算
计量单位	C	20		
部门核算	L	1		值为真,部门辅助核算
个人核算	L	1		值为真,个人辅助核算
供应商核算	L	1		值为真,供应商往来辅助核算
客户核算	L	1		值为真,客户往来辅助核算
项目核算	L	1		值为真,项目辅助核算
现金科目	L	1		值为真,科目是现金科目
银行科目	L	1		值为真。科目是银行科目
银行账	L	1		是否为银行账
日记账	L	1		是否要建立日记账

2. 项目文件

(1)项目类别

表 9-2

字段名	数据类型	宽度	小数	说明
项目类别编码	C	10		
类别名称	C	20		
会计科目代码	C	20		需要进行项目核算的会计科目

(2)项目资料文件

表 9-3

字段名	数据类型	宽度	小数	说明
项目编号	C	10		
项目名称	C	20		
项目类别代码	C	20		项目所属的类别
是否结算	L	1		

不同大类的项目,项目资料的数据项的内容存在差异。系统可以按项目类别记录的项目大类,分别建立各自类别的项目资料文件,记录该类别的具体核算项目。

3. 记录会计科目的期初、发生额的数据文件

表 9-4

字段名	数据类型	宽度	小数	说明
科目代码	C	20		
方向	C	20		
月份	C	20		
期初余额	N	10	2	
借方发生额	N	10	2	
贷方发生额	N	10	2	
期末余额	N	10	2	

(二)记录会计事项的凭证文件

1. 会计凭证文件

会计凭证文件由以下两个数据文件组成,记录会计事项以及与会计科目对应的辅助核算实体的数据。

表 9-5 会计凭证文件数据结构 1

字段名	数据类型	宽度	小数	说明
凭证编号	C	10		
凭证种类编号	C	20		收款凭证、付款凭证等
附件数	C	20		
日期	D	8		
制单	C	8		制单操作员签字
出纳	C	8		出纳签字
审核	C	8		审核操作员签字
记账	C	8		记账操作员签字

表 9-6 会计凭证文件数据结构 2

字段名	数据类型	宽度	小数	说明
会计凭证编号	C	20		
摘要	C	20		
借方科目	C	20		
贷方科目	C	20		
金额	N	10	2	
供应商代码	C	20		
客户代码	C	20		
部门代码	C	10		
人员代码	C	10		
项目编号	C	10		
外币金额	N	10	2	
结算方式	C	10		

2. 会计凭证与其他系统的联系文件

如果会计凭证是由其他核算系统传递到总账系统,则通过建立会计凭证编号与业务单据编号的连接关系,保障数据的一致性、集成性,以及数据的追溯途径。

表 9-7

字段名	数据类型	宽度	小数	说明
凭证编号	C	20		
单据编号	C	20		
月份	C	2		
来源	C	20		

3. 会计凭证模板数据结构

期末需要进行计提、结转的操作,生成转账会计凭证。生成会计凭证的凭证模板的数据文件结构与会计凭证相一致。在建立凭证模式时,需要在会计金额的数据项中输入由软件系统定义的取数函数构成的数据表达式,在运行会计凭证模板时,就会按照用户预先定义的运算格式生成转账凭证。

(三)会计账簿文件数据结构

会计凭证的数据实质上是会计凭证的数据的转存。如果仅从信息处理的角度分析,账簿所记录的数据与凭证文件的数据比较,在信息量上并没有变化。建立账簿的数据文件的意义在于以存储空间换运算时间,提高计算机各类账簿的输出功能的运行效率。

会计账簿的数据文件结构如表9-8,系统可以根据用户不同的信息需求,从账簿数据库文件中组织相关的查询操作,构成各类账簿输出格式,输出明细账、日记账、各类辅助账的会计数据。

表 9-8 会计账簿数据文件结构

字段名	数据类型	宽度	小数	说明
日期	D	8		
会计凭证编号	C	20		
摘要	C	20		
借方科目	C	20		
贷方科目	C	20		
金额	N	10	2	
供应商代码	C	20		
客户代码	C	20		
部门代码	C	20		
人员代码	C	20		
项目编号	C	20		
外币金额	N	10	2	
结算方式	C	20		

二、总账子系统主要信息处理功能的运行模式

(一)总账子系统的初始设置与数据输入

1. 总账与其他核算系统的数据集成关系

在信息集成应用环境下,总账系统分别从应收、应付、固定资产、存货核算、薪酬核算接收由这些系统根据业务核算形成的会计凭证,进行其后的审核、记账等账务处理,为报表系统提供财务报告的数据。

预算管理系统可以分别用当期预算余额、当前累计预算余额、年度累计预算余额或预算方案累计预算余额作为控制标准,将预算控制嵌入到总账系统中,对总账业务进行预算控制。

2. 系统初始设置与期初数据输入

由系统管理员建立账套,启用账套,设置账套启用期间和参数,进行用户设置,设定系统用户与每个用户的权限。

主管会计启用总账系统,分别进行总账控制参数设置、会计科目设置、凭证种类设置、币别设置、辅助核算项目设置,期初数据输入并检查是否平衡,数据是否正确。

(二)会计凭证的数据处理

会计凭证数据处理的功能,包括对手工输入、会计凭证模板生成的会计凭证、外部传递过来的会计凭证进行输入、修改、删除、审核、记账、期末处理操作。

为了保障数据输入的正确性,会计凭证输入设计要考虑如下因素:

(1)良好的凭证录入界面。常用的方法是根据凭证格式的基本内容设计一种规范的会计凭证格式,这种格式既符合会计人员日常输入习惯也便于计算机处理。一般地,将凭证格式设计成通用的凭证格式,但考虑用户使用上的习惯,可通过设计凭证种类的方式来达到区分不同种类凭证的目的。

(2)凭证种类的数据控制。在采用如收、付、转账类别的会计凭证时,通过凭证种类中限定科目的设计,避免输入会计科目出现错误。

(3)凭证编号输入控制。凭证编号可以由系统自动产生,如果由手工输入会计凭证编号,系统也要具有检测、维护功能,防止出现漏号、重号。特别是在集成环节下,会计凭证是由各个核算子系统依据业务单据生成会计凭证,因此,在凭证生成过程中,应建立凭证编号与业务单据编号的关联,反映业务与财务之间的逻辑关系。

(4)摘要输入控制。在分析会计业务分类基础上,规范会计摘要描述,对

于常用的摘要可用代码设置成标准摘要，以便于数据的输入与分类管理。

(5)会计科目输入控制。在凭证的会计科目项目数据输入中，应只接受最明细的科目项，并且科目数据已存储在科目文件内。如果所输入的会计科目已设置为辅助核算，还需要输入对应的核算项目。

(6)输入金额控制。可依据手工的习惯，对于正数用蓝字显示；对于负数用红字显示，在输入后，进行平衡校验控制。

期末处理功能是在某一会计期间，基本业务凭证都已结账后，分别运行已设置好的会计凭证模板，逐步进行自动结转功能，在结账后，系统进入下一会计期间。

(三)账簿数据输出

会计账簿是以会计凭证为依据，对全部的经济业务进行全面、系统、连续、分类的记录与核算，并按专门格式以一定的形式连接在一起的账页所组成的簿籍。在计算机系统下，这些簿籍是以数据库文件的形式组织在一起。账簿数据库文件的数据结构不仅包含会计科目分类，而且还包含与会计科目相关联的供应商、客户、部门、人员、项目等数据项，这样，使账簿数据库文件能多方位记录会计事项，为信息使用者提供多维的会计账簿的信息奠定基础。

通常，使用者要求总账能输出总分类账、明细分类账、数量金额总账、数量金额明细账、多栏账，以及按核算项目或核算实体输出辅助账的信息。只要在账簿数据库文件的数据结构中包含这些数据项，对账簿数据库文件记载的数据按使用者的要求，从不同的角度对账簿数据进行分类、汇总，以一定的格式输出，就能满足使用者所需求的各种类型的账簿信息输出要求。例如按项目输出辅助账，其运行过程实质上就是从账簿数据库文件中以项目为关键字归集该项目的会计数据，以一定的格式输出。

第五节 财务会计报告生成子系统信息处理运行模式

一、报表文件的登记与维护

在计算机中，财务报表是以文件的形式存放。因此，当用户要新建一个财务报表时，需要对所建立的财务报表标识文件名，如货币资金表。系统就以文件名作为标识符号形式提供用户后续调用。需要注意的是，不同的报表，报表名称不能相同。另外报表文件名是供用户调用设定的报表模板时使用的标识符号,它与报表的标题并没有直接联系,它可以是中文,也可以是英文,不过用户给财务报表取文件名时,最好能概括报表所反映的经济含义,以方便操作。

当用户的经营环境发生变化,如果原有的财务报表不能适应新的信息需求,用户就可以通过报表文件的维护功能选择财务报表,对其结构进行修改维护。

二、报表格式设置

在创建或打开报表文件后,就可以对报表的格式进行设置。目前大多数软件采用"所见即所得"的方式,由用户直接在计算机屏幕上设计财务报表的结构。这种方式直观、简洁,再辅以操作向导,用户容易掌握。

报表格式设置具体使用方法包括:

1. 报表尺寸定义

报表尺寸定义主要确定报表的行数与列数。当行与列数定义后,系统自动形成一张用户定义行数与列数的报表底稿。用户还可以用鼠标直接修改或通过定义报表的属性值来改变报表的行高、列宽。

2. 表单元属性的定义

表单元属性主要是指报表的表单元各自能允许存放的数据类型以及数据显示的格式。数据类型包括数字、字符。单元显示风格是指显示或打印报表时,表单元数据内容所呈现的格式,如字体大小、字形、对齐位置、显示颜色等。单元属性设置的目的在于便于报表数据处理,符合用户阅读习惯、版面美观清晰。

3. 组合单元定义

财务报表是由表单元集合而成。在对整表的设置中,报表的标题、复合栏目名称、表尾的文字说明往往在一个表单元内无法进行描述。因此需要将相邻的几个表单元组合成为一个组合单元,使用组合单元的方式来输入报表的标题、栏目、表尾的文字内容。

4. 关键字

在财务报表系统中,报表格式的设置采用一次设置长期有效的方式。因此,如果报表的表头、表尾有日期等需要相对变动的量数据,则在一些软件中将此类数据定义为关键字。将关键字设置在需要输入的表单元,这样在编制报表时当前日期就会作为关键字的值显示在报表上。

三、报表单元的公式设置

报表系统中的公式分为运算公式和审核公式。

1. 报表运算公式设置

报表运算公式是在编制报表时,确定表单元的数据来源的公式。计算机在运行过程中,通过访问报表模板中表单元的内容,按系统规定的运算规则,从指定的数据库文件中提取满足条件的会计记录,按照表单元的表达式的规定进行运算,将运算结果存入该财务报表单元中。

确定运算公式,主要考虑以下几方面的内容:

(1)确定表单元的数据来源

会计数据库是由许多数据文件构成。为了能很快找到数据,一般软件系统按照会计核算业务分类来标识需要获取数据的范围。数据来源就包括:

①账务系统取数。这是报表系统主要的数据来源。

②其他核算子系统取数。这些核算子系统包括工资、固定资产、应收、应付等。

③报表系统自身取数。可以从其他报表取数,也可以从同一报表的不同表页中取数,或者在同一表中取数。

④从系统外部取数。包括直接通过键盘输入、网络传入。

所取的数要满足运算公式的条件包括借方发生额、贷方发生额、期初(末)借、贷方的余额等。

(2)运算公式构成

运算公式通常由以下几个部分组成:

①表单元的位置坐标。表单元的位置指标由行号与列号组成。

②运算符。包括"+"、"-"、"×"、"="等符号。

③函数。为简化报表数据的来源,通用报表软件一般将比较常用的取数处理过程编写成一系列函数集。函数由函数名与参数组成,这些参数包括科目代码、会计期间、方向、账套号等。不同的报表系统的函数具体描述方式不一样,但功能大体上相同。由于用户可以通过在表单元中选择具体函数来获取对应的账簿数据,显然,系统的取数函数类型、数量越多,自然编制报表就越方便。

④表达式。即将常量、函数、运算符连接在一起的有意义的式子。例如在表单元中定义一数据运算表达式:

行号、列号＝QC("科目代码"、会计期间、方向、账套号)

表示一个取数公式,表示取某科目某时期期初值。

C10＝PTOTAL(C6:C9)

表示在报表中的第十行第三列表的单元数据的值是 C6、C7、C8、C9 的表单元的数值相加的结果。

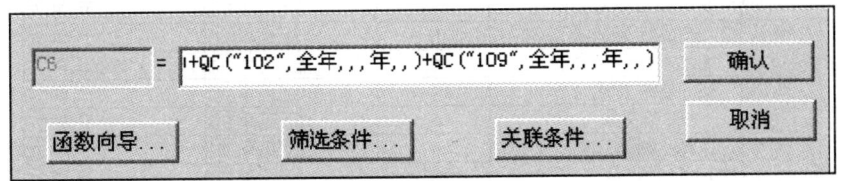

图 9-3　表单元计算公式输入界面

2. 报表审核公式设置

报表审核公式是报表数据之间的检查公式。在财务报表中,不仅报表内部存在某些钩稽关系,表与表之间也存在钩稽关系。利用钩稽关系对报表进行检查是保证报表数据正确性的重要手段。例如资产负债表的资产合计应等于负债与所有者权益之和,如果资产负债表编制结束后,发现没有满足该平衡关系,就可以肯定在报表的编制过程中出错。因此,用户可以根据报表内部以及表与表之间的关系,在报表子系统的数据来源定义结束后,定义报表审计公式。计算机即可按照审核公式定义的钩稽关系自动对报表进行审核,以验证报表数据的正确性。

四、报表编制

报表编制是在报表格式、编制方法与钩稽关系定义结束后,由计算机根据表单元的运算式计算出对应的数据,生成相应的财务报表。例如,资产负债表,只要一次性定义好该报表格式与计算公式,以后每到月末,用户输入关键字月份的值,系统就自动计算并生成出该月的资产负债表,并在计算机中保存这份资产负债表的数据文件。

报表计算编制结束后,根据事先定义的报表审核公式,对生成的报表数据进行审核,以检查报表计算的正确性。计算机按照报表审核公式自动核对钩稽关系,当发现不符合预先规定的钩稽关系时,会自动提示出错的原因,帮助用户纠正错误数据。

	A	B	C	D
1	利　润　表			
2				会工02表
3	单位名称：xxxxxxxxxxxxx年xxxxxxx　　xx 月			单位：元
4				
5	项　　目	行　次	本　月　数	本　年　累　计
6	一、产品销售收入	1	公式单元	公式单元
7	减：产品销售成本	2	公式单元	公式单元
8	产品销售费用	3	公式单元	公式单元
9	产品销售税金及附加	4	公式单元	公式单元
10	二、产品销售利润	5	公式单元	公式单元
11	加：其他业务利润	6	公式单元	公式单元
12	减：管理费用	7	公式单元	公式单元
13	财务费用	8	公式单元	公式单元
14	三、营业利润	9	公式单元	公式单元
15	加：投资收益	10	公式单元	公式单元
16	补贴收入	11	公式单元	公式单元
17	营业外收入	12	公式单元	公式单元
18	减：营业外支出	13	公式单元	公式单元
19	加：以前年度损益调整	14	公式单元	公式单元
20	四、利润总额	15	公式单元	公式单元
21	减：所得税	16	公式单元	公式单元
22	五、净利润	17	公式单元	公式单元

图 9-4

五、报表输出

报表处理子系统除了可在屏幕输出财务报表外，还提供打印报表功能。为了能打印出用户满意的效果，报表处理子系统一般提供打印参数设置，如允许调整报表大小，可以对行距和列距进行设置，还可以设置表的上下边距等，用户可以根据需要设置这些参数，以打印出美观的报表。

报表子系统除了以原始数据的方式输出财务报表外，还可以对报表的数据进行汇总，将同类型报表的不同时期的财务报表数据汇总得到某一期间的汇总数据。另外对报表的数据进行处理后也可输出分析的财务信息。分析结果采用图形方法输出，用户能直观得到数据的大小和变化的情况。图形有各种显示形式，如点图、线图、直方图、饼图等，用户选取需要绘图的数据、选择图形类型，经计算机处理后就以图形方式输出财务信息。

六、报表维护

报表维护的工作包括报表数据备份、报表数据恢复、报表删除等作业。

1. 数据备份

数据备份是将硬盘上的报表数据备份到另一存储介质上,作为副本,以便数据遭到破坏后能及时得以恢复。

2. 报表删除

在实际工作中,每次编制报表都会生成报表数据文件,日积月累,将占用大量的计算机空间,也给操作者带来不便。对于报表系统中的一些时间较久的报表数据文件,可以考虑将其删除。

使用报表删除功能需要注意的是报表删除不光可以删除编制报表得到的数据表,也可以删除表结构文件。表结构文件一旦删除,就不能再生成报表数据文件,只能重新进行报表结构设置。因此,通常情况下,所删除的是报表数据文件,而不是报表结构文件。

第三部分

企业价值链管理、决策层面的财务集成管理信息子系统逻辑结构、信息处理与运行模式

第10章
价值创造导向的全面预算管理信息子系统

全面预算是在企业战略目标指导下,通过预算编制、执行、控制、考评与激励等一系列活动,全面提高企业管理水平和经营效率,是实现企业价值最大化的一种有效方法。随着市场竞争加剧,经营环境日趋复杂,企业要求越来越精细的实时管理,全面预算管理的重要性已日趋凸显。全面预算管理已成为将企业的远景、企业的战略与企业日常价值创造活动紧密联系在一起的纽带,并通过业务与财务集成的企业信息化平台,应用预算的方法与技术,对企业经营加以规划、控制,以达到组织既定的目标。

第一节 企业预算管理概述

一、预算的概念

1. 预算的一般解释

预算(budget)一词对应的英文来源于法文 bougette,意思是皮革制成的袋子(leather bag)或公文包。在 19 世纪,英国财政大臣在提出下年度税收需求时,常在英国议员面前,打开其公文包,展示其需求数字。因此,财政大臣的公文包意指下年度的岁入岁出预算数。这就是预算的最初来源。

预算首先由政府机构导入,然后被推广到企业组织。预算被解释为:未来组织营运的准绳,并用以控制将来营运进行的一种财务计划;任何未来成本的估计;任何有关人力、物力及其他资源运用的有系统的计划。

此外诸多学者对预算作了如下的定义:Chris Argyris 把预算定义为一种由人来控制成本的会计技术。Harold Bierman 则认为有两类预算:一种是预测,告诉管理人员未来将可能处于何种状态;另一种是标准,告诉管理人员预定的效率水准是否得以维持或已达成。Glenm A. Welsh 则认为企业预算乃是一种涵盖未来一定期间内所有营运活动过程的计划,它是企业最高管理者为整个企业及其各部门所预先设定的目标、策略及方案的正式表达。

预算是企业为达到既定目标编制的经营、资本、财务等年度收支计划。就其本质来看就是预先确定的行动方案,具有四个特征:(1)它一定是涉及未来的;(2)它一定涉及行动;(3)存在一个关于个人或团体行动原因的要素;(4)它是以价值性为主的。

在20世纪50年代以前,企业预算的职能比较简单,主要用于产品成本的分析、预测、控制、考核。50年代以后,随着世界经济环境的变化,企业经营规模和范围的扩大,预算的职能逐步从单项的计划扩展到组织中各个单位的责任、利益的分配与控制,预算控制成为企业管理控制系统中不可或缺的一部分。

为了在激烈的市场竞争中进一步强化企业管理工作,使企业创造出更好的经济效益,我国企业引入了预算管理模式的理论与方法。由于预算管理在实现企业经营目标上发挥越来越重要的作用,进而得到大力推广。与此相对应,在2000年9月,国家经贸委发布的《国有大中型企业建立现代企业制度和加强管理的基本规范》(试行)就明确提出,企业应建立全面预算管理制度;2001年4月,财政部发布的《企业国有资产与财务管理暂行办法》要求,企业应实行财务预算管理制度;2004年4月,财政部发布的《关于企业实行财务预算管理的指导意见》,进一步提出了企业应实行包括财务预算在内的全面预算。这些行政法规的颁布,标志着我国企业全面预算管理进入规范与实施阶段。

2. 预算的职能与特点

预算的职能主要体现为决策管理与控制。所谓决策管理是指通过预算过程,将组织中的专有知识和信息重新分类组织,并传递到组织中具有决策权的管理人员,以便做出资源配置的决策。决策控制即以设定好的并层层分解的预算目标为标准,对组织内的活动进行监督和评价,并将业绩与报酬挂钩,以控制组织行为。

预算的主要特点体现为:预算是一种有关企业经营的整体计划,是量化的经营目标,是用数量、金额表达的经营计划。预算主体为组织,它以企业战略为导向,通过财务数字编制的计划表达对未来的预测,涉及企业组织的一切财务收入及支出,并将企业战略目标以预算数据的形式层层分解,落实到具体的执行人。预算的表达方式具有系统性和全面性,便于经营者进行分析与比较。预算须经相关机构审议通过,作为执行的准则和业绩考核、评价、激励的基础。

二、预算方法

1. 固定预算

又称为静态预算。是按固定业务量编制的预算,一般按预算期正常的可实现水平来编制。这是一种较为传统的预算编制方法。我们通常做的生产预算、销售预算,是按预计的某一业务量水平来编制的,就属于固定预算。

固定预算的优点是编制较为简便,缺点是实际业务水平与预算业务水平相差较大时,就难以起到应有的作用,难以进行控制、考核、评价等,因此,在市场变化较大或较快的情况下,不宜采用此法。

2. 弹性预算

顾名思义,弹性预算是一种伸缩性的预算。是在不能准确预测预期业务量的情况下,根据成本性态及业务量、成本和利润之间的依存关系,按预算期内可能发生的业务量编制的一系列预算。弹性预算主要被用于成本预算和利润预算。

弹性预算的优点:它比固定预算运用范围广泛。一经编制,只要各项消耗标准和价格等依据不变,便可连续使用,能更好地对职能部门或管理人员的经营业绩进行评价。

美国一项对上市公司弹性预算应用情况的调查研究发现,有 48% 的公司在对生产成本进行预算时采用了弹性预算方法,但仅有 27% 的公司在对市场营销、研究与开发费用、管理费用进行预算时采用弹性预算方法。

3. 滚动预算

又称永续预算。其基本精神就是它的预算期永远保持 12 个月,每过 1 个月,都要根据新的情况进行调整,在原来预算期末再加 1 个月的预算,从而使总预算经常保持 12 个月的预算期。

与传统预算方法相比,其优点如下:

(1)保持预算的完整性、持续性,从动态预算中把握企业的未来。

(2)能使各级管理人员始终对未来 12 个月的生产经营活动有所考虑和规划,从而有利于生产经营稳定而有序地进行。

(3)由于预算不断修正,使预算与实际情况更相适应,有利于充分发挥预算的指导和控制作用。

4. 零基预算

零基预算方法是由美国得州仪器公司创建的,作为费用预算的编制方法之一目前已广泛应用于企业界。编制费用预算的传统方法是以现有费用水平为基础,根据预算期内有关业务量的预期变化,对现有费用水平做适当调整。

零基预算冲破了传统预算方法的框框限制,以"零"为起点观察分析一切费用开支项目,确定金额。

5. 基础预算

近年来国外一些企业认为零基预算太极端,开始推出基础预算法。各部门的初始预算是根据基础数据组设定的,它反映了一个责任单位维持最低水平上的生存所需要的最少资源。在基础数据组之上每提出和批准一个增量数据组,都必须建立在对该项活动的成本效益分析的基础上。基础预算法可以迫使管理人员对责任中心内的每一项目都持分析和审慎的态度。

三、预算功能

预算是一份以财务术语描述的数量计划。通过预算,为企业的内部责任单位建立了权、责、利相结合的内部控制体系,使整个组织的所有部门与员工能明确其业务的运营目标,能相互交流并协调一致为实现预定目标而努力。通常预算具有如下的功能。

(一)规划功能

1. 制定企业目标及政策

预算经过规划、分析,并加以数量化,可使企业的目标及政策具体显现。例如:企业追求价值最大化的目标一旦拟定,就可以分析目前驱动企业价值的关键因素,制定对应的战略及政策,并将这些价值驱动因素落实、转换为具体的价值链运营指标,定期检讨运营的执行成果。

2. 有助于预测未来的机会与威胁

企业经营面临的经营环境瞬息万变,问题错综复杂,如果不预先规划,一旦问题发生,恐怕就难以补救。预算就是促使组织成员,对企业各项环境变数事先加以预测,并采取相应的措施。规划虽然不能完全消除风险,但可以使组织成员了解组织本身的优缺点,了解未来潜在的机会与威胁,将风险降到最低。

3. 促使资源有效的运用

在确定企业的目标后,需要调配企业有限资源实现目标。因此,预算编制是一种选择过程,在各种替代方案中,选择最有利的加以实施,达到企业资源的最佳配置。如果没有预算,企业很难预计下一个年度乃至今后几年能达到什么样的目标,也就不可能在资金安排、投资决策、人力资源等方面进行总体规划。

(二)控制功能

计划与控制是相对应的两方面,如果只有计划而没有控制,则计划易流于形式;如果只有控制而没有计划,则控制将没有依据。因此,预算在控制方面

的功能如下:

1. 依既定目标执行

通过预先制定的预算指标作为企业运营的控制依据。预算执行过程中,管理人员应随时注意将经营活动的结果与目标相比较,将预算指标作为标杆或控制的标尺引导企业经营活动。

2. 通过信息反馈机制,控制与协调运营活动

通过预算执行过程的反馈信息,了解差异发生的原因,根据问题所在,对症下药,采取纠正行动,以利于目标的达成。

3. 可避免资源浪费与无效率活动的产生

由于绩效考核的实施,每一部门与员工对所分配的资源将会充分地利用。因此,可以使资源浪费或经营不力降到最低程度。

4. 作为将来规划的依据

过去的偏差是将来改正的依据。管理者应定期检讨过去,策划未来。

(三)沟通功能

1. 减少预算执行的障碍

经过员工参与预算编制,可使管理者和员工双方相互沟通以达成共识,减少未来执行的障碍。

2. 便于目标的达成

编制预算可以使管理者了解员工的需求与意见,员工也可体会管理者对他的期望与态度,因此,经过沟通,相互了解,可促使员工努力达到目标。

(四)协调功能

1. 协调企业的资源利用

企业如果想达到目标,各部门必须同心协力,团结合作,抛开门户之见及本位主义,以企业总体利益为根本。如果各部门各自为政,各持己见,难免会造成计划与目标脱节或各部门步调不一致,此时只有借助预算,加强各部门间的联系工作,并统筹运用企业有限的资源,才能实现最大的经济效益。

2. 调整经营活动使其与预算环境相配合

在竞争激烈的环境里,企业为求生存并谋求最大利益,必须不断观察并适应外界变动的环境;预算可迫使各阶层主管不断对外界环境加以审视及分析,从而拟定最佳决策,以适应瞬息多变的环境。

(五)激励功能

1. 员工参与预算

预算是全体员工精心规划的产物,而不是主管当局的命令。因此,企业编制预算,应扩大参与层面,积极鼓励员工提供意见,促使员工目标与公司目标相结合,并顺利达成组织目标。

2. 目标明确,奖惩分明

预算目标应合理且具备可达成性,才能有效激发员工的潜力,预算的执行应配合奖惩制度的实施,如加薪、升职、满足员工的自我实现需求等,促使员工全力以赴,在实现员工个人的抱负的同时,达成企业目标。

第二节 价值驱动与企业预算管理

预算管理是实现预算目标的管理活动。它包括预算制定、预算实施、预算控制、预算评价等方面的内容,其目的是完成企业的战略规划任务,实现企业价值最大化的目标。企业价值受不同的价值驱动因素影响,在进行预算管理过程中应考虑影响企业的主要价值驱动因素,并将其细化为预算管理控制的指标,使企业的预算管理能围绕提升企业价值的核心问题,进行管理与控制。

一、企业价值驱动因素分析

对企业的经营者而言,价值驱动因素往往影响企业价值最大化的实现程度。在预算管理中,识别不同时期企业价值驱动因素的影响力对于经营者而言具有重要的意义。一是有助于管理者和员工理解价值是怎样创造的以及怎样才能使企业价值最大化;二是有助于依据企业经营环境与自身状况,确定驱动因素的优先顺序,把资源用在关键部位;三是有助于业务单元管理者和员工对企业关键的驱动因素达成共识,进行有效的管理与控制。

1. Rappaport 价值模型

美国西北大学 Rappaport 创立的自由现金流量折现模型的根本思想是,企业价值取决于它在当期以至其后各期创造自由现金流量的能力[①]。企业价值等于该企业以适当折现率所折现的预期自由现金流量的现值。即:

$$V = \sum_{i=1}^{\infty} \frac{FCF_i}{(1+c)^i} \qquad 公式(10\text{-}1)$$

式中:$V=$企业价值,$FCF_i=$第 i 年的自由现金流量,$C_i=$第 i 年的现金折现率。

---

① 阿尔弗洛德·拉帕波特著,丁世艳译.创造股东价值.昆明:云南人民出版社,2002年版。

自由现金流折现模型是标准的企业价值定价模型。从形式上看,这一企业价值等式将反映未来收益的现金流量、反映风险程度的折现率与企业价值有机联系在一起,是评价企业价值和选择投资项目的良好指标。实证研究结果也表明企业的市场价值和企业创造现金流量的能力之间呈正相关关系[①]。自由现金流量折现模型,剔除了非正常经营活动所产生的非经常性收益(利得),认为只有在其持续的、核心的业务中产生的营业利润才是保证企业可持续发展的源泉。由于企业价值是未来自由现金流量的折现,这将促使管理层更注重企业长期效益,用发展的观点管理企业,保证企业持续发展,而非片面追求短期效益。

Rappaport 认为影响企业价值有七个基本动因——销售增长率、营业毛利率、所得税率、营运资本投资、固定资产投资、资本成本和企业价值增长期,并应用企业价值结构图描述了企业价值与价值驱动因素的内在联系。

销售增长率、营业毛利率和所得税率这三个价值驱动因素反映了产品组合、定价、促销、广告、分销和消费者服务水平等营运能力。

固定资产投资、营运资本支出这两个价值驱动因素反映生产经营能力扩张的水平。商业风险和管理层融资决策则决定了资本成本这一价值驱动因素。企业价值增长期这一价值驱动因素是管理层对企业投资收益率大于资本成本的预测年限。企业价值结构图中显示第一个价值影响成分——经营现金流是由经营价值驱动价值因素、投资价值驱动因素和价值增长期决定。第二个价值影响成分——折现率是由加权平均资本成本决定。

2. 价值动因分析

在企业的价值创造型现金流管理中,Rappaport 模型具有重要的意义,它将企业未来的自由现金流与企业未来的价值联系起来,使企业能够看清企业价值创造的关键动因,有利于企业有针对性地采取管理与控制措施。然而,当企业把这个模型运用到实际中时,却发现从这个模型中无法精确地确定每一个因素对企业价值的影响到底有多大。陈志斌借鉴杜邦财务分析模型的思路,从自由现金流折现评价企业价值的思路出发,构建了自由现金流管理创值动因模型[②](如图 10-1)。

---

① 汤姆·科普兰,蒂姆·科勒,杰克·默林著.郝邵伦,谢关平译.价值评估——公司价值的衡量与管理.北京:电子工业出版社,2002年版。

② 陈志斌.基于自由现金流管理视角的创值动因解析模型.会计研究,2006年第4期。

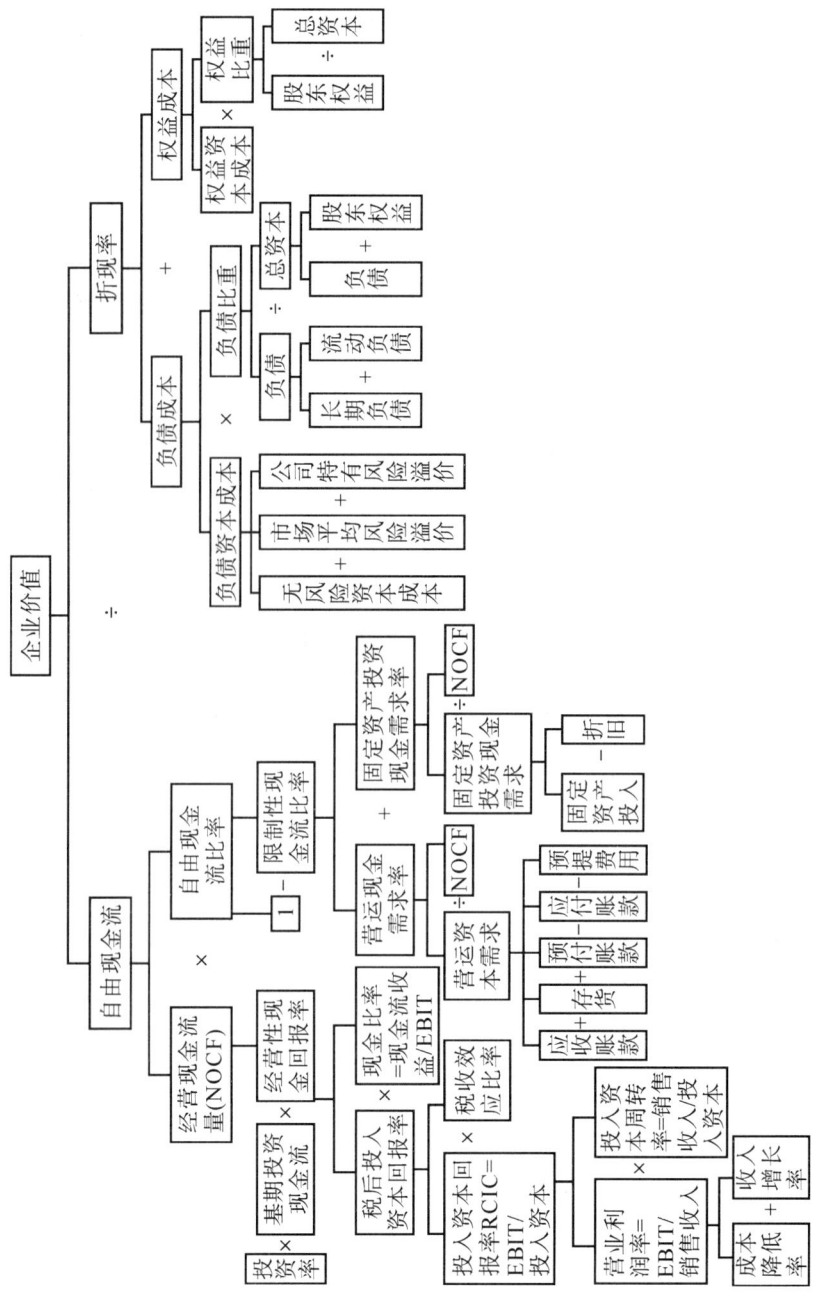

图10-1 自由现金流管理的创值动因解析模型

第十章 价值创造导向的全面预算管理信息子系统

经营现金流量(NOCF)＝经营性现金流量回报率×基期投资现金流×投资率
　　　　　　　　　＝税后现金流量回报率×现金比率×基期投资现金流×投资率
　　　　　　　　　＝(EBIT÷销售收入)×(销售收入÷投资现金流量)×(1－所得税税率)×(现金收益÷EBIT)×基期投资现金流×投资率

自由现金流量＝经营现金流量×自由现金流量比率
　　　　　　＝经营现金流量×(1－限制性现金流量比率)
　　　　　　＝[(EBIT÷销售收入)×(销售收入÷投资现金流量)×(1－所得税税率)×(现金收益÷EBIT)×基期投资现金流×投资率]×{1－[(营运资本需求÷NOCF)＋(固定资产投资现金需求÷NOCF)]}

企业价值＝自由现金流×折现率
　　　　＝[(EBIT÷销售收入)×(销售收入÷投资现金流量)×(1－所得税税率)×(现金收益÷EBIT)×基期投资现金流×投资率]×{1－[(营运资本需求÷NOCF)＋(固定资产投资现金需求÷NOCF)]}×[1÷(权益资本成本率×权益比重＋债务资本成本率×负债比重)]

由此可以看出,为了提升企业价值,可以从战略管理层面到业务管理层面多层次地分析企业价值创造的动因。

从第一层次来讲,企业价值是由企业自由现金流量和折现率决定的,折现率表现为企业的加权平均资本成本。加权平均资本成本取决于企业的负债成本和权益成本以及两者的比重,这是由企业的融资政策和融资管理决定的。

从第二个层次来看,企业自由现金流量取决于经营性现金流量和限制性现金流量的比重,这是由企业的业务特征、资产类型、经营决策与投资决策和管理活动决定的。

从第三个层次来看,经营现金流量取决于经营性现金回报率、基期投入资本和投资率,限制性现金流量取决于营运资本需求和固定资产净投资现金需求。

从第四个层次来看,经营性现金回报率又是由税后投入资本回报率和相应的现金比率决定的。依次下去,税后资本回报率取决于投入资本回报率和税收效应比率;投入资本回报率取决于营业利润率和投入资本周转率;营业利润率又取决于收入增长率和成本降低率等。自由现金流管理视角的创值动因模型将现金流管理的战略层面——自由现金流,一步步分解到执行层面——驱动因素,最后转化为预算的指标,实现战略管理与日常管理的统一。

二、价值驱动与全面预算管理

1. 全面预算管理

全面预算体系是由一系列预算按其经济内容及相互关系有序排列组成的

有机体,主要包括资本预算、经营预算和财务预算三大部分。

资本预算也被称为资本支出预算,指大额支出、影响企业长期经营活动的预算。主要包括企业的投资、融资预算和利润分配预算。所涉及的是对大量资金投入,在长期内对企业产生影响的战略性决策及其相应的产出的预测。

经营预算是指与企业日常业务直接相关、具有实质性的基本活动的一系列预算的统称,又叫日常业务预算。主要包括:销售预算、生产预算、直接材料耗用量及采购预算、应交税金及附加预算、直接人工预算、制造费用预算、产品成本预算、期末存货预算、销售和管理费用预算。

财务预算指反映企业未来一定预算期内的预计现金收支、经营成果和财务状况的各种预算。具体包括现金预算、预计利润表、预计资产负债表和预计现金流量表。因此,财务预算成为各项经营业务决策的整体计划,称为"总预算",经营预算和资本预算称为"分预算"。

2. 价值驱动因素与预算管理体系的结合

构建基于可持续发展的预算管理体系,必须充分考虑价值驱动因素对企业不同时期的价值创造能力的影响,将价值驱动因素与预算体系中的对应预算指标结合在一起分析,结合企业历史数据,找出关键的价值驱动因素,并实实在在落实到具体预算指标,促使预算管理的每一个环节都能抓住重点,使价值最大化的目标成为企业每一时期的具体经营行为。

资本预算编制的核心内容是投资与融资预算。企业投资决策在一定程度上决定企业的核心竞争力,慎重选择投资项目,优化资金流向,是最大化企业经营现金净流量的基础。投资活动现金流出量的增长(即新增投资),在财务指标上表现为投资率的高低。在一定的经营效率下,投资率越高,生产经营能力越强,产生的经营现金净流量就越多。企业筹资决策的关键是资本结构的合理性,在财务上表现为资本成本的高低。从总量上看,企业应该最小化资金使用成本导致的筹资活动现金流出量;从结构上看,负债资金和权益资金的比重大小值得思考。

因此,资本预算的重点是:通过现金流的规划提高投资项目选择的准确性,为投资项目寻找合适的资金来源,注意投资活动现金流与筹资活动现金流的匹配。

经营预算的主要对象是企业日常经营业务活动。根据价值链理论,通过价值链的分析,可以实现整个企业的价值增加的战略目标以及成本的持续降低。企业的内部价值链分析是为了找出价值链中哪些环节能增加客户价值,哪些无助于增加客户价值,从顾客价值出发考虑尽量消除不增值的活动,培育关键环节的核心能力,从而制定策略以实现企业内部价值链的优化和成本的降低。对纵向价值链进行分析的目的是了解企业在纵向价值链中所处的位置,以帮助企业制定并购、整合上下游企业的策略,并有助于确定在宏观的产业链条中企业的进入点及在该链条中应占有哪些环节。横向价值链分析是指企业通过对居于价值链相同或相近位置的竞争者的价值链进行充分的分析,了解自身的优势与劣势,做到知己知彼,才能确定行之有效的竞争策略,从而获得竞争优势。

第三节 企业预算管理的信息流程逻辑结构模型

预算是兼具计划、协调、控制、激励、评价等功能的一种综合贯彻企业战略方针的经营机制。信息技术为企业预算编制以及对预算执行和控制带来极大的便利。它将企业全面预算管理的组成部分,即预算体系、预算管理、预算分析嵌入到信息系统内,使预算管理与企业总账、工资、固定资产、存货、生产、供应、销售等会计核算系统、业务系统集成在一起,实现企业预算全过程管理。

一、企业全面预算的内容

全面预算管理体系有两个方面的含义:所谓"全面"一方面是指预算管理贯穿公司业务活动的全部过程,是以公司的发展战略、中长期规划及年度经营计划为基础的预算管理;另一方面是指全面预算管理需要公司上下所有员工的共同参与,而不仅仅是财务人员的事,只有这样预算的编制才能符合企业的业务活动要求,预算也只有通过全体员工的参与才能实现其指导经营活动的目的。

企业经营活动涉及三大基本要素:人、财、物。预算管理就是要对财和物的运营进行事前的规划,并将其权责范围落实到相应的责任人身上。另外,全面预算的内容还有系统性特征,具体预算对象相互支撑、相互联系、相互依赖。例如制造业的全面预算包括销售预算、生产预算、材料采购预算、直接人工预算、制造费用预算、管理费用预算、预计资产负债表、预算利润表、预计现金流量表等,企业以业务预算为起点,各项预算连接成如下关系。

二、全面预算管理的应用架构

企业全面预算管理的应用架构由预算体系、预算分析、预算执行组成。在信息集成环境下,它与业务层面的财务、业务核算管理子系统,管理层面的战略管理、资金管理、绩效管理连接在一起,执行预算编制、预算控制、预算评价全过程的管理。其应用架构如图10-2。

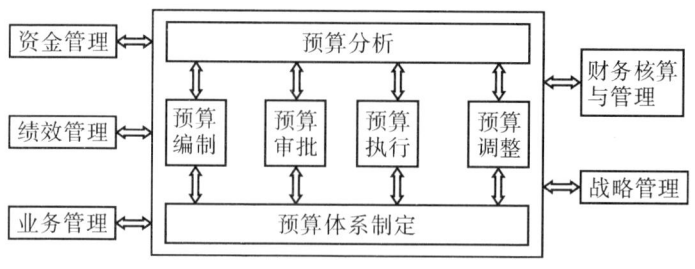

图 10-2

预算体系包括如预算主体、预算场景、预算管理机构、预算指标、预算编制流程、预算审批流程、预算管理制度等内容。

预算执行管理主要包括预算编制、预算审核、预算批复、预算执行以及预算调整和业绩考核与评价。涵盖企业从编制、多次审批下达、预算执行、预算控制过程。

预算分析即为管理者提供及时、灵活、多角度的预算执行情况分析，并与企业的财务核算、资金管理、业务管理等进行集成使用，分析企业的业务运作情况，同时财务核算、资金管理、业务管理等系统可为预算管理提供基础数据。

三、全面预算管理信息流程的逻辑结构模型

全面预算管理信息流程的逻辑结构模型如图10-3。主要信息流程由预算基础数据维护、更新，预算编制与执行，预算报告输出组成，它们与企业其他信息系统集成在一起，执行企业预算管理全过程信息作业。

（一）预算基础数据的维护、更新

预算基础数据初始设置、维护、更新的主要活动对企业预算管理所涉及的必要的基础资料、系统参数选项进行设置和管理。正确、全面的预算管理系统维护是用户应用预算管理系统的基础，也是企业预算管理工作的前提。初始设置主要工作包括：预算管理系统基础资料、预算管理相关的其他业务系统基础资料、系统参数设置、用户管理等内容。预算管理的基础资料包括定义企业预算对象的类别、预算对象、责任中心，预算的取数方式、取数函数、钩稽关系。

（二）预算方案

在编制具体的预算前，必须先制订预算方案，明确编制预算时应遵循的先决条件，包括提供与该套预算有关的信息，然后才能进行责任预算的编制，编

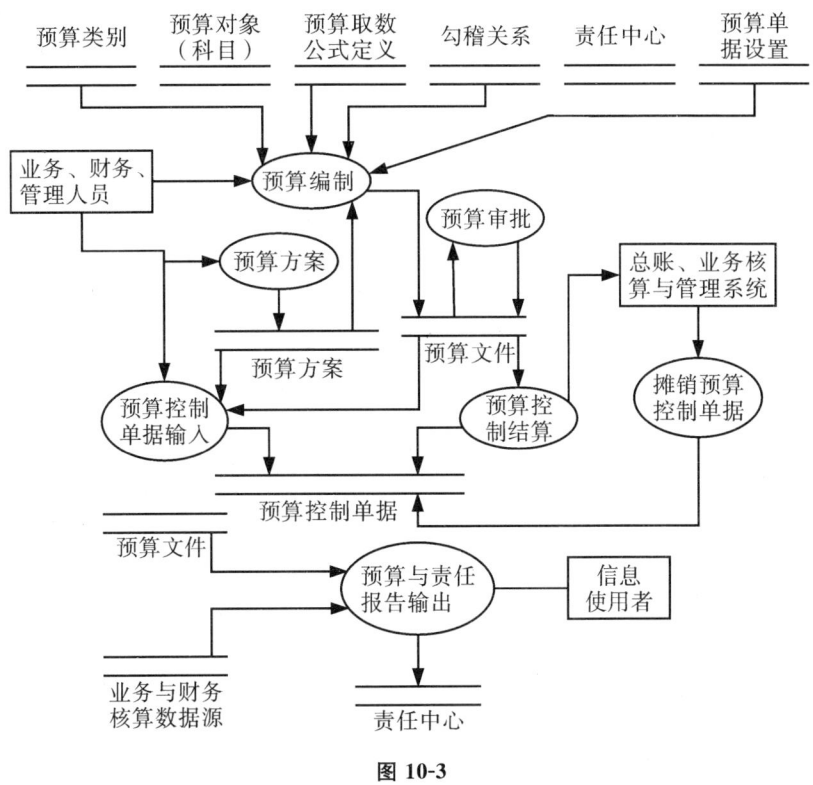

图 10-3

制责任预算时必须遵守预算方案。预算方案定义了企业预算总括性的计划,例如年期跨度、是否全面预算、是否滚动预算等。

(三)预算编制与控制

1. 预算编制

预算是连接企业内部不同层级和单位之间沟通的桥梁。通过价值驱动因素分析建立的预算指标是它们之间相互协调配合的结果,使企业生产经营总体目标按责任中心进行分解、落实和具体化,作为它们开展日常经营活动和评价其工作成果的基本标准。

经过上述基础资料、系统设置、预算方案定义之后,就可以进行预算编制的操作。预算编制是预算管理系统的核心功能,一切基础定义都是为了预算编制的进行,其他后续功能如:预算控制、责任分析等等,都是围绕预算编制实现的。预算编制数据可以有多种来源。预算编制包括自定义预算编制、预算流程及数据流程说明、预测模拟工具、滚动预算的编制、商业的不同处理汇总、集团预算的编制。对预算方案进行预算编制,并将预算的数据与业务的数据发生联系,使得事前的计划可以参考历史数据、事中的控制针对具体的业务发生、事后的分析评价基于预算执行的差异。

2. 预算调整

随着市场情况的变动,任何一个企业在实际的预算执行过程中,都有可能出现经营目标的调整和修正的需求,可能是定期的调整,例如:中期调整,也可能是根据实际随时的调整。但无论何种情况,在预算开始执行之后,任何对预算数据的调整和修订,都应该是严谨的、受控的、保留痕迹并可追溯的。系统应具有完备的预算调整的流程及相应的控制手段,可以进行预算数据调整的处理、预算对象调整的处理、不同预算形式调整的处理。

3. 预算查询

预算查询模块可查询预算数据、预算编制及审批信息等内容。预算查询按账套类型的不同,可分为以下两类查询:子公司预算查询和集团预算查询。

4. 预算控制

制定预算的目的是指导生产经营活动,使之有序、受控,在数据集成环境下,具体表现为预算管理使财务会计系统与业务建立连接关系,使预算数据可以通过某种流程实现对业务在事前、事中、事后的全面控制,实现预算管理的目标。

(四)预算报告

1. 预算报表

预算报表是对预算执行情况为用户提供报告。用户可以从预算总额、预算余额、核算项目金额等不同角度、不同维度进行实时的查询,并可以自定义界面形式显示。根据企业应用实际,显示预算科目余额表、预算核算项目余额表、预算核算项目明细表、预算核算项目汇总表、预算核算项目组合表、预算控制余额表。

2. 责任报告

责任报告提供用户按责任中心查询企业经营活动的各个方面的预算数据与实际数据的对比分析,包括:标准财务报告、销售、生产、成本费用、投资、库存等。责任报告按预算科目对应的预算数据及实际数据自动生成,包括预算资产负债表、预算利润表、预算现金流量表、收入预算表、费用支出预算表、应收款预算表、应付款预算表、固定资产变动情况预算表、投资预算表、生产成本/商品采购预算表、库存材料/商品预算表、库存产品预算表。

3. 绩效报告

责任中心绩效报告反映责任中心预算执行情况与预算的差异。系统自动生成处于执行状态预算方案的绩效报告。绩效报告分为：预算执行差异分析报告、预算执行进度分析报告、集团绩效分析报告。

(五) 集团应用

预算管理系统全面支持集团级应用。作为集团用户数据上传、下发及查询分析的工具和平台，实现集团与子公司之间的集团预算模板、预算指标、预算审批等信息的下发、预算上报、集团预算汇总查询、分析的功能。集团应用会涉及多个账套之间的数据传递、控制等。集团应用模式包括了一个类型为"集团公司"的账套，以及若干不同行业的"子公司"账套。在这种应用模式下，所有"子公司"类型的账套的业务流程与单一用户应用类似，"集团公司"账套本身流程也与单一用户应用类似，最大差异在于此时"集团公司"账套与"子公司"账套之间存在着数据传递与控制流程。

第四节 企业预算管理子系统信息处理运行模式

一、预算基础资料定义

(一) 预算类别定义

预算类别是对企业预算对象的分类标准，通常企业预算类别分为如下五大类型。

1. 经营预算

经营预算是与未来营业成果直接相关的预算，通常与利润表的计算有关，在经营预算大类下，还可划分销售预算（主营业务收入预算）、生产预算、直接材料采购预算、直接人工预算、制造费用预算、销售费用预算、管理费用预算、其他收入及支出预算，以及自定义的其他经营预算类别。经营预算通常用于出具预计利润表。

2. 财务预算

财务预算是有关企业未来财务状况的预算，财务预算包括：产品明细预算、材料明细预算、应收款预算、应付款预算、其他流动资产预算、其他流动负债预算、所有者权益预算，以及其他自定义的财务预算类别。财务预算属于预算资产负债表的内容。财务预算编制中的材料明细预算和产品明细预算决定了经营预算中生产预算和采购预算的编制,因此在编制经营预算时必须先编制材料明细预算和产品明细预算。

3. 资本预算

资本预算主要涉及资本性支出,如固定资产的购建、扩建、改建、更新及长期股权、债权投资等,这些预算的编制必须建立在投资项目可行性研究的基础上,具体反映投资的时间、规模、收益等。以预算期间年、月、季来反映。资本预算包括三个部分:增加投资预算、投资收回预算、投资收益预算。资本预算是属于资产负债表预算的内容。

4. 筹资预算

筹资预算主要涉及长、短期借款和债券预算,但不包括股票筹资等涉及所有者权益的筹资业务,筹资预算属于资产负债表预算的一部分。筹资预算也包括三部分:增加筹资预算、偿还筹资预算、筹资费用预算。

(二)预算对象(科目)

企业预算管理的具体预算对象(预算科目)可以是一项费用,也可以是某种支出,还可以是一个投资、基建等活动项目。用户通过定义这些预算对象的具体属性,例如:是否计算现金流量、是否为数量金额核算、是否为项目辅助核算、对应控制哪一个会计科目等等,规范预算对象的数据输入项目和预算控制过程。描述预算对象的属性主要有预算科目属性、责任中心、核算项目、预算编制方式、物料设置、审批规范、预算控制组成。

在金蝶软件中,记录预算对象(科目)数据的输入界面如图10-4所示。

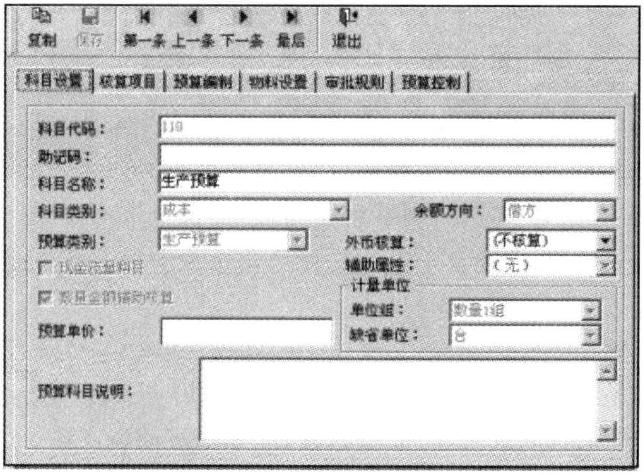

图 10-4

(三)责任中心

责任中心的确立是开展责任预算管理的前提,责任中心的确立要职责明确、边界清晰。责任中心包括投资中心、利润中心、成本中心。定义责任中心就是将某个核算项目类别中的某些核算项目确定为责任中心的数据来源,建立起预算管理的组织体系。

描述责任中心的数据文件结构如表10-1。输入界面如图10-5。

表 10-1

标签页	参数	说　　明	必选项(是/否)
基本属性	中心代码	责任中心代码。	是
	中心名称	责任中心名称。	是
	中心类型	在"成本中心"、"利润中心"中选择一个。规则:上级为利润中心,则下级可以为成本中心或利润中心;上级为成本中心,则下级只能为成本中心。	是
	责任人	在核算项目"职员"中选择责任人,可以为空。	否
	核算项目	选择该责任中心核算的项目类别,根级及非明细级可以为空。	否
	中心说明	对该责任中心进行的文字注释、说明。	否
数据来源	增加/删除配置数据	在上页指定的"核算项目"中选择具体的核算项目进行数据来源配置。 增加时,弹出指定的核算项目选择框,选定某一项双击即为"起始代码",再次双击该项或另外一项即为"终止代码",起始代码和终止代码确定了一段数据来源。 上述设置可以进行多次,即指定不相邻的多段数据来源。 为空则数据来源为上述指定的核算项目类别的所有项。	否
	对应上级核算项目	单击该项即弹出上级责任中心对应的具体核算项目列表。在配置好上述数据来源后,双击其中某项,即为指定该段数据来源,与上级责任中心具体核算项目对应。 可以为空。	否

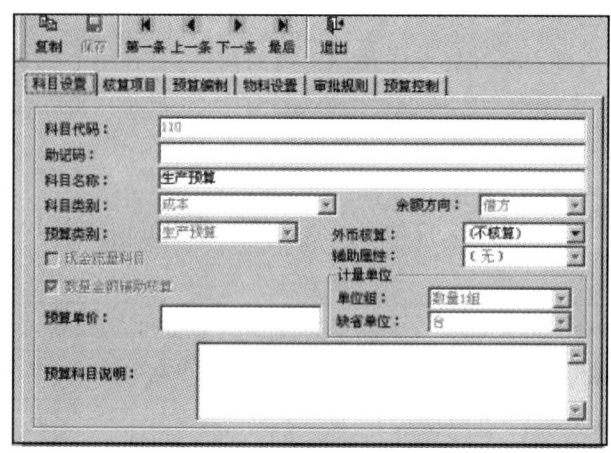

图 10-5 责任中心数据输入界面

(五)预算审批流程

预算编制审批流程,提供用户对预算编制数据的审批流程的定义,数据文件结构包括:级次、审批人、截止期限等内容。其输入界面如图 10-6。

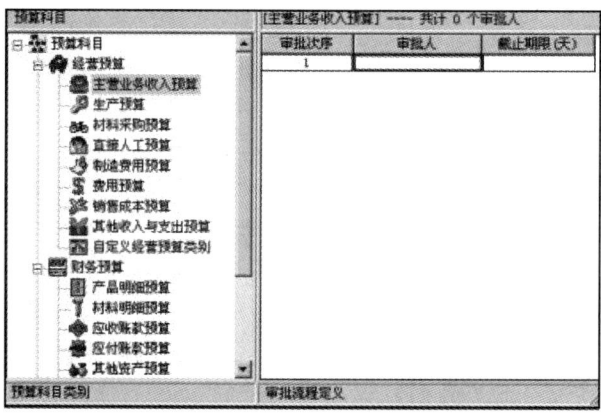

图 10-6 预算审核输入界面

(六)取数公式

取数公式定义了预算科目与实际业务系统的数据对应关系,取数包括:总账取数(包括科目取数、凭证取数)、预算科目取数、工资系统取数、固定资产系统取数、物流取数(包括:采购、销售、仓存)、成本系统取数、存货核算系统取数及其他取数;其中预算科目取数、物流取数为预算管理系统专用取数公式,并可供报表系统调用,总账取数、工资取数、其他取数等是调用各业务系统提供的相关函数。取数公式的输入界面如图10-7。

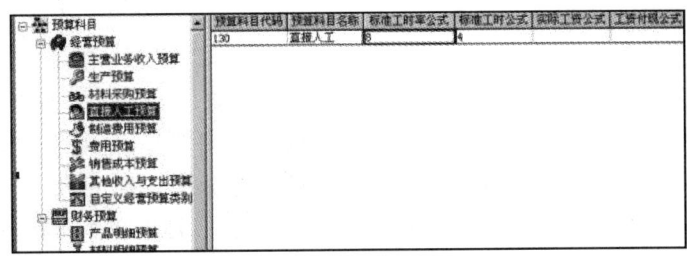

图 10-7　预算取数公式输入界面

取数公式主要用于:

1. 预算编制取数

当某预算科目定义的预算编制基准为"上年同期实际"或"上年同期预算"时,需要在"取数公式"模块定义具体的实际或预算数据取值。例如,预算科目定义了取上年实际数据,则在进行预算编制时,系统根据取数公式的定义,直接从相关位置(总账或物流系统)取来业务数据,显示在编制界面的"预算基准数"列,供预算编制参考。

2. 责任报告

系统提供了"责任报告"、"绩效报告(预算执行进度分析、预算执行差异分析)"等责任分析报表,在这些表中从不同维度分析了预算与实际业务的差异,其中实际业务数据就需要通过"取数公式"的定义计算提取。系统会根据取数公式的定义,在绩效报告中实时提取实际业务数据,同预算数据对比,出具分析报表,并可以实时更新取数数据。

3. 弹性预算控制

在预算科目定义界面定义该科目为"弹性预算控制"时,可以在当前界面快捷调出"取数公式"向导界面,定义具体的弹性预算控制公式。

(七)钩稽关系

钩稽关系也可以称作"预算钩稽关系",它定义了预算编制中,预算科目与其他预算科目、实际业务的关系,包括:总账取数(包括科目取数、凭证取数)、预算科目取数、工资系统取数、固定资产系统取数、物流取数(包括:采购、销售、仓存)、成本系统取数、存货核算系统取数及其他取数;其中预算科目取数、物流取数为预算管理系统专用取数公式,并可供报表系统调用,总账取数、工资取数、其他取数等是调用各业务系统提供的相关函数。

二、预算方案制订

预算方案定义了企业预算总括性的计划,例如年期跨度、是否全面预算、是否滚动预算等。预算方案对应着一套预算,包括与该套预算有关的所有信息。具体包括:方案号、方案名称、预算方式(年预算、月预算、季预算等等)、是否滚动预算、方案说明、预算期间、编制人、编制时间等等,是对企业确定年期内预算管理的总的计划和安排。预算方案的状态分为三种:一是正在编制状态,一个系统同时只能有一个正在编制状态预算。二是正在执行状态,这意味着预算编制结束、通过审核后进入执行状态。三是执行完毕。当预算方案执行完毕,该方案的数据作为历史数据供查询、分析。预算方案的输入界面如图10-8 所示。

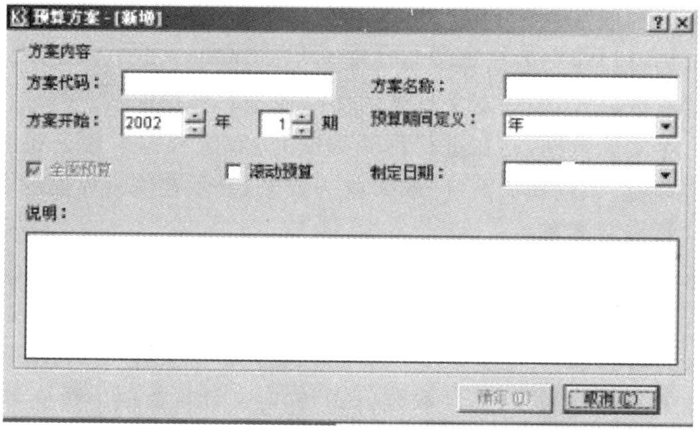

图 10-8 预算方案输入界面

三、预算编制

预算编制与预算控制、责任分析紧密联系,预算编制是前瞻性的,属于事前的管理;预算控制是实际活动的监控,属于事中的管理;责任分析是对责任中心执行责任预算的结果进行对比分析,找出责任预算执行差异及造成差异的原因,用数据说话,属于事后的管理。预算的数据将与业务的数据发生联系,使得事前的计划可以参考历史数据、事中的控制针对具体的业务发生、事后的分析评价基于预算执行的差异。

预算编制是按期(与总账会计期间一致)编制的,即无论预算方案定义的是多长跨度(月、季度、年、三年、五年)的预算周期,预算均按月编制,同时按月汇总为该方案中该科目对应的预算总额。预算编制是以明细的预算科目或核算项目(如果该科目定义了核算项目或责任中心)为单位编制的,但是系统会按预算科目及核算项目的级次,层层汇总至最高级,预算编制完成后,用户可按任意级次的预算科目、责任中心或核算项目查询、分析。当用户定义预算方案并且该方案处于编制状态,定义预算编制审批流程并输入预算科目及其他相关基础资料后,即可进行预算编制工作。

企业可根据经营特点,决定采用"以产定销"、"以销定产"的流程控制的全面预算,或以责任为中心编制的全面预算。通常预算编制的处理流程包括预算对象数据录入,并指定现金流量对应的现金流量项目及损益对应的预算科目。在预算数据输入过程中,系统根据预算基础资料设置的属性值,按取数方式手工输入预算科目的预算值,或到指定的数据源获取相关数据,进行计算,或运行预测模型以生成预算对象的预算值。当每一预算科目的预算数据输入结束,进行提交操作,以便使预算对象能从预算起点按数据的关联性递进编制,最后这些预算数据经过审核批准,企业全面预算编制结束。

四、预算控制

企业制定预算的目的是指导生产经营活动,使之有序、受控,具体反映在预算管理系统中表现为:打通预算与总账业务的关系,使预算数据可以通过某种流程实现对总账业务在事前、事中、事后的全面控制,实现预算管理的目标。

预算控制单据是建立预算管理系统与总账系统关联的纽带。预算控制单据的含义类似"预算申请"或"预算知会",就是说,在实际业务发生前,首先需要考察该业务的责任人或责任部门的业务预算情况,只有符合预算或者说计划的业务才能发生,而预算控制单据就是用来考察预算情况的单据。例如某企业按月预算各部门的部门活动经费,预算额度为 10 000 元/部门月。假设现在部门 A 需要组织活动,那么首先进行预算申请:登陆预算管理系统录入"费用申请单",假设该单据号为 Budget001。在单据上,"预算余额"栏会列示该部门目前可用的预算,假设本月已经活动过一次,花费 4 000 元,那么这次的活动只能最多申请到 6 000 元(10 000-4 000)。申请了预算后,该单需经过多级审批(用户自定义审批流程,也可以进行一次性的审批)、审核。之后,部门 A 才能领到活动经费 6 000 元。活动后,部门 A 到财务报销,例如花费了 5 800 元,那么财务在录入凭证时,可以关联到 Budget001,并扣减申请的 6 000元(是否扣减、扣减方式,均可以通过系统参数的设置决定)。差额 200 元(6 000-5 800),可以在"预算控制单据序时簿"中核销,核销时可以选择将

200元释放回预算余额,即该部门本月还有200元可用;也可以选择禁用这200元,即该部门本月已无经费预算。预算控制单据包括三种系统预设的单据类型:采购申请单、费用申请单、预算申请单,它们分别用于采购业务、费用发生业务及其他受控支出业务的预算申请,其他业务或部门的预算申请可以通过自定义预算单据类型来定义。

预算单据申请后,必须经过审批的过程,审批是一个对预算申请发表意见的过程,对应预算申请数据预算管理系统打通了与总账系统的关系,使得用户可以在总账系统保存涉及受控科目的新增凭证时,可以选择以下两种方式进行预算控制:以调用预算控制单据的形式,调用预算数据与实际发生数进行比较、扣减,判断实际发生数是否在被认可预算余额范围之内;利用预算管理系统写入的科目预算数据,进行了相应的控制后,再决定该凭证能否保存,并将结果传递到预算管理系统进行预算核销并进行相应的查询、分析。预算申请单数据输入界面如图10-9。

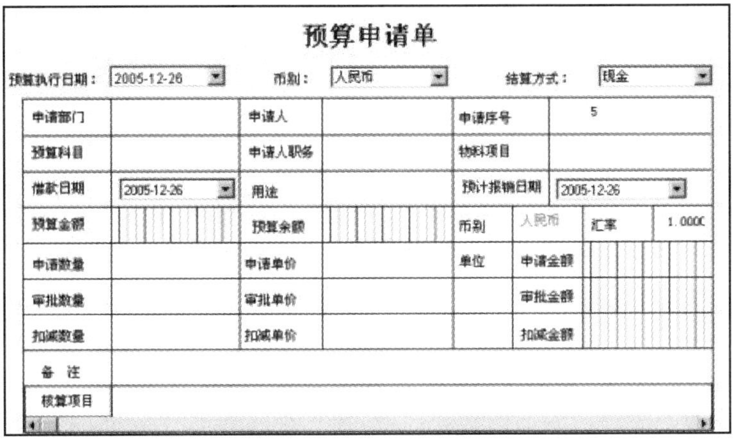

图10-9

五、预算与责任报告输出

预算管理系统从业务系统、财务会计系统、预算文件获取数据,按用户要求输出预算科目余额表、预算核算项目余额表、预算核算项目明细表、预算核算项目汇总表、预算核算项目组合表、预算控制余额表。

用户按责任中心查询企业经营活动的各个方面的预算数据与实际数据的对比分析,包括:标准财务报告、销售、生产、成本费用、投资、库存等。责任报告按预算科目对应的预算数据及实际数据自动生成,输出预算资产负债表、预算利润表、预算现金流量表、收入预算表、费用支出预算表、应收款预算表、应付款预算表、固定资产变动情况预算表、投资预算表、生产成本预算表、商品采购预算表、库存材料/商品预算表、库存产品预算表。责任中心绩效报告反映责任中心预算执行情况与预算的差异,自动生成处于执行状态预算方案的绩效报告,进行预算执行差异分析、预算执行进度分析。

第11章

价值创造导向的资金管理信息子系统

第一节 企业价值创造与资金管理概述

一、资金管理与企业价值创造

资金流就像人体的血液,企业资金流越顺畅,资金使用效率越充分,成本费用越低。从衡量企业价值的计算公式可以看出,企业价值由未来现金净流量、风险报酬率和持续价值创造的时间决定。由此可见,资金管理水平是决定企业价值创造的关键驱动因素,企业的现金净流量则是由投资现金净流量、筹资现金净流量与经营现金净流量组成。

投资现金净流量是获得投资收益或是收回投资时取得的现金流入扣除投资支出后得到的现金净流量。当投资项目的报酬率大于该项目的资金成本时,投资项目的净现金流量折现值为正数,企业创造价值。

筹资现金净流量是筹资活动产生的现金流入量扣除偿债支出、筹资成本等现金流出后形成的现金净流量。利息和股利支出导致的筹资活动现金流出量取决于企业的资本成本,降低资本成本也是为企业创造价值。

经营现金净流量是企业价值增值的主要因素,只有当销售产品所产生的现金流入能够弥补生产经营所发生的现金流出并有结余,才能实现企业的持续经营和不断增值。

通过资金管理,加大企业现金流的流量与流速,从投资、筹资、经营三个方面最大化企业未来的现金净流量,实现企业价值创造。

二、价值驱动与企业资金流关系

企业价值创造是价值驱动因素共同作用的结果。在上一章,我们分析了企业经营过程中,影响企业价值的七个基本动因——销售增长率、营业毛利率、所得税率、营运资本投资、固定资产投资、资本成本和企业价值增长期。通过企业战略管理层面到业务层面的资金流分析,可以看出企业价值驱动因素与资金流的关系。

首先,企业价值是由企业自由现金流量和折现率决定的,折现率表现为企业的加权平均资本成本。加权平均资本成本取决于企业的负债成本和权益成本以及两者的比重,这是由企业的融资政策和融资管理决定的。

其次,企业自由现金流量取决于经营性现金流量和限制性现金流量的比重。这是由企业的业务特征、资产类型、经营决策、投资决策和管理活动决定的。经营现金流量取决于经营性现金回报率、基期投入资本和投资率。限制性现金流量取决于营运资本需求和固定资产净投资现金需求。

最后,经营性现金回报率又是由税后投入资本回报率和相应的现金比率决定的。税后资本回报率取决于投入资本回报率和税收效应比率;投入资本回报率取决于营业利润率和投入资本周转率;营业利润率又取决于收入增长率和成本降低率等。通过价值驱动模型,将资金流类型从战略层面——自由现金流,逐步分解到执行层面,使资金流的管理与企业价值创造融合为一体。

三、以价值创造为导向的资金管理

1. 战略层面资金管理

企业战略层面的资金管理针对的是企业的投资和筹资决策。企业投资分为股权投资、债权投资和经营项目的投资。慎重选择投资项目,优化资金流向,是最大化企业经营现金净流量的基础。企业筹资决策的关键是资本结构的合理性,在财务上表现为资本成本的高低。企业应该最小化资金使用成本,最大化投资项目的回报率,提升资金管理价值创造能力。

战略层面的资金流管理重点主要是通过企业战略分析与规划,选择能创造价值的投资项目,并为其筹措合适的资金来源,使投资活动现金流与筹资活动现金流相匹配。

2. 经营层面资金流管理

经营层面资金流管理主要是围绕战略目标,通过日常现金流量与流速管理,最大化企业的现金净流量。企业经营管理活动业务流程、管理流程、管理组织结构的状况以及管理制度都会影响现金流,在财务指标上体现为企业的销售增长率和成本降低率以及销售收入中的现金比率和现金流周转率。企业可以通过流程再造、组织重构、制度重建以及现金流集中管理等措施来提高管理效率,进而实现业务流与现金流的融合,提高现金的周转效率,达到降低生产成本、提升企业价值的目的。

因此,经营层面的现金流管理重点是,在现金流转的各个环节通过对导致现金流入和现金流出的关键价值驱动因素进行控制,加快现金流转速度,最大化企业的经营活动现金净流量。

第二节 企业资金战略管理

一、企业资金战略管理内容

企业资金战略管理主要是针对资金流向的管理。以创造价值为目标的资金战略管理,主要依据企业内外环境因素以及变化趋势,规划企业未来资金流向,调整企业的资金流转,为企业的经营战略提供资金支持。资金的战略管理面对的是企业未来的资金流向和现金状况,其决策结果会涉及大量现金的流向,具有非常规性和指导性。

资金战略管理的内容包括企业战略投资和筹资项目的规划。围绕企业价值最大化目标,选择合适的投资回报率的项目,并筹划合适的资本成本的筹资组合。处理好投资项目资金需求、筹集资金的时间间隔问题,在保证企业流动性的基础上,处理好风险与收益的关系,实现资金战略管理活动的价值。

二、企业资金战略管理流程

资金战略管理流程由企业环境分析、资金战略分析、资金战略的制定、战略实施、战略评价组成。

(一)企业环境分析

从企业战略角度分析企业的资金供需的内外部环境,把握企业经营环境的现状及变化趋势,才能有利于企业发现资金投向的有利机会,规避资金营运过程的风险。

1. 外部环境分析

①国家宏观经济政策对企业资金的影响。经济发展水平、经济管理体制、

经济结构以及金融、税收等方面的状况和政策影响企业的投资与融资活动。例如央行放宽信贷规模、调低存贷款利率,银行贷款容易取得,债务资金成本也会降低,企业可能相应调整不同来源的现金比例。再者,存款利率下降可以刺激消费,活跃市场,促进企业增加投资或是调整投资方向,这些都会影响企业投资现金流量。

②政治法律因素的影响。国家通过法律法规引导企业资源配置,影响企业的投资现金流向。比如国家对稀有资源交易的限制或是对环境的保护会改变企业对相关投资项目的决策。

③科学技术因素的影响。科学技术的发展促进企业的产品研发,从而影响企业产品的成本与质量。通过与竞争对手的比较,企业可能进行市场定位和经营方针的调整,进而改变企业的投资决策和投资现金流量。

④社会文化因素的影响。社会文化影响消费行为,通过市场对企业产品或劳务的需求状况影响企业投资现金流量。市场对企业产品看好,需求量大,促使企业增加投资。反之则要缩减生产规模,甚至撤回项目资金。

2. 内部经营环境分析

在企业初创期与发展期,为使产品和业务打开市场,或应对销售额和利润快速增长状况,企业需要投入大量资金,资金流出会大于流入。在企业成熟期,产品市场趋于饱和,达到规模经济,销售额和利润的增长速度减缓,资金流入增多,企业可以适当投资防卫型项目用来抵御来自竞争方面的压力,保持已有的市场。在衰退期,由于技术变革等原因而退出市场,销售额和利润显著下降,而要采用收缩转移战略。对损害企业价值的投资项目和业务应当及时退出,监控项目的现金回收和投资回撤,维持一定的现金流入。

企业内部资源分析是指对企业财务状况、企业研发能力、设备状况、产品的市场竞争地位、人力资源状况、企业文化状态的分析。企业财务状况限制投资项目规模,企业的研发能力、设备状况、产品的市场竞争地位对投资项目的选择、新增投资决策都有影响,人力资源状况、企业文化对企业投资决策质量起重要作用。这些因素最终都会影响企业的投资现金流量。

(二)资金战略决策

1. 投资决策

根据创值动因解析模型,自由现金流由经营现金流量驱动,而经营现金流量又取决于项目投资回报率。因此,投资项目决策的目标就是在从备选项目中选择投资报酬率最高的项目,促进企业自由现金流量的增长,实现企业价值创造。

需要注意的是,投资项目的决策还与项目的资本成本有关。当企业可以采取一定措施降低项目的资本成本,使得资本成本低于项目的投资报酬率,则原先由于投资报酬率过低而被否决的项目,因为能够为企业创造价值而变得可行。

2. 筹资决策

在投资项目风险一定的情况下,筹资方式的不同决定了资本成本的差异。根据创值动因解析模型,资本成本可以分解为负债成本、权益成本与负债权益比重这三个驱动因素。负债成本进一步分解为无风险资本成本、市场平均风险溢价和企业特有风险溢价。负债权益比重的驱动因素可以分解为长期负债、流动负债与股东权益。无风险资本成本、市场平均风险溢价由宏观经济环境决定,因而影响企业筹资决策的驱动因素主要是公司特有风险溢价、长期负债、流动负债与权益成本和股东权益。

企业特有风险溢价是债权人根据经营和财务风险要求的风险补偿,它与企业的负债权益比重有关。当负债权益比重上升到一定程度的时候,负债相对权益资本的低成本优势将不复存在。企业在为项目筹集资金时,应该尽可能实现最优的资本结构,最小化资本成本。因此,筹资决策的目标是在规避风险的情况下,从备选项目中选择最低资本成本的筹资方案,实现企业价值创造。

(三)资金战略实施

资金战略实施是动用企业各种资源,将制定好的现金流战略付诸实施,通过系统的、相互配合、前后一致的战略行动达成企业价值最大化目标的过程。战略实施主要包括以下内容:

1. 资金战略预算

资金战略预算是将企业的资金战略管理规划在企业运营层面进行定量化管理,引导组织内各个层级的管理人员提前对自己的工作做出计划,并和企业整体的目标进行充分协调;为组织内部提供了一种资源分配的有效方式,既照顾了组织目标的实现,又兼顾了资源运用的效率。

从战略角度制定资金预算,解决的是企业的总体目标以及实现目标的具体方式,涉及的是进入哪个市场、生产何种产品,也包括采用怎样的价格、如何安排研发、资本性支出和资本结构等问题。资金战略预算是企业对未来现金流量进行的整体安排,其内容和精细程度相对于短期预算(年度预算)来说,不需要特别细致。在预计项目期间内,对项目的资产投资和经营扩张所需的资金,研发投入资金,项目经营期间内每年度的原料、人工、广告费用、销售费用、管理费用和生产所需资金以现金流出量表示,结合各年度的销售收入带来的经营现金流入量,以及企业筹集资金的安排,反映企业未来的现金流量概况。

2. 资金战略的控制

资金战略控制是指确立控制标准,监测战略执行情况,对偏差进行分析,拟定并实施纠正措施。其主要流程包括:

(1)设定评价标准。资金战略控制的前提是设定控制标准,解决"控制和评价什么"的问题。资金战略控制是对企业资金战略实施过程所进行的控制,即控制投资项目与筹资项目对企业价值创造的影响。投资项目是企业经营性现金流回报率的先天性决定因素,可以通过投资项目创造的现金流量对其成功与否进行反映。由于现金流量是结果型的数据,将现金流量与促进现金流量增长的企业关键成功因素和关键绩效指标结合起来作为控制标准对投资项目进行评价和控制。

(2)将资金战略控制嵌入到财务信息系统。资金战略控制的必要条件是及时获得资金战略执行的有关信息,通过比较战略执行结果与所设定的标准,找出差距。这是确定资金战略控制方向与控制力度的依据。

资金控制方法包括三部分:阀限值检查、分析偏差原因和制定纠正措施。对资金战略执行的结果与战略制定的标准进行比较之后,和预设的阀限值进行比较,看是否实施纠正偏差措施。如果资金战略执行的结果超过了阀限值的界限,那么下一步便是分析偏差产生的原因,制定纠正措施。

战略控制的核心环节是调节行为,实施拟订的纠正措施,并继续监测实施后的结果。纠正措施应该视问题的性质和产生的原因而定。如果是制定的标准太高,偏离实际,可以考虑实际情况,修改制定的标准。如果出现的偏差是因为某些偶然因素作用的结果,考虑在现有技术水平下是否可控。若不可控,与其贸然采取措施,不如静观其变,同时准备应付措施。如果出现的偏差是因为战略实施过程中某些决策失误或执行不力,则应加强内部沟通,改进工作方法。如果出现的偏差是因为内外部环境发生变化,只好对战略进行调整和变革。

3. 资金战略实施结果评价

资金战略评价关注的是企业的投资和筹资项目是否成功,能否带来未来现金流入企业。投资项目的成功不仅取决于项目的好坏,投资决策的正确与否,还与项目实施过程中企业研发进程、内部生产管理流程,以及外部市场经营有关。

对资金战略实施结果的评价指标设计,要设置关键绩效指标,对企业现金流战略实施结果进行评价。从指标上来说,对非财务指标的控制,将通过现金流量指标体现其影响。

第三节 企业日常经营活动的资金管理

一、运营资金日常管理的内容

在企业经营过程中,采购、生产、销售等环节资金运动经历了从现金流出、转化成企业原材料、产成品、应收账款再到现金流入的循环过程。企业运营资金流的运行效率与效益受存货、生产、应收账款、应付账款、收入增长率、成本减低率等因素驱动,并影响企业的价值创造水平。

运营资金的日常管理内容涉及日常资金流出与流入的全过程管理。管理流程包括识别影响运营资金流的关键价值驱动因素、运营资金预测与计划,资金流控制与评价。

二、识别影响运营资金流的关键价值驱动因素

企业价值驱动因素的管理与控制水平将影响企业运营资金流的流量与流速。企业在不同的经营环境、不同时期,各价值驱动因素对资金流的影响程度也不同。因此需要识别关键价值驱动因素,有的放矢地对这些驱动因素采取相应的控制措施,提升资金流的运行效率和效益。

在企业运营资金运动循环中,对经营资金流量有重要影响的是收入增长率、成本降低率、运营资产的周转率、税收效应比率和现金比率(现金收益与息税前利润比值);此外,以下这些驱动因素也对经营现金流量与流速有重大的影响,包括:应收账款、存货、预付账款、应付账款和预提费用。

识别影响资金流的关键价值驱动因素的一个有效方法是敏感性分析。敏感性分析是指研究与分析一个系统因周围环境变化而引起其状态或输出结果变化的敏感程度的方法。由于市场的变化和企业经营风险的存在,收入增长率、应收账款、成本降低率、存货等驱动因素都将影响企业运营资金的流出与流入效率与效益。为了更好地控制和管理这些驱动因素,需要分析资金流对这些要素的敏感程度,进而识别影响运营资金流的关键价值驱动因素,使企业运营资金的管理重点突出。

三、运营资金流量预测与计划

运营资金流量预测与计划是预计企业正常经营所产生的资金流入、流出,以

及对收支差额采取平衡措施所做的具体的规划。这一过程可以分为以下几个部分：销售预测、现金流入预测、现金流出预测、现金余额预测、资金缺口和盈余管理。

1. 销售预测

销售预测是资金流量预算的基础。销售预测要确定各时期的预计销售额，以及下个时期的预计现金收入额。一般说来，销售预测除了考虑前期销售的实际情况，还应该考虑本期市场和相关因素（市场对产品的需求、影响产品需求的因素、竞争对手的状况、产品寿命周期）的变化对销售额可能造成的影响。因此，销售预测应该由销售业务经理、第一线的销售人员负责，当然还应该尽可能剔除销售人员的主观估计误差。

2. 现金流入预测

当存在商业信用时，企业主要的现金流入除了现金销售，还包括应收账款的回收。有效、准确的现金收入预测，需要仔细分析应收账款的回收方式，以便尽可能准确地确定现金在销售后多久可以收回。企业的实际收款模式可以通过审查销售货款的收款历史来确定。收款模式决定了企业现金流入的模式。了解客户的历史收款模式，通过现金折扣对及时付款的客户制定优惠的价格，作为对他们较快地将现金转入企业所作的付出的回报。对延迟付款的顾客减少折扣优惠，促使他们更快付款。

3. 现金流出预测

企业的现金流出通常可以分为以下三类：

(1) 采购支出（在短期现金流量预算中，主要考虑存货）；

(2) 营业费用支出（包括生产和服务费用、工资和营销与管理费用）；

(3) 偿还债务（贷款的分期偿还和利息支出）以及支付股利。

以销售预测为起点，企业进行采购并承担营业费用，来支持各时期的预测销售水平。任何债务的每期偿还数额一般都是已知的。事实上，现金流出预测的工作还应该包括对每一项计划支出的分析。比如：

原材料的采购额应该是多少？它占销售额的比例是过高还是过低？

工资额应该是多少？哪些职位有增值，哪些职位无增值？工资可以降低多少？

制造费用与管理费用中哪些是必要的？哪些是可以减少或是消除的？

4. 现金余额预测

在对现金收入与现金支出做出预测之后，下一步是将二者联系起来，预测现金余额。通常企业列出每个时期和累计的净现金流量，以及每个时期期末的预计现金余额。这不仅清楚地显示了企业一个或是几个时期的实际现金流动,也预测了企业何时可能面临现金短缺(可能是低于要求的现金余额或是负的现金头寸)或是现金盈余。

5. 现金短缺和盈余的计划管理

现金预算过程的最后一步是将现有的现金头寸与各期的净现金流入或流出联系起来,编制现金流量预算表。

只要净现金流出不会使现金储备低于某个最低限额,就不需要采取进一步的行动。但是,如果某个时期的现金流出使现金储备低于这个最低限,企业就必须向银行借款来弥补现金缺口;或者管理者必须采取某种经营措施,如加快应收账款回收(减少应收账款),通过减慢采购、减少存货余额或是推迟对供应商的付款(增加应付账款),来避免这个缺口。现金盈余是企业乐见的情况,但是闲置的现金是未充分利用的资产,影响企业的价值创造。用现金偿还过去向银行取得的借款,减少资金的占用成本;把现金存入带息账户取得利息收入或用于短期投资获得投资收益,都有助于提高企业的整体利益。

四、运营资金控制

1. 应收账款控制

在竞争激烈的市场环境下,企业为了提高产品销量,赊销方式无法避免。企业应评估客户的资信,在审核时应考虑客户的信用额度、信用批准程度,以及信用额度、信用批准程度不能超过坏账的金额。明确支付条件,对于大额的订单,应要求客户在订货时就交纳定金,将坏账风险控制在可以接受的水平内。企业对未结清的应收账款定期编制报告,按照客户账户编制账龄分析表,监督客户的支付情况,及时催讨欠款。定期计算企业平均收款期,并与同行业和本企业的历史情况作对比,及时调整企业的收款政策。

2. 应付账款控制

企业需要定期对它的供应商进行检查,充分利用商业信用。在不影响信誉的情况下尽量延长付款期。企业应该根据市场的具体情况,将供应商详细区分,分别对其管理,从而达到充分利用付款期限的目的。然后根据供应商的不同特点来调整自己的支付速度。企业应该充分利用所给予的信用期,不时对付款速度进行检查,以确认每一笔款项都是按照预定时间进行支付而没有提前。

3. 存货控制

为了降低库存量,企业需要进行有效的生产作业控制,并与销售、生产和供应环节相配合,通过构建良好的顾客关系降低库存量。当企业与供应商建立长期合作关系,可以实现在需要的时候获得原材料。企业自身需要关注的是建立良好的预算体系,特别是较为准确的销售预测和生产预算都对控制库存量有利。

存货周转期对现金周转期的影响比较大,尤其是那些产品制造工时较长的制造类企业,应该通过改善企业生产工艺流程、更新相应设备尽可能缩短从原材料到产成品的时间,并尽快将产品销售出去,回收货款。

五、运营资金流量运行评价

现金流评价指标的设计作为企业战略的一部分,具有管理导向。现金流管理的目标是保证企业资产的流动性、盈利性和发展潜力。因此,需要针对这些目标提出相应的衡量指标,评价企业的现金流量状况和现金流管理水平。评价的指标通常包括流动性指标、盈利能力指标、收益质量指标、创造价值性指标。

第四节 资金管理信息流程的逻辑结构模型

资金管理贯穿企业的筹资、运用、调度与监控,贯穿于企业经营全过程。资金运营效率的高低直接影响企业的利润、企业生存与发展的动力,以及企业的偿债能力。通过信息系统监控企业资金使用,降低财务风险,增强对资金的调度能力,从而提高资金运营效率是企业对资金管理采取的有效措施。

一、企业资金集中管理的组织形式

资金管理模式分为集中管理模式、分散管理模式以及介于两者之间的部分集中管理模式。集团企业对资金管理模式的选择实质上是集团对成员企业采用集权还是分权管理的策略体现。集权程度高,则意味着资金控制,统一调配,相反,则意味资金分散管理,成员企业自主支配资金。

对集团企业而言,资金作为连接母子公司的纽带,发挥着重要的作用,资金均衡、有效的流动是企业集团生存和发展的基础。为了能对资金进行集中管理,保持现金流动的均衡,通过集团企业财务集中管理模式,对资金流动的有效控制,保障整个集团获取最大收益。

企业集团的财务结算中心是在企业集团财务总部下设的一个相对独立的职能机构。该机构结合企业的实际情况,参照银行的业务运行办法,给母公司、子公司以及其他成员企业提供资金结算、资金存贷等业务。它身兼银行和财会两种职能,即对真正银行来说,它是企业;对内部企业而言,它又担负银行的职能。

现代企业管理最根本的是信息的管理,企业必须掌握真实准确的信息来控制资金流。通过信息技术所建立的财务资金管理系统应能支持远程应用,支持电子商务,以满足集团分布式网络的资金集中管理要求。通过信息系统,实现集团企业的资金统一管理、统一调度、统一运作,从而较大地提高资金的营运效率。

二、资金管理的信息流程逻辑结构模型

面对日趋激烈的市场竞争,越来越多的企业开始应用信息技术进行资金管理。企业资金管理系统通过与企业业务信息系统的信息集成,预测企业未来的资金流向、流量和盈缺情况,防范资金风险,并进行筹投资规划与筹投资财务信息处理与管理。

资金管理的信息流程的逻辑结构模型如图 11-1 所示,其信息流程由资金预测、资金计划、筹资、投资信息处理活动组成。

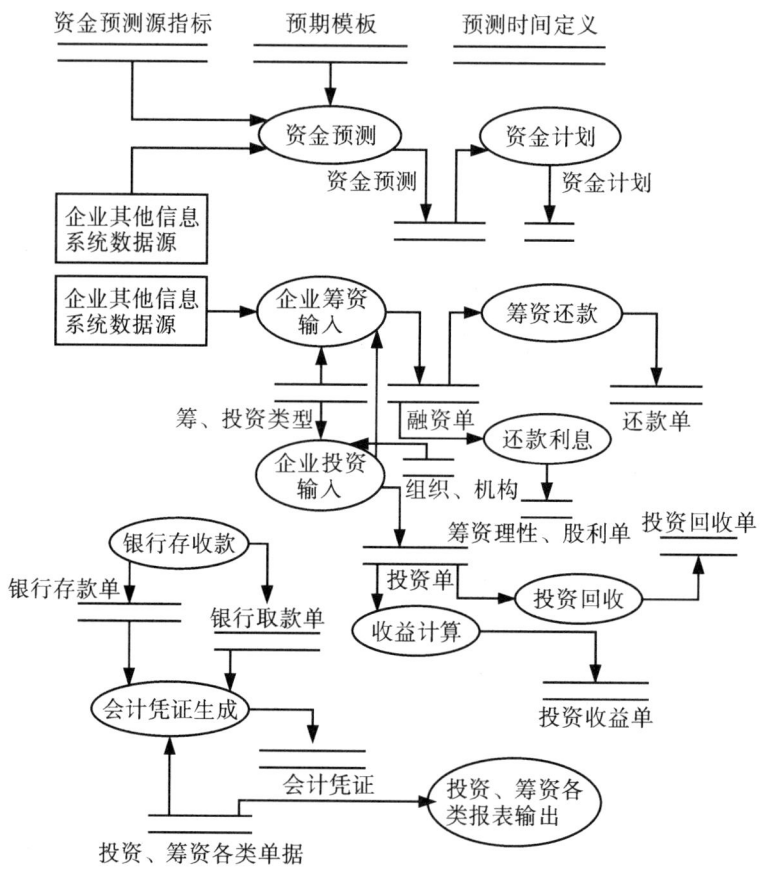

图 11-1

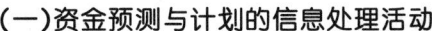

(一)资金预测与计划的信息处理活动

资金预测之前先设置预测指标、预测时间与投筹资类型,这些预测指标存放在资金预测指标文件、预测时间定义文件、筹投资类型文件。然后从中选择若干预测指标,组建预测模型,并存放在资金预测模板文件。

在进行资金预测时,选择预测模板包含的预测指标,预测间距如季、月、旬、周和日,系统依据选中的预测模板,自动从相关系统中读取数据,依据采集的数据、设置的收付款预期,自动计算各预测指标的应收/应付款余额、时间轴上各节点将要发生的资金流入量、资金流出量、净现金流量和资金余额,这些数据输出到资金预测文件内。

企业在分析、预测各集团成员的单位资金需求及流向的基础上,在资金的流量、流速、流向、时间安排以及资金的平衡与调整上做出详细的计划。编制录入资金计划(或筹投资计划),并结合计划和预测结果进行模拟预测。

(二)投融资、结算的信息处理活动

投融资的信息处理活动主要输入期初业务数据,在日常单据中录入业务数据。这些单据包括债权筹资单、债权筹资还款单、债权筹资利息单、股权筹资单、股权筹资还款单、股权筹资股利单、债权投资单、债权投资回收单、债权投资利息单、股权投资单、股权投资回收单、股权投资收益单、定期存款单、定期取款单、担保单。对这些数据进行利息计算、收益计算,进行会计凭证批处理等操作,并分别记录在融资单、筹资单、还款单、投资回收单、筹资利息、股利单、投资收益单、会计凭证文件。

在集中管理模式下,企业通过资金集中结算的信息处理活动,处理成员单位之间或成员单位与外部企业之间由于商品交易、劳务供应以及资金划拨等业务所引起的货币收款、付款、转款业务。企业以内部银行的方式,将集团内各企业闲置、分散的资金集中起来,再以发放贷款的形式分配给集团内部需要资金的企业,从而实现集团内部资金相互调剂余缺,减少对外部银行的资金需求,提高资金的使用效率,降低财务风险。

(三)资金管理信息输出活动

资金管理信息输出活动主要对融资单、筹资单、还款单、投资回收单、筹资利息单、股利单、投资收益单文件的数据进行统计、查询、分析,生成各类投筹资的财务报告。如筹投资统计分析报告、筹资成本分析表、投资收益分析表、筹投资结构报告、资金风险预警报告等,统计分析一段时间内的债权筹资、债权投资、股权筹资、股权投资情况,分析在债权筹资和股权筹资过程中发生的筹资成本和筹资成本率,分析一段时间内的筹资和投资构成情况、投资收益和投资收益率,依据资金预测结果对资金风险(短缺)进行预警。

资金管理系统的信息处理流程依据集成化信息管理特点,以业务为中心、财务为核心,对凭证、资金结算、融资、投资、存款、利息计算、资金报表、资金分析等进行一体化管理,实现企业资金的整体管理与调配,做到资金事前计划、实时控制和分析,加快资金周转,提高资金使用效益,帮助领导运筹帷幄、决胜千里,全面提升企业的核心竞争力。

第五节 资金管理子系统数据结构模型、信息处理与运行模式

一、资金管理子系统的数据结构模型

(一)资金管理子系统的基础数据结构描述

1. 企业资金管理有关的主要参与者数据文件结构

在资金管理业务处理中,将结算中心的客户分为内部客户、往来客户、银行、委托单位等类型,这些数据记录在中心的客户分类文件中。

(1)客户分类文件数据结构见表11-1。

表 11-1

字段名	数据类型	长度	小数	说明
客户类别代码	C	10		
客户类别名称	C	30		

(2)客户资料文件的数据结构,见表11-2。

表 11-2

字段名	数据类型	长度	小数	说明
客户代码	C	10		
客户名称	C	30		
客户类别代码	C	10		与客户分类文件的数据建立关联
地址	C	40		
区域代码	C	10		
行业	C	30		
开户银行	C	30		
银行账号	C	40		

在客户文件中,记录有关集团企业的内部客户(对集团企业而言)、往来客户、开户银行、委托单位的信息。

2. 企业结算中心与银行的数据接口文件(见表 11-3)

表 11-3

字段名	数据类型	长度	小数	说明
银行接口代码	C	30		
银行名称	C	40		
服务器地址	C	30		
企业代码	C	30		
签字端口	C	30		
加密端口	C	30		

3. 账号文件

在结算中心的资金管理系统中,账号是结算中心管理系统的一个核心内容,账号的类型分为活期存款账号、定期存款账号、贷款账号、贷款应收利息账号、委托存款账号。账号文件的数据结构见表 11-4。

表 11-4 账号文件的数据结构

字段名	数据类型	长度	小数	说明
账号代码	C	10		
账户名称	C	30		
币别	C	10		
账户类别	C	10		
客户代码	C	10		
结算账号	C	30		
账号开户行	C	40		

(二)资金管理活动的数据结构描述

1. 资金计划文件数据结构(见表 11-5)

表 11-5

字段名	数据类型	长度	小数	说明
计划项目代码	C	10		
计划项目名称	C	40		
计划开始期	D	8		
计划结束期	D	8		
单位编码	C	10		
资金性质	C	30		
预算参考值	N	10	2	
上期计划值	N	10	2	
本期计划值	N	10	2	
计划审核	C	8		

2. 资金结算

资金结算的单据主要有收款单、付款单、内部结算单、托收单据。收款单的数据结构见表 11-6。

表 11-6 收款单文件的数据结构

字段名	数据类型	长度	小数	说明
单据编号	C	20		
日期	D	8		
收款单位账号	C	30		集团各企业在中心的开户账号
付款客户代码	C	30		
用途	C	50		
金额	N	10	2	
中心账号	C	20		结算中心收款时的银行账号
开户银行账号	C	20		
结算方式	C	10		
制单人	C	8		
中心审核	C	8		
企业审核	C	8		
记账	C	8		

3. 融资

融资包括贷款、还款、担保等几部分业务。融资既可以处理结算中心向银行的贷款与还款业务，也可以处理内部单位向结算中心的贷款还款业务。结算中心与贷、还款业务可通过企业信贷管理、委贷管理、票据贴现业务实现。融资的银行贷款单据的数据结构如表11-7。

表 11-7 银行贷款文件的数据结构

字段名	数据类型	长度	小数	说明
贷款编号	C	10		
日期	D	8		
用途	C	40		
贷款账户	C	30		
贷款金额	N	10	2	
起息日期	D	8		
利率	N	10	3	

续表

字段名	数据类型	长度	小数	说明
利息	N	10	2	
到期日期	D	8		
还款方式	C	30		
担保单位	C	40		
担保金额	N	10	2	
制单	C	8		
审核	C	8		
记账	C	8		

4. 投资

投资主要记录资金投资的情况，包括银行定期存款与企业贷款、票据贴现管理的数据。例如银行存款的数据结构如表11-8所示。

表 11-8　银行存款文件的数据结构

字段名	数据类型	长度	小数	说明
存款编号	C	10		
日期	D	8		
定期科目	C	40		
币别	C	30		
金额	N	10	2	
本位币	N	10	2	
起息日期	D	8		
利率	N	10	3	
利息	N	10	2	
到期日期	D	8		
存期	N	2		
存单号	C	20		
制单	C	8		
审核	C	8		
记账	C	8		

二、资金管理子系统的信息处理运行模式

1. 资金管理信息子系统与其他信息系统的关系

在信息集成环节下,企业的资金管理是应用信息技术与集成管理的理念,将财务、生产业务与供应链集成起来,并与企业外部的银行连接在一起,实现企业的物流、资金流与信息流的高度统一。同时,集成的网络管理平台为集团企业的资金管理提供支持。整个资金管理围绕结算中心的资金结算业务、定期存款业务、贷款业务展开,定期或不定期计算各业务单据的利息,最终生成凭证和产生报表,生成的凭证自动传递到总账系统共享。

2. 资金管理的初始设置

基础资料是管理系统的数据基础,直接影响到系统处理数据的能力。资金管理的基础设置工作包括科目、账号、币别、凭证字、计量单位、客户、部门等基础资料的设置、资金预测与计划期间设置、预测指标设置,以及根据企业的资金管理模式和实际业务情况设置不同的系统参数;系统管理人员还须给各

业务操作人员授予不同的权力等。等系统正常使用一段时间后,因实际业务变化的需要,还要不断修改以上所列的一些数据,所有这些操作都在维护模块完成。

3. 资金预测

资金预测功能主要用来加强对企业未来中短期的资金流量的预测,及时预警,保证企业资金的安全和信誉。

企业的资金预测层次大致上可以分为现金与银行存款预测、应收账款到期预测、应付款到期预测、销售合同收款预测、采购合同付款预测等。资金预测的时间间隔期可以按天或周进行。以横轴代表预测的时间,纵轴表示企业资金的余额,对现金与银行存款的预测,得到目前现金寸头的分布情况。增加已确认的应收、应付款资料,得到第二层的资金预测信息,再将销售合同、采购合同等因素考虑进去,得到更全面的资金预测信息,如果将这些预测信息进一步细化,考虑到合同涉及的客户、供应商的信誉等多种因素,预测的数据处理能为决策者提供更多决策相关的预测信息。

对应用资金集中管理模式的集团企业而言,各子公司在预测的时点上,可能存在着某些子公司有很充足的现金流入,而另外一些子公司存在资金缺口,需要从银行融资。如果不对这种情况进行干预,会增加集团企业的财务费用,降低企业的价值。因此,通过对企业各子公司的资金预测,并在此基础上针对各子公司的预测现金流曲线,在集团内部使用资金的平衡功能进行资金调拨,有效提升企业资金的使用效率。

在进行资金预测的数据处理过程中,首先需要建立预测指标体系。这些预测指标涉及:

(1)预测指标的定义:如销售订单、采购订单、销售发票、采购发票、收款单、付款单、银行贷款单等涉及资金预计流入、流出的单据资料。

(2)数据的读取与传递接口方式:预测指标与企业其他信息系统的数据关系,即预测指标的数据从哪个信息系统读取或传递。

(3)预测指标的资金性质:说明该指标包含的数据是收款还是付款。

(4)读取预测指标的数据实体状态:说明该单据的状态,单据的状态有"已审核"、"已审核未关闭"、"已记账未结清"等。

(5)传送预测数据项描述:说明在源数据单据中有哪些数据项的数据是要传送到资金管理指标中的。

(6)条件说明:即读取相关数据时的过滤条件,如是否必须进行收付款预期,即该指标在使用前,是否必须进行收付款预期。

(7) 封存标志：显示该指标的状态是"封存"或"启用"。定义这些预测指标的收、付款的预期期，收、付款的结算类型，预计的现金收、付比例，按照资金管理的需求，选择这些预测指标构成预测指标运算模板。最后，通过计算机网路，录入或从各子公司的信息系统中采集预测指标的数据，进行资金的预测工作。

4. 资金计划

为了充分发挥总体资金优势，合理配置资源，降低资金成本，必须采取行之有效的资金预算与资金计划方法。资金计划将这种管理方法嵌入到信息系统中，与业务、财务数据处理结合在一起，在资金预测的基础上，分析不同时点上企业的资金流入量、资金流出量、净现金流量和资金余额，建立资金的计划项目，建立企业组织的资金计划，在经过审核、审批、调整后，将其嵌入到企业的资金结算业务过程中，控制企业资金流向与流量。

例如当录入的结算单据涉及资金计划项目时，系统就会触发资金计划的自动控制功能，进行实时跟踪与控制，在计划期间内，使资金的流出项目的累计数值处在计划数值可允许的范围。期末，对资金计划的执行情况进行分析，对照计划项目的计划值与实际数的差异，进行计划的跟踪评估与绩效考核。

资金计划是按组织机构进行编制与控制的。在编制资金计划前，要先进行组织机构、计划项目、计划周期等设置。

5. 资金结算管理

资金结算主要处理企业之间由于商品交易、劳务供应以及资金划拨等业务所引起的货币收付与清算。通过网上银行系统、网上结算系统的数据连接与传输方式，企业的结算中心通过计算机系统接收企业与客户、供应商以及集团企业内部的往来结算单据，实施各类结算单据的录入、查询、修改、汇总等数据处理作业。当结算单据的数据项目涉及资金计划项目时，系统执行资金计划项目的控制功能，并通过与会计科目的对应关系，生成会计凭证，传递到总账系统。

6. 筹资管理

企业需要筹措现金以满足新投资项目和运营资本对资金的需求。对大多数企业而言，主要的资金来源是它们从生产经营中获得的现金，以用来解决现存债务、交税以及向股东支付股利。当内生资金不足以维持现存资产和企业所有新的、可创造价值的投资机会时，企业就需要以债务资本、权益资本的形式从外部融入所需的资金。企业筹资管理活动包括向银行贷款、租赁、向现有股东和新股东出售优先股股票和普通股股票等外部融资。在采用财务集中管理模式时，企业集团的结算中心通过处理内部单位向结算中心的贷款还款业务，调整集团内部的资金需求，对外筹资行为由结算中心统一进行，例如通过获得外部实体的银行贷款以处理结算中心向银行进行贷款的业务，从整体上减低资金使用成本。

筹资管理的数据处理涉及设定筹资类型，记录企业与外部、集团企业内部各成员与结算中心的各类筹资业务。这些业务包括记录企业与外部实体的债权筹资单、内部企业在结算中心的定期存款。定期存款提供了定期续存功能、定期解活功能。能够灵活处理外币定期存款、外币定期解活业务。企业贷款能根据贷款合同可以一次发放，也可以多次发放；还款业务根据贷款合同可以一次还贷付息，也可以多次还贷付息。系统还提供了外币贷款、还款业务与本位币核算自由换算，并可实时查询贷款、还款情况。

7. 投资管理

投资主要记录资金投资的情况，包括银行定期存款与企业贷款的管理。系统可以根据业务单据智能地产生记账凭证，也可以根据凭证联查单据，真正实现了业务与财务合二为一。银行定期存款处理结算中心在银行的定期存款业务，企业贷款则处理内部企业向结算中心的贷款。定期存款提供了定期续存功能、定期解活功能。能够灵活处理外币定期存款、外币定期解活业务，还可以自由设置定期存单。企业贷款能根据贷款合同可以一次发放，也可以多次发放；还款业务根据贷款合同可以一次还贷付息，也可以多次还贷付息。系统还提供了外币贷款、还款业务与本位币核算自由换算，各种币别业务一气呵成。贷款、还款查询条件可任意设置，查询方案自动保存，多层查询条件嵌套处理，查询速度快捷。

8. 利息计算

处理各种活期存款、定期存款、贷款业务、透支情况、委托贷款等有关利息的计算和查询。

9. 资金管理报告

提供存款汇总表、存款明细表、贷款汇总表、贷款明细表、定期存款汇总表、定期存款明细表等。并输出筹投资统计分析、贷款分析、存款分析、存款对比分析、透支分析、逾期贷款账龄分析、逾期贷款分析、资金风险预警等分析报告。

第12章

价值创造导向的企业绩效管理信息子系统

第一节 利益相关者与企业价值创造的关系

一、企业经营目标演变

19世纪以来,企业经营目标经历了从利润最大化、股东价值最大化到企业价值最大化的发展过程。进入20世纪80年代以后,随着企业治理机制的逐步完善和资本市场的不断发展,越来越多的企业开始重视价值创造,反映企业优劣的标准不再是利润,而是一个综合的竞争能力指标——企业价值。随着企业经营目标的变化,衡量企业经营绩效的标准也得到相应的调整和完善。

企业绩效评价体系是一系列与绩效评价相关的评价理论、评价指标、评价方法等组成的有机整体。评价主体运用数理统计和运筹学等方法,通过定量定性对比分析,对评价客体一定时期的绩效做出客观、公正和准确的评判。企业绩效评价本质是对企业目标实现程度与实现手段的测度,经营目标差异衍生了不同企业绩效评价体系。

早期业主制与合伙制的古典企业的显著特征是组织形式单一,所有权与经营权合一,追求利润最大化成为企业业主一种很自然选择。以利润最大化为目标导向的企业绩效评价经历了成本指标阶段与财务指标阶段。前期主要采用简单成本指标度量企业绩效,反映企业如何将本求利。20世纪后,众多从事多种经营的综合企业的出现改变了企业组织结构。为实现对纵向一体化经营的各职能部门的协调和控制,以及将资源投向利润最大化的经营项目,许多企业采用杜邦财务分析思路,以投资收益率为核心指标,将其分解形成一整套的财务评价指标体系,评价企业以及部门经营业绩。

第十二章　价值创造导向的企业绩效管理信息子系统

随着资本市场的发展与股份制的不断完善,企业所有权与经营权进一步分离,利润最大化的弊端逐渐显现,现代企业经营目标转向股东价值最大化。股东价值最大化是指通过企业的合理经营,采用最优的财务决策,在考虑货币时间价值和风险报酬的情况下,使所有者收益达到最大。股东价值最大化意味着衡量企业绩效的关键是股东价值持续增长,由此形成以股东价值为核心的绩效评价体系。如美国思腾思特公司所提出的经济增加值(EVA)评价体系,以及股票期权等激励方法的应用,引导企业重视资本机会成本与股东利益,制约两权分离下由利润最大化所引发的企业短期行为。

近年来,股东至上观点受到质疑,利益相关者理论正日益受到理论界和社会的重视和认可。最早使用"利益相关者"概念的经济学家是 Ansoff(1965),他认为"要想制定理想的企业目标,必须综合平衡考虑企业的诸多利益相关者之间相互冲突的索取权,他们可能包括管理人员、工人、股东、供应商以及顾客"。1984 年,弗里曼(Freeman)对广义利益相关者的定义是:"企业利益相关者是指那些能影响企业目标的实现或被企业目标的实现所影响的个人或群体。"在这个定义中弗里曼不仅将影响企业目标的个人和群体视为利益相关者,同时还把企业目标实现过程中,受企业所采取行动影响的个人和群体看作利益相关者,如把当地社区、政府部门、环境保护主义者等实体纳入利益相关者的队伍行列[1]。

利益相关者理论认为:在现代企业,股东、债权人、员工和供应商、销售商、社区、政府等利益相关者都为企业投入了"专有性资源",承担企业经营风险,企业缺少他们中的任何一个都无法持续经营。强调股东价值最大化是片面的,企业不仅要为股东利益服务,同时也要为其他利益相关者创造价值。以企业价值最大化代替股东价值最大化能更好反映利益相关者的基本要求,更适合现代企业制度。

企业价值最大化能符合社会经济发展的需要。企业作为契约集合体与利益相关者之间存在荣辱与共的关系。它从利益相关者处获得"专有性资源"来维系自身生存与发展,自然要满足他们的利益诉求。尽管这些利益诉求存在一些矛盾与冲突,但企业价值最大化能构筑这样一个利益平台,将他们协调统一在企业追求持续发展和价值不断增长的总目标上,使他们在企业价值"蛋糕"做大的过程中分享到更多回报。而企业也在兼顾各方利益,为利益相关者创造价值的过程中获得持续发展。

---

[1] 弗里曼著,王彦华,梁豪译.战略管理——一个利益相关者方法.中国人民大学出版社,1992 年版

二、利益相关者与企业价值创造的共生关系

相对于利润最大化和股东价值最大化而言,企业价值最大化目标的突出特点在于把注意力从股东身上转移到企业,兼顾了除股东之外的利益相关者的利益。现代企业是利益相关者的集合体,从企业可持续发展的角度来看,企业应当关注其他的利益相关者,并把他们的利益目标纳入其考虑范围。各利益相关者与企业的关系具体表现如下:

股东作为企业的所有者,依法享有各种合法权益。企业应为股东提供较高的利润,确保股东在企业中的利益、企业资产的保值与增值。对于企业来说,建立良好的股东关系,努力承担好对股东的经济、社会、法律等方面的责任,对于吸引投资,扩大企业财源都具有重大的现实意义。与其他利益相关者相比,股东作为企业经营成败风险的最终承受者,他们的行为在很大程度上决定了企业的行为及其经营效率。

债权人也是企业的投资者。他们把资金借给企业使用,到期收回本金并收取利息同时承担相应的风险。如果债权人发现公司有不按规定用途使用这笔资金的情况,有权收回贷款。各国公司法都规定,公司利润只有在偿还应付贷款后才能用于偿还公司债、发放股息和红利等。公司如到期不能偿还贷款,债权人有权按合同规定要求对公司资产进行清理变现或展期。

企业员工作为企业人力资产的所有者,在现代企业中的地位和作用越来越重要。从企业角度来看,企业之间的竞争最终都是人力资本的竞争,拥有知识、经验和技能的员工是企业竞争制胜的决定因素,企业的经营必须依靠员工的智慧、经验和努力,脱离了员工,企业寸步难行;从员工角度来看,员工的知识、技能和经验作为人力资本,其形成过程和作用发挥依赖于企业创造的适宜的环境和条件,需要企业给予一定的诱导和刺激。所以说员工与企业是相互依存的。

顾客是企业产品和服务的购买者,企业价值的实现在很大程度上取决于顾客的选择,及时捕捉顾客的真实需求,以快捷的服务与个性化的产品满足客户需求。如果公司产品和服务令顾客满意,通常顾客会形成一种对公司产品的较强的偏好,要改变或取消这种偏好往往会给顾客带来负效用。

供应商是企业生产经营所需物质资源的供应者。供应商与企业休戚相关。公司运营良好,产量增加,规模扩大,对供应商产品的需求就会增加。反之,公司减产、停产或破产,对供应商会产生连锁反应,直接损害其经济利益,如生产线闲置、人员过剩、产品积压、货款收不回来等等。企业也可以通过供应商关系管理创造价值,如选择合适的供应商、控制库存量,在降低库存的同时又能

为生产不同产品提供保障;使供应商积极参与和加入到产品的设计过程中,提供快速的响应支持、不断加快产品创新、缩短产品从研发到投放市场的时间。

分销商连接生产企业和末端用户,分销商通过提供物流配送、售后服务、送货上门、电话订购以及网络订购等优秀的服务创造价值。经过分销商的有效运作,能降低交易成本,增强平衡供需的能力,提高彼此战略绩效。

社会及政府:企业作为社会的重要组成部分需要在一定的社会环境中生存和发展,企业的经营对社会亦产生重大影响。企业的生产经营活动直接影响社会的环境,对居民的身心健康产生影响。企业应该适当承担改善社会关系、促进社会发展的责任,向社会提供安全的产品。企业是政府税收的主要来源,企业经营不善或是偷税漏税,都会减少政府的收入,从而影响到政府的支出及其行政职能的发挥。企业应照章纳税并承担政府规定的其他责任义务,接受政府的依法干预和监督,不得有偷漏税以及非法避税行为。

各利益相关者与企业价值创造存在着一种共生关系,企业价值最大化能够构筑这样一个利益平台,使各方利益得到汇聚、协调。价值最大化与利益相关者的融合,是在承认、坚持价值最大化这一目标的基础上,创造出更多的能够在各利益相关者之间进行分配的价值,实现价值创造与价值分配的融合。引用一个形象的比喻,将企业价值比作一个"蛋糕",企业价值最大化就是将"蛋糕做大"的过程。伴随蛋糕做大的过程,企业利益相关者都能通过自身对这个"蛋糕制作"的贡献程度获取自己应得的份额,并随着这个蛋糕的做大而在未来获取更多的回报。在企业价值最大化目标条件下,通过企业良好的经营和价值创造,股东分得了股息红利,债权人取得了利息,企业经理和员工得到了报酬,供应商和分销商赢得了利润,顾客购买到满意的产品与服务,社区居民获得了就业和环境保护,政府收取到维持经济社会的协调发展与自身运作所需要的税收收入。这一切的背后,都取决于企业有效的经营运作的结果,即不断地实现企业价值的增值。

第二节 企业价值创造与企业绩效评价体系构建思路

一、基于利益相关者视角的企业绩效评价

从利益相关者视角看,企业价值创造的源泉来自他们各种形式的资源投入,绩效评价应聚焦在企业能否有效组织这些资源形成竞争优势,推进企业价

值持续增长并使他们获利。可见,这种绩效评价是建立在不断创造价值的战略思想上,而驱动企业价值增长的因素是多维的,这就需要从各个不同角度来综合评价企业战略执行效果与价值创造潜力。将利益相关者理论与企业战略结合在一起考虑,集中体现在哈佛大学教授 Kaplan 和诺顿研究院的执行长官 Divid Norton 在 20 世纪 90 年代提出的平衡计分卡,他们从企业关键的财务、顾客、企业内部经营过程、学习与成长四个方面评价企业绩效,形成一套评判企业价值创造的绩效评价系统。

平衡计分卡的核心思想就是通过财务、客户、内部经营过程、学习与成长四个方面指标之间相互驱动的因果关系展现组织的战略轨迹,实现业绩评价以及促进战略实施的目标,如图 12-1。与传统的绩效评价体系相比,平衡计分卡在一个评价系统中通过因果关系链整合了财务指标与非财务指标,把企业的使命和战略转变为具体的目标和评测指标,实现了绩效短期评价与长期评价的统一。同时,平衡计分卡揭示了企业价值创造的动因以及竞争优势驱动因素。

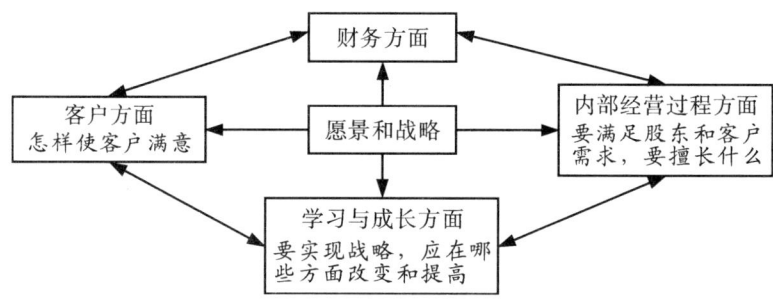

图 12-1 平衡计分卡基本框架

企业绩效评价体系是企业管理控制系统的核心部分。有效的绩效评价体系,有利于企业内部管理者和企业利益相关者综合了解企业经营状况及发展趋势,有利于企业建立和健全有效的约束和激励机制,提高经营管理水平和综合竞争能力。然而传统的企业绩效评价体系大多重财务指标、轻非财务指标,重短期绩效、轻长期绩效,这种评价倾向往往诱导企业经营者急功近利,忽视长期价值的创造,最终导致企业创造未来价值的能力削弱。因此从利益相关者视角,探讨以企业价值创造为导向的绩效评价体系具有现实意义。

二、企业价值创造与企业绩效评价体系构建思路

1. 企业价值创造能力

所谓价值,从企业角度而言,通常指的是利润、效用、效益、财富、收入等。现代企业经营本质是不断创造价值,在企业价值最大化过程中实现客户价值、员工价值、销售商价值、供应商价值、债权人价值、股东价值、社会价值。

一个企业要为利益相关者创造价值,实现价值最大化,其价值创造能力由多种因素决定。第一,它所提供的产品与服务能得到市场认可,能为客户创造价值。客户是在感知价值、比较效用过程中选择企业。培育良好客户关系,提升客户满意度与忠诚度是企业能持续经营、实现自身价值关键所在。第二,它的价值链具备竞争优势。这种竞争优势来源于企业不断组合资源获取渠道与方式,优化价值链流程,努力降低价值链成员之间的谈判成本、协作成本、信息沟通成本等交易成本,使成员之间所形成的战略同盟能比竞争对手创造出更多价值。第三,它具有优质人力资源与不断研发创新能力。在现代生产中,智力资本对企业价值创造贡献所占的比重越来越大。企业需要不断吸引人才加盟,不断培训员工,提升人力资源质量。加大科研投入,鼓励员工参与创新活动,参与决策,员工价值实现会进一步推进企业价值创造水平。第四,它与环境和谐共存。企业生存发展在一定程度上取决于与自然环境、社会环境的协调。任何以牺牲环境为代价,追求急功近利,最终引发社会矛盾,从而会严重制约企业的持续发展。企业要建立可持续发展观,充分协调与自然环境、社会环境关系,承担社会责任,实现企业社会价值。

2. 企业绩效评价体系构建思路

企业绩效评价体系由评价主体、评价客体、评价指标、评价标准、评价方法、评价报告六个基本要素构成。随着企业价值创造模式的变化以及对利益相关者越来越重视,企业绩效评价系统应引导企业关注客户、员工、供应商、销售商、债权人、股东、政府、社会的利益,不断整合优化企业价值链资源与活动,实现企业战略目标。

企业价值创造源于企业价值链的一系列活动的累积,价值链流程的绩效改善能提升整个企业的价值增值能力。随着经济全球化和信息技术的迅猛发展,企业面临着顾客不断变化的个性化需求和与日俱增的竞争压力。企业竞争的层次由原来封闭的单一竞争转化为企业价值链流程的竞争,竞争的范围也不再局限于企业内部,而是扩展到外部供应链流程。这就要求企业不仅要致力于内部价值链流程的改善,如生产流程要降低成本、产品开发创新流程需

及时响应市场变化,还要注重外部价值链流程的整合,供应商、分销商上下游企业间的协调合作,社会与政府对企业发展的影响。将供应商、客户等外部利益相关者纳入考虑范围,有利于增强企业的竞争能力。

价值链流程的绩效对企业价值的提升起着重要作用,因此企业有必要对价值链流程的绩效进行分析评价。建立一个基于价值链流程的企业绩效评价体系,使企业以价值最大化为目标,融合利益相关者理论,通过价值链流程分析,建立相应的指标体系,客观、准确地评价各个价值链流程的绩效,明确各个流程绩效改善的方向,帮助企业寻找价值创造的途径。

随着经济全球化、信息化,企业之间竞争不断转化为企业价值链之间的竞争。驱动企业价值最大化的能量不仅来自企业内部流程,也来自企业与外部价值链成员之间的价值活动的有效性、协同性、整合性,由此形成独特的竞争优势。企业价值创造模式的变化,使以往静态的、偏重内部流程的企业绩效评价体系面临新的挑战。在新经济环境下,企业绩效评价要跳出以往评价范围,扩展到企业整个价值链的价值活动。在深刻理解现代企业制度下的企业价值本质特征、利益相关者的利益诉求基础上,结合企业经营模式,剖析不同时期驱动企业价值的关键因素,揭示价值链各类流程价值活动与价值驱动因素的内在关系,由此建立的企业绩效评价体系将更清楚地反映企业价值实现途径、价值创造水平与持续能力,更客观地阐述产生当前绩效的动因、努力方向和未来发展趋势。

4. 企业绩效评价体系的新特征

在此背景下,我们认为基于企业价值最大化的企业绩效评价体系应具备以下特征:

首先,绩效评价是多视图的,能满足评价主体的不同信息需求。作为一个社会化企业,企业绩效评价主体是多层次的。按利益相关者理论,第一层是外部利益相关者,第二层是内部经营者,第三层是员工。由于他们投入资源、承担风险、利益诉求不同,对企业绩效评价有各自的侧重面,例如政府或社会关注总资产税费率、环保投入,股东关心股权收益,债权人关注企业偿债能力等。绩效评价要根据企业所处行业特点,明确企业评价主体不同成员分布结构与评价需求,以提供不同视图的绩效评价信息。

其次,绩效评价是多层面的,能反映企业各层面关键业务流程的价值创造能力以及对企业持续价值增长的综合影响力。按 Alfred Rappaport 的价值分析框架,企业价值主要取决于未来自由现金流量、风险的报酬率和时间,受企业销售增长率、销售利润率、所得税率、固定资产增长率、营运资本增长率、现金流量时间分布和加权资本成本的驱动。企业价值链业务流程各个层面的价值活动的有效性将直接影响这些价值驱动指标，进而影响企业价值。绩效评价要结合企业所处行业特点与实际情况，分析这些流程各层面价值活动特点、它们之间的内在关系，从时间、数量、质量、成本、效益等方面确定关键绩效评价指标，形成多维的评价指标体系。并通过选择合适的评价方法，比较行业标杆，评价关键业务流程价值创造能力、薄弱环节以及企业综合价值创造水准。

最后，绩效评价范围是整个企业价值链，能清楚反映企业与价值链成员之间的价值创造关系。企业利益相关者是通过参与价值链活动与企业建立起利益关系。例如，供应商在企业采购活动中参与企业物料供给，分销商推广与销售企业产品。企业绩效评价体系应能反映在价值链上企业与这些参与者的协作水平、作业效率、营运水平，并对这些方面的企业价值链竞争力与价值创造力给予合理评判。引导企业处理好与价值链参与者的利益关系，优化企业合作伙伴，形成具有竞争优势的战略联盟。

沿着企业价值链，识别企业价值创造流程、价值驱动因素、利益相关者的价值创造关系，是建立基于企业价值最大化的绩效评价体系的关键。通常企业关键价值创造流程由内部价值链的生产经营流程、产品研发与技术创新、人力资源开发流程，外部价值链的客户、供应商、分销商价值创造流程，社会环境，以及连接价值链这些流程的企业信息技术组成。正是这些流程连接企业利益相关者，流程的价值活动相互联系、相互制约，构成企业价值创造的有机体，驱动企业价值增长。企业绩效评价体系将这些关键价值创造流程作为评价对象，设计出能衡量这些流程价值创造水平的绩效评价标准与指标体系，可以全面地为利益相关者展示企业的价值创造优势与劣势在何处，价值最大化战略目标实现的程度。

第三节 价值驱动因素与企业绩效评价指标体系设计

一、绩效评价体系的基本要素

企业绩效评价体系是由一系列与绩效评价相关的评价理论、评价指标、评价标准、评价方法等形成的有机整体。企业绩效评价系统主要由以下六个基本要素构成，其关系如图12-2。

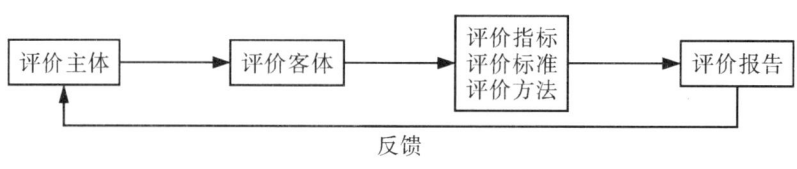

图 12-2

1. 评价主体

评价主体是评价行为的组织发动者。评价主体一般是指与评价对象的利益密切相关、关心评价对象绩效的相关利益人。评价主体决定企业绩效评价的目的和评价的内容,评价主体的需求能影响评价指标体系的设计。

2. 评价客体

评价客体即绩效评价的行为对象,企业绩效评价的客体是由评价主体根据评价目的、范围等具体情况来确定的。评价客体是多样化的,不同的客体具有不同的特性,直接影响着具体指标体系的确立。

3. 评价指标

评价指标是指对评价客体的哪些方面进行评价。企业绩效评价关心的是影响企业绩效水平的有关因素,这些关键因素具体表现在评价指标上。如何将关键因素准确地体现在各具体指标上,是绩效评价指标设计的重要问题。

4. 评价标准

评价标准是指对评价客体进行分析评判的基准,即评判评价对象优劣的具体参照物和对比尺度。选择什么基准作为评价标准取决于评价的目的。目前常见的绩效评价标准有预算标准、行业标准、历史标准等。确定评价标准,提供评价参照系,是开展企业绩效评价的关键环节。

5. 评价方法

评价方法是企业绩效评价的具体手段。指标体系需要采用一定的评价方法来确定评价指标的权重,应用评价标准处理指标原始数据,综合成指标评价结果等。缺乏科学合理的评价方法,就无法得出有效的评价结果。

6. 评价报告

评价报告是绩效评价结论的输出载体,是系统性的结论文件。

二、价值链的价值驱动因素分析

1. 内部价值链的价值驱动因素

内部价值链是由企业内部各项业务活动构成。这些活动将获取的资源加工转换为对客户有价值的产品与服务，其中生产经营流程、技术创新流程、人力资源开发流程的价值活动直接驱动企业价值。

生产经营流程是直接将输入资源加工变换为客户所需的产品与服务的价值创造过程，主要由接受订单、原材料投入、生产加工产品、产成品检验、交付顾客这些价值活动组成。驱动生产经营流程创造价值的关键是要识别流程作业分布状况，区分流程的增值与非增值作业，确定作业成本与作业效率标准，进而优化流程，消除非增值作业，降低整个流程的作业成本，提高作业效率。

产品研发与技术创新流程是企业紧跟市场变化，持续进行技术创新、不断研发新产品的价值创造过程，主要由识别市场机会、新产品研发、工艺加工技术改进、推向市场等价值活动组成。增加产品研发与技术创新投入会给企业带来持续的价值增长。特别是在产品寿命周期不断缩短，客户需要多样化的经济环境下，产品研发与技术创新的价值驱动不仅表现为企业生产流程的技术加工水平提高与加工柔性化，而且保障生产经营流程能适应市场变化，源源不断为客户产出价值更高的新产品。

人力资源开发流程是企业不断提升战略性人力资源质量的价值创造过程，主要由人才引进、员工培训等价值活动组成。驱动人力资源流程创造价值的关键是企业吸收一流人才，注重员工开发培训投入，提升企业员工整体素质与专业水平。使企业各类人员的知识结构、管理能力、技能以及素质满足企业战略远景人才需求，符合生产经营流程、产品研发与技术创新流程的价值活动要求。人力资源开发提升员工价值，增强员工对企业的归属感与满意度，由此形成的作用力将提高员工工作效率与效益，使员工人均创造更多价值。

2. 外部价值链的价值驱动分析

客户既是企业服务对象又是企业利润来源，在现代经营环境下，只有实现客户价值才能实现企业价值。客户价值是指客户从某一特定的产品与服务中获得的一组利益与其在评估、获得和使用该产品与服务时引起预计费用之间的差异。因此，企业价值链的每个环节都必须以客户为中心，满足客户需求变化、客户偏好以及对产品质量、价格、交货时间等方面的要求，使其感到物有所值。企业在提高客户满意度，为客户创造价值的同时，客户对企业的忠诚也给企业带来持续价值增长。

供应商、分销商是企业战略合作伙伴。供应商提供的物料的价格、质量以及交货期直接影响企业生产和服务。分销商通过渠道将企业与客户连接在一起，它将企业产品传递到终端客户，还能及时反馈客户需求信息。因此，驱动这些战略伙伴创造价值的关键是企业与他们进行有效资源整合与协同作业，提升物流配送、售后服务等工作质量,加快物流与资金流周转速度,降低各方交易费用,减少库存,避免因缺货、次品等问题给各方带来损失。由此形成价值链竞争优势,驱动企业价值更快增长,也使这些合作伙伴获得更多利益。

3. 社会环境的价值驱动分析

作为社会化的企业,与外部环境建立良好公共关系会持续驱动企业价值增长。政府与社区为企业提供公共产品与服务,企业除应通过依法纳税,提供公益等途径回报政府与社会外,还应遵循各项法规,积极承担社会责任,在资源利用、环境保护方面努力做好工作,积极创建企业与社会和谐环境。这样不仅会提高企业社会声誉,也会作为一项无形资产为企业带来更大的效益。

4. 信息技术的价值驱动分析

信息技术飞速发展以及在企业中的广泛应用,打破了传统供应商、制造者、分销商、客户之间分界,增强了价值链成员的互动性。信息技术作为企业价值驱动力使企业通过互联网与电子商务,与供应商、分销商、顾客建立良好连接关系。由此形成一种跨企业协作,快速响应客户需求变化,有效分享市场机会的价值网。它改善内部价值链与外部价值链信息沟通水平与整合程度,使不同成员之间、不同职能部门、不同专业人员在信息化环境下协同作业,提升企业产品设计、生产的自动化程度和管理水平,使企业价值链具有更强的竞争优势。

三、基于价值最大化的企业绩效评价指标体系

(一)价值链流程评价指标体系构建的策略

1. 主导思想

基于价值链流程的企业绩效评价体系符合企业长远目标和战略管理的客观要求,考虑多方面价值均衡增长,更能全面合理反映企业的真实绩效。

指标体系以企业价值最大化为目标,要求企业在决策时必须综合考虑企业所承担的风险和长远利益,注重企业整体价值的增长。指标体系融合了"利益相关者"理论的思想,不仅关注股东的利益,还考虑了债权人、员工、顾客、供应商、分销商、政府、社会等其他利益相关者的利益。

指标体系突出了价值链管理与战略管理的重要地位。只有对价值链的内外部各个流程实行有效管理,提高各个价值链流程的绩效,才能实现企业整体价值的提升。同时,引入战略管理理论,绩效评价体系将融入整个战略管理过程,形成充分体现企业战略管理要求、体现企业核心竞争力的动态绩效评价体系。

指标体系实现了财务指标与非财务指标相结合。财务指标提供的数据可以反映出企业的偿债能力、盈利能力等,但仅仅依靠财务指标无法全面衡量企业绩效,如顾客满意度、产品研发能力等非财务指标更能代表企业未来长期绩效的驱动力。因此,有效地选择符合企业实际状况的非财务指标,将使企业绩效评价指标体系更加完善。

2. 构建原则

为了使价值链管理和战略管理思想能够得到体现,并使所选取的指标能够全面、客观、真实地反映企业的概况,在建立评价指标体系时应遵循以下设置原则:

(1)可操作性原则。这里的可操作性主要是指指标项目有关数据收集的可行性以及指标体系本身的可行性。这是设置绩效评价指标体系必须考虑的一项重要因素,离开了可操作性,再科学合理的评价指标体系也是枉然。

(2)战略相关性原则。指标的设置应选择确保企业战略目标实现的核心成功要素和关键驱动要素,需要考虑公司内外部因素,并把企业的战略转化为部门及个人的行动目标,与具体的价值链流程连接起来。绩效评价指标应与企业竞争战略相结合,指标设置和权重应随着企业战略的调整而发生变化。当企业采用低成本战略时,绩效评价指标一般侧重于内部制造效率、质量和成本;若采用产品差异化战略,则应注重产品研发、技术创新等指标。

(3)短期与长期效益相结合原则。单一的财务指标容易使经营者产生"短视效应",偏重短期利益而忽视企业的长期价值增值。综合评价指标体系应注重财务指标与非财务指标的平衡,尤其要注重设置反映长期效益的非财务性指标,既重视短期业绩,又要注重企业的长期发展,实现短期效益与长期效益的平衡。

(4)定量和定性指标相结合原则。评价企业绩效时有许多因素无法直接用定量指标描述,而如果只考虑定性因素,会导致评价结果的客观性、真实性和全面性严重不足,影响了其实践应用价值。因此,选用定性和定量相结合的方法来建立评价体系是非常必要的。

(4)成本—效益原则。有些评价指标项目固然很有用,但如果为获取该项指标数据所花费的成本大于其所能带来的利益,一般应采取放弃该项指标转而用其他成本较低的替代指标;建立指标体系时大小必须适宜,指标体系过小评价结果不全面,过大则会因所需要采集的数据过多导致成本上升和操作过程的复杂程度加大,从而得不偿失。

由上述分析可以看出,企业价值是由价值链各流程的价值活动共同驱动的结果。基于企业价值最大化目标下的企业绩效评价指标就不能仅限财务方面,而是由一系列相互补充、相互关联的多维指标体系构成,系统地反映企业各层面的综合价值创造能力。究竟应设置哪些评价指标,需要分析内部价值链、外部价值链、社会环境、信息技术流程的价值驱动因素与企业价值创造的内在逻辑关系,归纳这些流程的价值创造能力特征属性,建立与之对应的绩效评价指标,反映这些流程的价值活动有效性。出于这种考虑,结合利益相关者的评价需求,我们选择表12-1所示的绩效评价指标,构成基于企业价值最大化目标的企业绩效评价指标体系。这些指标既可以从某个侧面评价企业某一流程的价值活动,又可以通过指标之间的关联性,综合反映企业战略目标执行结果。

绩效评价体系中各评价指标权重的大小对评价结果的真实性和可靠性有重要影响,同时,由于某个指标被赋予的权重越大,就越能引起管理者的关注,所以指标权重也引导着企业管理者的行为重点和努力方向。从目前的研究来看,企业绩效评价指标常用的权重设置方法有德尔菲法、相关性权重法、主成分分析法等。企业绩效评价指标体系具有多层次性,在评价这样一个综合系统时,如果仅仅依靠评价者所做的定性分析和逻辑判断,而没有客观的定量分析为依据,是很难给出一个具有说服力的结论。层次分析法是目前应用最广泛的权重确定方法,它既不单纯追求高深数学,又不片面地注重行为、逻辑和推理,而是一种把定性方法和定量方法有机结合起来的简洁实用的决策方法。

表 12-1 企业绩效评价指标体系

绩效评价维度	主因素层	评价指标	参考指标
财务	盈利能力	销售净利率、所有者权益报酬率	经济增加值
	偿债能力	资产负债率、流动比率	已获利息倍数
	发展能力	销售收入增长率、总资产增长率	
	运营能力	总资产周转率、存货周转率、应收账款周转率	
内部价值链	生产流程能力	产品合格率、成本降低率、设备利用率	
	人力资源素质	员工培训费用比率、员工满意度、员工生产效率(销售收入/员工数量)	员工流失率、员工知识水平
	产品开发与技术创新能力	产品研发费用率、新产品投资回报率	新产品研发周期

续表

绩效评价维度	主因素层	评价指标	参考指标
外部价值链	战略成员之间整合协同能力	供应链总成本、供应链资本收益率、供应链有效反应时间、市场占有率	供应链产销率
	顾客价值实现能力	顾客满意度	
社会环境	社会价值实现能力	总资产税费率、社会贡献率、环保资金投入率	社会综合评价
信息技术	信息技术应用能力	信息技术投入率、信息技术应用状况（信息的及时、共享、安全情况）	

第四节 企业绩效管理子系统信息流程逻辑结构与运行模式

一、企业绩效管理信息流程逻辑结构

企业绩效管理包括企业目标设定、企业战略制定、企业绩效指标设定、计划预算、监控、绩效分析评估与绩效报告。它通过与业务信息系统、财务信息系统的集成，构成企业绩效管理的信息流程，如图12-3所示。

（一）企业绩效管理的基础数据维护、更新活动

企业绩效管理信息流程的基础数据维护、更新活动主要是根据企业对内外经营环境的分析，建立企业组织的愿景、企业经营目标、企业战略描述，以及企业根据绩效评价指标库，然后从上向下对企业组织成员依次分别建立各个维度的评价指标表，并从关键绩效评价指标库选择对应指标，构成企业绩效评价指标体系。

（二）企业绩效管理数据处理活动

在进行绩效管理基础数据设置后，集团企业启动每一成员企业绩效评价表，根据表中内容设置评价周期和各个指标的取数方法，从企业账套数据库中获取业务、财务数据进行绩效评价。

企业绩效管理信息处理过程通过绩效指标体系的运行，将企业价值最大化目标转化为具体的企业愿景、企业各个时期的具体目标，以及实现目标采用的企业战略，并通过价值驱动分析形成具体的、可以进行衡量的具体绩效指

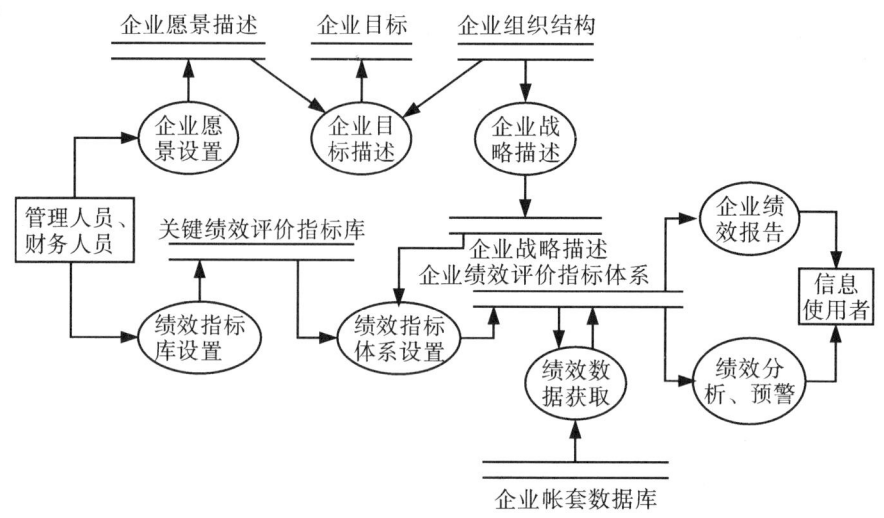

图 12-3

标。这样使战略目标和绩效指标层层分解,使企业战略以指标形式落实到企业价值链流程,并具体落实到各个部门直至每位员工。它以定量的方式对关联指标在不同部门之间进行相互沟通,打破组织壁垒,保证价值链成员之间有效协作,加强信息共享,相互支持。

(三)企业绩效信息输出活动

按照企业绩效指标体系报告频率的要求,定期输出企业经营的业绩情况,对照制定各个指标的目标值,对指标的完成情况进行报告,并以战略地图的输出形式,监控、预警企业运行状况,及时发现问题并采取措施,使问题得到及时解决。

二、企业绩效管理子系统的信息处理与运行模式

(一)企业绩效管理子系统初始设置

1. 企业愿景与目标设置

企业绩效管理具有多个层次。位于最上面的是企业使命,它提供了起点,定义了企业存在的理由,是指导企业行动的基本目标和指导员工行动的价值。接下来的是企业愿景,企业的愿景绘就了未来的美景,阐明了企业的方向,并界定了企业中长期的目标。

企业愿景设置包括企业愿景描述、标识企业愿景所属组织、创建日期、启

用日期、终止日期,描述组织的核心价值、核心志向、远期目标以及达到目标的可能情景。

企业目标描述的是企业组织在未来一段时间的战略发展目标。具体数据字段内容包括企业组织的目标、创建时间、启用时间、终止时间、目标具体的量化值。

2. 企业战略描述的设置

对于战略,学者与实务工作者都有各自的不同定义。迈克尔·波特认为,战略就是选择一套行动方案,使企业能够善于在市场上创造持续性差异。持续性差异能够向客户传递的价值超过竞争者,或者在相同价值下提供更低的成本。企业战略描述的是企业组织为达到企业目标所采用的行动策略。企业各层次的组织单位需要按照企业战略的要求组织自身的运作,并会随时间、环境的变化而调整。卡普兰认为战略的成功执行需要三个要素:描述战略、衡量战略、管理战略。

企业战略描述包括企业各组织的战略细节、创建日期、启用日期、终止日期、战略条目,以便于从纵向上对战略目标逐层分解,从横向上以业务流程为导向,强调企业各个部门的有效协同。内外部条件发生变化时,也可以借助信息的及时获得及时地发现这些变化,并对战略进行调整。

3. 关键绩效指标库设置

通过对价值驱动因素的分析,构建能反映其价值驱动的指标,集合成为关键绩效指标库。它既可以选择用于预算管理的预算指标,用于对业务过程的控制,也可以选择绩效评价指标体系表中所描述的各维度的绩效评价指标。企业可以根据自身的实际情况定义关键绩效评价指标,并将设置的指标保存在绩效指标库中。

关键绩效指标的数据项包括指标描述以及如何获取绩效数据的取数公式。取数公式的用途在于:根据公式的定义提取该关键绩效指标对应的实际业务数据,并与预先设置的"基准值"进行比较。

4. 企业绩效评价指标体系设置

为保障战略得到有效执行,可将企业绩效评价体系作为战略实施工具。企业绩效评价体系是通过构建企业各组织的绩效评价维度(例如采用平衡记分卡,它的维度由财务、客户、内部业务流程、员工学习与成长等相互联系的维度组成)、评价指标组成的绩效评价体系。在金蝶软件中,绩效评价指标体系包含以下基本要素:

(1) 维度。目前通常采用平衡记分卡的财务、客户、内部业务流程、员工学习与成长作为评价维度。或者也可从内、外价值链的角度建立适合企业的绩效评价维度。

(2) 关键成功因素。在某个维度上希望达到的目标,例如"提高销售收入"、"提高员工能力"等。

(3) 指标。针对某个目标所设定的一些衡量标准,例如"××产品销售收入"。

(4) 目标值。某项指标预期达到的程度,例如"××产品销售收入"这一指标的目标值为1亿元人民币。

(5) 行动方案。为达到某个目标所采取的一些行动。

(6) 任务、行动的细分。"任务"要素体现在基础业务系统中。

(7) KPI(关键绩效指标)。该项具体描述KPI名称,例如"提高××产品销售收入"。

(8) 目标值。根据该KPI对应的标准值,预计实现目标。

(9) 报告频率。报告该绩效指标的间隔时间,例如"每天/周/月/季度/半年/年"报告一次。

(10) 指标值。表示某项指标预期达到的程度。

(11) 基准值。表示某项指标最起码要达到的程度。

(12) 优秀偏移量。表示某项指标达到优秀水平的数值与基准值的偏差比例。实际偏差值的计算公式:偏差值=(指标值-基准值)/基准值。系统根据实际数据与基准值进行比较计算得出的实际偏差值,再参照预设的"优秀"、"良好"、"较差"、"最差"等评价标准,确定实际的偏差属于优秀、良好、较差还是最差,并在战略地图上以红绿灯的形式形象地展示出来。

(13) 良好偏移量。表示某项指标达到良好水平的数值与基准值的偏差比例。

(14) 最差偏离量。表示某项指标达到最差水平的数值与基准值的偏差比例。

(15) 权重。即各绩效指标在整个指标体系中所占的权重。

(二)绩效评价指标体系的数据处理运行方式

按照报告频率,运行绩效评价指标体系,根据每个绩效评价表中的KPI定义的取数公式执行实时的实际数据提取操作,提取的实际数据将作为KPI的"指标值"与预先设置的"基准值"进行比较,并将计算结果输出。

（三）绩效评价信息输出

企业绩效管理子系统在进行数据处理后，除了为评价主体输出企业绩效评价信息外，还可以根据企业绩效的情况，采用战略地图的方式，进行绩效分析与预警提示。

在企业绩效管理子系统中，企业目标、战略与绩效评价之间建立了相互连接的关系，而绩效评价表的维度与目标之间构成了一种因果关系链，其中一个维度的绩效会影响另一相关维度目标的绩效，比如要实现财务绩效指标，就要求客户维度的指标必须达成，而要达成客户维度指标，就要求良好的内部组织流程。

第13章
财务辅助决策支持子系统

第一节 财务辅助决策支持子系统概述

一、问题提出

从上世纪80年代以来,计算机信息技术的发展突飞猛进,推进了企业信息化的进程。与此相对应,企业财务信息系统发展经历了从单项事务处理到融合企业ERP系统,进入企业集成财务应用阶段。信息技术为财务核算与管理创新奠定了坚实的物质基础。

伴随企业信息化与经济全球化的进程,企业所面临的内外部环境发生深刻变化。融资、投资的全球化,带动生产经营要素配置的全球化,使企业面临更多获利机会的同时经营风险进一步扩大。以此相对应,企业内部运行环境也在不断变化。企业战略决策与业务管理的边界不断向价值链的上下游延伸,生产流程上出现了柔性生产、敏捷制造等先进的生产方式,日益注重无形资源管理与业务流程重组与优化,应用价值管理、知识管理、信息管理,以持续提升企业竞争力与价值创造能力。

经营环境变迁加剧了企业利益相关者的决策复杂性,进而引发对各类会计信息的需求量。例如,1994年美国注册会计师协会(AICPA)的《改进企业的报告——着眼用户》研究报告中,就曾提出信息使用者需要且企业能够提供的信息包括财务和非财务数据、企业管理人员对财务和非财务数据的分析、未来信息、有关管理部门和股东的信息、有关公司的背景信息以及企业分部的相关信息。在2002年,针对安然、世通等财务欺诈事件,美国国会颁布的萨班斯法案就要求公众公司及时披露导致公司经营和财务状况发生重大变化的信息、对公司财务状况具有重大影响的所有重要的表外交易和关系,且不以误导方式编制模拟财务信息。

同样,在新的价值管理模式下,企业组织内部的各阶层的信息使用者对财务信息需求呈多样化,并更加注重财务信息的决策相关性、及时性、精细性与精确性,以此进行企业战略规划、全面预算,直至整个价值链的业务控制与绩效评价等方面的决策。

经营环境变化不仅引发企业内外部信息使用者对财务信息的多样化、个性化的需求,而且信息使用者还希望能有效应用现代信息技术辅助其进行半结构、非结构化的决策。因此,探索IT环境下的财务辅助决策支持子系统的理论依据、系统架构与信息处理规范与技术处理方法具有一定的现实意义。

二、决策支持系统的发展历程

决策支持系统(DSS)这一概念是20世纪70年代由美国麻省理工学院的Gorry和S. Mortton针对传统的MIS提出的。他们认为DSS是支持决策者对半结构化问题进行决策的系统,后来Mortton等人提出更具体的看法,强调DSS是支持而不是代替管理者进行决策,是改善决策工作的效益。C. Reimen强调决策过程中人机之间的交互作用,他认为DSS最重要的特征是它具有一种交互的特别分析能力,使管理者尽量完整模拟问题并使之模型化。尽管对DSS的理解尚有区别,但通常认为决策支持系统是支持半结构类型问题的信息系统,它以管理科学、计算机科学、行为科学、控制论为基础,以信息、仿真和计算机等技术为手段,面对半结构化、非结构化的决策问题,综合利用现有的数据、信息和模型,辅助支持信息使用者决策活动的一种人机系统。

决策支持系统的目标主要体现为:强调为半结构、非结构的决策提供服务。DSS为各个层次的管理者提供决策支持,在需要时帮助各层次之间的结合。支持相互依赖的决策和相互独立的决策,支持决策过程的各个阶段,支持各种各样的决策过程,而不只是限于一种。DSS对使用者而言应该易于理解与使用。

在DSS的发展过程中,传统的DSS被认为能将决策模型或分析技术的使用与数据存储和检索结合起来,以交互方式辅助决策过程,帮助决策者利用数据和模型解决所面临的半结构化、非结构化的问题。系统具有很强的适应性和灵活性,能适应环境与用户决策手段的变化。

这类决策支持系统体系结构由多库体系组成。主要包括：(1)数据库与数据库管理系统。实现对企业内外部数据源数据的提取、捕捉、输入、重构、更新、查询和检索。(2)模型库与模型库管理系统。实现数据存取与决策模型集成的功能,提供灵活的用户构模技术与模型库的管理功能。(3)对话功能。使用者通过表示语言与DSS的交互过程来支持决策。其后,DSS与专家系统结合形成了智能决策支持(IDSS)。通过增加知识库方式,使DSS将知识推理形式解决定性问题与模型计算为核心解决定量问题有机结合,提高DSS解决问题的范围与能力。这种体系结构的DSS是以模型和知识驱动的方式辅助解决管理者的决策问题。

随着信息技术的发展,在20世纪90年代初出现数据仓库(DW)、数据挖掘(DM)、联机分析处理(OLAP),并逐步成为决策支持系统的主导技术。与传统模型和知识驱动的DSS不同,数据仓库技术的DSS基于决策驱动,以多维空间结构形式组织企业的历史数据,通过数据挖掘、知识发现、联机分析处理,从大量数据中生成用户决策所需的信息。

三、财务辅助决策支持子系统

1. 财务辅助决策支持子系统的定义

财务辅助决策支持子系统是决策支持系统理论在企业具体财务领域的应用。它以现代财务理论和信息技术为基础,以财务决策模型为基本方法,针对企业利益相关者的半结构或非结构财务决策问题,应用数据组织技术、构模技术、数据挖掘、模糊数学、系统控制技术,通过对企业内外部数据源数据的系统提炼与分析、挖掘,以人机交互方式,从价值和风险以及战略的角度提供财务辅助决策信息,协助决策者进行具体的决策。

企业是利益相关者的契约集合体,不同的利益相关者利益不同,决策模型不同,所涉及的决策类型有很大的差异。显然,从应用角度,如果要求企业财务决策辅助支持系统在每个时点上都能确定利益相关者决策模型并提供辅助决策信息是有一定的难度,但可以通过改进利益相关者的人机交互过程、决策信息的组织形式,让决策者深入到决策信息生成过程,按照系统授予的使用权限,在辅助决策支持系统的引导下,识别决策问题、构建决策模型、提炼决策知识与决策信息,辅助利益相关者的个性化决策行为。

因此,企业的财务辅助决策支持子系统应能有效支持企业内外部不同利益相关者的决策风格。对外,建立良好的企业利益相关者关系,使企业外部的信息使用者能通过计算机网络信息系统,按照一定的权限范围,访问企业财务辅助决策子系统,从中获取相关的决策信息并提供辅助其个性化的决策工具。对内,建立健全决策机制,规范决策程序,提供科学的决策方法与手段,使决策者能在企业组织管理层面上以合适方式协调、集成这些层面决策模型与决策信息,支持企业内部相互依赖的决策和相互独立的决策,并在整个决策制定的过程中发挥作用。

按照利益相关者理论,现代企业的经营目标是为企业利益相关者创造价值。企业内部的决策应与企业的目标保持一致,企业决策行为的衡量标准关键在于决策行为能否创造价值。

财务决策支持子系统的构建围绕企业价值最大化目标,分析企业的投资行为、筹资行为、股利分配行为、营运财务决策行为是否与企业战略相符,能否为企业创造价值。财务辅助决策支持子系统是财务集成系统应用的最高阶段,从一定意义上讲,它更为综合、更有效、涉及面更广。它通过价值驱动因素之间的关联度分析,评价每一类的财务决策行为对其他财务行为的影响,从价值创造的角度将固定资产投资决策、长期投资决策、筹资决策、利润分配决策、营运资金投资决策、经营过程决策、销售决策、库存决策、采购决策综合一起考虑,辅助内部决策者做出整体最优的价值创造财务决策。对外,提供与信息使用者决策相关的企业投资、筹资、生产经营等价值活动的信息,以及对这些信息的深度分析与挖掘报告。

2. 财务辅助决策支持子系统的技术平台

数据仓库技术与计算机网络为财务辅助决策支持子系统的发展与应用提供了坚实的物质基础。在经历了单项会计数据处理阶段、部门级财务信息系统、集成企业 ERP 系统的计算机技术的应用阶段后,由于数据仓库技术的引入,为构建财务辅助决策支持子系统奠定了坚实的物质基础。财务辅助决策支持子系统融合了运筹学、管理科学、会计学、数据库技术、人工智能、系统工程等多门学科技术,实现了从企业价值活动的业务数据、会计数据到财务决策分析性数据、个性化财务信息的飞跃,支持信息使用者半结构化、非结构化的决策。

这项跨越性的进步,是建立在数据仓库技术与事项会计理论和财务决策支持理论相融合的基础上。随着企业环境的变化,不同使用者有不同的决策目标、决策类型、决策时点及决策心态,导致其所需信息的不同。作为财务辅助决策支持子系统的数据源,如果仅仅采用传统的价值法产生的会计数据,满足不了利益相关者多样化需求。因此,需要引入事项会计理论,对现有的会计数据处理方法进行创新,为多样化的决策提供范围更大、内容更丰富的事项会计数据源,使财务辅助决策支持子系统能面向决策主题,为使用者决策提供有效帮助。

数据仓库技术的应用为面向决策主题的会计数据组织提供了技术实现的手段。首先,计算机的庞大处理功能解决了事项信息有可能造成信息超载的问题。其次,数据仓库技术对业务型数据的分类、抽取、集成和加工处理及后期分析处理的构想,能够使为不同决策者提供个性化的报告成为现实。最后,数据仓库技术向用户提供了一个方便迅捷的数据分析和挖掘工具,帮助用户建立起一个综合的、面向分析的数据环境,从而更加有效地支持决策。

因此,在构建财务辅助决策支持系统的过程中,应采用数据仓库技术构建一个能面向多样化决策的数据组织——事项会计数据仓库,并在此基础上,应用数据仓库系统提供的集成工具,建立一个面向多样化决策的财务辅助决策子系统。

第二节 财务辅助决策支持子系统的信息应用技术

一、数据仓库技术——实现财务辅助决策的技术推动力

"数据仓库"概念最早是在 1992 年,由 W. H. Bill Inmon 在《建立数据仓库》一书提出。数据仓库是为支持企业决策而特别设计和建立的数据集合。从数据库发展到数据仓库的主要原因是数据太多,信息贫乏,企业建立了大量的数据库,数据越来越多,而辅助决策信息却很贫乏,如何将大量数据转化为辅助决策信息成为热点。企业建立数据仓库是为了填补现有数据存储形式已经不能满足信息决策分析需要的不足,其核心问题在于事务型数据和决策支持型数据的差异性。

在企业事务型的信息系统应用中,事务型操作系统中存储的数据只是业务数据集合体,而分析型数据库则按照不同的决策主题存储综合数据及其相互关系。事务型数据处理仍然停留在相对简单的事务录入、查询、统计、检索阶段,对数据库中的数据之间存在的关系和规则、数据的群体特征、数据集内部蕴涵的规律和趋势等,缺少有效的技术手段将其提取出来。因此,当用户的决策信息需求进一步提高时,需要将事务处理转换到决策处理模式。

首先,事务处理的效率已不能适应决策支持的需求。目前计算机处理数据的能力及效率有限,在事务处理环境中,用户的行为特点是数据的存取操作

频率高而每次操作处理的时间短。事务处理系统属于典型的联机事务处理系统，缺少对历史数据的有效组织。事务型数据主要是实时的，缺少对历史数据的积累和便于分析访问的有效结构。从分析处理过程来看，分析一般需要多表操作、较长的运行时间，若用事务型操作系统来处理某个决策分析问题，将会消耗大量的系统资源，影响系统联机分析的效率，并造成繁忙的网络数据传输。在需要直接访问历史数据时更是困难。同时还要求操作人员具有很强的专业知识和判断能力，因此使用事务型操作系统来处理分析型数据显然是不适当的。

其次，数据集成问题。决策支持系统需要经过抽取、清洗、加工后得到集成的数据。全面而准确的数据是有效的分析和决策的首要前提，相关数据收集得越完整，得到的结果就越可靠。当前绝大多数系统内数据的真正状况是分散而非集成的。造成这种分散的原因有多种，主要有事务处理应用分散、"蜘蛛网"问题、数据不一致问题、外部数据和非结构化数据问题。仅仅依靠事务处理环境无法实现如此繁杂数据源的集成和整合。

再次，历史数据刷新问题。事务处理一般只需要当前数据，在数据库中一般也是存储短期数据，而且不同数据的保存期限也不一样，即使有一些历史数据保存下来了，也被束之高阁，未得到充分利用。但对于决策分析而言，历史数据是相当重要的，许多分析方法必须以大量的历史数据为依托。没有历史数据的详细分析，是难以把握系统发展趋势的。决策支持系统对数据在空间和时间的广度上都有了更高的要求，而事务处理环境难以满足这些要求。

最后，数据的综合问题。在事务处理系统中积累了大量的细节数据，一般而言，决策支持系统并不对这些细节数据进行分析。在分析前，往往需要对细节数据进行不同程度的综合。为了提高分析和决策的效率和有效性，分析型处理及其数据必须与操作型处理及其数据相分离。必须把分析型数据从事务处理环境中提取出来，按照决策支持系统处理的需要进行重新组织，建立单独的分析处理环境，数据仓库正是为了构建这种新的分析处理环境而出现的一种数据存储和组织技术。

随着数据库技术的应用和发展，人们尝试对数据库中的数据进行再加工，形成一个综合的、面向分析的环境，以更好地支持决策分析，从而形成数据仓库技术。著名的数据仓库专家 Ralph Kimball 写道："我们花了 20 多年的时间将数据放入数据库，如今是该将它们拿出来的时候了。"数据仓库因此而诞生。

二、数据仓库技术概述

1. 数据仓库定义

目前,对于数据仓库尚未有统一的定义。较为权威的定义是,数据仓库之父 Bill Inmon 在他的专著——*Building the Datahouse*(John Wiley & Sons Inc.,1991)一书中,将数据仓库明确地定义为一个"面向主题的(subject oriented)、集成的(integrate)、相对稳定的(non-volatile)、反映历史变化(time variant)的数据集合,用于支持管理决策(decision making support)"。在这个定义中,主题是数据归类的标准,每个主题对应一个分析领域,它可以为支持决策集成多个部门不同系统的大量数据。也就是说,数据仓库是按照分析的对象组织的。数据仓库包含了大量的历史数据,一经集成进入数据仓库的数据是极少更新的。其中每个数据单位都与时间相关。这些数据应该是良好定义的、一致的、不变的,并且支持数据分析、查询、报表生成和与长期积累的历史数据的对比。

数据仓库不是一个仅仅存储数据的简单信息库,而是一个以大型数据管理信息系统为基础的、附加在这个数据库系统之上的、存储了从企业所有业务数据库中获取的综合数据的、并能利用这些综合数据为用户提供经过处理后的有用信息的数据中心。人们对信息技术广泛应用的过程中所形成的大量电子化数据的分析需求导致了数据仓库的产生。从技术角度描绘,数据仓库是一种对历史数据进行有效整合,并面向业务分析主题而建设的海量数据存储。它集成了分布在组织中不同系统中的商业数据,为决策者提供各种类型、有效的数据分析,起到决策支持作用,是一系列技术工具和数据管理机制的统称。从业务角度出发,数据仓库是为满足企业战略管理、内部专业分析和常规统计查询而构建的数据管制、数据挖掘和信息访问的应用群组。因此,通常意义上的数据仓库不仅包括基本的数据管理和数据存储,更包含多维数据分析、数据挖掘和丰富多样的图表展示及专业报告体系。交易系统所产生的各类明细数据包含了大量的宝贵信息,在其信息化之后,存储模式和形态,先天决定了它们比纸质信息更容易检索、汇总、分析,为数据挖掘、数据分析提供了良好的基础。

2. 数据仓库的特点

(1)面向主题

主题是一个抽象的概念,是指用户使用数据仓库进行决策时所关心的重点方面,一个主题通常与多个操作型信息系统相关,是将信息系统中的数据按不同类别、不同侧面进行综合、归类和分析利用。以事项会计数据仓库为例,可以将数据仓库分为三个大的主题:经营活动主题、筹资活动主题、投资活动主题。不同主题下面继续分类,商品销售主题即归属于经营活动主题。商品销售主题与多个操作型数据库相关,其数据可能来源于企业信息系统或者 ERP 等事务型数据库。面向主题的数据组织方式,是在较高层次上对分析对象的数据做一个完整、一致的描述,并统一分析对象所涉及的数据及数据之间的关系。从逻辑意义上讲,它是对应某一宏观分析领域所涉及的分析对象,是针对某一决策问题而设置的。

(2)集成的

数据仓库中存贮的数据是集成化的。面向事务处理的操作型数据库通常与某些特定的应用相关,数据库之间相互独立,并且往往是异构的。数据仓库中的数据就是从这些操作型数据库以及其他多种数据源中得到的。由于源数据来自不同的数据库、文件和数据段,对应的各种应用程序互不关联,操作平台和操作系统都可能是不同的。文件外观布局、字符编码表示方式、区域命名习惯等都有可能不同。这些分散的数据在进入数据仓库之前,需要在抽取、清理的基础上进行系统加工、汇总和整理。要清除数据中的不一致性、矛盾性和进行数据综合运算,还要将原始数据结构做一个从面向应用到面向主题的转变,以保证数据仓库内的信息是关于整个系统的一致的全局信息。

(3)相对稳定的

操作型数据库中的数据通常实时更新,数据根据需要及时发生变化。数据仓库的数据主要供系统决策分析之用,所涉及的数据操作主要是数据查询,因此数据仓库中的数据是相对稳定的。对数据仓库修改和删除操作很少,通常只需要定期的加载、刷新。从数据仓库存贮的数据内容上,可分为当前数据和历史数据。在一定时间间隔后,当前数据需要按一定的方法转换成历史数据。对已经超过数据仓库的数据存储期限、查询率低的数据需要从数据仓库剥离到慢速存贮设备上,对分析处理不再有用的数据需要从当前的数据仓库中删除,这些工作是由系统管理员或由系统自动完成的。因此,可以说数据仓库在一定时间间隔内是稳定的。

(4)反映历史变化

操作型数据库主要关心当前某一个时间段内的数据,而数据仓库中的数据通常包含历史信息,系统记录了系统从过去某一时点,如开始应用数据仓库的时点到目前的各个阶段的信息,通过这些信息,可以对系统的发展历程和未来趋势做出定量分析和预测。数据仓库中的数据随时间而定期地被更新。每隔一段固定的时间间隔,一般是每晚或者周末,数据系统中产生的数据就会经抽取、转换后集成到数据仓库中。随着时间的变化,数据以更高的层次不断被综合,以适应趋势分析的要求。

3. 数据仓库系统的组成

数据仓库系统是一种专为联机分析应用和决策支持系统提供数据分析和决策工具的结构化数据环境。它涉及数据的抽取、转换、装载、存取、元数据管理、查询、报表、分析工具及相应的开发方法等。完整的数据仓库系统由以下几个部分组成:

(1) 数据源

数据源是数据仓库系统的基础,是整个系统的数据源泉。通常包括系统内部信息和外部信息。内部信息包括存放于各类企业信息管理系统中的各种业务处理数据和各类文档数据。外部信息包括各类法律法规、市场信息和竞争对手的信息等。

(2) 数据抽取工具

抽取是把数据从各种各样的存储方式中拿出来,进行必要的转化、整理,再存放到数据仓库内。对各种不同数据存储方式的访问能力是数据抽取工具的关键能力。数据转换包括:删除对决策应用没有意义的数据段、转换到统一的数据名称和定义、计算统计和衍生数据、给缺值数据赋给缺省值、把不同的数据定义方式统一。在设计事项会计数据仓库的过程中,拟采用 SQL server 环境自带的 SSIS 工具来实现事项信息的抽取、清洗转换和加载工作。

(3) 元数据

元数据是描述数据仓库内数据的结构和建立方法的数据。可将其按用途的不同分为两类:技术元数据和业务元数据。技术元数据是数据仓库的设计和管理人员用于开发和日常管理数据仓库时用的数据。包括:数据源信息、数据转换的描述、数据仓库内对象和数据结构的定义、数据清理和数据更新时用的规则、源数据到目的数据的映射、用户访问权限、数据备份历史记录、数据导入历史记录、信息发布历史记录等。业务元数据从商业业务的角度描述了数据仓库中的数据。包括:业务主题的描述,包含的数据、查询、报表。元数据为访问数据仓库提供了一个信息目录,这个目录全面描述了数据仓库中都有什么数据、这些数据是怎么得到的和怎么访问这些数据。它是数据仓库运行和维护的中心,数据仓库服务器利用其存贮和更新数据,用户通过其了解和访问数据。事项会计信息系统中所描述的元数据就属于后面一种元数据类型。

(4) 数据的存储与管理

数据的存储与管理实现了数据的安全和特权管理,跟踪数据的更新,数据质量检查,管理和更新元数据,审计和报告数据仓库的使用和状态,删除数据、复制、分割和分发数据,备份和恢复,存储管理等多方面功能,是整个数据仓库系统的核心。数据仓库的真正关键是数据的存储和管理。数据仓库的组织管理方式决定了它有别于传统数据库,同时也决定了其对外部数据的表现形式。数据仓库按照数据的覆盖范围可以分为企业级数据仓库和部门级数据仓库(通常称为数据集市)。数据集市(data marts)是为了特定的应用目的或应用范围,而从数据仓库中独立出来的一部分数据,也可称为部门数据或主题数据。在数据仓库的实施过程中往往可以从一个部门的数据集市着手,也就是先从一个决策主题开始,以后再用数个决策主题组成一个完整的数据仓库。需要注意的就是在实施不同的数据集市时,同一含义的字段定义一定要相容,这样在以后实施数据仓库时才不会造成大麻烦。

(5)访问工具

访问工具为用户访问数据仓库提供手段。有数据查询和报表工具、数据分析工具、应用开发工具、管理信息系统工具、在线分析(OLAP)工具、数据挖掘工具,以及各种基于数据仓库或数据集市的应用开发工具等。其中 OLAP 服务器对分析需要的数据进行有效集成,按多维模型予以组织,以便进行多角度、多层次的分析,并发现趋势。

三、数据仓库的数据结构模型

和数据库的数据组织有层次模型、网状模型和关系模型一样,数据仓库也有其数据组织的模型。数据仓库的数据组织模型需要简明的、面向主题的、便于联机数据分析的方式,只有以这种性质方式组织的数据仓库数据结构模型才能够实现数据仓库中复杂的查询分析功能。常见的数据仓库数据结构模型主要有下面三种类型:

1. 星型模型

星型模型是最常用的数据仓库数据结构的实现模式。它通过使用一个包含主题的事实表和多个包含事实的非正规化(是否正规化或规范化是指建立的表是否符合第三范式的数据模型)描述的维度表来支持各种决策查询。

该模型的核心是事实表,围绕事实表的是维度表。通过事实表将各种不同的维度表连接起来,各个维度表都连接到中央事实表。维度表中的对象通过事实表与另一维度表中的对象相关联。通过事实表将多个维度表进行关联,就能建立各个维度表对象之间的联系。每一个维度表通过一个主键与事实表进行连接,如图13-1所示。

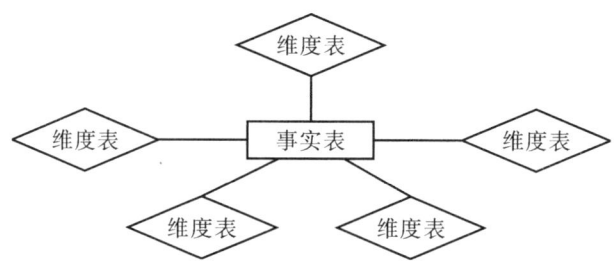

图 13-1　数据仓库星型模型

星型模型结构使用户能够很容易地从维度表中的数据分析开始,获得维度关键字,以便连接到中心的事实表进行查询,这样可以减少在事实表中扫描的数据量,以提高查询性能。

2. 雪花模型

雪花模型是对星型模型的扩展,它的每一个维度都可以向外连接到多个详细类别表。维度表除了具有星型模型中维度表的功能外,还连接上对事实表进行详细描述的详细类别表,详细类别表通过对事实表在有关维度上的详细描述达到了缩小事实表、提高查询效率的目的。雪花模式的结构示意图如图 13-2 所示。

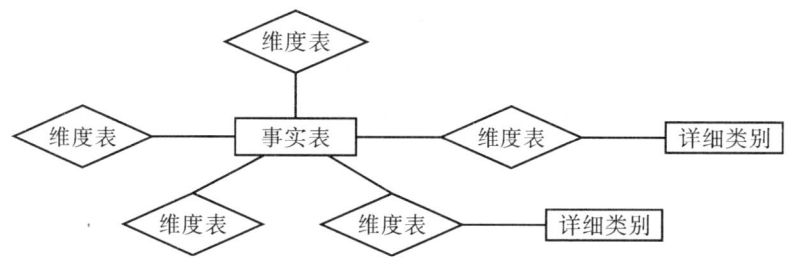

图 13-2　数据仓库雪花模型

雪花模型对星型模型的维度表进一步标准化,对星型模型中的维度表进行了规范化处理。雪花模型的维度表中存储了正规化的数据,这种结构通过把多个较小的标准化表(而不是星型模型中的大的非超标准化表)联合在一起来改善性能。由于采取了标准化及维的低粒度,雪花模型提高了数据仓库应用的灵活性。

3. 星座模型

星座模型是由一系列事实表来共享一系列维度表而形成的数据建模方

式,该模式也称为多事实表簇星型模型。这一系列的事实表经常被用来装载不同级别的聚集数据。为不同级别的聚集建立不同的表是数据仓库中数据库的一个基本设计技术,这样可使任何一个单独查询都能通过访问合理大小的表来获得。其结构示意图如图 13-3 所示。

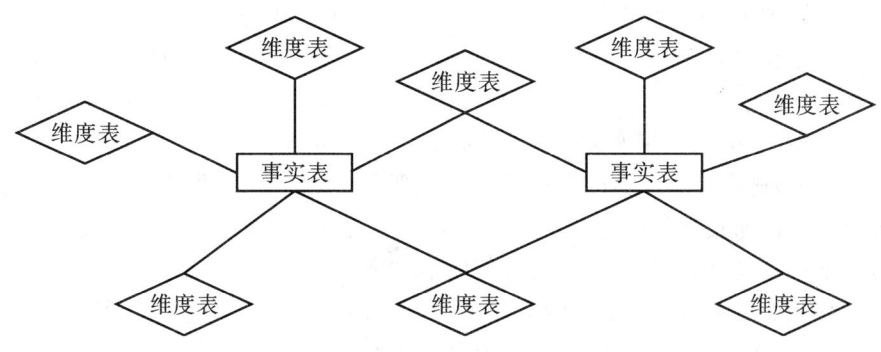

图 13-3　数据仓库星座模型

四、从事务处理到个性化决策支持

传统数据库用于事务处理,也称为操作型处理,是指对数据库进行日常操作,即对一个或一组记录的查询与修改,主要是为企业特定的应用服务。用户关心的是响应时间、数据的安全性和完整性。数据仓库用于决策分析,也称分析型处理,它是建立决策支持系统的基础。事务型数据库与分析型数据库从存储方式到数据处理方式的不同,对数据组织有很大的差异。见表 13-1。

表 13-1

区别项目	事务数据	数据仓库数据
数据内容	当前的、细节的	综合的、历史的
数据目标	数据面向应用组织	数据面向决策主题
响应时间	准时的	历史的
数据特点	动态的、可更新的	静态的、只读的
数据结构	复杂的	相对简单、用于分析
使用频率	事件驱动	决策驱动
用户类型	面向日常操作	面向决策支持

业务事务信息系统反映的仍然是企业的事务活动,是以事件驱动的方式组织数据,这些数据组织形式不能很好地支持信息使用者的深度分析与决策支持。

数据仓库的数据是面向决策主题的,它整合和集成了来自不同数据源的丰富数据,最重要的是,数据仓库系统能够根据用户的决策需求,提供不同的决策分析工具,通过提取个性化的数据,实现庞大的分析功能。

数据仓库所存放数据是企业的历史数据,并且来源于各种数据库。事务处理信息系统虽然也储存了企业庞大的数据,并且对这些数据是以事件驱动方式组织的,但是决策人员所需的决策信息绝不单纯是从事务处理信息系统中得到的,进行决策所需的支持信息往往要从中对这些数据进行清洗、转换、分类、分析,加载到数据仓库,并对其进行多维度分析或数据挖掘,才能提炼出对当前决策问题真正有意义、有价值的信息来。

传统的事务型数据库系统规模庞大、数据完整、蕴涵企业经济活动的大量信息,但这些及时可靠的信息却没有得到充分高效的利用。它们面向应用设计,支持数据日常的操作,比如传统的查询及统计报表等,在资料存取和分析功能上的支援却较少,因此数据的自主使用效率非常低。数据仓库正是建立在事务型数据库的基础上,利用其全面丰富的企业数据资源提供决策支持的分析功能。传统的事务处理数据库在企业的信息环境中承担的是日常业务操作的任务。数据仓库依赖于操作性事务处理数据库,归纳和整合了各种数据库数据,并以此为基础,建立起一个综合的和完善的信息分析应用系统,用于支持各级管理层决策分析。

最后,传统的事务处理信息系统中跨地域的业务数据往往存放于分散的不同的操作环境中,而且还有大量的历史数据处于脱机状态,很难进行统一的查询,然而决策往往要求对历史数据进行比较、趋势分析和预测。而数据仓库由于建立在联机分析的基础上,在保证数据相对稳定性的同时做到了信息的定期更新,因此彻底解决了传统事务型数据库在数据一致性、及时性方面遇到的问题。

第三节 财务辅助决策支持子系统的数据要素

一、财务辅助决策支持子系统的基本数据要素的选择依据

以往财务辅助决策支持子系统的数据大量来源于企业会计信息核算系

统。如何能支持个性化决策的信息需求,事实上在上个世纪60年代末美国会计学家乔治·H.索特(George H. Sorter,1969)最早明确提出会计理论研究的事项法(event approach accounting)用于解决这个问题。索特认为,现行财务会计使用的是价值法,其目的在于确认资本的最佳收益,需要按照会计人员主观判断,以货币为计量单位,对发生的经济业务进行一系列的确认、计量、分类和汇总。

但是传统以价值法会计构模的会计系统存在局限性(Ahmed Riahi-Belkaou,2004),并不能满足多样化的辅助决策系统的需求,其主要原因在于:

(1)它的计量范围有限。大部分的会计计量是以货币方式记录和维护的,很少涉及其他的计量方式,也不包括诸如生产能力、执行情况、可靠性之类的其他数据。

(2)它的分类方法并不总是适当的。企业的会计科目表反映了与经济事件有关的信息可以被分成的所有类别。对于非会计人员来说,这样的分类可能掩盖了数据的本质特征,使得非会计人员不能从多个不同角度来分析这样的数据。

(3)它的信息汇总水平太高。会计数据的使用者种类繁多,不同的使用者所需的信息量和信息的汇总程度取决于他们各自的个性和决策风格。因此,涉及经济事件和对象的信息应该尽可能以最基础的方式保存。而传统的会计信息系统只对用户提供汇总的数据。

(4)它与企业内其他功能领域的结合程度过低。传统的会计信息系统的集成度不够,这导致同一经济事件或对象往往被重复记录在会计信息系统和其他非会计信息系统中,极易发生数据的不一致并产生了很大的数据冗余。

与价值法不同,在事项法会计系统中,会计信息处理的目标在于提供与各种可能的决策模型相关的经济事项信息,不应汇总反映经济业务,与决策相关的事件的信息应尽量以其原始的形式保存,要求会计人员尽可能提供"原汁原味"的、全面而且原始的事项信息,而将事件与其决策模型如何匹配的任务留给用户。用户要做的是寻找与其各人效用函数相符的事件所产生的数据集合,并分配其权重和价值。用户而非会计人员将事件转化为适合用户个人决策模型的信息。

二、事项的概念与分类

1. 事项的概念

乔治·H.索特认为"事项"指的是与会计主体相关的经济活动,所提供的信息可以用于使用者的各种决策模型。显然,索特提出的"事项"不仅包括了价值活动,而且包括了那些不影响收益和净资产的其他活动,如经营性租赁、担保合同等,但对作为事项会计的决定性要素的"事项",他并未给出确切而具体的定义,即怎样来描述一个"事项"。

约翰逊对"事项"的内涵进行了进一步的研究,他指出必须从预测和观察的证实可能性中来获取事项会计这个关键术语中的"事项"的含义。因此,他把"事项"定义为某种活动(action)或经常性或偶然性事件(event)的发生状况,它们能用一个或多个特征(characteristics)来描述。并且把事项分为两种,其一是"真实的"事项,指的是被报告的主要活动随后被观察到的属性,适合于事项会计;另一种则为"公布的"事项,指的是报告的内容不适合于事项会计,如报表中所揭示的内容、附注中所披露的内容等。

正如约翰逊的分类,并非只有事项会计才有事项一说,在传统的仅以货币属性来描述经济活动的价值法会计中同样也用到事项一词。可见,事项是个笼统而模糊的概念,并不是因为其本身难以界定,而是由于它的具体含义与其出现的背景密切相关。在财务决策支持子系统中,"事项"指的就是财务信息系统的基本元素,它是与会计主体相关的某一经济活动的各种属性集或特征集,这些属性或特征是报告者直接观察到的和合理预测到的,并且是确实可证实的。任何使用者可根据自己的决策模型和使用目标来从这个基本的"事项集"中查询自己感兴趣的基本数据,并获得与其具体用途相关的数据。这里的"事项"包含了一项活动的多种属性,而不只是单一的货币属性,并且是原始的、未经汇总处理的经济活动的真实表达。需要解释的是,作为一个真实事项,其报告的内容不仅包括了对事项本身的有关观察,也可能包括了一些推测,因为财务会计人员不可能亲自参与每项经济活动。并且,由于事项会计不可能事无巨细地报告会计主体的所有相关的经济活动,事项的某一属性可能是经过简单的加总和合并后得到的。

2. 事项分类

在财务辅助决策子系统引入事项概念,它实质上反映的是现实世界价值活动在财务会计信息领域的一种抽象。现代企业追求的目标是企业价值最大化。企业价值源自企业价值链的一个个具体活动所创造价值的累积。从企业资金流、物流的循环运动过程也可以看出,企业价值创造过程实质上是一系列的获取资源、变换资源、为市场输出产品与服务的价值活动的有序组合,其核心部分主要由筹资、投资与生产经营这三类经济活动组成。这些活动覆盖企业整个价值创造过程,链接企业的利益相关者,并影响他们的利益与决策行为。将企业筹资、投资、生产经营活动反映到决策驱动的会计系统领域,抽象成三大类财务辅助决策支持子系统的事项要素。在此基础上所形成的事项要素分类体系,系统地梳理了各类价值活动的性质与关系,全面地映射了企业价值创造活动的全貌。

在这三大类事项要素中,每一类事项要素分别描述了现实中具有相同性质的一组价值活动,这组价值活动具有相似的行为、关系以及语义描述。将各个类别事项要素按活动特征逐层细分、展开后,形成树形的事项要素的分类核算体系。例如,筹资类事项是指企业发生的所有导致资本及债务规模与构成发生变化的经济活动。筹资类事项可分为权益筹资、负债筹资,具体细化到发行股票、发行债券、银行贷款、租赁、支付股利、支付利息等事项。投资类事项是指企业发生投资行为的经济活动。投资类事项分为对外投资与对内投资,按时间长短可分为短期投资与长期投资。具体事项包括股权投资事项、债权投资事项、资产投资事项、投资回收事项。生产经营类事项,即企业发生的所有与销售商品、生产制造、购买物料、库存、支付与收款有关的事项。

为了提供每个事项的具体经济信息,就需要记录这些事项经济活动发生的时间、资源、参与者、活动类型、发生地、经济特征与结果度量等项目的内容。这些项目构成事项要素的经济属性与价值活动信息(财务的、非财务的)分析的维度。对企业的事项要素分析越透彻,对其所涉及的相关经济属性分析越全面,建立的事项要素的分类体系就越能客观描述企业价值活动本质。

财务辅助决策支持子系统通过建立这些事项要素分类体系,确认、计量、记录企业价值活动的经济事项数据。在这过程中,财务数据仓库全面、持续记载了企业各种筹资、投资、生产经营活动事项的经济属性与经济特征值。这些海量事项数据不仅揭示了企业这三类价值活动的独特效应与协同效果是如何影响企业价值与利益相关者的利益的,而且也为使用者的个性化信息需求提供了充分的物质平台。

第四节 财务辅助决策子系统的框架结构与功能解析

一、财务辅助决策支持子系统框架结构

在IT环境下,一个完整的信息系统由事件驱动与决策驱动两类信息系统组成。它们分布在信息系统的不同层次、执行不同类别的信息流程作业。

图 13-4 显示了在企业信息系统中,决策驱动的财务辅助决策支持子系统架构以及它与事件驱动信息系统的关系。

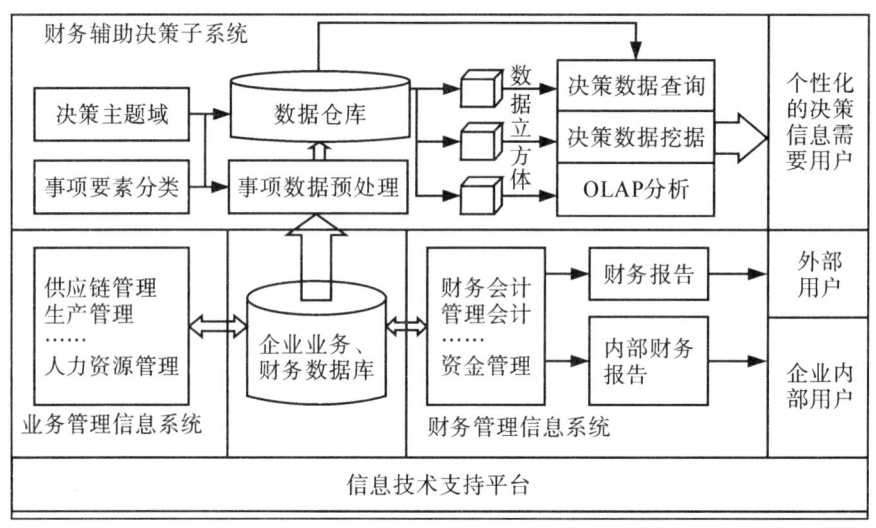

图 13-4

对一个企业而言,信息技术支持平台构成企业所拥有的信息技术资源,以及这些资源与使用者之间的信息交流关系,它是信息系统运行的物质基础。

在业务层面,事件驱动的会计系统与业务系统集成在一起,运行模式是针对事务性的。事件驱动关心的是系统的触发机制、响应时间、反馈结果。当业务事件发生后,业务事件的数据流被记录在业务数据库,并立即触发财务与管理会计系统信息处理流程,采集业务数据,应用财务、管理会计方法进行计量、记录、处理,输出财务报告。对内,这些信息用于日常企业管理决策与业务流程控制;对外,报告受托责任和提供规范财务会计信息。

在决策层面,财务辅助决策支持子系统的运行模式是针对使用者个性化决策。组成要素具体包括:(1)事项要素分类体系与决策主题域;(2)事项数据仓库与面向决策主题的数据立方体;(3)事项数据预处理、辅助决策报告生成工具。共同完成事项要素数据的抽取、计量、记录、存储、辅助决策信息处理、个性化辅助决策报告输出全过程的信息流程作业。它持续不断地从业务层面的业务、财务数据库中抽取企业价值活动的经济数据加载至事项数据仓库。在用户决策驱动下,从事项数据仓库中筛选、输出与决策有关的辅助决策数据,并提供智能辅助决策工具,引导使用者提炼出与决策相关信息,辅助个性化决策。

二、财务辅助决策支持子系统组成要素的功能解析

1. 事项要素分类体系与决策主题域

在财务辅助决策支持子系统中,事项要素分类体系与决策主题域分别解析了企业价值活动数据的确认依据与决策分析涉及事项的项目范围。在IT环境下,将价值活动抽象为筹资、投资、生产经营三大类的事项要素,其用途主要体现为:一是促进对现实世界的理解。以事项要素为主要概念构建决策驱动的系统的信息模型能抓住企业价值活动运动的本质特征而忽略那些无关紧要的性质。二是对事项逐层分解、分类形成的事项要素核算体系,为财务辅助决策支持子系统从各类复杂的业务数据库中如何确认、获取原汁原味的价值活动经济数据提供判别标准与计量依据。三是为计算机实现提供基础。当以事项为核心的信息模型变换到财务事项数据仓库时,围绕着决策主题域范围,在数据仓库建立各个事项活动的事实表与维度表,分类记载决策主题涉及的价值活动经济数据以及与之相关联的参与者、资源、地点、时间等经济维度数据。

2. 事项数据预处理、事项数据仓库与数据立方体

事项数据仓库是依据事项要素分类标准与决策主题构建的。它的数据源分布在企业各种业务过程数据库中,存在数据模型不同,数据格式不一致,数据不兼容等问题。针对这类问题,事项数据预处理功能执行从这些数据源中识别事项、确认事项、清洗事项数据、计量、转化成标准数据格式,不断加载到数据仓库的每个事项活动事件表与维度表。这样,使事项数据仓库的数据形成面向主题、集成的、稳定的、随时间不断变化、反映企业价值活动的数据集合。

事项数据立方体是依据使用者的决策需求重组事项数据。在使用者决策驱动下,从事项数据仓库的数据集合中择取数据,构建多维数据立方体,以便针对某类决策问题提供相关的多维度的会计信息。

3. 辅助决策会计报告生成工具

事项数据仓库与数据立方体的建立为使用者个性化决策信息需求奠定了基础,为了达到"基于数据、结合需求、建立分析、得到结果、产生效益"的使用目的,还要辅以与用户互动的辅助决策工具的深度应用。它包括通过联机分析(OLAP),进行事项数据的切片、切块、钻取、旋转等计算机的计算操作,生成用户特定决策主题需求的个性化报告。而应用数据挖掘工具,对事项数据仓库的数据特性进行深度挖掘,从中发现企业筹资、投资、生产经营这些具体会计事项活动的内在联系以及对企业价值创造、对利益相关者的利益的影响程度,进行预测分析与决策。这样,通过对会计事项数据仓库、数据立方体的

会计数据一步步地联机分析与挖掘,最终生成支持个性化决策的信息与知识。

第五节 财务辅助决策支持子系统信息处理模式与技术实现方法

一、个性化财务信息的供需抉择途径

决策驱动的信息需求与供给是一种在企业海量经济数据中不断抉择与个性化决策相匹配信息的过程。在该过程中,集成财务系统通过应用现代信息技术,优化信息抉择途径,在充分考虑信息处理的经济性、技术可行性基础上,不断逼近个性化决策信息的供与需的理想目标。

信息抉择的第一步是从大量关系复杂的业务经济数据到事项要素的数据择取过程。它以数据仓库技术为依托,将复杂的、多样关系的、数据形式各异的企业业务数据源的经济数据按事项要素分类标准重新组织后,源源不断地加载到事项数据仓库。这样,在企业级层面上,事项数据仓库的数据是按决策驱动的理念进行选择与组织,它不仅分门别类地反映企业价值活动主线,而且更清晰地呈现这些活动与企业利益相关者之间的利益关系,并为多样化决策类型提供充分选择空间与信息容量。

信息抉择的第二步是事项数据仓库的数据到与各个决策主题的多维数据立方体的映射与数据提炼。通常,企业内外部用户的个性化决策所涉及的数据仅仅是财务事项数据仓库海量数据集合中的一个子集。在用户具体决策类型驱动下,供需双方从数据仓库中选择与这类决策相关的主题的数据构成多维数据立方体。每个立方体包含了这类决策相关的维度、事实、粒度三个层次的财务信息。这种信息选择方式进一步提高了供给的财务信息的相关性,降低使用者信息搜索范围与使用成本,逐步逼近个性化的决策信息需求。

最后,为使用者提供辅助决策工具,引导使用者对搜寻的决策所需的数据进行深度分析、挖掘。例如提供联机数据分析与数据挖掘工具,提供决策模型和知识库,辅助使用者对决策相关的数据子集的判断、收集、分解、组合、汇总,提炼出与决策相关事项信息与知识,实现从数据加工至信息到知识、智慧的转化过程。在使用者积极参与信息供给的过程中,进一步加快了为个性化决策寻找与个人效用函数相符的事件的数据集合的速度,启发使用者分配其权重和价值,将事件转化为适合个人决策模型的会计信息与决策知识。

二、财务辅助决策支持子系统的信息模型与映射关系

财务辅助决策支持子系统以事项的方式来组织信息模型。为了能真实反映现实价值活动并为信息使用者提供信息选择途径,支持个性化决策需求,信息建模经历从现实世界到计算机世界的映射过程。

1. 标识与决策主题关联的业务流程的价值活动

信息模型是现实企业价值活动在财务决策支持领域的映射。每个企业的经营环境、运营模式不同,为了标识与决策主题关联的业务活动,需要针对企业的具体情况,沿着企业价值链,按筹资、投资、生产经营划分这三类的业务流程与具体活动,分析并标识这些价值活动,活动涉及的时间、资源、参与者、地理、计量等实体与经济属性,以及它们与事项要素对应联系,并在此基础上建立事项要素分类体系。

2. 事项矩阵信息模型

事项矩阵信息模型是企业业务流程的价值活动在概念模式的映射。在该模型中,每一类型业务过程都有自己的运行模式,它们分别映射到事项要素分类体系的每一张事项模型的矩阵表上。在表中,每一行是这一事项的业务运行模式的每项价值活动。每一列是这类业务运行模式涉及的时间、资源、参与者、作业地等参与对象的描述,它们构成决策主题的维度。每一维度的对象参与了该会计事项的一个或多个业务过程活动。在事项矩阵信息模型中,对事项的每个业务活动(行)可以精确看到需要哪些维(列),并且对于每一维度,可以看到它必须支持事项的哪些业务活动。

3. 事项数据仓库的信息模型

与事件驱动的数据库建模不同,事项数据仓库采用可以描述多维数据的模式。其建模方式包括星型模式、雪花模式、星座模式。它们均以关系数据库为基础,通过各个事实表与环绕它的维度表的集合来表达客观世界的价值活动与参与活动的各类对象的信息模型,以支持用户的各种决策的信息查询。

在事项矩阵信息模型向事项数据仓库信息模型映射过程中,事项数据仓库是通过事实、维度、粒度这些概念来描述事项的信息结构模型。矩阵表上的每一行所描述的每项价值活动映射成记录这类价值活动的事件表,描述特定经济事项的度量值的粒度数据。矩阵表中每一列的维度对象映射为事项数据仓库信息模型的每个维度表,用于记录企业价值链的价值活动涉及的每个参与对象的特征属性。事实表的外部关键字组成了描述这些参与对象的标识集合,它们分别与对应的每一个维度表的关键字建立关联。这些事实表、维度表

集合形成事项数据仓库信息模型。

4. 数据立方体(数据集市)信息模型

事项数据仓库的信息模型描述了企业级的所有的筹资、投资、经营的价值活动的信息模型,但信息使用者的决策所需要的是与其某个决策主题相关的数据子集,于是,在事项数据仓库建模的基础上,针对信息使用者的个性化决策需求,建立与这类决策相关的数据立方体,使会计信息的利用更加快捷、灵活、与决策更加相关。

三、事项数据的抽取、转换与加载

1. ETL 过程

从源系统中抽取数据并且将数据存放进数据仓库中去的过程一般被称为 ETL。ETL 是 extract-transform-load 的缩写,即数据抽取、转换、加载的过程。ETL 过程是数据仓库的核心和灵魂,能够按照统一的规则集成并提高数据的价值,是负责将分布的、异构数据源中的数据如关系数据、平面数据文件等抽取到临时中间层后进行清洗、转换、集成,最后加载到数据仓库或数据集市中,成为联机分析处理、数据挖掘的基础,是实施数据仓库的重要步骤。它是承前启后的必要的一步。已经有了数据源,并且设计好了数据仓库的逻辑结构,同时还具有现成的前端分析工具,只需要 ETL 工具实现对数据的抽取、转换、加载。如果说事项数据仓库的模型设计是一座大厦的设计蓝图,数据是砖瓦的话,那么 ETL 就是建设大厦的过程。ETL 原本是作为构建数据仓库的一个环节,一个简单的 ETL 体系结构如图 13-5 所示。

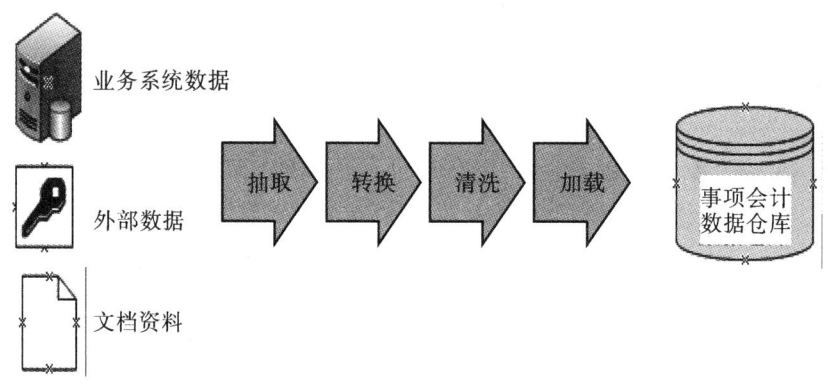

图 13-5 ETL 过程图

首先是抽取数据阶段,需要的数据被鉴别出来并且从不同的数据源中抽取出来,这些数据源包括数据库系统和应用系统。通常,准确地鉴别出那些与事项相关的数据子集是不容易的,因此会有一些多余的数据也被抽取出来,所以对相关数据的鉴别工作将在抽取数据工作之后做。依据源系统的容量,在数据抽取过程中一些数据转换的工作可能会发生。被抽取出来的数据量级会依据源系统和业务需求的不同,小到数 KB,大到数 GB。两个逻辑上相同的抽取所消耗的时间同样是由源系统和业务需求决定,时间跨越可能为天或小时,分钟甚至接近实时。例如在 WEB 服务日志文件能够在很短的时间段内很容易地会有数百 MB 的大小数据量产生。

接下来的工作是数据清理。在数据仓库环境下,数据清理是 ETL 过程的一个重要部分,要考虑数据仓库的集成性与面向主题的需要,包括数据的清理及结构转换;数据清理主要是提高数据的可利用性,如去除噪声、无关数据、空白数据域,考虑时间顺序和数据的变化等,但主要内容还是一样的。数据清理是一个减少错误和不一致性、解决对象识别的过程。数据清理的基本原理是利用有关技术如数理统计或预定义的清理规则将脏数据转化为满足数据质量要求的数据。

对数据进行简单的清洗过滤后,需要进行下一步的转换工作。数据转换是数据仓库实施中重要的一环,目的是将数据从操作型环境传递到数据仓库中。在传统的决策支持应用中,数据转换工作相当复杂。第一,由于数据仓库的建设是在企业已有的各类企业信息系统之上进行,而这些企业信息系统往往是独立开发的,各系统之间存在着数据缺乏集成、运行平台不统一等问题,所以在数据从操作型环境向数据仓库转移的过程中要经过大量的数据清洗、选择、汇总、集成、转换等处理。第二,企业决策分析的及时性要求,使得数据转换工作相当频繁,转换的效率问题成为难点。ETL 转换的过程可以集中地体现为以下几个方面:空值处理、规范化数据格式、拆分数据、验证数据正确性、数据替换、建立 ETL 过程的主外键约束。

数据加载是 ETL 的最后一环,用户从数据源抽取出所需的数据,经过数据清洗,最终按照预先定义好的数据仓库模型,将数据加载到数据仓库中去。数据加载直接可以利用接口程序来实现。

其实 ETL 过程就是数据流动的过程,从不同的数据源流向不同的目标数据。但在数据仓库中,ETL 有几个特点,一是数据同步,它不是一次性倒完数据就结束了,它是经常性的活动,按照固定周期运行的,甚至现在还有人提出了实时 ETL 的概念。二是数据量一般都是巨大的,值得将数据流动的过程拆分成 E、T 和 L。现在有很多成熟的工具提供 ETL 功能，这些工具给数据仓库工程带来很大的便利性，特别是开发的便利和维护的便利。

2. ETL 的优势

ETL 过程与其他转换加载过程相比较更适合事项会计数据仓库，这要从数据转换频率、分析工具支持、模式转换的复杂程度等角度分别来看。首先是数据转换。不同的过程都可以实现数据转换的目的，不同的是转换发生的时点。使用 ETL 过程，当数据元素从不同业务数据库提取出来时，即一次性对其进行转换。而其他过程，比如数据联合过程，则是在查询发生的当时才进行转换。事项会计信息载入数据仓库后，需要不断被查询，如果每次查询都要对数据元素进行转换，显然转换的成本高且效率非常低，因此 ETL 过程只进行一次转换更适合事项会计的需要。其次，ETL 对商业智能应用的响应也非常迅捷，是其他过程所不能比拟的。这就非常利于数据仓库前端挖掘分析工具的应用。再次，设计数据仓库结构时选择采用了星型模式，而大部分的联机事务处理系统都采用非星型模式。这种情况下，全局模式中的某个记录很可能是来自操作模式中的几个不同的记录。因此，必须在每次查询的时候都执行该链接。而 ETL 系统则只是在加载时进行一次链接。所以，在模式映射过程变得复杂的时候，ETL 处理方法表现更优异。最后，是对复杂映射的实现角度。对于操作型数据库来说，常常要获取客户信息，例如客户姓名等。在 ETL 过程中，无论你什么时候需要某个客户资料，你总能在某个包含了从操作系统名到全局模式名映射的稳定增长表中找到其资料。如果某个客户名不存在，就可以添加关于该客户的新记录。因此，姓名映射是由一个映射表所支持的一种全局性操作。而这种全局性操作是 ETL 所独有的特征。

四、联机分析与数据挖掘

1. 创建 OLAP 数据立方体

输出个性化的事项报告，可以根据不同的决策主题利用已有的 OLAP 工具进行分析。OLAP 工具需要一种概念模型。多维数据模型或数据立方体便是一种在数据仓库中概念化数据的公共模型。建立多维数据立方体，并在其基础上进行 OLAP 分析，最终得到多维事项报告。数据立方体由点或"单元"，即基于维度集上的度量或值组成。下面来看一个零售应用的实例，维度可能包括"顾客"、"产品"、"地区"和"时间"。假如该应用的度量是销售量，那么各点表示与"顾客"维、"产品"维、"地区"维和"时间"维对应的销售度量。图 10-6 给出了一个具有"产品"维、"地区"维和"时间"维的数据立方体。"单元"

对应于与"产品"、"地区"和"时间"相应的销售值。例如,阴影的单元对应于某年某产品在某地区的销售量。

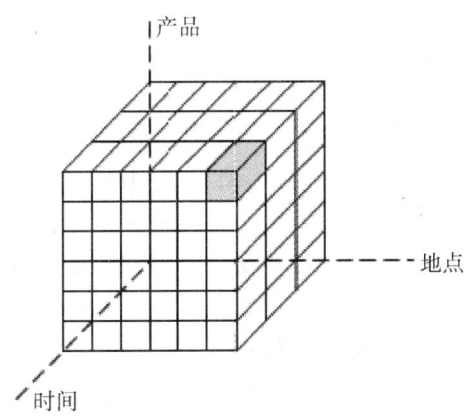

图 13-6　数据立方体

在多维数据模型立方体结构中,将大量的数据分成多维结构,作为大数据的子集,对于某一具体应用,对多维可进行分割,变成多个立方体结构。每个立方体包含了维度、事实、粒度三个层次的信息。当确定了唯一的事实表、维度表和粒度时,可以找到唯一的与之对应的立方体。在多维方式的模型中进行查询时,这种唯一的对应关系,提高了查询信息的效率。多维立方体更适合分析人员,它具有良好的视图和翻转性及灵活性,直接支持已有的分析工具,能够提供更高水平的报告和多维视图。

2. 多维数据挖掘——基于 OLAP 的数据挖掘

概括地说,数据挖掘在较浅的层次上,它利用现有的数据库管理系统的查询、检索及报表功能,与多维分析、统计分析方法相结合,进行联机分析处理(OLAP),从而得出可供决策参考的统计分析数据。在深层次上,它从数据库中发现前所未有的、隐含的知识,加以分析,并将这些有意义的信息归纳为结构模式,提供给决策层用于决策参考。

数据挖掘包括取样、数据特征探索、分析预处理、数据调整和技术选择,以及模型的研发、知识的发现、模型和知识的综合解释和评价。数据挖掘方法库和知识库作为数据访问层与数据仓库相连,处理来自企业各种信息系统的数据库、事务文档库以及企业与企业、企业与客户之间所进行的业务活动记录等。而 Web 服务器把收到的浏览器请求发送给应用程序服务器和数据库服务器。应用程序服务器是一个开放的数据挖掘算法库,可通过接口与数据仓库链接,实现挖掘功能,最终输出结果。

为了更好地发现隐藏的数据模式,系统基于 OLAP 的数据挖掘思想,设计了多维数据挖掘方案,可以选择不同的粒度,在不同的数据子集和抽象层上进行数据挖掘,在数据立方体和挖掘的中间结果数据上进行上卷、下钻、旋转、切块、切片等操作。为了达到多维数据挖掘的目的,需要对原始数据进行一些综合处理。

通过 OLAP 对多维数据模型进行分析,是对多维组织的数据进行数据钻取、聚合、切片、切块、旋转等分析,为分析人员提供多侧面、多角度数据,从而找出数据之间蕴含的规律,以支持决策。除了使数据具有多维特征以便于数据挖掘的进行,系统需要保证分析型数据保持在原始细粒度中所代表的意义。

3. 个性化决策分析与信息输出形式

在数据立方体的基础上,利用数据库技术和 HTML 技术,可以通过报告的形式将 OLAP 分析及其他多维挖掘成果进行公布。

以销售事项为例,选择销售事实表的三个维度表:客户表、员工表、订单信息表,并选择报表要输出的记录:销售日期、订单号、总金额、客户姓名。通过 SQL Server 的报表服务工具,建立报表结构。显示了从数据仓库中选取不同的维度表及要输出的相关记录。

输入相应的查询语句并运行该报表服务设计器,得到含有销售日期、订单号、总金额、客户姓名四条相关信息的事项报告。

客户端用户可以通过建立局域网与事项会计数据仓库所在的服务器相连,并通过登陆进入报表设计器,根据自己的需要来选择事项信息,进行简单的设置后生成个性化的事项会计报表。

不同的信息用户可以根据自己的决策需要和对风险的态度选择不同的会计处理模式。对于没有先进的财务报告生成器或没有掌握事项报告相关知识的信息使用者来说,可以直接利用网上的通用财务报告模式获得传统财务信息。而对于那些对财务信息有较高要求又掌握了事项会计报告相关知识和技术的信息使用者来说,可以直接从事项信息库中获得原始数据,进行分类、汇总,根据自己的决策主题关注某些特殊事项,利用先进的财务报告生成器制定个性化的实时事项报告,辅助其决策。

第四部分

企业财务集成管理信息系统开发流程与内部控制

第14章

企业财务集成管理信息系统开发流程

第一节 企业财务集成管理信息系统的开发方法、目标与规划

企业财务集成管理信息系统的开发是一项系统性相当强的工作，其开发过程涉及人、财、物等资源的合理组织、调度和使用。特别是在集成环境下，财务信息系统与企业的业务信息系统紧密联系在一起，财务集成管理信息系统开发要从全局出发，综合考虑与业务系统的信息处理流程协同关系，改进传统的业务模式，达到业务与财务数据流的畅通，数据处理的集成化、标准化、规范化。因此，在信息系统的开发过程中，从问题的提出、论证到问题的分析、方案的设计，直到方案的实施和评价，需要遵循科学开发方法，规避信息化过程出现的风险，使实施的财务管理信息系统为企业的价值创造发挥更大作用。

一、信息系统开发方法

信息系统的开发方法通常有生命周期法、原型法与面向对象方法。

(一)生命周期法

生命周期法，也称结构化系统开发方法，是一种常用的信息系统开发方法，也是迄今为止开发方法中应用最普遍最成熟的一种开发方法。生命周期法认为软件系统与任何系统一样均有其产生、发展、成熟、消亡或更新换代的过程，这个过程称为系统的生命周期。

生命周期法的特点一是强调系统的整体性、全局性。它采用"自顶向下"的原则分析和设计系统，首先解决全局问题，强调在系统整体优化的前提下，

考虑具体的解决方案。二是严格区分工作阶段。整个开发过程阶段和步骤清楚,每一阶段和步骤均有明确的成果,作为下一步工作的依据。这样有利于整个项目的管理与控制,避免了开发过程的混乱状态。

通常生命周期法将开发周期划分为八个阶段:可行性分析、需求分析、概要设计、详细设计、软件编程、组装测试、确认测试、使用和维护。

1. 可行性分析

可行性分析是在系统开发项目之前,对系统开发的必要性、可能性从整个系统的生命周期的角度进行分析与评价。可行性分析包括明确任务、调查环境、提出方案、分析可行性四个方面。可行性分析是要决定"做还是不做",主要从以下几方面进行分析。

(1) 经济的可行性。信息系统的投资与获得收益二者之间是否匹配。开发系统是否有足够的收益,所花费的成本是否合理。

(2) 技术的可行性。技术可行性主要任务是分析为实现系统目标,目前是否具备了必要的计算机硬件条件、通讯设备和软件技术手段。利用现有的设备、软件技术和可用的人员,项目开发能否完成,如果需要应用新的技术,新技术能否实现系统的目标。

(3) 操作的可行性。主要指新的计算机信息系统的使用,将对原有的管理体制、业务流程、操作方法进行重构,因而对企业内部各级管理人员造成一定的影响,而这些影响能否被他们所接受,实施过程存在哪些风险。

可行性分析以"可行性研究报告"为结束标志,并报请有关部门审批,以决定是否进行下一步的工作。如果可行性研究报告被审批通过后,便可着手进行下一阶段的需求工作。

2. 需求分析

需求分析是由开发人员和用户双方共同完成。系统分析的核心是通过详细的调查,明确外部环境对系统的支持和制约程度,确定用户的信息需求,回答软件能做什么、能做到什么程度。产生一份详细的软件需求说明书,说明数据处理流程、功能需求、设计要求和限制、测试准则和质量保证、软件配置管理等,以标识新系统应具备的特征,既包括系统应提供的信息,又包括一些操作特征,这些结果构成软件设计的基础,是软件开发取得成功的关键。

3. 概要设计

概要设计的任务是把软件需求说明书转换成软件结构说明。这一步集中于软件的整体结构,即确定功能模块之间的关系,定义各功能模块间的数据接口、控制接口,设计数据结构,规定约束或限制。概要设计提供了一个完整的软件系统框架,这是整个开发阶段的基础。

4. 详细设计

详细设计是概要设计的细化,采用设计工具描述功能模块的内部过程。详细设计是一个逐步细化的过程,在每一过程都应建立相应的软件开发卷宗文档。设计人员有责任给程序员提供完整的、清晰的设计资料,当开始编程时,设计人员随时解答疑问,阐明不清楚的地方,并处理程序员在使用设计说明书时遇到的问题。

5. 软件编程

详细设计得到批准后,便可开展编程阶段的工作。软件编程人员按照系统设计书,应用软件开发工具编写程序与进行模块测试。各模块测试一经完成,必须对最终源程序清单、测试代码和测试结果进行评审,评审通过后,这些文档应归入模块开发卷宗。

6. 组装测试

组装测试是将经过模块测试的各个模块进行装配并测试,从而形成一个完整的系统。测试可采用"自顶向下"或"自底向上"的方法,也可以把这两种方法结合起来,有步骤地装配模块,测试模块间的界面、数据结构的完整性、模块顺序的正确性。

7. 确认测试

确认测试是软件开发中最重要最困难的一步,其任务是要证明所开发的软件符合软件需求说明中所定义的全部功能及性能要求。在测试时,系统通过实验性的使用,以保障软件不出差错,能按照说明书及用户期望的方式运行。对测试的结果写出测试分析报告,测试分析报告经有关方面评审确认后,软件便可以作为一个产品投入运行。

8. 运行和维护

当系统经过测试后就可以投入运行。应用系统启用,常能使用若干年,可是企业的运行环境日新月异,因此,应用系统无疑要进行维护。即对硬件更新换代,对软件进行修改和改进,因此,维护工作一般有三种类型:(1)正确性维护。改正在开发阶段产生而在测试阶段没有发现的错误。(2)适应性维护。为适应软件的外界环境的变化(如硬件的更新)引起的软件修改。(3)完善性维护。为扩充软件功能、改善性能而进行的修改,以延续应用系统的使用寿命。

(二)原型法

生命周期法假设在明确用户的需求的情况下,一步一个脚印地开发出信息系统。但是,在实际的开发过程中,有时一些用户的需求并不能确定。在这种情况下,应用原型法。

原型法就是在系统开发之初,尽快给用户构造一个新系统的模型(原型),反复演示原型并征求用户意见,开发人员根据用户意见不断修改完善原型,直到基本满足用户的要求再进而实现系统,这种软件开发方法就是快速原型法。原型就是模型,而原型系统就是应用系统的模型。它是待构筑的实际系统的缩小比例模型,但是保留了实际系统的大部分性能。这个模型可在运行中被检查、测试、修改,直到它的性能达到用户需求为止。因而这个工作模型很快就能转换成原样的目标系统。

原型法与传统的生命周期法相比,摈弃了一步步周密细致地调查、分析、整理文档、再进行逻辑设计、物理设计的繁琐过程而快速构造系统的物理原型。但是,并不能说开发人员用原型法就没有一个分析、设计、实施的过程。实际上开发人员在运用原型法时有意识或无意识地对系统进行了一个分析、设计、比较的过程,才能快速构造一个原型系统,这个原型系统蕴含着开发人员分析、设计、比较的思路,只不过开发人员直接用物理模型表达了对系统的理解,而省却了结构化法中的大量的文档资料。

原型法借用第四代语言快速生成系统中的一些原型,通过这些模型同用户交流,让用户参与开发过程中来,开发人员和用户在对原型的讨论和互相学习过程中确定用户的需求从而完善原型,最终构造系统。但这种方法的弱点在于系统的开发过程中"只见树木,不见森林",对小系统的建立具有一定的效率,但是缺乏整体的观念,只能作为原有开发方法的一种补充。

(三)面向对象法

面向对象开发方法认为,客观世界是由各种各样的对象组成的,每种对象都有各自的内部状态和运动规律,不同对象之间的相互作用和联系就构成了各种不同的系统。

在设计和实现一个客观系统时,在满足需求的条件下,把系统设计成由一些不可变的(相对固定)部分组成的最小集合(最好的设计)。这些不可变的部分就是所谓的对象。面向对象的建模,把系统看作是相互协作的对象,这些对象是结构和行为的封装,都属于某个类,那些类具有某种层次化的结构。系统的所有功能通过对象之间相互发送消息来获得。面向对象的建模可以视为一个包含以下元素的概念框架:抽象、封装、模块化、层次、分类、并行、稳定、可重用和可扩展性。

面向对象法是从系统调查分析之后就开始面向对象进行分析的开发方法。它强调系统设计之前的系统分析,强调以系统中的数据或信息为主线,全面、系统、详尽地描述系统的信息,建立系统的信息模型,指导系统的设计。面向对象法按系统开发的一般过程分为面向对象分析、面向对象设计、面向对象编程进行系统的开发。

二、财务集成管理信息系统开发的目标

企业财务集成管理信息系统开发目标应与企业总体战略、企业信息化建设规划相协调一致。通常企业财务集成管理信息系统的目标定位在企业能运用现代财务管理理论和先进的计算机、网络、通讯等信息技术,建立以资金流为主线、以预算控制为核心、财务与业务高度集成、对企业价值链的价值运动进行及时准确的记录、核算、分类、分析、报告,信息共享的一个计算机信息处理系统。

企业信息使用者通过使用财务集成的管理信息系统,建立完善的会计核算体系,实现企业有效的财务管理与监控,实现企业资源合理配置,加快资金周转速度,降低经营成本,提高企业的综合实力、价值创造能力与竞争力。

企业财务集成管理信息系统通常由财务核算层、管理控制与决策层组成,这些层面的具体目标包括:

在财务核算层面,建立科学合理的财务核算流程,完善企业的内部控制制度,实现企业先进的业务运作模式,提高核算效率。

在管理控制层,建立起全面预算体系,完善资金的计划与监控,加强成本费用的控制,建立健全整个公司的风险防范体系指导和监督企业经营运作过程;建立起集中的资金管理体系,合理利用资金,有效控制资金风险,发挥资金集中运作优势。

在决策层面,建立起全面完整的财务分析体系,应用商业智能、数据仓库技术,借助各种高级分析、报表和灵活的查询能力,为企业的决策提供强有力支持。提供财务与业务系统紧密无缝链接,实现财务对业务的及时反映与监控。提供开放的、可扩展的应用平台,满足公司不断发展变化的需求,支持迅速而持续的改善能力。

最终实现财务管理从粗放到集约;提供从事前计划、事后反映到参与业务决策与过程控制全过程的价值创造财务服务。

三、财务集成管理信息系统的开发战略规划

企业财务集成管理信息系统的战略规划是关于财务信息化的长远发展的计划。它是企业信息化战略规划的一个重要组成部分。一个有效的战略规划

可以使信息系统和用户有较好的关系,可以做到信息资源的合理分配与使用,从而节省信息系统的投资,促进信息系统应用的深化。

财务集成管理信息系统的战略规划包括与企业战略目标相匹配的企业财务目标、财务政策和约束条件,计划和指标分析,应用系统或系统的功能结构,财务信息系统的组织、人员、管理与运行,还包括财务信息系统的效益分析和实施计划。

进行财务集成管理信息系统的战略规划一般包含以下步骤:

1. 基本问题的确定

为了使企业财务工作能为企业的经营战略、经济活动决策提供高效的服务,使财务管理向高效化、开发型和精细化财务转化,必须深化财务管理体制,改善财务管理运行模式,强化会计核算、预算管理、资本运作的业务能力,明确财务信息系统规划的年限、规划的方法。

2. 收集初期信息

通过组织对现存的财务信息系统的调查,收集相关信息。

3. 现存状况的评价和识别计划约束

对收集的信息进行分析、评价。包括企业网络建设情况、硬件设备情况、财务软件应用情况、财务人才状况等情况,结合企业信息化战略要求,分析存在的问题。

4. 设置目标

基于对企业信息化发展趋势的展望以及对企业财务集成管理信息化需求的分析,针对财务信息系统建设现存的关键问题,确定财务集成管理信息系统建设的总体目标。例如某集团企业的财务信息系统目标是运用现代财务管理理论和先进的计算机、网络、通讯等信息技术,建立以资金流为主线、以预算控制为核心、财务与业务高度集成、系统内信息及时共享的分布集中式财务管理信息系统。并在此基础上针对企业情况细分具体的目标。

5. 进行规划

首先明确系统范围、系统开发路线,是对原有的信息系统进行改进、部分淘汰还是新购全新开发,并对不同的开发路线进行分析,系统部署模式是完全集中还是分布集中,管理要求是实时监控还是周期性监控等。通过了解财务集成管理信息系统建设目标、指导思想和前期分析,提出企业具体的财务信息化规划思路,系统各个层次的功能、集成关系,进而明确规划实施的每一阶段的时间安排、实施目标、实施具体工作内容。

6. 评估规划的投资预算

对规划的各时期的软硬件、实施费用进行预算,分析成本与效益关系。

7. 进行审核、评价

企业董事会或高层管理人员对规划进行审核,经过批准后才能生效。

第二节 财务集成管理信息系统的结构化分析流程

财务集成管理系统的开发与实施是从系统的详细调查开始,经过系统分析,了解目前财务系统的工作状况,以及用户对新的系统或拟改进的系统的要求,并根据企业财务信息化的规划,提出新系统的逻辑结构。

一、系统调查作业

确认使用者的需求是财务集成管理信息系统开发的逻辑起点。通过对目前的财务业务系统研究,找出它的作业流程的各项活动是如何工作的,以及需要进行哪些流程改进。需求是新系统必须包含的一个特征,即输出的信息能满足使用者的要求。由于作业不同,使用者不同,它包含接收数据、处理数据、产生各类信息、控制企业活动、支持管理决策的要求就有很大的差异。因此,需要研究现有的系统和收集有关系统的作业细节,对现有的系统进行详细的调查。

(一)系统调查流程

1. 了解基本的业务过程

从基本的财务业务过程开始,设计如下的一些问题,经过被调查者回答后能提供系统的主要细节和系统的描述的基本情况。

(1)这个业务流程活动的目的是什么?

(2)由哪些步骤来完成?

(3)需要哪些资源?

(4)在哪里完成?

(5)涉及哪些参与者,执行哪些作业?

(6)这个活动需要多长时间?

(7)是否经常发生?

(8)参与者需要什么信息?

(9)与其他业务流程有什么关联?

随着对财务业务流程调查的深入,分析人员就能全面了解所要开发的财务信息系统的环境状况,包括组织机构、管理体制、企业规模、人员分工、主要任务、人员素质、效率高低、现有计算机系统的应用情况、存在哪些问题等,现有系统中哪些操作方法或处理方法需要进行适当的修正,哪些必须予以摒弃。

2. 确定数据的使用与信息产生

在了解基本财务业务过程后,调查重点集中到数据的使用与信息的产生方面。在企业的财务业务活动过程中,伴随着物流、资金流的流动,信息流程需要记载这些活动形成的数据流并对其处理产生信息。因此,调查的主要对象是业务流程形成的信息活动过程,即数据输入、数据处理、信息输出。

(1)数据输入的调查。其目的是了解数据流是如何形成的,包括哪些数据项,是否能全面记录业务活动的细节。数据输入的调查分析主要包括:数据是否规范,不规范的数据需要哪些改进,数据格式是什么,主要有哪几类原始凭证,各类凭证的数据量多大。

(2)数据处理调查。数据处理实际上是由输入向输出的变换过程。数据处理的调查主要了解数据处理的目的是什么,要向哪些使用者提供信息,不同应用类别的信息采用哪些数据处理方法,数据处理的算法是否正确,例外的情况如何处理,从哪个数据源获得需要处理的数据,处理后数据又传到何处,具体数据的变换处理环节和每一处理环节的数据交接方式及交接过程。

(3)信息输出调查。每个活动过程的信息使用者有哪些人员组成,使用的目的,这些信息使用者能使用的访问数据权限,数据项目,数据的明细程度;现有系统能够输出的信息质量,使用者的满意度,存在哪些问题;不同的信息使用者要求的信息输出的各类输出的格式、性质和输出的内容。

3. 确定过程的时间限制和容量

企业各种财务活动的频繁程度不一,调查这类活动时间限制是识别活动的理由。活动是由什么动因触发的,例如企业一项销售活动是赊销业务,就会触发其后一项收款活动,而到企业规定的应收账款时间期限时,货款还没回笼,就需要触发催款活动。容量是在一定的时间内,业务活动出现的次数以及由此每次涉及的数据量。对过程的时间限制与容量的调查使分析人员能全面了解各个业务活动的业务量大小,处理时间。

4. 识别控制

在进行业务过程的调查时,还要特别关注流程中有哪些控制活动,控制的标准是什么,如何制定、是否合理,反馈的信息如何获取、是否实时与控制标准进行比较,由谁负责控制活动,出现差异后如何处理,是否有预警功能。

5. 识别用户的决策要求

在调查业务流程的基础上,通过对企业各相关管理层人员的访问,进一步明确系统使用者的决策活动类型,确定决策信息需求。调查的内容涉及做决策要使用什么信息,信息的来源是什么,哪些来自企业内部,哪些来自企业外部,如何处理数据产生决策需要的信息,这些信息如何传递到使用者。

(二)实地调查技术

1. 调查表

对于那些结构性强、指标含义明确并且有具体内容的调查,适合使用表格来调查。一般可利用目标调查表、组织机构调查表、任务调查表、文件类信息调查表、报表数据调查表。调查表通过问答形式把系统调查人员和使用者联系起来,它由问题和答案两部分组成,问题由主持调查工作的系统分析人员列出,答案主要由被调查单位的用户给出。它有以下优点:减轻被调查单位的工作负担,有关调查表格的填写,人员可以在工作的间隙去完成,而不必花费大量连续的时间;方便系统调查人员并能降低调查费用,系统调查人员可以通过信函的方式进行调查,而不必亲临被调查单位。一般地,在设计调查表时便考虑了各种情况,若问题提得全面、系统、准确,那么得到的结果必然也系统、准确。但它也有一定的缺点,用调查表进行调查,困难在于设计调查表的各种问题,若问题设计得不全面或不明确,那么得到的调查结果就不会令人满意。

2. 面谈

面谈是进行系统调查的最直接有效的方法。这是一种通过调查人员与被调查人员面对面的有目的的谈话获取所需资料的调查方法。一般有按纲问答法和自由畅谈法两种常用座谈方式。通过访问业务流程上的有关人员,获取现有系统的详细资料。面谈的优势在于可以与用户直接交流,这样分析人员能透过表象观察到一些具体的作业状况,了解到用户对日常的业务活动、管理活动的真实想法,以及他们对流程存在的问题和改进作业流程看法、新的信息系统的信息需求,使调查结果能得到真实、具体的反映。

为保证每次访问都能得到足够多的信息,系统调查者必须明确每次访问的目的和任务,做到有的放矢;选择比较合适的访问对象;善于引导;做好访问记录,并在调查过程中,结合面谈的内容,按照流程的活动顺序,查阅每一过程的各种各样的定性的和定量的文件,例如有关存货核算管理的各种入库单、出库单、材料明细台账、盘点报告等档案,访问完毕后加以归纳整理,使之文档化,最终形成一整套系统调查资料。

3. 开讨论会

财务集成管理信息系统开发不仅仅涉及财务部门,而且涉及与企业其他部门的业务往来。实务中的有些财务问题常牵涉众多的有关人员,通过开征询会、讨论会的方式往往能尽快弄清这些问题的来龙去脉,把握住问题的本质。在深度调查和征询业务人员、财务会计人员基础上,开讨论会的方法更起到相互沟通的作用,进而解决数据传递、信息需求与反馈的问题。

总之,各种调查方法都有其优点和局限性,制订好详细周全的调研计划后,要结合实际调查情况,就着手确定使用什么样的调研方法和工具开展调研、收集哪些方面的信息资料。

(三)系统调查过程的注意事项

(1)明确用户需求。系统调查过程需要投入大量人员和时间,整理大量的文字材料以反映访谈分析成果。分析过程中,参与访谈各方对系统需求的理解和讨论往往局限于企业生产或管理的某一局部,而且不同人群对同一个局部的理解也可能存在偏差。分析人员要对调查结果进行组织,将零散局部需求汇总为明确整体需求,并采取纠正偏差的有效方法和手段,以避免其结果出现遗漏、模糊和矛盾。

(2)调查过程要重点突出。在以往的调查分析中,对单系统功能点的分析较多、较细,对系统之间嵌套和流程的分析较少、较粗。但是财务集成管理信息系统并不仅仅是各个子信息系统需求分析的简单组合,它更强调的是整个系统的集成性与标准化,将信息集成作为调查的重点问题,使最终建立的信息系统能取得全局最优而不是局部最优。

(3)关注环境变化对财务集成管理信息系统的影响度。在财务信息系统集成需求分析过程中,往往以信息系统现实为蓝本,关注用户当前需求或系统的当前功能,少有考虑未来需求,更难以将未来需求及时、动态地融入需求分析的过程。造成信息系统集成需求在确认之时即为过时之日,无形中变成企业持续改进业务的阻力。

二、结构化系统分析

(一)结构化系统分析方法

在数据处理领域,"结构"一词最早是用于程序设计。结构的含义是指一组标准的准则和工具从事某些工作。

结构化分析方法(structured method)是强调开发方法的结构合理性以及所开发软件的结构合理性的软件开发方法。结构是指系统内各个组成要素之间的相互联系、相互作用的框架。结构化开发方法提出了一组提高软件结构合理性的准则,如分解与抽象、模块独立性、信息隐蔽等。针对软件生存周期各个不同的阶段,它有结构化分析(SA)、结构化设计(SD)和结构化程序设计(SP)等方法。

在系统分析阶段,结构化分析方法给出一组帮助系统分析人员产生功能规约的原理与技术。它一般利用图形表达用户需求,使用的手段主要有数据流图、数据字典、结构化语言、判定表以及判定树等。

应用结构化系统分析方法进行系统分析工作,它的主要核心思想是建立面向用户的观点,让用户共同参与系统分析过程,强调用户是整个信息系统开发的起源和最终归宿。即用户的参与程度和满意程度是系统成功的关键。并使用适当的分析工具作为媒介,尽量减少与用户交流时发生问题的可能性;在分析问题时,应首先站在整体的角度,将各项具体的业务和组织放到整体中加以考察。自顶向下分析设计:首先确保全局的正确,再一层层地深入考虑和处理局部的问题。在进行系统设计之前,建立一个系统的逻辑模型,把主要功能逐级分解成具体的、比较单一的功能。

由于采用"自顶向下"的分解方法,由粗到细,把一个复杂的系统逐层分解为尽可能独立的子系统、模块。这样不但对系统有一个整体的概念性印象,而且随着逐级向下扩展,对具体的、局部的组成部分也有深刻的印象。结构化分析强调系统的逻辑功能,而不是物理的实现方法,也就是强调这个系统能为用户做什么事。

结构化分析的步骤如下:分析当前的情况,设计新的逻辑系统,生成数据字典和处理的描述;建立人机接口,提出可供选择的目标系统物理模型的数据流程图;确定各种方案的成本和风险等级,据此对各种方案进行分析;选择一种方案;建立完整的需求规约。

(二)结构化分析的工具

结构化的系统分析工具主要有数据流程图、数据字典、处理逻辑的表达方法,包括结构语言、判断树、判断表等。这些工具可以帮助系统分析人员更好地从事系统分析工作,描述用户的信息需求和数据处理模式。

1. 数据流程图

数据流程图是描述系统逻辑模型的图形工具,只描述数据在系统中流动和处理的情况,不反映系统中的物理部件。系统分析的关键工作在于分解,分解是分析过程的核心。而数据流程图使用"数据流"、"文件"和"加工"、外部项等概念描述信息系统的各个处理环节之间信息的传递关系,从而直观地反映出该信息系统的各个组成部分和不同组成部分之间的相互关系。

数据流,其符号是"→",表示数据的流向。它由一组数据项组成,数据流必须与一个数据处理相连接,表示数据处理在接收或发送数据过程中给数据带来的变换。可以通过数据流将某个处理连接到其他数据,或连接到数据存储、数据接口。

加工(又称"处理逻辑"或"功能"),其符号是"○",它表示对流入的数据流进行加工处理,是将数据由一种形式转换成为另一种形式的某种活动。数据处理框架必须有数据的流入与流出。一个数据流程图中至少有一个"加工",任何一个"加工"至少有一个输入数据流和一个输出数据流。所做的处理可能是计算、分类、合并、检索等。

数据文件,其符号是"＝",表示数据存储的地方。它可以是一个文件,一张数据库表,也可以是文件或数据库表的一部分。

外部项,其符号是"□",即数据接口,是数据出入的源头或数据输出的终点,用来表示系统与外部环境的关系,可以将其理解为系统的服务对象。它们是所描述的系统原点和终点,它们向系统提供数据或享用会计信息系统的输出。

数据流程图是需求分析的传统工具,应用非常普遍。一个实际项目中,数据流程图可能非常多,为了反映系统的全貌,需要一张顶层的数据流程图,然后每个处理都可以细化成一张或多张的数据流程图。

2. 数据字典

数据字典是对系统中所有的数据项、数据流、数据存储的说明,对所有的数据流的数据元素、该数据流的来源以及去处等都要有详细的定义,用它来补充数据流程图的不足。在数据字典中,给出的严格的数据定义可以减少分析人员和用户的通讯,消除误解。数据流程图和数据字典配合使用,数据流程图的每个数据流和数据存储都应该是一个条目。

3. 结构化语言、判定树语判定表

高层的数据流程图概括地表达了系统的主要逻辑功能,自顶向下引出的系统的最小功能组成部分就是最低一层的数据流程图中的每一个处理逻辑。为了能有效描述每一个处理逻辑,必须有一个"说明",表达这个功能单元对数据流的转换路径、数据处理方法和处理步骤。

结构化语言是一种书写基本说明的语言,它使用的词汇有三类:简单的祈使句、判断语句、循环语句,专门用来描述一个功能单元的逻辑结构。如果某个动作的执行不是只依赖一个条件,而与若干个条件有关,那么这项策略就比较复杂,这时就可用"判断树"或"判断表"来描述,它们可以用图示或表格的方式指出每一个独立的条件,反映出每一个策略和这些条件的组合关系,用于表达逻辑处理功能。

第三节 企业财务集成管理信息系统的系统设计

一、系统的硬、软件资源选择

当系统分析人员在对企业现在运行的财务系统进行调查并结合未来的发展规划,进行系统的分析后,接下来的工作就是系统的设计。在系统设计阶段之前,需要进行系统开发技术与途径的选择。

系统的硬件资源选择就是决定需要购买什么样的计算机硬件以及软件来满足结构化分析中确定的信息需求。我们必须评估和选择技术基础架构(如客户/服务器、计算机网络)类型以及软件系统(系统软件、应用软件)和软件的开发方式。

首先需要评估企业技术平台上的硬件与系统软件资源是否能满足财务管理信息系统应用的需要,如果不能满足,那么就需要根据规划的要求、财务管理模式(集中或分散型)、数据量、并发用户数量、数据量的增长情况、日常交易和查询要求、网络拓扑结构、财务数据传递的安全性、数据存储容量的估算等情况,综合考察所需添置的系统的硬件与软件设备种类、型号和数量,如数据库服务器、应用服务器、数据仓库服务器、光纤交换机、操作系统、数据库、工作站、网络设备,使添置的计算机软硬件设备的技术指标能保障财务管理信息系统运行要求。

其次选择财务管理应用软件的开发模式。应用软件开发方式主要有自行组织开发和外购应用软件两种形式。自行组织开发是由多方组成的软件开发人员参与业务调研、业务流程优化与重组,并进行软件的开发与实施。自行组织开发的优点在于能从实际出发,充分考虑企业的自身业务需求,使新系统更具有针对性。这对于大型企业,管理核算有特殊要求,并配备一定的IT技术队伍,可采用第一种方式进行开发。第二种是外部获取应用软件。有两种选择,一是购买国外财务软件,另一种是购买国内软件。无论企业采用哪种购买方式,一定要关注软件商家的规模以及持续的可能性,具体是由谁来组织实施,今后的长期合作情况,购买的软件信息处理功能是否能满足企业的信息需求,以规避信息化的风险。一般来说,随着社会分工的细化,更多的企业采用

外购的形式获取应用软件。因此,为了规避信息化过程的风险,企业在外购应用软件时,应注意以下环节:

一是要选好软件供应商。选择商誉卓著、经营绩效良好、公司的研发能力和实施能力强大、经验丰富的公司。企业和软件供应商不能是"一锤子买卖",而要建立一种长期的合作伙伴关系,谋求企业与供应商的共同发展。企业与软件供应商保持同步发展,才能取得双赢的结果。

二是选择具有深厚的管理内涵、具备扩展性的财务应用软件。选择的产品能满足企业长期发展的需求,又能满足未来多样化的需求,质量要稳定,维护要容易。选择有强大的二次开发能力的软件提供商提供的系统。

三是选择拥有完善的售后服务机制,可提供满足其各种及各地需求的服务。但是,开发产品的能力与建立一个机制完善的售后服务团队的能力是不同的。因此,客户必须将软件公司是否拥有完善的售后服务机制作为选购条件之一。

二、系统设计、软件的编写与测试作业

信息系统的生命周期的长短、系统质量的高低,从设计的角度上分析,最主要在于系统开发人员对用户现实世界本质的理解,并将用户的需求变换到计算机世界中实现。而系统实现的关键在于从现实世界到概念世界再到计算机世界的变换过程的准确性,尽量减少变换过程中信息的丢失。对于采用自行开发或外购需要二次开发的财务应用软件,在进行系统分析后,接下来的工作就是进行系统的设计、软件编写与测试作业。

(一)总体设计

1. 结构化设计的特点

结构化设计的目标是将结构化的技术规范转化为可靠的、可维护的设计方案。结构化设计流程的主要工具是结构图,它是将系统分解成模块间、模块的层级以及模块间的通讯接口的工具。

总体设计是根据系统分析阶段的数据流程图和相关的文档资料,结合拟采用的系统开发工具特点,对系统逻辑模型中的加工加以转化,设计不同的功能模块完成数据流程图中各类数据处理任务,定义模块的功能和相互之间的数据传递关系、控制关系,形成系统结构图。描述各模块涉及的文件结构及其存储策略,进行数据库设计。编制总体设计说明书(亦称概要设计说明书),然后进行总体设计复查,如果总体设计符合要求,覆盖了用户需求说明书的全部功能,则进入下一阶段,否则要修改总体设计方案。

2. 面向对象的设计特点

面向对象的开发方法是一种建立在对现实世界理解基础上的新的软件开发思维方式。在开发过程中,它强调的是系统开发真正关键的是来自对前端的概念的理解而不是后端的实现。只有当应用域的固有的概念被识别、理解并构造清楚了,才能有效地设计系统的数据结构和要实现的功能。

如果采用面向对象的设计方法,在设计阶段,系统开发人员强调的是围绕对象而不是围绕功能构造系统,因为面向对象模型较直接地与客观世界相对应,当需要对系统进行改变时,面向对象的模型具有较好的灵活性。

面向对象的分析与设计方法同 SA/SD 的差别是风格和重点的不同,它是客观世界的对象或围绕用户对客观世界的映象组成系统,需求中大部分的变化是针对功能的变化而不是针对对象,这只需要修改或增加一些操作就可以,其对象的基本结构并不发生变化。

(1) 对象模型的建立

对象建模的第一步就是确定财务管理信息系统中的对象。系统开发人员通过对现有系统的调查与用户进行讨论,找出客观世界中开发人员将要涉及的实体。这些实体存在于系统内部以及同系统接触的边界处。在对象模型的建立过程中,要对这些实体进行分析从而确定系统中的对象,关于这些对象的信息来源主要是用户与系统分析人员对问题的陈述和应用领域的专业知识、客观世界的一般性知识。

对象的描述是通过它的属性值来体现,每一对象都具有唯一的标识以区别不同的对象。系统开发人员通过对象所具有的属性来定义对象的静态结构,它描述了对象的内部数据结构。具有相同属性的对象集合就构成了类的概念,其中每一对象具有唯一的标识以区别不同的对象,这些唯一的标识是通过对象的关键属性的不同的关键属性值来表达。

(2) 对象动态模型

对象模型描述的是系统的对象、属性、连接系统性质的所有可能的模式,对象所具有的属性值及连接称为它们的状态。各对象之间相互触发就形成一系列的状态变化。一个触发行为称为一个事件,对事件的响应取决于接受该触发对象的状态,响应包括状态的改变或形成一个新触发。对象动态模型的建立是从另一个角度来描述系统中对象的行为,它是对象静态模型的一种补充和完善。

事件发生时系统应做出何种反应是通过脚本来描述的。脚本的内容表达管理人员对这个问题的处理程序,在脚本的处理动作中,它可能会触发其他的事件,来进行对象之间的信息传递,从而完成对系统中对象的操作。

在对系统进行对象建模时,系统分析人员最好认真地挑出用户可能触发的事件。事件可以被任何动作触发,事件本身不关心是什么动作触发,它只需要作出反应,用户的操作被对象以事件的形式捕捉,并通过脚本进行处理。

(3)对象的功能模型

对象的功能模型描述系统中数据的变换过程。它用系统中信息的流动过程来说明系统的管理人员对系统中各个对象的操作流程。功能模型表明了值之间的依赖关系。引用传统的结构化系统分析中数据流程图的方法作为面向对象的建模方法的补充可以从时间轴上考查管理人员对系统中各对象操作的时序,它是从信息流动方向,通过功能模块的变换处理来实现。

(二)详细设计与实现

总体设计给出了一个财务管理信息系统的功能结构和相关数据的物理结构,而详细设计则是对每一功能模块进行细化设计。在设计过程中,需要考虑所采用的开发工具、所支持的开发类型,如 Power Builder 就是一个面向对象的,用于客户机/服务器的应用开发集成工具,利用类(class)、对象(object)、数据封装(data encapsulation)等概念及面向对象语言的继承性、多态性等特性进行程序的编制和调试。

在系统详细设计与实现过程中,需要结合用户的实际情况,关注以下的作业。

1. 代码设计

代码从形式上讲,是一些数字、字母的组合;从本质上讲,它是客观实体或其属性的代表。所谓代码,是按照使用目的,为了对数据进行识别、分类、排序、计算等操作所使用的数字、文字或符号。

代码设计时应遵循下列基本原则:

(1)科学化原则。代码的层次和顺序应当有一定的逻辑规律,能满足用户不同功能需要,并与信息资料的分类相适应,以结构上能与处理的方法相一致。同时结构要清晰,易记易用。

(2)标准化原则。代码的结构、类型、编写格式必须统一,代码应尽可能采用国际标准、国家标准、各行业颁布的标准代码,以便日后信息的交换和维护。

(3)唯一性原则。每一个代码对其所代表的实体,必须具有唯一性,或者说每一个信息资料仅有一个代码,而每一个代码只代表一个信息资料。

(4)可扩充性原则。确定后的代码应对环境变化有一定的适应性,当外界环境发生变更时,在不改变原代码体系的条件下,应便于追加代码或减少代码,以便适应不断扩充的需要。

(5)实用性原则。代码要适应会计核算的需要,同时在其他要求都满足的前提下,代码长度应尽量简短、含义应尽可能丰富,以方便用户使用。

代码的种类包括:

(1)顺序编码。编码对象按顺序排列进行编号;顺序码比较直观,适用于时序排列、相对稳定、数据量不大的事物;它易于增补,但不适用于分组分类。

(2)分组编码。将编码对象按数字顺序分组,以此来表示不同项目的区别;组码能用较少的位数表示较多的信息,它易于增补,但位数有限。例如,一级科目中表示会计科目的性质,可用组码法。

(3)层次码。这种方法是将所编代码分成若干段,每一段包括固定的位数且规定一个特定的含义;这种编码易于为程序识别、校验、分类和合并,但位数较长,不便于记忆。会计科目中的二级、三级科目的分类,可用这种编码方法。例如,某单位原材料分三级核算,则:

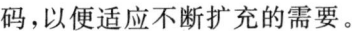

    层次码代码对象
1211 01 30 原材料－钢材－Φ30mm 圆钢

最后编制代码信息说明书,形成一个标准化的文件,以说明财务管理信息系统中各种代码的名称、编码方式、代码位数、代码适用范围以及代码构成意义的文书资料。既作为设计与软件编程考虑的重要因素,也作为实施的依据。

(二)输入设计

输入设计关系到财务集成管理信息系统数据输入端的质量。它不仅会影响到系统操作人员的工作便利性,而且影响系统输入数据的准确性以及其后的一系列数据处理、数据输出的正确性。因此在进行输入设计时,要与系统的使用人员进行充分的沟通,对需要输入的数据源进行分析,在数据输入窗口或数据获取的功能模块中添加数据输入端的控制与数据校验与检测功能,尽可能保障输入数据的正确性。

要保证输入数据的正确,除尽量减少输入项目外,还应采用各种校验方法,防止差错的产生。

校验数据的方法很多,常见的有:

1. 静态校验

静态校验又叫目测法,是通过观察刚输入的数据的屏幕显示与人工凭证上的数据是否一致,从而达到发现错误的目的。由于长时间的目测,会引起疲劳,因而其有效率受到一定的限制。

2. 重复校验

重复校验也称两次输入校验法,就是将相同的一张(或一批)数据由不同的人员分别输入两次,或由同一人员在不同的时间段内分别输入两次,由计算机系统自动将两次输入的数据进行比较。只有两次输入的内容完全一致,系统才能进入下一步处理,否则,把错误之处显示出来,直到校验一致后为止。

3. 界限校验

界限校验是通过限定某项数据接受值的范围(数值范围或逻辑范围),来发现输入错误。例如月份的最大日期是31,大于31显然是错误的日期值,这就是利用这种逻辑关系进行数据正确性的验证。

4. 平衡校验

平衡校验法是利用一些会计法则和会计原理来进行数据的校验,例如借贷记账法的记账规则是"有借必有贷,借贷必相等",如用户在输入某一张凭证时,在确认该张凭证时,应由系统自动对其进行平衡校对,若发现借方金额(合计)与贷方金额(合计)不相等,则出现输入错误的有关信息。这种校验方法,从平衡角度考虑可以说是万无一失的。

5. 总量校验

总量校验是在输入数据后,根据业务的逻辑关系与数据传递规则,将系统计算出来的该项目的总量值与它的合计值进行比较,以判断输入的数据是否正确的一种方法。例如期末固定资产系统的明细的数据汇总后与账务系统中总账有关固定资产账户的数据进行比较。

(三)输出设计

财务管理信息系统开发的一个重要任务是准确、及时地输出各种财务会计信息,需要对输出的有关问题作出明确的规定,即进行输出设计。它是系统的出口,是财务信息系统功能的具体体现。

在进行输出设计时,系统设计人员要仔细阅读在系统分析阶段所形成的数据流程图等文档资料,详细了解财务系统的业务流程,以及它与其他业务系统的数据连接关系,使用者的类型、访问权限、数据输出的格式、输出数据的详细程度、访问时间要求、所使用的查询工具,使设计的输出端口运行速度更快、效率更高,满足使用者的信息需求。

第四节 企业财务集成管理信息系统具体实施流程

一、实施过程的作业内容

企业财务集成管理信息系统开发方式无论是自行组织开发或外购应用软件,通常一个成功的项目实施过程包含项目规划、方案设计、系统建设、切换准备、系统切换、持续支持这六个阶段。在每个阶段都有明确的目标和任务,同时还包括达到目标、完成任务的工具和模板。通过对每个阶段的质量控制,最后实现整个项目的成功。在实施的每个阶段,主要包含以下作业内容:

项目规划阶段:主要完成项目小组的组建、实施主计划的制订和项目启动会的召开;

方案设计阶段:主要负责系统安装、系统培训、业务调研和应用方案设计;

系统建设阶段:包括实施方案设计、二次开发、数据准备和系统测试工作;

切换准备阶段:负责手册编写、制度建设、最终用户培训和权限设置;

系统切换阶段:进行系统上线和上线支持;

持续支持阶段:进行项目总结、验收和持续支持。

二、项目的实施

根据财务信息系统的规划与目标,编制各个时期的实施计划。例如某集团企业的实施计划如表 14-1。

表 14-1 企业财务集成管理信息系统的实施计划

阶段	实施任务
第一期 (2008 年 3 月—2008 年 6 月)	资金管理的实施
	合并报表、产权管理的实施
	财务业务一体化的基础模块的实施
	财务与营销一体化的实施
	财务与项目管理一体化的实施

续表

阶段	实施任务
第二期 (2009年7月—2009年6月)	财务与设备管理一体化的实施
	财务与调度管理一体化的实施
	财务与人力资源管理一体化的实施
	全面预算管理
	企业财务分析、评价与绩效考核系统

在实施的第一期,主要任务是做好编码标准化、功能规范化等项目前期准备工作,并全面推进集团公司及各级下属成员单位财务业务层子系统的建设工作,为后续预算与控制、分析及决策层子系统的建设提供及时、准确、有效的数据来源。

制定集团公司、成员单位财务管理信息系统建设的具体实施方案,完善《财务管理信息系统基本功能规范》等制度;制定《财务管理信息系统的基础数据规范》,从财务管理精细化、高效化需求出发,构建以资金流为主的会计核算体系。

依托集团企业管理信息化平台,实现财务与业务一体化,提高核心业务的经营水平。全面实施集团资金集中管理系统建设,实现资金的集中监控,进行资金流量的预测,为集团公司资金调拨和筹措提供依据。实施合并报表系统,实现报表数据的自动采集和及时汇总合并。

在实施的第二期,夯实财务业务一体化工作,推进全面预算管理系统和绩效管理系统的建设,构建集团公司控制体系,优化集团的分析决策模型,形成内外部结合的决策分析体系。

三、项目实施的组织建设

1. 项目领导小组

项目领导小组通常由双方的高层战略决策人员代表组成,负责决策整个项目建设过程中发生的重大问题,并协调项目组外部各相关资源共同为本项目服务。领导小组由总经理、总会计师等人员组成,主要职责是研究审定财务管理信息系统中长期规划、财务管理信息系统建设方案,协调解决财务管理信息系统建设中的重大问题。

2. 项目经理组

项目经理组由双方的项目经理人员组成,负责协调项目建设过程中双方的日常问题，及项目的具体管理、商务沟通。作为常设机构的工作小组，负责建设企业财务管理信息系统，并指导成员单位进行财务管理信息系统建设。工作小组由财务部牵头组成，其他相关业务部门积极派人参与。工作小组应设置专门岗位，指定每个参加人员的工作职责，如：设立财务管理信息化主管岗位，全面负责企业财务管理信息化工作。

3. 项目实施组

项目实施组由项目协调人员、信息技术人员、业务需求人员、验收人员、运维管理人员组成，负责项目的具体实施工作。项目实施组的主要职责是依照批复的《财务管理信息系统实施方案》和有关合同安排财务管理信息系统建设，定期向项目经理组提交进度报告，按要求接受项目经理组的验收、检查。

4. 项目监理

成立监理组或者是第三方的项目监理，对项目提供监理，重点对项目实施过程中的里程碑进行审查和测试，保证项目总体质量、时间进度和投资成本。形成企业财务管理信息化项目监理工作建议书。并对整个项目的总体规划、业务咨询、项目管理、风险管理等提供建议。

四、项目实施过程的组织

1. 组织保证

为了保障系统的健康、稳定运行，并不断提高财务管理信息化水平，必须要有一个具有完善的知识结构的团队来支撑财务集成管理信息化建设、日常维护、价值提升等。建议在财务部成立一个由既懂财务又懂IT技术的复合型人才组成的管理组织，设立财务信息主管岗位，负责管理财务信息化工作。

该管理组织的主要职责是：

(1) 从事财务系统的建设，协助软件厂商将财务人员的业务需求转化为IT软件需求；

(2) 参与财务管理信息系统的建设、实施、维护等工作，成为企业财务管理信息系统的内部支持体系；

(3) 参与企业IT发展规划的制定工作，深刻了解企业IT发展策略；

(4) 参与其他部门的信息化建设，对其他部门的应用系统提出建议；

(5) 负责与其他部门的财务信息沟通，将业务与财务需求进行紧密结合，在系统建设阶段就考虑好系统集成的问题；

(6) 维护财务管理信息系统的应用。

这种组织方式既能让组织成员参与财务管理工作，真实了解财务管理信息化需求,又可以了解公司 IT 发展规划,提升 IT 技能,使他们能够在公司整体 IT 发展规划的要求下指导财务部门后续的信息化建设。

2. 制度与文化建设

除了建立一个相应的财务信息化管理组织之外,还应加强制度和企业文化的建设,编写并发布有关《企业财务管理信息化管理制度》,从体系和制度上明确各组织的职责和权利,利用日常规范影响员工行为。通过财务管理信息化的实施作业,将现代化管理的理念渗透到每一个关键环节,对员工给予指导、督促、鼓励、考核,影响员工,带动员工,督促员工,共同营造一种信息化文化氛围。

3. 完善岗位职能

组织、制度和企业文化的建设是财务管理信息系统实施后组织保障工作的基础,而财务部 IT 人员素质的提升和岗位职能的明确才能将保障工作落到实处。因此,在企业财务部门,结合信息化实施,可以设置如下岗位:

(1)信息主管岗:具有多年的财务管理信息系统建设经验,能根据企业 IT 总体战略进行财务管理信息系统规划;拥有较强的管理能力和组织协调能力;有很强的沟通交流能力,与其他业务部门关系友好。负责组织的管理、人员的协调、财务信息系统的规划,以及与其他部门的工作沟通。

(2)基础数据规范岗:具有深厚的信息技术背景和经验,能规划和选择满足财务现在和未来需求的信息系统技术架构。主要负责信息技术管理规范制定、项目规划和管理、系统用户权限管理、基础数据规划和管理。

(3)业务优化岗:具有深厚的业务背景和经验,能优化现有财务管理流程,规划满足未来需求的财务管理流程,能分析、优化具体业务需求,指导软件供应商实现功能。主要涉及应用需求分析、系统参数设置与调整、业务流程优化调整、与财务人员和开发人员的需求沟通。

(4)运营维护岗:熟悉应用软件操作及电脑日常维护,能处理基本的电脑操作问题;熟悉网络知识,能处理基本的网络故障;熟悉信息安全知识,能处理基本的安全问题,完成应用服务支持、内部服务支持热线、服务意见反馈和需求收集。

4. 人员培训

职能转变必然会对财务人员的素质提出更高的要求,需要经过系统的培训,提高他们各自的管理技能、实施技能和技术技能,建立培训与考核、任职、定级、晋升职务挂钩机制,达到财务信息化对人员素质的要求,使财务信息系统达到人机融合的状态,在企业的价值创造过程中发挥重要的作用。

第15章

企业财务集成管理信息系统内部控制

第一节 IT治理与财务管理信息系统的内部控制策略

一、财务信息化的风险分析

1. 环境风险

企业财务信息化的环境风险是指企业财务集成管理信息系统实施或运行时,由于内外部环境的变化而导致财务集成管理信息系统未达到预期目标进而招致失败的可能性。

具体表现为:企业财务管理软件产品蕴含不符合当前宏观环境运行要求的应用模块,与政府的政策、法律、法规或行业的要求相抵触;经营环境恶化使企业经营出现大面积滑坡,企业难以筹集足够的资金继续投入管理信息化的建设,使前期的工作半途而废;企业因外部市场竞争环境变化,重新调整战略规划、内部组织结构、业务处理流程,而原先花巨资构建的企业财务软件系统刚性强,不能适应新的经营环境,致使原有投资付诸东流。

2. 决策风险

企业财务管理信息化的决策风险主要指选择管理软件或软件供应商的失误而造成系统实施的失败。引发决策风险的原因在于企业决策层未能结合企业实际状况,充分客观地进行项目可行性分析,选择适合企业的财务管理信息化解决方案。一些软件供应商为了能得到企业的订单,在给客户介绍软件产品时,往往夸张自己的实力和软件的功能,甚至以次充好。而一部分企业的领导不清楚自己企业的信息化目标,缺乏全面评估软件适应性的经验。对财务管理软件的选型与软件供应商的选择容易受到商家的诱导,致使所选购的软件质量存在缺陷,软件功能不适合企业的实际需求,软件公司的实力不足,缺乏企业财务管理信息化建设的运驾能力,致使信息系统实施出现问题。

3. 实施风险

实施风险是指企业在实施财务管理软件过程中由于组织失误导致项目不能按计划完成、成本超过原有的预算、软件的运行质量不能达到理想要求。引发实施风险的一个原因是项目没得到企业相关部门、员工的理解与配合,致使项目进程的组织遇到障碍。一般来说,业务部门的主管人员会认为企业计算机应用是一项技术性十分强的工作,应由企业信息部的专业人员和软件开发商负责,业务部门只管使用就行了,往往将自己处于旁观者位置,却不知计算机技术应用仅是企业财务管理信息化的一部分内容,核心是财务管理软件所蕴含的先进的管理思想与方法能否得到有效应用。

4. 运行风险

企业财务管理信息化的运行风险包括营运风险、授权风险、信息风险、系统安全风险。

(1)营运风险:在企业财务集成管理信息化环境下,信息处理流程集成一体化,任何一个环节出现问题都将影响整个系统的后续运行和信息输出的质量,这是与部门级的计算机应用的根本区别。财务集成管理软件运行过程中,如果管理人员、业务人员对新的业务流程的本质了解不透彻,没有做好管理思想转变的准备工作,很难有效操作财务管理软件,这些将直接影响信息系统的数据处理流程连续性和工作质量,最终将出现管理混乱状况。

(2)授权风险:在新系统运行后,原有手工信息处理方式下所设置的岗位分离、相互牵制、授权控制的制度与控制方法在新的运行环境下将发生变化,有些功能会丧失作用,如果没能及时建立一套与新的信息系统运行环境相配套的内部控制制度,由于数据存储的集中性,数据修改的便捷性和不留痕迹,可能给内部人员舞弊提供机会,造成企业资产损失。

(3)信息风险:信息风险产生于企业的管理软件开发未经过严密的可靠测试,数据结构、程序结构隐含的问题会在后期系统运行中被触发,从而产生诸如计算结果错误等问题。由于企业财务信息化使得业务处理与财务处理、计划管理、过程控制融为一体,失真的数据在流经各流程后被不断加工处理,错误被不断放大,影响输出报表真实性,误导信息使用者经营决策与过程控制。

(4)系统安全的风险:在企业管理信息化条件下,企业所有的数据都将以电子数据形式集中存储在计算机数据库系统中,在信息化后企业许多经营活动依赖于计算机系统,可以说离开了计算机企业系统就很难正常运行。企业管理信息化安全风险主要由两方面引起:一是技术因素。如网络系统本身存在的安全脆弱性,软件系统内部缺陷没被测试出来。二是管理因素。组织内部没有建立相应的信息安全管理制度,使用人员操作缺乏操作规范,无控制标准与安全防范标准,如操作人员可以随意下载程序和数据文件,在工作站上安装非正规渠道获得的各类软件。

二、IT 治理与企业内部控制

1. IT 治理

IT 治理即信息技术治理。国际信息系统审计与控制协会(ISACA)给 IT 治理的定义如下:IT 治理是一个由关系和过程所构成的体制,用于指导和控制企业达成其目标,主要通过平衡 IT 过程的风险和回报,增加企业价值,实现企业目标。

IT 治理并不是简单的控制信息系统的风险,它包括:信息系统、技术、通讯、商业、所有利益相关者、合法性和公司治理所关心的其他问题等。IT 治理必须与企业战略目标一致,合理利用企业的信息资源,有效地集成与协调,同时指导和控制 IT 投资、机遇、利益、风险,使企业风险透明化。IT 治理是企业战略规划的重要组成部分,将影响企业的战略竞争。IT 治理是一种治理机制,而且 IT 治理将信息系统制度化、一体化,确保了企业目标在企业信息资源的支持下得以实现。如此,IT 治理就能够促使企业把握机遇,赢得竞争优势。

2. 企业内部控制

企业内部控制是由公司董事会、管理层,以及其他员工实施的,旨在为实现经营活动的效率和效果、财务报告的可靠、相关法律法规的遵循等目标而提供合理保证的过程。COSO 委员会在报告《内部控制——整体框架》中指出,内部控制由控制环境、风险评估、控制活动、信息与沟通、监督等五个要素构成。安然丑闻之后,2002 年 7 月 30 日美国总统布什为了加强公司治理、重建投资者的信心,签发了萨班斯法案,该法案从根本上改变了企业的经营环境和法律环境。《SOX 法案》第 404 条款引用了 COSO 内部控制框架,补充要求 CEO 和 CFO 签字声明对建立和维护内部控制系统负有职责,并且要对控制体系及其有效性进行评价,并要求外部审计师对此声明进行审计并出具意见。SOX404 是对公司内部控制有效性进行审核的专业标准,其目的在于通过加强内部控制,改进公司治理状况,最终加强公司的责任。其具体内容包括:

上市公司管理层签字声明对建立和维护财务报告相关的内部控制系统及其程序的充分有效负责;

在年报中对截至最近会计年度结束公司内部控制系统及控制程序的有效性作出书面评价;

外部审计师应就管理层关于内部控制的评价进行核证并提交报告,核证要遵循 PCAOB 发布的标准进行。

为了积极响应 SOX 法案,COSO 委员会颁布了最新报告《企业风险管理——整合框架》,该风险管理框架拓展了原框架的五个要素,形成了八个要素:内部环境、目标设定、事件识别、风险评估、风险回应、控制活动、信息和沟通、监督。尽管信息化环境下,企业风险管理框架影响着企业内部控制因素,表现出新特征,但内部控制要素的重心仍表现在控制环境、风险评估、控制活动、信息和沟通、监督等方面,并未发生实质性的变化。

3. IT 治理与内部控制

在美国次贷危机席卷全球的同时,2008 年 1 月 24 日,担任世界最大衍生交易市场领导角色的法国兴业银行(以下简称法兴银行)曝光一起令全球金融业关注的违规事件,由于旗下一名交易员热罗姆·盖维耶尔违规交易股指期货,给法兴银行带来了 49 亿欧元的巨额亏损。这样一家金融机构的佼佼者,却因为一名交易员违规操作,栽在了股指期货以及与此相关的风险控制问题上。交易员盖维耶尔近一年时间的违规操作,却还轻而易举骗过了该行的安保系统,内控机制形同虚设,其安全警报响应迟钝,导致内控机制失灵,最终酿成大祸。

综上所述,之所以会发生法国兴业银行这一事件,究其根源就是企业内部存在广泛的风险。随着信息技术的发展,IT 技术已经深入到企业的各个环节,利用 IT 技术能尽量减少内部控制业务系统人为因素的影响,因此要谈内部控制,就离不开 IT 治理。企业要尽可能地减少风险为其带来的危害,就必须建立一套完善的企业风险管理系统,而 IT 环境下,IT 风险控制成为内部控制的重要内容。IT 治理与内部控制分别从技术层面和制度层面来控制企业风险,实现企业的战略目标。IT 治理侧重于控制 IT 风险,利用 IT 活动合理使用 IT 资源,推动业务发展,促使企业收益最大化。内部控制以风险为导向侧重于控制企业整体风险。可见,IT 治理与内部控制具有相同的业务目标。企业要建立有效的内部控制制度,就必须对 IT 治理下工夫,通过 IT 治理把技术充分地融入制度中,弥补内部控制在执行方面的不足。

现代企业制度离不开企业的内部控制制度,企业内部控制制度包括两大类:内部管理控制制度和内部会计控制制度。企业在引入 ERP 系统后,内部控制除了上述内部管理控制制度和内部会计控制制度外,还增加了 IT 控制制度,由于 ERP 系统中 IT 技术已经渗透到系统的各个领域,因此,IT 控制必须结合管理控制与会计控制,充分考虑 IT 环境的影响,不断提升企业内部控制。信息化的发展极大地影响了企业的内部控制,给企业内部控制制度提出了新的挑战。因此,内部控制制度的进一步完善是十分必要的,企业只有利用有效的内部控制制度进一步完善企业管理,才能为企业创造效益。

三、财务集成管理信息系统的内部控制策略

综合考虑内部控制要素的新特点,对财务集成管理信息系统的内部控制需要从组织控制、流程控制、信息系统控制三方面重点关注,制定对应设计策略。

1. 组织控制设计策略

组织控制是为实现组织的目标而进行的组织结构设计、权责安排和制度设计。在信息技术环境下,流程决定企业组织结构。因此,组织结构设计应以产出为中心,结合企业价值创造流程特点、信息化程度、人员素质、风险类型与大小进行全盘考虑。围绕产出目标,重新审视原先组织的职能界限与任务划分,尽可能将跨越不同职能部门由不同专业人员完成的工作环节集合起来,形成适应流程管理与控制的企业组织结构。使企业组织设计能保障决策点、控制点位于工作执行地方,能将信息处理工作纳入产生这些信息的实际工作中,并与员工信息的使用权、决策权相匹配,与切合流程职位的控制信息需求和成功运用这些信息相匹配。

组织控制设计的一项重要任务是权责分派与不相容职务分离。传统设计方法建立在执行者、监控者、决策者分离基础上,并通过层层授权与审批手续来监督员工作业。在信息技术应用条件下,企业组织的权责范围遵循以流程为核心原则。在这些流程层面上重新定义企业各部门在业务流程中的职责以及它们之间的协调关系。然后再进一步将这些流程分解为一系列相关作业集合,并结合业务的信息化程度来定义企业作业岗位以及对应的岗位责任制度。作业岗位权责分派应体现以人为本,岗位职责的授权、绩效评估考核等控制设计应能最大限度发挥每个员工的主观能动性和潜能。不相容职务分离设计应结合重组后的业务特点和人机系统的控制功能,通过计算机应用软件功能使用权限设置、应用软件的作业流程逻辑顺序的设置、业务控制参数的设置,充分发挥计算机系统内部监控能力,实现信息化环境下业务流程不相容职务分

离的制度安排。

组织控制的制度设计要充分考虑信息技术在公司治理中的作用,对内,使信息系统与企业的岗位职责、内部牵制、责任中心控制、预算控制、企业财产管理控制、业绩评价等控制制度融合为一体,保障资产安全、会计信息真实、效益提高;对外,建立企业门户,通过推拉式服务加强与外部利益相关者的联系。通过信息在组织内外的传递,改善企业监督体系与公司治理结构。

2. 流程控制设计策略

以往企业内部控制主要侧重于事后控制,即通过期末财务报告的检查或审计来识别业务错误或舞弊。信息技术使企业业务流程与信息流程融合在一起,并与企业上下游建立密切联系,业务流程控制与信息流程控制成为企业内部控制系统设计的重要内容。控制重心也从适时控制向事前控制、实时控制转移,控制的顺序以预防为主,其次是检查、纠正错误和舞弊。因此,在企业流程控制的设计中,专业人员的首要任务是熟悉企业业务过程和信息过程以及它们之间的联系,并针对组织内部控制目标的要求,对业务流程和信息流程的各类风险进行评估,确定风险重要程度。接下来为业务过程和信息过程制定规则和程序,作为控制策略的一部分,具体的规则依赖于企业各种因素,如环境、组织规模、使用技术、员工素质等。并在此基础上建立企业作业的预算制度、作业操作制度、业绩评价制度、供应链绩效评价制度。然后依据风险的重要程度确定业务流程与信息流程的关键控制点,建立控制模型,设定控制参数与控制程序,并将其嵌入到信息系统中,形成人机结合、业务活动与信息处理集合的内部控制系统。这样在企业经营过程中,信息系统就能动态跟踪业务活动的信息,自动监控这些活动所产生的数据是否在控制范围内,预测发展趋势,实时输出预警信号。组织成员也能依据这些作业点的反馈信号及时制定正确决策,有效控制企业经营活动过程。

3. 信息系统控制设计策略

信息系统控制包括信息系统建设的过程和使用过程的控制。对企业而言,信息系统的建设涉及大量的投资,而且信息系统的质量关系到企业经营活动的效益,信息系统的风险控制成为企业所有者与管理者日益关注的重要问题。因此,在信息系统建设过程中,为保证信息系统开发质量,规避信息系统建设风险,具体控制设计策略包括认真进行系统开发前期的可行性研究,加强对开发商的资质验证,对其已开发的项目进行调查分析,通过公开招标、答辩等方式选择适合企业营运环境的计算机信息系统软、硬件与开发商。在项目实施过程中,加强对IT项目管理,完善信息系统实施的组织工作,明确人员分工安排以及在项目实施各阶段所承担的责任,建立严密进度控制、质量控制机制、验收程序和第三方的监理和审计控制,保障信息系统质量。

信息系统使用过程控制设计包括操作权限与操作规程控制设计、信息安全与数据处理流程控制设计。操作权限控制是指作业岗位的人员只能按照所授予的权限进行计算机作业。设计策略主要包括通过对系统资源进行分类管理,员工作业权限程序化方式,在计算机系统定义用户具体访问对象,限制超越权限的非法接触和访问。操作规程控制是指系统操作必须遵循一定的标准操作规程进行。主要通过制定软硬件操作规程、作业运行规程,规范计算机用户的操作行为。信息安全控制包括数据和程序安全控制和网络安全控制。通过数据保密、访问控制、身份识别、数据备份等措施保障计算机信息资源的安全。数据处理流程控制设计包括数据输入、处理、输出控制。例如在计算机系统的数据输入窗口设置各类有效的检测方法,最大限度减少操作人员在数据输入过程出错的可能性,保障未经批准的业务不能输入计算机内;进行严格的系统测试,纠正隐含在软件内程序处理逻辑错误与计算错误;检测计算机系统输出的数据是否合理,能否符合钩稽关系等,提高计算机数据处理质量。

第二节 企业财务集成管理信息系统控制: 一般控制

一、组织控制

(一)信息部门与用户部门的职责分工

组织控制的一项任务就是要对不兼容的作业进行分工。所谓不兼容的作业是指交易的核准、交易的执行、交易的记录与资产的保管应加以分工。在信息化的企业中,通常企业信息部门组织信息系统的开发建设与维护工作,企业的业务部门与财务部门则应用计算机进行日常的业务信息处理与会计核算工作。信息部门的主要工作是提供相关的信息技术服务,它不涉及业务的初始阶段和业务的授权。这样当一个人既负责信息系统的维护工作又负责业务交易或业务信息处理工作,企业将面临舞弊和过失的风险。因为在此情况下,信息部门的职员有机会造假而不留痕迹。因此,要对信息部门与用户部门的职责进行分工,最重要的是区分计算机操作与程序编写或维护的工作。这两种工作彼此间不兼容且不应合并,杜绝既是企业软件的开发维护人员又是业务或财务信息系统操作人员的双重身份。对应用系统的程序功能、应用系统的操作会用到数据库中哪些数据文件以及它们的数据结构以及程序如何运作有了解的人,如信息中心的系统分析师、应用程序设计师不能作为业务系统或财务系统的操作人员。

(二)业务授权与访问控制

所有计算机系统处理的业务都应进行授权管理。要达到这个目的,就需要在业务的筹划、执行和计算机处理审核之间明确责任。只有这样才能保证检测出未经授权的业务。在企业中,对每一个有权向计算机提交业务的人都应列入权限管理控制范围,核定这些人的授权批准的业务类型和业务数量,在信息系统中定义他们的操作权限。对于由计算机系统生成的业务,在提交计算机处理之前要通过审核和批准。

对日常计算机系统的操作访问的管理控制可采取以下措施:

1. 加强计算机应用系统的人员操作管理

人作为计算机应用系统的主体,人员操作管理的重点是权限控制。系统管理员主要负责系统硬、软件的管理维护和网络资源分配,监控网络运行;按照主管人员要求,对各岗位分配权限,对数据的安全保密负责。操作人员应按照被授予的权限严格限制,不得越权接触系统。

2. 建立计算机资源访问授权和身份认证制度

建立计算机资源授权制度,明确每个用户的安全级别和身份标识,并分别定义具体的访问对象。

3. 日志审计制度和上机操作规程

对运行系统的事件类型、用户身份、操作时间、系统参数和状态以及系统敏感资源进行实时监视和记录,并对日志文件定期进行安全检查和评估。制定上机操作规程,主要包括软硬件操作规程、作业运行规程和用机时间记录规程等。

4. 存取控制

对系统资源进行分类管理,并根据用户级别,限制系统资源的共享和流动。

5. 特权管理

由于超级用户具有操作和管理系统全部资源的特权,因此,其特权一旦被盗用,将给系统造成重大危害。特权管理是使系统由若干个管理员和操作员共同管理系统,使其具有完成其任务的最少特权,并相互制约,以提高系统安全可靠性。

6. 建立安全稽核机制

对系统操作的事件类型、用户身份、操作时间、系统参数和状态以及系统敏感资源进行实时监控和记录,进行必要的权限设置,以便能够对各种不同的权限进行用户识别和远程请求识别。

7. 设置安全检测预警系统

即实时寻找具有网络攻击特征和违反网络安全策略的数据流,实时响应和报警,阻断非法的网络连接,对事件涉及的主机实施进一步跟踪,创造一种漏洞检测与实时监控相结合的可持续改进的安全模式。

(三)人事控制

健全的人事管理控制,不仅可以提高数据处理的质量,而且可以促进其他组织控制和作业功能的发挥。人事控制提高是一种专门的、以人为对象的控制,包括四个方面:

(1)工作性质说明

工作性质说明主要用于各个职位权责的确定,对取得该职位的人员的能力和素质提出明确的要求,并确定该职位与企业其他职位的关系。

(2)人员的选择与培训

企业应有规范化的用人制度。人员的选择要有一定的标准,对于申请职位的人员,考核其道德品质、工作能力、技术经验,评定其潜在能力。对于在岗者,应进行持续的定期考核、持续性的在职进修,提升业务能力。

(3)对人行为的监督与评价,进行工作轮调,防止个人持续进行一项工作而发生弊端。

(4)人事管理办法制度化,应将人力资源管理工作纳入系统与作业程序中,使管理者有所遵循,不因人而异。

二、系统开发控制

系统开发控制是一种预防性控制,目的是确保会计信息系统开发过程及其内容符合内部控制的要求,保证网络会计信息系统开发过程中各项活动的合法性和有效性。它应贯穿于系统规划、系统分析、系统设计、系统实施和系统运行测试与维护的各个阶段。其主要内容包括如下:

(一)信息系统开发控制

1. 明确开发目标,制定项目管理计划,进行项目的可行性研究与分析

控制开发进度,监督开发质量,检查各功能模块设置的合理性及程序设计的可靠性,提高系统的可审性。

2. 使用单位与稽核人员参与系统的需求分析

在信息需求分析阶段,信息系统的用户应参与信息系统的开发工作。开发人员与用户、稽核人员相互沟通,使软件开发人员能深刻了解使用者的需求,了解业务流程以及所采用的控制措施,并将控制措施嵌入到应用系统中。用户在软件开发过程的参与,将有效保障信息系统的质量,使开发的信息系统满足信息需求。

3. 系统设计或软件设计的核收

软件开发人员、管理人员、使用者和稽核人员需要对信息系统开发全过程的每个阶段进行验收,适当的复核与核准包括技术层面的验收与输出层面验收。技术层面的验收确认是否能满足软件运行的物理条件,程序制作是否符合标准。输出层面的验收是检查系统是否能满足用户需求与控制要求。

4. 系统测试控制

在软件编码完成后,应用系统首先需要进行完整性测试。应用系统的测试由软件开发人员、使用者、稽核人员共同参与,由技术人员负责执行应用系统的测试工作。它包括:

(1)个别程序测试:测试软件开发人员编写程序的逻辑有效性。

(2)关联程序测试:测试一组逻辑上相关的程序组,了解数据在这些程序间传递的正确性。

(3)系统测试:对应用系统所有的程序联网进行测试。

(4)先导测试:用新系统处理过去的真实资料,并将输出的结果与原系统进行比较,找出存在的问题。

(5)平行测试:同步运行新旧两套系统,比较运行结果,最大限度降低新系统正式投入使用的风险。

在检测过程中,系统开发人员检验整个系统的完整性,并对非法数据的容错能力、系统抗干扰能力和发生突发事件的应变能力以及系统遭遇破坏后的恢复能力进行重点测试。在完成这些工作后,由管理人员、使用者、系统开发人员作最后的验收工作,在确保无误的情况下,做好人员和设备等资源的整合配置以及初始数据的安全导入,保证新旧系统的转换有序进行。

在过去封闭式的财务会计信息系统环境下,传统的会计控制措施(制度)尚能发挥作用,因此系统开发者主要关心如何实现业务功能。但在网络环境下,财务集成管理信息系统的开发,必须把企业业务、财务的内部控制功能全面融入系统逻辑模型中。在软件开发的前期,内审和风险管理人员要参与系统控制功能的研究与设计,内外部控制措施在系统中应当得到恰当的体现,并在软件开发及测试阶段加强监督,确保所有既定控制功能在系统中得以有效地实现。

系统开发是个复杂的工程,要经过系统分析、功能设计、模块设计、程序编制、程序调试、系统并行运行和移植投入使用等阶段。各环节开发质量和进度直接影响后续环节乃至整个系统的开发。系统开发前的可行性分析,开发过程的使用者参与,使用系统设计进度表和功能完工进度表控制进度,严格的调试和验收制度将有效保障信息系统的质量。

三、信息系统的维护控制

系统维护包括软件修改、代码结构修改等,涉及系统功能结构的调整、扩充和完善,其过程类似于系统开发,因此应建立维护审批制度,维护方法、维护内容测试、维护文档编制的规范化制度,维护用机、测试数据与营运机器、实际数据的分隔制度,源程序保管控制制度等。系统维护控制包括对系统安装、修正、更新扩展、备份等各项工作的控制。

四、数据资源控制

财务集成管理信息系统的各项处理应层层设防,严加防范。进入系统要设置基本口令,防止无关人员的非法进入。各个子系统各个模块也要设置相应的口令,防止无权人员的非法操作。对于特定的信息,哪些人可以读,哪些人可以改写,哪些人可以复制等,必须作出严格的规定。同时建立"操作日志",记录所有人员对系统的所有操作,包括操作时间、操作方式、查询和修改的数据等,系统一旦出现问题可据此找相关人员进行核查。

财务数据资源控制是整个系统控制的主要安全目标,以防止数据程序被修改、损毁和被病毒感染。对数据库系统安全的威胁主要来自两个方面:一是系统内外人员对数据库的非法访问;二是由于系统故障、误操作或人为破坏造成数据库的物理损坏。针对上述风险,财务数据资源控制主要可采取以下措施:

(1)合理定义应用子模式。子模式是指全部数据资源中某一特定用户或应用项目的一个数据子集。在网络环境下,为了限制合法用户非法访问或非法访问者轻易获取全部财务数据资源,应根据不同的应用项目(功能)分别定义面向用户操作的数据界面,做到需要什么数据,用到什么数据,就开放什么数据。

(2)建立财务数据资源授权表制度。明确定义每一用户对数据资源访问的范围和内容,并分别规定对数据库的查阅、修改、删除、插入等操作权限。

(3)建立数据备份和恢复制度。网络环境下的数据备份和恢复远比成批集中式处理环境要复杂,为保证系统恢复的有效性和一致性,建立业务日志文件(记录系统处理过程的文件)和检查点文件(作业内容信息能被记录下来,并可重新启动该作业的一个点)是必要的。

(4)进行文件资料控制。在系统开发过程中会形成一整套文件资料,主要包括:系统说明书、程序说明书、数据结构说明书、运行说明书等等。为保证系统正常运行,上述资料必须由专人保管,使用须经过批准并予以登记,修改由专人审批复核、做好修改记录。

五、硬件与软件的控制

1. 硬件控制

信息系统的软硬件以及支撑信息系统的网络通信基础设备在系统运行中可能会出现故障而造成信息系统运行中断,信息处理可靠度的提升依赖于硬件的控制。这些硬件控制通常由计算机硬件的厂商在出售前就设置在硬件的设备内。常见的控制方法有奇偶校验、溢出校验、有效性检查、设备自检、重复处理等方法。硬件作业过程的控制包括作业环境控制:如硬件对作业环境的温度、湿度、灰尘方面的要求;电源保护:采用不中断电源,作业及应用程序的错误查核等,一旦硬件系统发生故障或有错误暴露出来,通常要求计算机系统管理人员立即予以记录并报告,请厂家或信息中心的维修人员来处理。

2. 系统软件控制

系统软件指一组执行系统管理、支持应用程序及控制等功能的软件。如操作系统、公用程序、程序管理软件、数据库管理系统等,它具有管理功能、应用程序支持功能和控制功能。其中控制功能是由操作系统和某些公用程序执行的。控制功能主要包括:错误处置、程序保护、文件保护、安全保护等功能。

错误处置是操作系统能检测和纠正因硬件和软件问题引起的一些错误。典型的操作系统具有下列错误处置能力:(1)读/写错误处理;(2)记录长度检查;(3)存储装置检查。

程序保护的目的是防止在处理过程中各种应用程序相互纠缠,保证在从程序库中调用子程序时不发生错误,保证没有未经批准而对应用程序进行修改现象发生。程序的保护通过边界保护、外部调用的控制、库程序软件、控制参数修改程序实现。

文件保护的目的是防止未经批准使用或修改数据。这些数据包括存放在内存和存放在外存设备的数据。文件控制措施包括内部文件标签检查、存储保护、内存清理、地址比较等。

安全保护:计算机信息系统可能被人在未经许可的情况下使用,这时,系统软件可以在一定程度上防止这种情况发生。其方法是:(1)操作系统自动记录系统使用情况;(2)利用系统使用记录和系统活动分析共用程序,发现未经允许使用数据和程序的现象;(3)口令控制,设置口令来控制对系统的接触。

六、计算中心控制

计算中心控制主要是对系统的物理环境及设备可靠性的控制,目标是确保系统设备能实时地、连续地运转。主要包括两个方面控制:

1. 计算中心安全控制

包括中心物理位置、机房结构设置控制和接触控制等。接触控制的目的在于防止非经授权批准接近或使用计算机硬件、程序和数据等硬、软件资源,保护系统安全。常见措施有:①系统资源使用的限制。系统资源包括程序库、数据库、全部硬件设备以及所有相关文字和打印记录。这些资源只能由规定人员使用。为达到以上目的可以将各种资源分派给专人保管,并做好使用记录报告,系统主管要经常检查使用报告。②工作环境保护。对系统的自然环境进行控制,包括机房温度、湿度以及防火、防磁、防尘控制。③作业环境控制,包括机房的工作人员的定员控制和机房出入控制。④备用设备(备用电源、水源)控制。

2. 群集系统控制

所谓群集系统实际上是一种针对网络环境下的多机备份制度,平时各服务器运行各自的应用项目,并保持系统和数据的共享联系,当一台服务器(或其他设备软件)发生故障时,群集系统中的另一台服务器会立即承担故障服务器的工作,并保证数据的连续性,对不间断运行要求很高的系统,一般要采取上述方法加以控制。

七、网络控制

网络环境下的会计信息系统工程是一种分布式处理结构,计算机服务功能(工作站)分布于企业各业务应用部门,实行会计与业务协同处理。因此,计算中心对各工作站的控制由原来集中处理模式下的行政控制转变为间接业务控制。因此,计算中心对各工作站的控制由原来集中处理模式下的行政控制转变为间接业务控制。其主要内容包括:①工作站点设置控制。合理设置工作站点,并通过操作系统、数据库管理系统实现对各工作站的职责分工控制。②内审制度。设立内审组,监督和控制各工作站的日常运行。③风险管理制度。设立风险评估小组(可由系统分析员、内审人、主要用户组成),定期对系统进行风险评估、弱点分析,以不断完善会计控制体系。④人事管理控制。实行业务考核制度,对特殊企业(如金融企业等)的重要岗位可实行轮岗制度等。

(一)工作站控制

工作站可以是单机点,也可以是分服务器站点,它是整个网络系统在某应用项目(如库存管理、成本控制等)下的一个用户界面。工作站既是系统日常应用处理(包括数据采集、处理和输出)的端点,也是潜在威胁系统安全的一个入口。工作站控制包括:

1. 工作站内部控制

包括工作站物理环境控制、操作权限控制、系统存取控制、操作规程控制、故障处理控制等等。

2. 工作站对整个系统访问控制

根据最小特权原则,要严格控制工作站超权限的操作行为,这主要可通过计算中心的职责分工、授权控制与日常监控来实现。

3. 数据通信控制

工作站与计算中心常位于不同建筑,甚至不同街区。因此在数据通信过程中,系统面临着因线路和设备故障导致数据丢失、毁坏的风险,以及人为拦截、泄密的风险。为此,需要采取数据加密、回响检查、奇偶检查、备份控制等技术手段和管理措施进行控制。

(二)网络安全控制

1. 硬件设备安全控制

硬件设备安全主要涉及计算机机房环境和设备的技术安全要求。应制定网络计算机机房和设备的管理制度、岗位职责和操作规程,严格禁止无关人员接触系统,专机专用;计算机机房应充分满足防火、防潮、防尘、防磁和防辐射及恒温等技术要求,关键性的硬件设备可采用双系统备份。

2. 系统软件安全控制

严格控制系统软件的安装与修改,对系统软件进行定期的预防性检查,系统被破坏时,要求系统软件具备紧急响应、强制备份、快速重构和快速恢复的功能。

3. 信息安全控制

信息安全的基础是密码学。按加密和解密算法所用的密码是否相同,将密码分为对称密码体制和非对称密码体制。后者在信息安全管理方面得到了广泛的应用。如通信线路上的数据流加密,数据库中的数据文件加密,访问者

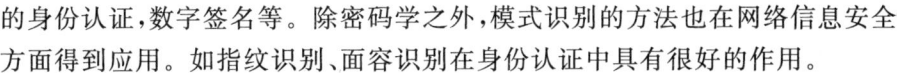

的身份认证，数字签名等。除密码学之外，模式识别的方法也在网络信息安全方面得到应用。如指纹识别、面容识别在身份认证中具有很好的作用。

4. 系统入侵防范控制

为了防止非法用户对网络环境下财务管理信息系统的入侵，应采取设置防火墙、身份认证和授权管理等安全技术，用以限制外界对主机操作系统的访问；用以隔离开局域应用系统与外界访问区域之间的联系，限制外界穿过访问区域对网络应用系统服务器尤其是对会计数据库系统的非法访问；加强原有的基于账户和口令的控制，提供授权访问控制和用户身份识别。

5. 交易安全控制

为了保证交易者的交易信息不被他人窃取或破译，主要应采取数字加密、数字认证等核心技术。

第三节 企业财务集成管理信息系统控制：应用控制

应用控制是具体的应用系统中用来预防、检测和更正错误，以及处置不法行为的内部控制措施。它是对信息系统中具体数据处理活动所进行的控制。大部分应用控制措施在系统开发时可直接嵌入软件功能中，这些控制措施可分为四大类：

（一）输入控制

输入控制的目标是确保网络环境下数据采集的合法性、准确性和完整性，输入控制的重点在于建立适当的授权和审批机制，并对输入数据的准确性进行校验，如总数控制校验、平衡校验、科目代码校验和逻辑关系测试等。常用的控制方法包括：建立科目名称与代码对照文件，以防止会计科目输错；设计科目代码校验，以保证会计科目代码输入的正确性；设立对应关系参照文件，用来判断对应账户是否发生错误；试算平衡控制，对每笔分录和借贷方进行平衡校验，防止输入金额出错；顺序检查法，防止凭证编号重复；二次输入法，将数据先后两次输入或同时由两人分别输入，经对比后确定输入是否正确等。

1. 顺序编号控制

经济业务一经发生，立即对原始凭证统一编号。当原始凭证进入网络会计信息部门，要检查是否重复编号或漏号。

2. 数据总量控制

即业务部门和网络会计信息系统分别加总记录,然后相互核对一致,作为以后数据处理的控制信息。

3. 用以防止和查出当经济业务输入转换为计算机认可形式时产生的错误

包括建立会计科目和代码对照文件和代码校验,保证科目代码输入的正确,如采取二次输入法,通过分别由两个人输入同一数据来核对结果。

4. 程序检测控制

即由程序自动查找输入错误。包括平衡核对、明细核对、空白核对(检测应出现空白的记录是否真有空白栏目存在)等等。

(二)处理控制

处理控制的目标是确保财务数据处理过程的正确可靠性,包括处理正确性控制、数据一致性控制、预留审计线索控制等。处理控制的重点在于处理过程的现场控制、数据有效性检测、预留审计线索控制和错误纠正控制等。

常用的控制措施包括:登账条件检验,即系统要有确认输入数据经复核后才能登账的控制能力;防错、纠错控制,即系统要有防止或及时发现在处理过程中数据丢失、重复或出错的控制措施;修改权限与修改痕迹控制,即对已入账的凭证,系统只能提供留有痕迹的更改功能,对已结账的凭证与账簿以及计算机内账簿生成的报表数据,系统不提供更改功能等。

(三)输出控制

输出控制的目标是确保财务集成管理信息系统在信息输出或传输中没有被遗失、错发、截留,秘密没有被泄漏等,包括打印程序控制、分发控制、最终用户控制等。输出控制的重点在于数据稽核控制、授权输出控制和打印程序控制等。控制措施包括:控制只有具有相应权限的人才能执行输出操作,并要登记操作记录,从而达到限制接触输出信息的目的;打印输出的资料要进行登记,并按档案要求保管。

参考文献

[1]迈克尔·波特著.陈小悦译.竞争优势.北京:华夏出版社,1997年版

[2]罗杰·莫林,谢丽·杰瑞尔著.张平淡,徐嘉勇译.公司价值.企业管理出版社,2002年版

[3]汤姆·科普兰,蒂姆·科勒,杰克·默林著.郝绍伦,谢关平译.价值评估——公司价值的衡量与管理.电子工业出版社,2002年版

[4]王田苗,胡耀光.基于价值链的企业流程再造与信息集成.清华大学出版社,2002年版

[5]迟晓英,宣国良.价值链研究发展综述.外国经济与管理,2000(1)

[6]大卫·波维特,约瑟夫·玛撒,柯克·克雷默著.仲伟俊译.价值网.人民邮电出版社,2001年版

[7]汤谷良,林长泉.打造 VBM 框架下的价值型财务管理模式.会计研究,2003(12)

[8]理查德·林奇著.杨世伟等译.公司战略.云南出版社,2001年版

[9]陈轲.企业战略成本管理研究.中国财政经济出版社,2001年版

[10]罗伯特·卡普兰,大卫·诺顿著.综合记分卡——一种革命性的评价和管理工具.新华出版社,1998年版

[11]陈志斌.基于自由现金流管理视角的创值动因解析模型.会计研究,2006(4)

[12]陆庆平.以企业价值最大化为导向的企业绩效评价体系.会计研究,2006(3)

[13]Ahmed Riahi-Belkaou 著.钱逢胜,冯樱,王晶译.会计理论.上海财经大学出版社,2004

[14]朱德利.SQL Sever 2005 数据挖掘与商业智能完全解决方案.电子工业出版社,2007

[15]周玉清.ERP 与企业管理——理论、方法、系统.清华大学出版社,2005

[16] Adrian Slywotzky 著. 凌晓东译. 发现利润区. 中信出版社,2000 年版

[17] Jeffrey F. Rayport and John J. Sviokla. Exploiting the Virtual Value Chain. *Harvard Business Review*, Nov./Dec. 1995

[18] George H. Sorter. An "Events" Approach to Basic Theory. *The Accounting Review*, 1969, (1):12~19

[19] W. E. McCarthy. The REA Accounting Model: A Generalized Framework for Accounting System in a Shared Data Environment. *The Accounting Review*, 1982, (7):554~578

[20] Joy Mundy and Warren Thornthwaite. *The Microsoft Data Warehouse Toolkit: With SQL Sever 2005 and the Microsoft Business Inteligence Toolset*. Wiley, 2006